FRANK-WALTER STEINMEIER (HRSG.)

ZUR ZUKUNFT DER DEMOKRATIE

36 Perspektiven

W0084933

FRANK-WALTER STEINMEIER
(HRSG.)

ZUR ZUKUNFT
DER DEMOKRATIE
36 Perspektiven

Siedler

Sollte diese Publikation Links auf Webseiten Dritter enthalten, so übernehmen wir für deren Inhalte keine Haftung, da wir uns diese nicht zu eigen machen, sondern lediglich auf deren Stand zum Zeitpunkt der Erstveröffentlichung verweisen.

Realisiert in Zusammenarbeit und mit Unterstützung der Bertelsmann Stiftung.
www.bertelsmann-stiftung.de

Penguin Random House Verlagsgruppe FSC® N001967

1. Auflage
Copyright © 2022 by Siedler Verlag, München,
in der Penguin Random House Verlagsgruppe GmbH,
Neumarkter Str. 28, 81673 München

Umschlaggestaltung: Büro Jorge Schmidt, München
Satz: Ditta Ahmadi, Berlin
Druck und Bindung: GGP Media GmbH, Pößneck
Printed in Germany 2022
ISBN 978-3-8275-0161-5

www.siedler.de

INHALT

FAKT ODER FAKE? VOM REALITÄTSSINN DER
DEMOKRATIE IN DER NEUEN MEDIENÖFFENTLICHKEIT

EINE NEUE TRANSATLANTISCHE KOOPERATION?
VOM DIGITALEN STRUKTURWANDEL DER ÖFFENTLICHKEIT

ALLES GLAUBENSSACHE? VOM VERHÄLTNIS VON
DEMOKRATIE UND RELIGION

WAS KANN DIE KUNST? VON DER DEMOKRATISCHEN KRAFT DER LITERATUR

IMMER BESSER? VOM DEMOKRATISCHEN FORTSCHRITT

CORONA ALS TESTFALL? VON DER PANDEMIE ALS BEWÄHRUNGSPROBE FÜR DIE DEMOKRATIE

WIE GELINGT INKLUSIVE TRANSFORMATION? VON VERÄN-
DERUNG UND ZUSAMMENHALT IN UNSERER DEMOKRATIE

WELCHE ZUKUNFT HAT EUROPA? VON GEFÄHRDUNGEN
UND NEUER KRAFT FÜR DIE EUROPÄISCHE DEMOKRATIE

ZUR ZUKUNFT DER DEMOKRATIE

Eine Eröffnung

Frank-Walter Steinmeier

Wir sind eine Republik!
Wie wir die Demokratie zu unserer Zukunft machen

In den vielen persönlichen Gesprächen, die ich in den letzten Jahren als Bundespräsident führen durfte, war ich immer wieder beeindruckt von dem gesellschaftlichen Engagement der Bürgerinnen und Bürger unseres Landes. Ob im sozialen, kulturellen oder ökologischen Bereich, im Ehrenamt oder im Beruf, in der Familie oder in der Nachbarschaft, in der Stadt oder auf dem Land: Unsere Gesellschaft verfügt über ein starkes Netz an gegenseitiger Hilfeleistung, ja: an Solidarität. Es stimmt eben nicht, dass die Menschen nicht über den Tellerrand der eigenen Interessen hinausdenken – sie erweisen sich jeden Tag als soziale, einander zugewandte Wesen. Die Solidarität in der Corona-Pandemie und in der Hochwasserkatastrophe in Rheinland-Pfalz und Nordrhein-Westfalen im Juli 2021 haben das eindrucksvoll unter Beweis gestellt. Für unsere Demokratie ist das eine gute Nachricht. Aber noch nicht die ganze Antwort.

Denn unsere Demokratie wird angefochten. Die liberalen Demokratien stehen heute weltweit – anders als wir nach dem Ende des Kalten Krieges gehofft hatten – unter Druck und befinden sich in einer fortdauernden und weiter zunehmenden Konkurrenz mit anderen, autoritären Entwürfen von politischer Ordnung. Der Druck ist auch von innen gewachsen – aber er steht im Kontext einer größeren internationalen Entwicklung, die mit den Freiheits und Bürgerrechten infrage stellt, was uns als Demokratie ausmacht. Doch selbst wenn unsere demokratische Zukunft offen ist und wir sie jeden Tag aufs Neue mit Leben erfüllen müssen, so liegen doch all diejenigen falsch, die ihre Erosion für unausweichlich halten.

Die liberale Demokratie ist unsere Zukunft, wenn wir uns ihrer Stärke und ihrer realen Möglichkeiten vergewissern.

Ich nehme wahr, dass auch in unserem Land Skepsis – und in Teilen auch Feindseligkeit – gegen unsere demokratischen Institutionen und ihre Vertreterinnen und Vertreter wachsen. Diese Abwendung ist gefährlich, denn unsere Demokratie *ist nur so stark wie die Bürgerinnen und Bürger, die sie tragen. Sie ist nur so stark, wie Menschen bereit sind, sich für die Demokratie zu engagieren.* Gerade jetzt, im Angesicht der Misstrauensbekundungen, haben wir aber die Chance, neu zu erkennen, dass dieser demokratische Staat »unser Staat« ist, dass seine demokratischen Institutionen »unsere Institutionen« sind. So können wir zu neuer innerer Stärke finden, aus der auch die Abwehrkraft gegen Anfechtungen von außen erwächst.

Wir sollten deshalb einen vernachlässigten Begriff, der im Namen unseres Landes, der Bundesrepublik Deutschland, enthalten ist, neu entdecken: *Wir sind eine Republik!* Das bedeutet mehr als nur die Abkehr von der Monarchie, jedenfalls dann, wenn wir den Anspruch ernst nehmen, der sich mit diesem Begriff verbindet. Wir sind Bürgerin und Bürger im politischen Sinne des Citoyens geworden. Wir haben uns zu Subjekten politischer Selbstbestimmung erklärt. Und dies ist alles andere als eine Belanglosigkeit. *Wir sind eine Republik* bedeutet, dass unsere Demokratie von der bürgerschaftlichen Einmischung in die öffentlichen Belange getragen ist. Republikanisch zu denken und zu handeln heißt, diese bürgerschaftliche Aneignung bewusst zu vollziehen, diese Trägerschaft der *res publica* bewusst anzunehmen. Als Haltung, aber noch mehr im Tun!

Das Republikanische der liberalen Demokratie

Die republikanische Haltung, für die ich plädiere, kann nur eine *demokratische* sein. Ein gestärktes Vertrauen in die Institutionen, in denen unsere öffentlichen Belange zum Ausdruck kommen, entsteht dann, wenn wir uns als Bürgerinnen und Bürger immer wieder aufs Neue klarmachen, dass wir in der Demokratie ihre aktiven Trägerinnen und Träger sind. Die »öffentliche Sache« kann sich – sinnvoll verstanden – überhaupt nur demokratisch herausbilden. Ein gestärkter Republikanismus zielt deshalb *nicht* auf die Verpflichtung der Bürgerinnen und Bürger zum Einsatz für ein Gemeinwohl, das von vornherein schon feststünde. Er zielt vielmehr darauf, unsere Demokratie durch plurale Einmischung und Intervention lebendig zu halten, das Allgemeinwohl im Diskurs zu ermitteln – und zugleich die gemeinsamen institutionellen Orte unserer Republik mit selbstbewusstem Stolz zu schützen.

Eine republikanische Haltung ist für mich zudem ausdrücklich auch eine *liberale – und darf ihr nicht entgegengestellt werden*, als sei politischer Wettbewerb der Republik abträglich, als stünden plurale Auffassungen und Interessen letztlich dem Allgemeinwohl im Weg. So sprechen heute die Autoritären, und sie tun es nicht ohne Wirkung. Und doch, es könnte falscher nicht sein. Eine demokratische Republik ist ohne eine liberale und damit plurale Gesellschaft nicht denkbar. Als Idee der gleichen politischen Freiheit beruht die Demokratie fundamental auf der allgemeinen Möglichkeit der Bürgerinnen und Bürger, nicht nur ihre Interessen zur Geltung zu bringen, sondern ihre eigenen Überzeugungen vom Allgemeinwohl einzubringen. Die Demokratie ist eine liberale oder sie ist nicht. Aber gerade weil Demokratie auf Vielfalt, Auseinandersetzung und Streit beruht, braucht sie dringend die gemeinsame Trägerschaft ihrer demokratischen Institutionen. Wir können die Freiheit nur in Anspruch nehmen und erhalten, wenn wir ihre Voraussetzungen – ich wiederhole es – mit Überzeugung und Engagement schützen. Bildhaft gesprochen: *Nur wenn wir unser Haus der Demokratie gemeinsam instand halten, können wir darin in Gemeinsamkeit und Vielfalt leben.*

Ich höre immer wieder, die Idee der Demokratie sei ja eigentlich eine gute Sache, nur mit den konkreten Institutionen und ihren Protagonistinnen und Protagonisten könne man nichts anfangen. Aber ohne die konkrete gesellschaftliche Praxis in konkreten Institutionen bleibt die Idee der Demokratie: nur eine Idee. *Unsere Demokratie kommt durch unsere institutionelle Praxis überhaupt erst in die Realität – und sie muss dort lebendig gehalten werden.*

Die republikanische Alternative zur aggressiven oder resignativen Abwendung von unserer Demokratie liegt deshalb nicht darin, alles hinzunehmen oder abzunicken, sondern vielmehr in engagierter Zuwendung. Diese Zuwendung besteht nicht im routinierten Ja-Sagen, sondern in lebendiger Identifikation, zu der auch der Mut zur Kritik gehört sowie die Anstrengung, Vorschläge zu entwickeln und zur Diskussion zu stellen. *So werden Beziehungen stark – auch die Beziehung zu unseren demokratischen Institutionen.*

Nun erleben wir eine Zeit voller Veränderung. Umbrüche und Neuanfänge im politischen und wirtschaftlichen Leben – bis in den Alltag hinein – kennzeichnen die Gegenwart. Um die bürgerschaftliche Zuwendung zu unseren demokratischen Institutionen zu stärken, genügt es nicht, diese als Akt der bloßen Verteidigung des Bestehenden zu begreifen. Zuwendung entsteht nicht aus abwehrender Angst, sie entsteht aus der Überzeugung, dass wir unser gemeinsames Schicksal gestalten können. Und so bedarf es – in Anbetracht rasanter gesellschaftlicher Veränderungen – immer wieder aufs Neue der Kraft zur demokratischen Erneuerung. *Demokratie zu verteidigen heißt, sie lebendig zu halten.*

Die *Zukunft der Demokratie* liegt also in unserem Einsatz für die *Demokratie der Zukunft*. Was aber ist zu tun, um unsere Demokratie in die Zukunft zu tragen?

Mit der Veranstaltungsreihe »Forum Bellevue zur Zukunft der Demokratie« habe ich ein Format ins Leben gerufen, in dem ich in nunmehr zwölf Ausgaben Persönlichkeiten aus Wissenschaft, Kultur und Politik für ein gemeinsames öffentliches Nachdenken über diese Frage gewinnen konnte. Eine Übersicht der bisherigen Foren findet sich auf den Seiten 428 und 429. Hier entstanden Schritt für Schritt Analysen und Anregungen auf ganz unterschiedlichen Feldern.

Ich habe meine Gäste gebeten, ihre Perspektiven niederzuschreiben und zu aktualisieren – und die zusammengetragenen Impulse so zugänglich zu machen. Dabei sind mir im besten Sinne republikanischer Streitbarkeit gerade auch diejenigen Perspektiven wertvoll, die ich nicht teile und die zum Widerspruch anregen. Es kommt für das Gelingen dieses Forums eben nicht darauf an, dass wir in allem einig sind, sondern dass wir die politische Kultur der argumentativen Auseinandersetzung wiederentdecken und gerade damit ihre Verächter ins Unrecht setzen.

Ich danke allen Gästen für die Bereitschaft, dass sie sich abermals auf die Frage nach der Zukunft unserer Demokratie eingelassen haben und damit ihre Perspektive in eine wichtige Debatte einbringen. Ebenso danke ich der Bertelsmann Stiftung herzlich für die Unterstützung bei der Veranstaltungsreihe wie auch bei dem vorliegenden Buch.

Die Zukunftskraft unserer Erinnerung

Die politische Kraft gleicher Freiheit lässt sich nicht in die Zukunft tragen, ohne dass wir unsere Vergangenheit lebendig halten. Die Erinnerung an die Shoah ist ein unverrückbarer Teil der Identität unseres Landes. Sie ist Grund des Grundgesetzes. Da sich Zukunft für nachkommende Generationen aber nicht allein ex negativo, nicht allein aus dem »Nie wieder!« begründen lässt, müssen wir auch unsere Demokratiegeschichte, ihre Orte und Protagonisten noch stärker zum Teil der Gedenkkultur unserer Republik machen. Die Arbeit in Bildungsstätten und an Gedenkorten, in Institutionen, Vereinen und Initiativen, sie ist weit mehr als Erinnerungsarbeit, *sie ist Arbeit an unserer demokratischen Zukunft.* Ohne die Vergangenheit als Raum der gemachten Erfahrungen, der ausgeschlagenen Möglichkeiten und des Verstehens von Zusammenhängen können wir weder beschreiben, wo wir gerade stehen, noch, welche zukünftigen Orientierungsmöglichkeiten wir haben. Dabei hat auch unsere Demokratie eine Geschichte, an die zu erinnern sich lohnt. »Wegbereiter der Demokratie« sind nicht nur historische Persönlichkeiten, sie sind auch Wegweiser für unsere Gegenwart.

Deshalb ist die Stärkung von Orten, an denen politische Bildung und Geschichtsbildung stattfinden, die Grundlage, auf der eine widerstandsfähige Republik ruht. Historische Bildung als Pfeiler einer allgemeinen bürgerschaftlichen Bildung zur Mündigkeit ist ein zentraler Auftrag jeder Demokratie, denn sie ist auf mündige, selbstbewusste Bürgerinnen und Bürger angewiesen.

Das gilt umso mehr, als neue Generationen von Bürgerinnen und Bürgern heranwachsen, die weder über eine eigene Erinnerung an den Terror des Nationalsozialismus verfügen noch ihre Eltern oder andere zu einer solchen Erinnerung befragen können. Auch sind die Herkunftsgeschichten in dem Maße pluraler geworden, wie wir zu einem Einwanderungsland geworden sind. Das historische Erbe unseres Landes, vor allem die Erinnerung an die Shoah, wird mit der deutschen Staatsbürgerschaft angenommen. Aber der gesellschaftliche Wandel macht es auch nötig, der zu lange vergessenen Kolonialgeschichte und deren Verbrechen mehr Aufmerksamkeit zu widmen. Es kommt darauf an, neue Anläufe der Geschichtsvermittlung zu nehmen, die diesen veränderten Perspektiven und Erfahrungen gerecht werden.

Das Geschenk, von vornherein in einer Demokratie aufwachsen zu dürfen, darf nicht zu einer trügerischen Selbstverständlichkeit führen, dass das ohne eigenes Zutun immer so bleibt. Der Umstand, die Kämpfe um und für die Demokratie nicht selbst gekämpft haben zu müssen, heißt nicht, dass wir die Erinnerung daran für kommende Herausforderungen nicht bräuchten. Mainzer Republik und 1848er-Revolution, Arbeiterbewegung und der Kampf der Frauen um Gleichberechtigung, die Weimarer Republik und die friedliche Revolution 1989 – das mühevolle, opferreiche und von Rückschlägen geprägte Streiten für die Demokratie in Deutschland lässt uns ihren hohen Wert heute besser ermessen. Unsere demokratischen Traditionen machen uns Mut, die demokratische Zukunft selbst in die Hand zu nehmen.

Die doppelte Zumutung demokratischer Freiheit und Gleichheit

Die viel beschworene Individualisierung unserer Gesellschaft ist Ausdruck eines stark verbreiteten *persönlichen* Freiheitsgebrauchs und unterschiedlicher Lebensformen sowie eines gewachsenen politischen Selbstbewusstseins der Bürgerinnen und Bürger. Diese soziale, ökonomische und kulturelle Entwicklung ist eine gute Nachricht für unsere liberale Demokratie, ja sie ist ihre Voraussetzung.

Unübersehbar ist allerdings, dass Demokratie und Individualisierung in einem Spannungsverhältnis stehen, über das wir sprechen müssen. Unsere demokratische Republik ist eine *doppelte Zumutung* für uns als ihre Bürgerinnen und Bürger.

Zum einen sind die Bürgerinnen und Bürger die entscheidenden politischen Subjekte. In dieser Anerkennung der Selbstbestimmung liegt jedoch zugleich die *Zumutung der demokratischen Verantwortung*, sich zumindest mit den grundlegenden öffentlichen Belangen zu befassen oder, wenn man das nicht will, entsprechend für eine Nicht-Befassung einzustehen. Die politische Verantwortung ist immer da und niemals abzutreten.

Zum anderen beruht unsere Demokratie darauf, dass jede Stimme gleich zählt und sich am Ende eine Mehrheit herausbildet und durchsetzt. Demokratische Gleichheit heißt, *die eigene Freiheit auch in der Freiheit der anderen zu erkennen und anzuerkennen*. Es ist diese *Zumutung der demokratischen Gleichheit*, die gerade selbstbewussten Bürgerinnen und Bürgern abverlangt, Kompromisse und Niederlagen in einem republikanischen Geist anzunehmen und sie nicht als »narzisstische Kränkung« zu begreifen und zurückzuweisen.

Leidenschaftlicher Streit in leidenschaftlicher Gemeinsamkeit

Der Streit um das Allgemeinwohl kann auf *Emotionen* nicht verzichten. Gerade weil es um die öffentlichen Belange geht, also um allgemeine Ansprüche, die für alle gelten, sind Emotionen im Spiel. Die Berufung auf das eigene Gefühl kann dabei das allgemeingültige Argument nicht ersetzen. Die Anmeldung eines »Störgefühls« bedeutet mitunter nicht das Ende, sondern den Anfang einer notwendigen Debatte. Und so führt ein lebendiger Republikanismus neben der leidenschaftlichen Positionierung *im* Diskurs noch auf eine zweite unverzichtbare Überzeugung: die Akzeptanz und Verteidigung der gemeinsamen Institutionen, in denen dieser Diskurs überhaupt erst stattfinden kann.

Wer sich in die öffentlichen Belange einmischt, hat die Zuversicht, dass die Dinge zum Guten gewendet werden können, ja dass *eine bessere Zukunft* möglich ist. Die republikanische Haltung ist nicht die der Schicksalsergebenheit, des Zweckoptimismus oder des alternativlosen Gangs der Geschichte. Sie beruht vielmehr auf der Überzeugung, dass das gemeinsame Anpacken einen Unterschied macht. Ohne Frage hat nicht alles, was als »Fortschritt« etikettiert wird, diese Bezeichnung verdient. Und doch ist Fortschritt in der Geschichte kein leeres Versprechen, wenn heute weltweit viel mehr Menschen bessere Aussichten auf ein Leben in Gesundheit, mit Teilhabe am Wohlstand und mit politischer Gleichberechtigung haben als noch wenige Generationen vor uns. Gerade im Angesicht der gegenwärtigen Krisen dürfen wir uns nicht von Angst und Sorge in die Ohnmacht treiben lassen, sondern brauchen diese republikanische Zuversicht des gemeinsamen Anpackens. Der gesellschaftliche Fortschritt hin zu mehr Lebenschancen, mehr Gleichberechtigung und mehr Nachhaltigkeit ist keine naive Zukunftsgläubigkeit, er ist Ausdruck der Möglichkeiten und der Kraft unserer liberalen Demokratie.

Die Bedeutung guter demokratischer Repräsentation

Der Anspruch, dass Bürgerinnen und Bürger sich beteiligen, zielt keineswegs auf »politische Vollzeitbürger«, die sich permanent umfassend und detailliert mit allen politischen Entscheidungsfragen zu befassen hätten. Im Gegenteil: Eine solche Erwartung wäre kontraproduktiv, weil die Menschen im Lichte ihrer begrenzten Zeit- und Kraftressourcen daran nur scheitern könnten und de facto »zeitreiche« Milieus bevorteilt würden. Das Grundgesetz selbst hat sich aus guten Gründen für die repräsentative Demokratie entschieden. Eine starke Republik ist deshalb untrennbar verbunden mit *intakten Verfahren guter Repräsentation*. Reale demokratische Beteiligung entscheidet sich für die Bürgerinnen und Bürger vielfach daran, dass es Vertreterinnen und Vertreter gibt, die die Interessen und Überzeugungen der Bürgerinnen und Bürger vertrauenswürdig vertreten.

Deshalb brauchen wir eine *Stärkung unseres Parlamentarismus*. Die Diffamierung von Stadt- und Gemeinderäten, Landtagen oder dem Deutschen Bundestag als »volksferne Schwatzbuden« ruft die finstersten Tage der Demokratiefeindschaft in Erinnerung. Unsere Parlamente repräsentieren das Volk, sie sind die Herzkammern unserer Demokratie. Hier gilt es, die öffentlichen Belange unserer Republik repräsentativ zu verhandeln und zu entscheiden. Deshalb ist es gerade hier so wichtig, dass Bürgerinnen und Bürger sich gut vertreten sehen in ihren Überzeugungen und Auffassungen, aber auch mit ihrem Geschlecht, ihrer Herkunft oder ihrer sozialen Lage, die sie prägt. Als Repräsentantinnen und Repräsentanten der Republik haben die von uns gewählten Abgeordneten nicht nur den Auftrag, die grundlegenden Entscheidungen im Parlament und seinen Ausschüssen zu diskutieren, sondern auch vor Ort zu informieren und in Willensbildungsprozessen zu argumentieren. Deutschland ist das Glück eines lebendigen Parlamentarismus beschieden. Und doch sollten wir darüber nachdenken, wie wir unsere Parlamente noch stärker zur öffentlichen Agora der demokratischen Diskussion und Entscheidung machen können. Imperative Mandate oder gruppenbezogene Quotierungen, die dem Wahlakt vorgelagert sind, kennt unsere Verfassung ebenso wenig wie unterschiedliche Qualitäten von Legitimität. In plebiszitären Abstimmungen gefundene Entscheidungen sind nicht etwa besser legitimiert als im Parlament getroffene Entscheidungen.

Unsere Parlamente brauchen mehr Frauen, mehr Menschen mit Migrationsgeschichte, mehr jüngere Abgeordnete, auch mehr Nichtakademikerinnen und Nichtakademiker, Arbeiterinnen und Arbeiter, eben eine repräsentative Auswahl unserer Gesellschaft. Das ist letztlich eine Pflichtaufgabe der politischen Parteien, die auswählen, wer zur Wahl antritt. Zur Stärkung unseres Parlamentarismus gehört auch eine Parlamentsgestalt, in der eine öffentliche und repräsentative Aushandlung gut möglich ist. Zu Recht wird daher seit einiger Zeit über die Parlamentsgröße und das damit zusammenhängende Wahlrecht diskutiert. Ein erneuertes republikanisches Bewusstsein bedeutet ein neues Zutrauen in die legislative Entscheidungskraft – entgegen der Tendenz einer Verlagerung von Verantwortung auf Exekutive oder Judikative.

Unter dem Aspekt einer guten Repräsentation ist es ein gutes Zeichen, dass mittlerweile auf Landes- und Bundesebene Erfahrungen mit dem Ansatz beratender *Bürgerräte* gesammelt werden. Wohlgemerkt nicht als Ersatz, sondern als Ergänzung und als Stärkung der repräsentativen Demokratie. Kern unserer Demokratie ist das Prinzip der Verantwortung der legislativen Entscheidungsträgerinnen und Entscheidungsträger gegenüber den Bürgerinnen und Bürgern in Form regelmäßiger Wahlen. Aber das Prinzip der »Zufallsbürgerschaft« ist ein guter Ansatz, um die Wahrnehmung der Betroffenheiten, Erfahrungen, Kompetenzen und Perspektiven im Entscheidungsfindungsprozess zu erhöhen.

Die Stärkung einer Verbindung der Bürgerinnen und Bürger zu den Institutionen unserer Demokratie betrifft auch die *Regierung und Verwaltung* unserer Republik. Da ein Großteil der Gesetzesvorbereitung in den Ministerien stattfindet, muss schon dort darauf geachtet werden, die Überlegungen der potenziell Betroffenen ebenso einzubeziehen wie das Vollzugswissen der Praktikerinnen und Praktiker vor Ort. Ministerien und Verwaltungen müssen bei aller unerlässlichen Sachverständigkeit, Kompetenz und Professionalität diverser werden, damit eine plurale Gesellschaft sich in den Behörden wiedererkennt. Die Identifikation mit unserer Demokratie hängt mit der Qualität ihrer öffentlichen Institutionen zusammen, ihrer Durchlässigkeit, ihrer Bürgernähe, ihrer Erreichbarkeit und Verständlichkeit, ihrer Kompetenz und Effizienz. Viele Vorschläge einer Weiterentwicklung zukunftsfester Staatlichkeit und leistungsfähiger Verwaltung liegen auf dem Tisch und warten auf Umsetzung.

Aus der republikanischen Perspektive einer bürgerschaftlichen Trägerschaft der Institutionen unserer liberalen Demokratie spielen *die Parteien* eine ganz zentrale Rolle. Entgegen allen Abgesängen und auch Anfeindungen: Idee und Praxis der Parteien sind heute aktueller denn je. In ihnen liegt die zentrale Verbindung zwischen der Willensbildung der Bürgerinnen und Bürger und ihrer repräsentativen Überführung in die Selbstgesetzgebung unserer Demokratie. Deshalb sind wir allen Bürgerinnen und Bürgern zu großem Dank verpflichtet, die sich – zumeist ehrenamtlich – in Parteien für unsere Demokratie engagieren. Zugleich liegt in der Erkenntnis der Aktualität des Parteienprinzips auch ein Auftrag an die Parteien, sich weiter zu erneuern. Sie müssen alles dafür tun, sich für die Mitsprache und Mitarbeit der Bürgerinnen und Bürger zu öffnen und Verkrustungen immer wieder aufzubrechen. Es ist die Kernaufgabe ihrer politischen Vertreterinnen und Vertreter, grundlegende Entscheidungen vor Ort zur Diskussion zu stellen, zuzuhören und Antworten zu geben, sowie getroffene Entscheidungen vor Ort zu vermitteln und zu erklären. Ja, leider gibt es auch in unserem politischen Alltag Fehlverhalten bis zum Missbrauch von Positionen aus Motiven der Bereicherung. Und jeder Fall ist einer zu viel und jeder schadet dem Ansehen der Demokratie. Parteiarbeit aber ist das Gegenteil eines »schmutzigen Geschäfts«, um ein weiteres Unwort aus dem Arsenal der Demokratiefeinde zu zitieren, sondern unentbehrlich im pluralen Ringen um das Allgemeinwohl in unserer Republik. Parteien tragen daher auch eine große Verantwortung.

Die Institutionen unserer Demokratie stehen auf dem Fundament einer starken Öffentlichkeit und das heißt: vieler starker »öffentlicher Räume«, in denen die Gesellschaft zusammenkommt, sich austauscht und streitet. Damit sind die großen öffentlichen Foren gemeint, die Medien und die über sie vermittelten Debatten, auch die Versammlungen auf öffentlichen Plätzen, die Treffen von Verbänden, Gewerkschaften und zivilgesellschaftlichen Organisationen. Ob aber in Schule, Universität oder am Arbeitsplatz, im Theater, in Kino oder Museum, Bahn oder Bürgerzentrum, Schwimmbad oder Bibliothek: an all diesen konkreten Orten des Zusammenlebens, an denen die kleinen und großen Dinge besprochen werden, findet die republikanische Aneignung unseres demokratischen Gemeinwesens im Alltag statt. Wir sehen nicht erst seit der Pandemie, dass die öffentlichen Räume unter Druck geraten sind, sei es durch den Kostendruck der Ballungszentren, sei es durch das Ausbluten ländlicher Räume. Deshalb ist es ein Gebot des sozialen Zusammenhalts und eine Notwendigkeit für unsere Demokratie, die öffentlichen Räume zu verteidigen und zu erneuern – und ich sage bewusst: zu finanzieren und der Ökonomisierung nicht das letzte Wort zu lassen.

Ob Parlamente oder öffentliche Räume der Begegnung und Meinungsbildung: Republikanische Einmischung und die daraus erwachsende Verbindung der Bürgerinnen und Bürger mit der Demokratie setzt konkrete Orte voraus.

Erleben wir nun im Zuge der Internationalisierung der Politik, der Globalisierung der Ökonomie und der Kultur, der expansiven Digitalisierung und Beschleunigung der Kommunikation eine Schwächung dieser Orte? Ist unsere Demokratie durch Prozesse der Entgrenzung gefährdet? Diese Frage ist schwer zu beantworten, doch sie muss gestellt werden. Die Öffnung des Nationalstaates für eine langsam Gestalt annehmende supranationale Ordnung ist zunächst keine schlechte Nachricht. Auch neue Zugänge zu Wissen und neue Möglichkeiten der Meinungsäußerung für eine größere Zahl von Menschen über digitale Foren widerspricht nicht der Demokratie. Im Gegenteil: Es liegt in der Natur des Grundgedankens gleicher Freiheit, der uns in der Demokratie verbindet, Beschränkungen aufzuheben, Verbindungen auch über regionale, nationale, sprachliche und kulturelle Grenzen hinweg zu empfinden und herzustellen. Die Ausweitung der Kommunikationszonen begründet geradezu unsere demokratische Hoffnung auf eine gute, eine bessere Zukunft. Demokratie ist und bleibt ein unvollendetes Projekt, das davon lebt, immer wieder aufs Neue dem – über ihren Status quo hinausweisenden – Bestreben institutionell gerecht zu werden. Dazu tragen internationale Organisationen bei, die nach dem Prinzip der Staatengleichheit gestaltet sind, und darüber hinaus unsere europäische Ordnung, die eigene Ansätze demokratischer Rückbindung im Europäischen Parlament entwickelt hat.

Die Demokratie ist keine Kraft, die gegen irgendwen gerichtet ist. Sie ist kein »Machtinstrument des Westens«. Sie ist ein offenes Projekt! Ohne Himmelsrichtung, ohne geografische Grenzen, ohne Hautfarbe. Ihr Anspruch und ihre Hoffnung ist auf die Conditio humana jedes Menschen gerichtet, auf das Bedürfnis nach Freiheit und das Recht darauf. Demokratie ist in diesem Sinn als Menschenrecht überall »zuhause«.

Weil das unser Maßstab ist, ist eine Abwendung von der Demokratie – auch nach dem Scheitern in Afghanistan – keine Option. Solange Menschen ihrer Würde beraubt werden, ist Gleichgültigkeit keine Option. Demokratien können sich nicht in sich selbst zurückziehen, ohne die Freiheit aufzugeben. Sich auch über die Grenzen hinweg verbunden und zuständig zu fühlen und nicht wegzuschauen, bleibt unsere Verantwortung. Die Antwort auf die Frage, *wie* wir die Sehnsucht nach und das Ringen der Menschen um Freiheit und Demokratie in anderen Teilen der Welt mit Selbstbewusstsein und Realitätssinn bestärken können, weil ihr Erfolg auch unser Erfolg ist, ist der eigentliche Prüfstein unserer Glaubwürdigkeit. Mit Postulaten allein wird es nicht gehen.

In diesem Sinn müssen wir jetzt, ein Jahr nach der Wahl von Joe Biden zum Präsidenten der USA, die Chance ergreifen, die Ideen »des Westens« als Chiffre für eine weltweite gemeinsame Perspektive der liberalen Demokratien neu zu beleben. Nicht nur als gemeinsame Plattform der Bürgerinnen und Bürger unserer Demokratien, sondern auch als Orientierung und Hoffnung für alle Menschen, die mit ihrem Land Teil dieser Plattform sein wollen.

Europa, Region, Nation

Wir kommen um die nur scheinbar paradoxe Erkenntnis nicht herum, dass unsere Demokratie – gerade zur Realisierung ihrer allgemeinen Ansprüche – auf begrenzte und gewachsene Einheiten angewiesen ist, in denen sich eine demokratische Praxis unter Bürgerinnen und Bürgern institutionell entfalten kann. Demokratie braucht einen Ort. Insofern ist es aus republikanischer Sicht konsequent, einen bestehenden (und erkämpften) Ort der gemeinsamen Demokratie nicht aufzugeben – national und europäisch, föderal und kommunal –, ohne einen neuen dafür zu bekommen.

24

Die *Europäische Union* steht beispielhaft für den Versuch der Völker Europas, auf übernationale Herausforderungen angemessen zu reagieren. Sie hat noch einen weiten Weg vor sich und ist zugleich damit beschäftigt, erreichte Standards zu halten, weil manche gern den Rückwärtsgang einlegen würden. Doch es ist unübersehbar, wie stark sich nicht nur ein europäisches Institutionengefüge, sondern auch ein gemeinsames europäisches Bewusstsein bereits herausgebildet haben. Es gehört nicht viel historisches Erinnerungsvermögen dazu, um diesen Fortschritt in Relation zu den Ausgangspunkten nach dem Ende des Zweiten Weltkriegs und nach dem Ende der Block-Konfrontation deutlich zu erkennen. Eine neue, republikanische Verbindung von uns Bürgerinnen und Bürgern mit unseren demokratischen Institutionen beschränkt sich deshalb nicht auf den nationalen Rahmen, sondern findet auch in Europa ihre Anknüpfungspunkte für Einmischung und Entscheidung. Es kommt darauf an, die drängenden Zukunftsthemen wie die ökologische und digitale Transformation zu gemeinsamen europäischen Angelegenheiten zu machen.

Der historische Erfolg der EU ist ihre friedenstiftende Wirkung für unseren Kontinent. Aber eine Begründung der Europäischen Union, die sich ausschließlich auf die Erfahrung der Vergangenheit beruft, wird Zwanzigjährige nicht ausreichend überzeugen. Wer die Jungen für Europa gewinnen will, muss sie mit einer Politik für die Zukunft überzeugen. Es ist zwar richtig, immer wieder zu betonen, dass in unserer vernetzten Welt kein Land allein die Aufgaben der Zukunft bewältigen kann, aber es ist nicht genug. Wir müssen beweisen, dass wir Europäerinnen und Europäer es wollen und gemeinsam auch können. Dazu gehört das Selbstbewusstsein und die Zuversicht, dass das geeinte Europa der Welt jenseits unserer Grenzen etwas anzubieten hat: Antworten und Lösungen in der Klimapolitik, in Migrationsfragen, in der Digitalisierung, bei der Abwehr gegen die Gefahren der Globalisierung.

Wichtige Orte eines revitalisierten Republikanismus sind die *Kommunen*, in denen entscheidende öffentliche Belange engagiert verhandelt und entschieden werden. Deshalb sind die Kommunen, die Stadtteile und Dörfer – bei allen neuen Möglichkeiten des digitalen Diskurses – aus republikanischer Sicht so zentral für unsere Demokratie. Sie sind es, weil dort wichtige Dinge zu entscheiden sind, die den Alltag der Menschen oft stärker berühren als nationale Gesetzgebungsvorhaben, und weil sich dort die öffentlichen Räume befinden, an denen Bürgerinnen und Bürger zusammenkommen, miteinander sprechen und streiten – auch über die ganz großen Fragen. Bei meinen zahlreichen Reisen und Begegnungen in allen Teilen unserer Republik, bei meinen Gesprächen mit Menschen, die sich vor Ort für unser Gemeinwesen engagieren, ist für mich immer wieder deutlich geworden, was jedes neue Nachdenken über unsere wertvolle föderale Struktur in republikanischem Geist in den Blick nehmen muss: die Stärkung der Kommunen und ihrer öffentlichen Räume.

Der Verweis auf diese anderen Ebenen schmälert die Bedeutung unserer *demokratischen Nationalstaatlichkeit* als maßgeblichen Bezugspunkt republikanischer Einmischung und Trägerschaft keineswegs. Eher gibt er wichtige Hinweise, wie wir uns als Nation republikanisch begreifen können. Als zentralen Raum der kommunikativen Auseinandersetzung, der demokratischen Entscheidung und der gemeinsamen Praxis. Als einen Raum, in dem West wie Ost an dem Anspruch einer gemeinsamen Republik wachsen und weiter zusammenwachsen können – auch wenn wir in den letzten drei Jahrzehnten schon viel weiter gekommen sind, als wir denken: Als eine Ebene, die für europäische Entscheidungen eine entscheidende Teilöffentlichkeit bildet und hier nicht nur exekutiv, sondern auch diskursiv und legislativ Verantwortung übernimmt.

Eine Leiterzählung für die plurale Republik

Wir leben heute in einer vielfältigen Republik – und damit auch in einer konfliktträchtigen, die einer gemeinsamen republikanischen Identifikation mit unseren demokratischen Grundlagen bedarf. Dazu gehört zu allererst unsere gemeinsame Verfassung, in der die Achtung von Menschenwürde, Freiheit und Gleichheit, Rechtsstaat und Demokratie verbrieft sind. Wir können dafür nicht dankbar genug sein. Dazu zählt aber mehr als Gesetzesgehorsam, dazu gehört die Bereitschaft, sich einzumischen, sich gegenseitig zu respektieren, auch wenn man unterschiedlicher Auffassung ist, auch solidarisch mit denen zu sein, die es schwerer haben, gehört zu werden – und gemeinsam die Orte und Institutionen zu verteidigen, in denen sich unsere Demokratie ereignet und vollzieht. Diese »republikanische Leiterzählung« beschreibt – im Geiste unserer Verfassung – die Haltung sowie die kulturellen und sozialen Anforderungen an eine gemeinsame demokratische Praxis in unserem Land.

Eine gemeinsame demokratische Praxis der Bürgerinnen und Bürger ist nur möglich, wenn wir die liberale Demokratie in ihrer sozialen Dimension begreifen. Prekäre Lebenslagen, Furcht etwa, die Wohnung nicht mehr bezahlen, die Kinder nicht mehr versorgen zu können, hat oft den verbitterten Rückzug aus der Demokratie zur Folge, wie sich beispielhaft am Rückzug aus der Stimmabgabe bei Wahlen zeigt. Aus republikanischer Sicht ist es deshalb geboten, eine engere Verbindung von *Demokratie und Arbeitsgesellschaft* herzustellen. Die demokratische Reklamation der gleichen politischen Freiheit erfordert eine Arbeitswelt, deren materieller Ertrag ein selbstbestimmtes Leben ermöglicht und in der für alle neben der Arbeit und den familiären Verpflichtungen Zeit und Kraft für die politische Befassung mit den öffentlichen Belangen bleibt. Zu den Unterschieden der Lebenslagen gehört in unserem Einwanderungsland natürlich auch die Verschiedenheit der Herkunftsgeschichten und Prägungen, denen wir gerecht werden müssen. Denjenigen, die dauerhaft bei uns bleiben, steht nicht nur formal die deutsche Staatsangehörigkeit zu, ihnen gebührt dann auch sozial und kulturell die volle Anerkennung als Bürgerinnen und Bürger unserer Republik – mit den gleichen Möglichkeiten und der gleichen Verantwortung zur Mitwirkung. Eine gestärkte Republik ist eine gestärkte »Republik der Vielen«. Mehr als sechzig Jahre nach den Anwerbeabkommen mit Italien (1955), Spanien (1960), Griechenland (1960) und der Türkei (1961) müssen wir die unterschiedlichen Herkunftsgeschichten zum Teil unserer republikanischen Erzählung machen. Nicht einzelne »Menschen mit Migrationshintergrund« sind gekommen – wir alle sind Teil eines Landes mit Migrationshintergrund!

Dabei geht es um die Geschichten von Menschen, die unser Land entscheidend mit aufgebaut haben. Es liegt an unserer Demokratie und ihren Institutionen, die Türen in die Republik für die Bürgerinnen und Bürger mit unterschiedlichen Herkunftsgeschichten weit aufzumachen. Und es liegt an den Bürgerinnen und Bürgern, den gemeinsamen Raum der demokratischen Einmischung und Verantwortung zu betreten.

Es ist auch der *Glaube*, der unsere plurale Gesellschaft ausmacht. Zwar verliert die verfasste Religion in ihrer traditionellen volkskirchlichen Gestalt an Bedeutung, dennoch verstehen sich mehr als zwei Drittel der Menschen in unserem Land als religiös. Die heutige deutsche Gesellschaft ist nicht areligiös, sondern sie ist – obwohl mehrheitlich christlich – auch Heimat anderer Religionen. Die Religion als Thema ist in den letzten Jahren mit einiger Wucht in die öffentliche Auseinandersetzung zurückgekehrt. Ich finde es wichtig, dass wir auch die damit auftretenden religiösen Konflikte nicht unter den Teppich kehren, sondern sie in der Gesellschaft austragen – so offen wie möglich, aber auch mit Respekt vor anderen Lebensentwürfen, auch vor solchen, die wir in der Sprache des Alltags gern als »traditionell« oder »orthodox« bezeichnen. Wir müssen gemeinsam nach Lösungen suchen, Regeln unseres Zusammenlebens aushandeln, aber auch Grenzen ziehen, wo Würde und Integrität infrage gestellt werden. Das ist oft anstrengend, und es verlangt uns allen Toleranz und Kompromissbereitschaft ab. Aber das republikanische Miteinander von Menschen unterschiedlichen Glaubens kann nur gelingen, wenn wir einander zuhören und respektvoll miteinander streiten.

Die demokratische Kraft zur Transformation

Nicht nur unsere Gesellschaft steht vor gewaltigen Herausforderungen, auch unsere Demokratie. Der Begriff »Klimakrise« ist dabei fast noch eine Untertreibung. Denn der Klimawandel ist kein temporäres Phänomen, das wir bald wieder hinter uns lassen können. Wir stehen vor einer tiefgreifenden Transformation unserer Wirtschafts-, Arbeits- und auch Lebenswelt, die wir in weit größerem Tempo zu bewältigen haben, als wir es bei den bisherigen Transformationsprozessen des Industriezeitalters kannten. Dabei liegt eine Schlüsselfrage darin, wie wir die Kraft zur Veränderung mit der Kraft zum sozialen Zusammenhalt verbinden können. Eine benachbarte und mitunter vernachlässigte Frage ist dabei, wie wir uns als Demokratie unter dem Druck der Klimakrise behaupten können.

Es kommt zum einen darauf an, dass wir uns auf die *Problemlösungsstärken unserer Demokratie* besinnen: die gesellschaftliche Legitimation von Entscheidungen, der politische Wettbewerb um die beste Lösung, die Fähigkeit zur Selbstkorrektur, die Transparenz und Überprüfbarkeit von Fakten und wissenschaftlichen Positionen. Zum anderen ist in unserer Demokratie aber auch die Antwort enthalten, *was wir im Kampf gegen den Klimawandel behaupten wollen:* unsere Freiheit und unsere Gleichheit, heute und morgen. Deshalb wäre es verkürzt, die Notwendigkeit einer demokratischen Klimapolitik nur auf ihre Effektivität zurückzuführen; in ihr sind zugleich unsere Werte und unsere Ziele für die entschlossene Gestaltung einer nachhaltigen Zukunft beschrieben. Aus republikanischer Perspektive kommt es darauf an, dass wir die Klimafrage ins Zentrum der demokratischen Befassung holen. Die

Bürgerinnen und Bürger tragen die weitreichenden Entscheidungen nur gemeinsam und in Zuversicht mit, wenn sie sich auch als demokratisch Beteiligte an deren Aushandlung sehen.

Die Corona-Krise war und ist eine einschneidende gesellschaftliche Erfahrung der Gefährdung von Leben und Gesundheit sowie der Einschnitte in Freiheit und Zusammenleben. Für die Krisenresilienz unserer demokratischen Staatlichkeit, ihre Ausstattung mit belastbaren Infrastrukturen wie auch ihre Fähigkeit zur tätigen Vorausschau und Vorsorge handelte es sich dabei um eine Belastungsprobe, die nicht ohne Schlussfolgerungen bleiben darf. Unsere Demokratie muss die Kraft aufbringen, nachhaltige Lehren aus der Pandemie-Erfahrung zu ziehen. Das Corona-Virus wird so schnell nicht aus der Welt verschwinden, Wissenschaftler warnen vor der Gefahr weiterer Pandemien in einem »pandemischen Zeitalter«. In Anbetracht der notwendigen, aber durchaus einschneidenden Freiheitsbeschränkungen in der Notsituation der Pandemie scheint mir die entscheidende Lehre weniger in der Einschränkungsbereitschaft der Bürgerinnen und Bürger zu liegen, sondern vielmehr in der Möglichkeit, diejenigen Infrastrukturen nachhaltig zu verbessern, deren Mängel wir wie durch ein Brennglas gesehen haben.

Die Wirklichkeit in unserer Demokratie

Wir befinden uns im Zuge der Krisen auch in einer Neuvermessung des Verhältnisses von Demokratie und Wissenschaft. Wir sehen gerade in neuer Klarheit die Bedeutung der Naturwissenschaften für eine demokratische Problembewältigung. Wir haben in der Krise aber auch gelernt, die Sphären demokratischer Politik und wissenschaftlicher Erkenntnis deutlicher zu unterscheiden. Die demokratische Gewichtung unterschiedlicher Ziele wie auch die Abwägung unterschiedlicher Wege muss wissenschaftliche Erkenntnisse einbeziehen, Entscheidungen ergeben sich daraus aber nicht. Und manchen, die vielleicht die Hoffnung hatten, dass sich demokratischer Streit durch wissenschaftliche Erkenntnis aus-räumen lasse, will ich sagen: Die Vernunft und die Stärke unserer Demokratie beruht gerade in ihrer Kraft, um die beste Lösung zu ringen. Das gilt im Übrigen auch für den wissenschaftlichen Fortschritt selbst. Auch hier ist es selten die Übereinstimmung, sondern vielmehr der Wettstreit unterschiedlicher Positionen, der zu neuen, von allen anerkannten Erkenntnissen führt.

Die Grenze einer pluralen Demokratie wie auch einer pluralen Wissenschaft ist allerdings dort überschritten, wo bewusst Lügen verbreitet, Tatbestände manipuliert oder Wirklichkeit und Wahrheit ganz bestritten werden. Hannah Arendt hat vor mehr als fünfzig Jahren in ihrem berühmten Essay über »Wahrheit und Politik« keinen Zweifel daran gelassen, dass wir es mit einem »politischen Problem allererster Ordnung« zu tun haben, wenn die »faktische Wirklichkeit selbst« auf dem Spiel steht. »Meinungsfreiheit«, schrieb sie damals, »ist eine Farce, wenn die Information über die Tatsachen nicht garantiert ist.« Was aber bedeutet es für liberale Gesellschaften, wenn der öffentliche Meinungsstreit nicht mehr auf der Grundlage von allgemein anerkannten Fakten geführt wird, wenn die Trennlinie zwischen Tatsachen und Meinungen verschwimmt und behauptet wird, Fakten seien eben auch bloß Ansichtssache?

Als Garant für republikanische Informiertheit, vorinstitutionelle Debatte wie auch institutionelle Kontrolle ist eine *starke und unabhängige Medienlandschaft* unverzichtbar – öffentlich-rechtlich und privat –, in der nicht nur Fakten geprüft und aufgearbeitet, sondern in der auch unterschiedliche Einschätzungen und Perspektiven aufeinandertreffen und verhandelt werden. Viele Länder beneiden uns um die Medienqualität und Medienvielfalt unserer Republik. Das im Zuge der digitalen Transformation und der damit verbundenen Verschiebung der Machtverhältnisse zu erhalten und zu stärken, bleibt eine der großen Herausforderungen unserer Demokratie.

Wir sehen die Potenziale zur Herstellung neuer, digitaler Öffentlichkeit, aber wir sehen auch, wie gesellschaftliche Paralleluniversen wachsen, Realitäten verschwimmen und Diskurse verrohen. Die gesellschaftliche *Gestaltung der digitalen Öffentlichkeit* steht jedenfalls erst am Anfang und verdient unseren vollen Einsatz.

Treibmittel unserer Demokratie ist auch die *Kunst* als ästhetische Auskundschaftung des Möglichen und Neuen. Ob Literatur oder Musik, ob bildende oder darstellende Kunst: Kunst ist in unserer Gesellschaft kein elitäres Projekt für wenige, sondern sie begleitet die allermeisten Menschen auf die eine oder andere Weise in ihrem Alltag. Sie ist »Lebensmittel«, das haben wir in der Pandemie sehr deutlich gemerkt. Sie ist aber auch ein elementares Mittel unserer Demokratie: Gemachte Erfahrungen werden hier lebendig, andere Möglichkeiten sichtbar und neue Anordnungen erprobt. In der Kultur führt die Gesellschaft das ständige Gespräch mit sich selbst. Eine vielfältige Kulturlandschaft ist für uns unverzichtbar. Und auch hier beruht die Notwendigkeit des Dialogs zwischen Politik und Kunst gerade auf der deutlichen Unterscheidung der beiden Sphären. Kunst kann Denk- und Erfahrungsräume aufstoßen, die auch unseren politischen Horizont in der Demokratie erweitern. Sie tut das aber gerade dadurch, dass sie nicht auf irgendwelche Ziele verpflichtet ist, auch nicht auf Demokratie, Vernunft oder eine bestimmte Vorstellung vom guten Leben. Genau darin liegt ihre Kraft – für unsere Leben, aber auch für unsere Republik.

Die Zuversicht eines republikanischen Selbstbewusstseins

Die bloße Proklamation eines neuen republikanischen Selbstbewusstseins mag nochmals deutlich machen, dass zwischen dem aktiven Mitwirken der Bürgerinnen und Bürger und der gesellschaftlichen Bindekraft unserer demokratischen Institutionen ein Zusammenhang besteht. Ob es allerdings gelingt, diese Haltung tatsächlich aus dem Himmel der Ideen herab in die politische

Praxis zu holen, entscheidet sich an der *Arbeit an den konkreten Aufgaben*. Republikanische Leidenschaft ist für die Demokratie unverzichtbar, denn sie geht über die enge Kalkulation privater Interessen hinaus. Sie identifiziert sich mit der *res publica*. Sie nimmt Rücksicht, und sie schaut voraus. Sie fragt, was einem vielfältigen Ganzen nutzt und unsere Zukunft als Gesellschaft fördert. Sie ist aber mehr noch als eine Idee vor allem *ein Tun, eine Praxis*, deren Möglichkeit eine starke institutionelle und vorinstitutionelle Bedingung hat: das Bestehen pluraler und zugleich gemeinsamer Orte der Einmischung und Entscheidung.

Ein Republikanismus, der seine Stärke in einem restaurativen Zurücksetzen der Zeitläufte suchte, sich also gegen Individualisierung, Pluralisierung, Europäisierung oder Globalisierung stellte, würde nicht nur die Wucht dieser Entwicklungen völlig unterschätzen, er würde auch sein eigenes Ziel unterlaufen: die Festigung unserer liberalen Demokratie für die Zukunft.

Unsere Republik lebt hingegen von dem Stolz auf das gemeinsame Haus unserer demokratischen Institutionen, das wir in vielfältiger Gemeinsamkeit als politisch Freie und Gleiche bewohnen und instand halten. Es ist dieses republikanische Selbstbewusstsein, das unsere Demokratie in die Zukunft trägt – und zugleich ihre Abwehrkräfte stärkt!

WELCHE ZUKUNFT HAT DER WESTEN?

Von der Herausforderung unserer Werte

Heinrich August Winkler

Das unvollendete Projekt
Bemerkungen zur Krise der politischen Kultur des Westens

Historiker sind nach einem bekannten Wort von Friedrich Schlegel rückwärts gekehrte Propheten. Sie tun deshalb gut daran, sich als Futurologen eine gewisse Zurückhaltung aufzuerlegen. Auf die Frage, ob der Westen eine Zukunft hat, drängt sich einem Historiker zunächst die Gegenfrage auf, was es denn mit der Geschichte des Westens auf sich hat. Oder anders gewendet: Was meint der Begriff »Westen« eigentlich?

Gelegentlich liest man, der »Westen« sei ein Konstrukt aus der Ära des Kalten Krieges, der Zeit des Weltgegensatzes zwischen westlichen Demokratien und kommunistischen Systemen vom Ende des Zweiten Weltkriegs bis zum Untergang erst des Ostblocks, dann der Sowjetunion. Dafür scheint zunächst manches zu sprechen, aber eine solche Verortung greift bei genauerer Betrachtung denn doch zu kurz. Was man heute den Westen nennt, reicht in vielerlei Beziehung bis ins hohe Mittelalter zurück. Am Anfang war, so könnte man überspitzt formulieren, der Investiturstreit des späten 11. und frühen 12. Jahrhunderts, der mit einem historischen Kompromiss – der ansatzweisen Trennung der Sphären von Papst und Kaiser beziehungsweise Königen, also von geistlicher und weltlicher Gewalt – endete. Es war die erste in einer Reihe von Gewaltenteilungen, der die Trennung von fürstlicher und ständischer Gewalt, gipfelnd in der englischen Magna Charta von 1215, und später die von Montesquieu 1748 auf den Begriff gebrachte klassische Gewaltenteilung, die Trennung von gesetzgebender, ausführender und rechtsprechender Gewalt, folgten.

Es war nur das Europa der Westkirche, das lateinische Europa, das von dieser Tradition der Gewaltenteilung geprägt wurde, nicht das orthodoxe Europa, wo die geistliche Gewalt der weltlichen Gewalt untergeordnet blieb und das Gottesgnadentum des Monarchen bis zuletzt von ganz anderer Qualität war als im Westen. Die Entwicklung von einem rudimentären Dualismus zum institutionellen Pluralismus und zu einer Kultur des Individualismus hat nur der Westen Europas durchlaufen. Nur dieser Teil des alten Kontinents erlebte die Emanzipationsprozesse des späten Mittelalters und der frühen Neuzeit, die Renaissance und den Humanismus, die Reformation und die Aufklärung.

Zur Zeit von Montesquieu gab es neben dem alten, dem europäischen Westen längst einen neuen transatlantischen Westen. Dort, auf britischem Kolonialboden in Nordamerika, wurde mit der »Virginia Declaration of Rights« vom 12. Juni 1776, drei Wochen vor der amerikanischen Unabhängigkeitserklärung, die erste Menschenrechtserklärung der Geschichte verabschiedet. Die Idee der unveräußerlichen Menschenrechte wanderte wenig später dorthin, wo ihre geistesgeschichtlichen Wurzeln lagen: nach Europa. Die stark von amerikanischen Vorbildern geprägte Erklärung der Menschen- und Bürgerrechte durch die Nationalversammlung des revolutionären Frankreich vom 26. August 1789 war neben der Unabhängigkeitserklärung und der Verfassung der Vereinigten Staaten eine der klassischen Manifestationen des normativen Projekts des Westens: die Summe der politischen Errungenschaften der Aufklärung. Dazu gehören die Menschen- und Bürgerrechte, die Herrschaft des Rechts, die Gewaltenteilung, die Volkssouveränität und die repräsentative Demokratie.

Das normative Projekt des Westens war nie dasselbe wie die gesellschaftliche und politische Praxis des Westens. Zu den Unterzeichnern der ersten Menschenrechtserklärungen gehörten Sklavenbesitzer. Aber diese Erklärungen waren klüger als ihre oft in rassischen und männlichen Vorurteilen befangenen Verfasser. Auf den Fundamentalsatz, dass alle Menschen von ihrem Schöpfer mit gleichen Rechten geschaffen worden sind, konnten sich auch diejenigen berufen, die ganz oder teilweise von ihnen ausgeschlossen waren: die amerikanischen Ureinwohner etwa, die aus Afrika zwangsimportierten Sklaven und – was die Bürgerrechte angeht – die Frauen. Aus diesem Widerspruch zwischen Projekt und Praxis erklärt sich zu einem guten Teil die innere Dynamik des Westens in der Folgezeit oder, anders gewendet, die Verwandlung eines normativen Projekts in einen normativen Prozess.

Die Geschichte der westlichen Welt war seit den beiden atlantischen Revolutionen des späten 18. Jahrhunderts auf weiten Strecken dreierlei: erstens eine Geschichte von Kämpfen um die Aneignung oder Verwerfung der Ideen von 1776 und 1789; zweitens eine Geschichte gröbster Verstöße gegen diese Werte – Sklavenhandel und Sklaverei, Rassismus, Kolonialismus und Imperialismus –; drittens eine Geschichte von Selbstkritik und Selbstkorrekturen, also von Lernprozessen. Abgeschlossen ist diese Geschichte bis heute nicht.

In kaum einem Land des alten Westens war der Widerstand gegen einige der Ideen von 1776 und 1789 so hartnäckig und massiv wie in Deutschland. Es hatte zwar einen höchst aktiven Anteil an der europäischen Aufklärung, verweigerte sich aber einigen ihrer politischen Konsequenzen. Es brachte im 19. Jahrhundert eigene Formen von Rechtsstaat hervor, sperrte sich jedoch gegen die Ideen der Volkssouveränität und der repräsentativen Demokratie. Der Erste Weltkrieg wurde von deutschen Intellektuellen zum Kampf zwischen den westlichen Ideen von 1789 – also Freiheit, Gleichheit, Brüderlichkeit – und den angeblich überlegenen »deutschen Ideen von 1914« – Werten wie Ordnung, Zucht und Innerlichkeit – erklärt. Der Höhe- oder besser Tiefpunkt der deutschen Auflehnung gegen die politischen Ideen des Westens war die Herrschaft des Nationalsozialismus. Erst nach seiner Niederwerfung durch die Alliierten im Jahr 1945 vollzog sich im Westen des geteilten Deutschlands jene umfassende Öffnung hin zur politischen Kultur des liberalen und demokratischen Westens, gegen die sich nach dem Ersten Weltkrieg noch große Teile der deutschen Gesellschaft und nicht zuletzt der Eliten gewehrt hatten – eine Öffnung, die im Ostteil Deutschlands erst im Zuge der friedlichen Revolution von 1989 und der Wiedervereinigung stattfinden konnte.

Inzwischen wissen wir, wie viel Vergangenheit die Umwälzungen der Jahre 1989 bis 1991 überlebt hat. In einigen der Staaten, die erst nach dieser historischen Zäsur der Europäischen Union und dem Atlantischen Bündnis beigetreten sind, sind Parteien an die Regierung gelangt, die an alte Vorurteile gegen die liberale Kultur des Westens appellieren und im Zeichen einer »illiberalen Demokratie« dabei sind, die Unabhängigkeit der Gerichte und damit eine *conditio sine qua non* des Rechtsstaates Schritt für Schritt zu beseitigen. Der Anspruch der Europäischen Union, eine Wertegemeinschaft zu sein, wird durch die Liquidation wesentlicher Errungenschaften der friedlichen Revolution von 1989 auf geradezu existenzielle Weise herausgefordert.

Der »unipolare Moment«, in dem sich die Vereinigten Staaten und mit ihnen der demokratische Westen nach dem Zusammenbruch des Sowjetkommunismus angekommen wähnten, war nur von kurzer Dauer. Der 11. September 2001, der Tag der islamistischen Terroranschläge in New York und Washington, erscheint uns im Rückblick als eine erste Inhaltsanzeige des 21. Jahrhunderts: die Herausforderung des hochindustrialisierten Westens durch einen asymmetrischen Gegner, der höchste Irrationalität in der Gestalt eines fanatischen Erlösungs- und Vernichtungsglaubens mit höchster Perfektion in der Beherrschung moderner Technik verbindet. 9/11 zeigte die Verletzlichkeit des Westens. Die Art und Weise, wie die USA auf den Angriff von Al-Qaida reagierten, war geeignet, den Westen und seine Vormacht weiter zu schwächen. Der Krieg in Afghanistan – dem Land, das zur wichtigsten Operationsbasis der gefährlichsten islamistischen Terrororganisation geworden war – wurde zum längsten Krieg in der Geschichte Amerikas (und seiner nordatlantischen Bundesgenossen in der NATO) und brachte nicht das erhoffte Ergebnis: Die Taliban, die einstigen Schutzherren von Al-Qaida, haben inzwischen die Macht zurückerobert – eine schwere Niederlage nicht nur der Vereinigten Staaten, sondern des gesamten Westens.

Der zweite angebliche Anti-Terror-Krieg der USA, der gegen den Irak Saddam Husseins im Jahr 2003, verlief zwar militärisch erfolgreich, wurde aber zum politischen Debakel. Die Überzeugung von Präsident George W. Bush, ein islamisches Land wie der Irak ließe sich nach dem Vorbild Deutschlands (oder Japans) nach 1945 in eine pluralistische Demokratie westlicher Prägung verwandeln, war eine der groteskesten und ahistorischsten Fehleinschätzungen in der Geschichte von Großmächten. Nicht nur im Nahen Osten, sondern weltweit haben die Vereinigten Staaten dadurch drastisch an Prestige und weltpolitischer Bedeutung verloren – und mit den USA der Westen insgesamt.

Der islamistische Terrorismus ist in den ersten beiden Jahrzehnten des 21. Jahrhunderts nicht der einzige Widersacher geblieben, dessen sich der Westen zu erwehren hat. Inzwischen ist den USA in der Volksrepublik China ein Konkurrent und Rivale um die globale Vormachtstellung erwachsen, der eine weitaus höhere wirtschaftliche und technologische Leistungskraft entwickelt hat als die Sowjetunion in den sieben Jahrzehnten ihrer Existenz. Deren größter Nachfolgestaat, Russland, hat unter der Herrschaft Putins einen autoritären Transformationsprozess durchlaufen, der ein gewisses, wenn auch prekäres Maß an innenpolitischer Stabilität verbürgt und eine beträchtliche, häufig aggressive außenpolitische Dynamik erlaubt. Neben Russland sind auch in Indien und Brasilien nichtwestliche Machtzentren entstanden, die es nahelegen, von einer neuen multipolaren Weltordnung zu sprechen. Doch im Hinblick auf den immer dominanteren amerikanischchinesischen Gegensatz ist auch bereits von einer neuen Bipolarität die Rede – weniger ideologisch ausgerichtet als der Kalte Krieg in den viereinhalb Jahrzehnten nach dem Zweiten Weltkrieg, aber nicht minder konfliktträchtig.

Auch innenpolitisch sind die Demokratien des Westens schon längst nicht mehr in der vergleichsweise komfortablen Situation, in der sie sich im ersten Jahrzehnt nach 1989/90 befanden. Die Herausforderung durch nationalpopulistische Kräfte beschränkt sich nicht auf ostmitteleuropäische Länder wie Ungarn oder Polen. Auch in alten oder mittlerweile gefestigten jüngeren Demokratien verstehen sich vielbeschworene Werte des Westens wie die Hochschätzung von Toleranz und Pluralismus und die Einsicht in die Notwendigkeit von *repräsentativer* Demokratie, von *Checks and Balances* und obenan der richterlichen Kontrolle von politischer Macht nicht mehr von selbst. Den bisher krassesten Fall von Populismus an der Macht stellten die Vereinigten Staaten in der Ära Trump dar. Am Ende dieser Präsidentschaft war das weltweite Ansehen der USA so schwer erschüttert und der weitere Zusammenhalt des transatlantischen Westens so gründlich infrage gestellt wie noch nie zuvor.

Die Wahl Joe Bidens zum Präsidenten der USA im November 2020 hat die Stärke des anderen, des verfassungspatriotischen Amerika deutlich gemacht. Aber die innere Gefährdung der freiheitlichen Traditionen der ersten modernen Demokratie dauert an, und für nicht wenige Demokratien Europas gilt dasselbe: Der liberale Verfassungsstaat bleibt in der Gefahrenzone.

Den Höhepunkt seiner politischen und wirtschaftlichen Weltgeltung hat der Westen hinter sich. Europa hat seine dominierende Rolle in den beiden Weltkriegen des 20. Jahrhunderts eingebüßt; die Vereinigten Staaten sind nicht mehr die einzige globale Weltmacht; unter den Rivalen des Westens ist China an die erste Stelle gerückt. Die Europäische Union ist zwar zu einem globalen wirtschaftlichen, aber nicht zu einem weltpolitischen Machtfaktor aus eigenem Recht geworden. Sie bleibt militärisch auf die Partnerschaft mit den USA angewiesen. Ihre Handlungsfähigkeit wird durch nationale Egoismen geschwächt. Ihre demokratische Legitimation ist eine mittelbare: Sie hängt von der ihrer Mitgliedsstaaten ab. Das Wort von der (zu erstrebenden) Souveränität Europas führt deshalb in die Irre. Es verschleiert zum einen die strategische Bedeutung, die die Vereinigten Staaten für Europa nach wie vor besitzen, und zum anderen die Tatsache, dass es einen einheitlichen europäischen Souverän nicht gibt. Die EU ist weiterhin ein Staatenverbund postklassischer Nationalstaaten, die einen Teil ihrer Hoheitsrechte gemeinsam ausüben und einen anderen Teil auf supranationale Gemeinschaftseinrichtungen übertragen haben.

Dass der Westen aufgehört hat, die Welt zu dominieren, bedeutet nicht, dass sein normatives Projekt seine Legitimation verloren hat und keine Ausstrahlung mehr besitzt. Das Gegenteil ist der Fall. Nicht wenige nichtwestliche Staaten haben sich rechtsstaatliche Verfassungen nach westlichem Vorbild gegeben und praktizieren seitdem mehr oder minder konsequent Spielarten von pluralistischer Demokratie. Westliche Beispiele haben aber auch Menschen- und Bürgerrechtler in autoritären oder totalitären Regimen immer wieder ermutigt, ihrerseits individuelle Rechte und freiheitliche Verfassungen einzufordern. Ein besonders markantes Beispiel aus neuerer Zeit ist der chinesische Schriftsteller und spätere Friedensnobelpreisträger Liu Xiaobo, der zusammen mit fünftausend anderen Unterzeichnern der »Charta 08« im Jahr 2008 ein Manifest zur Durchsetzung des Rechtsstaates in China vorlegte und deshalb zu elf Jahren Gefängnis verurteilt wurde. Er starb 2017 in der Haft. In seine Fußstapfen traten Zehntausende von Demonstranten, die sich 2020 in Belarus gegen die diktatorische Herrschaft von Präsident Lukaschenko auflehnten und seitdem einer noch schärferen Repression als zuvor ausgesetzt sind.

Seit den Tagen von Präsident Woodrow Wilson, der im April 1917 die Parole ausgab, es gelte die Welt zu einer sicheren Heimstatt der Demokratie zu machen (»The world must be made safe for democracy«), haben sich Amtsnachfolger im Weißen Haus immer wieder zu der amerikanischen Mission bekannt, die Welt zu demokratisieren. Damit war nicht selten der Glaube verbunden, die entscheidende Voraussetzung für eine westlichen Vorstellungen entsprechende Entwicklung seien freie Wahlen. Auch westeuropäische Staats- und Regierungschefs ließen sich mitunter von dieser Hoffnung leiten.

Im Zuge des »Arabischen Frühlings« von 2011 zeigte sich, dass diese Erwartung illusorisch war. In Ägypten gingen im Januar 2012 aus den ersten freien Wahlen nach dem Sturz der Militärdiktatur von Präsident Hosni Mubarak die islamistischen Muslimbrüder als Sieger hervor. Ihre Politik der Unterdrückung aller säkularen Kräfte rief 2013 erneut das Militär auf den Plan, das bald noch repressiver regierte als unter Mubarak vor 2011. Dass auch Mehrheiten eine Tyrannei errichten können, ist keine neue Erkenntnis: Vor dieser Gefahr hatten im 19. Jahrhundert schon liberale Denker wie Alexis de Tocqueville und John Stuart Mill gewarnt. In den Jahren nach 2011 erwies sich erneut, dass liberale, pluralistische Demokratien auf einer Vielzahl von Voraussetzungen beruhen: Eine lebendige Zivilgesellschaft, der Respekt vor der Meinung und dem Glauben von Andersdenkenden und vor den Rechten der parlamentarischen Opposition wie von Minderheiten aller Art und ganz allgemein die Achtung der Rule of law gehören dazu – mithin alles, was im Begriff der politischen Kultur des Westens zusammengefasst wird.

Ohne die Trennung von geistlicher und weltlicher Gewalt, die Ur-Gewaltenteilung des westkirchlichen oder lateinischen Europa im hohen Mittelalter, hätte sich die politische Kultur des Westens nicht entwickeln können. Mit der zunächst nur ansatzweisen Trennung von geistlicher und weltlicher Gewalt zog ein Teil Europas Konsequenzen aus der kategorischen Unterscheidung von göttlichen und irdischen Gesetzen, die auf Jesus zurückgeht (»Gebt dem Kaiser, was des Kaisers ist, und Gott, was Gottes ist«). In letzter

Instanz ist es *diese* Unterscheidung, die die Emanzipation des Menschen und die Säkularisierung der Welt ermöglicht hat. Nur aufgrund *dieser* Differenzierung konnte sich jene individualistische und pluralistische Streitkultur entwickeln, die im Verlauf der Jahrhunderte für den Westen konstitutiv wurde.

Die christliche Prägung der Unterscheidung zwischen göttlichen und irdischen Gesetzen schließt Angehörige anderer Religionen nicht aus der politischen Kultur des Westens aus. Für das friedliche Zusammenleben von Menschen unterschiedlicher religiöser, ethnischer und kultureller Herkunft aber ist die Bejahung des säkularen Charakters der westlichen Demokratie unabdingbar. Die Menschen- und Bürgerrechte unter einen religiösen Vorbehalt, etwa die Scharia, zu stellen ist unvereinbar mit der politischen Kultur des Westens. Die Demokratien des Westens verlören ihre normative Glaubwürdigkeit, ließen sie in diesem Punkt irgendwelche Zweifel zu.

Das normative Projekt des Westens ist bis heute unvollendet, und das vor allem in Hinblick auf die schon 1776 propagierte Universalität der Menschenrechte. Westliche Demokratien können ihre Werte niemandem aufzwingen und nichtwestliche Gesellschaften nicht daran hindern, Fehler zu wiederholen, die sie aus ihrer eigenen Geschichte kennen. Sie sind auch gut beraten, wenn sie der nichtwestlichen Welt in Sachen Durchsetzung der Menschenrechte nicht mehr versprechen, als sie halten können.

Das Beste, was die Staaten des Westens für ihre Vorstellungen von einer menschenwürdigen Ordnung tun können, ist, sich selbst an ihre Werte zu halten und eigene Abweichungen von diesen Werten zu kritisieren und zu korrigieren. Eine Zukunft hat der Westen nur, wenn er sich seiner Vergangenheit stellt und erkennt, dass seine politische Kultur gegenwärtig weniger von außen als von innen, durch illiberale Kräfte unterschiedlicher Ausprägung, bedroht wird. Wenn die Demokratien des Westens ihre Werte wirksam verteidigen wollen, müssen sie damit zuhause beginnen.

45

Susan Neiman

Zu einer universalistischen Zukunft des Westens
Solidarität statt Toleranz

Die Frage nach der Zukunft des Westens stellt sich nur vor dem Hintergrund einer massiven Kritik. In den letzten beiden Jahrzehnten mehren sich Stimmen, die behaupten, der Westen habe keine Zukunft verdient. Diese Stimmen kommen keineswegs nur, oder gar hauptsächlich, aus dem Nicht-Westen, wie immer man diesen definiert. Eine erhebliche Zahl solcher Stimmen sind die von Europäern und Amerikanern, die die rassistische und kolonialistische Praxis der westlichen Geschichte kritisieren – und die Überheblichkeit, mit der der Westen trotz alledem seine vermeintliche Überlegenheit lange herausposaunte.

Die Fähigkeit zur Selbstkritik ist eine Tugend, die in vielen westlichen Traditionen mit Recht hochgehalten wird, und die gegenwärtige Kritik ist wichtig. Sie wird aber nur dann fruchtbar, wenn wir erkennen, dass der Kampf gegen den Rassismus und den Kolonialismus auch einer westlichen Tradition entstammt. Sonst droht die Kritik in eine pauschale Verdammung des Westens zu verfallen – eine Tendenz, die bei vielen postkolonialen Theoretikern zu bemerken ist. Doch das Muster: Barbarischer Westen im Gegensatz zum sanften, naturverbundenen Nicht-Westen, ist genauso binär und genauso falsch wie ältere Muster, die die Welt in den zivilisierten, fortschrittlichen Westen einerseits und die nichtwestlichen Barbaren andererseits einteilen wollten. Solche Gegensatzpaare passen nur zu einer Welt, die wie Carl Schmitt alles in Freunde und Feinde spaltet – ohne jede Hoffnung auf die Solidarität, die wir dringend brauchen, wenn wir den Herausforderungen des 21. Jahrhunderts gerecht werden wollen.

Der Begriff »Solidarität« ist aus der Mode gekommen. Ihm haftet ein Geruch Staatssozialismus an, oder bestenfalls jugendliche Erinnerungen an Bilder von erhobenen Fäusten. Statt an Solidarität zu appellieren, werden Rufe nach Toleranz immer häufiger. Doch was für ein Unterschied! Wofür wird das Wort »Toleranz« im Alltag benutzt? Wir tolerieren Kopfschmerzen, die trotz Aspirin nicht vergehen, laute Musik aus der Nachbarwohnung, Gestank in der Ecke des U-Bahnhofes, die Betrunkene zum Klo gemacht haben. Toleranz ist gefordert bei unangenehmen Zuständen, gegen die wir machtlos sind. Der philosophische Begriff der Toleranz wurde während der Religionskriege des 17. Jahrhunderts entwickelt, um eine sinnvolle Haltung zu empfehlen: Statt Ihren Nachbarn zu verbrennen, weil seine Heilsvorstellung nicht die Ihrige ist, sollten Sie ihn besser tolerieren. So unangenehm seine Vorstellungen sein mögen, kann keine Zwangskonversion sie ändern, und schließlich wird er dafür verdammt sein und nicht Sie. Doch eine bestimmte Heilsvorstellung zu tolerieren ist etwas völlig anderes als Toleranz ganzer Völker, Lebensweisen oder Hautfarben. Da ist nicht Toleranz, sondern prinzipiell Respekt und wenn nötig auch Solidarität angesagt.

Die Aufforderung zu Respekt vor und Solidarität mit Menschen, die man möglicherweise nie gesehen hat, hat mehr als eine Quelle. Alle drei monotheistischen Religionen wie auch der Buddhismus enthalten Strömungen, die in diese Richtung weisen. Doch der wichtigste philosophische Impuls dieses Universalismus kommt aus der europäischen Aufklärung.

Nichts ist heutzutage modischer, als die Aufklärung zu verwerfen. Vor einem Jahrhundert suchten Denker die Quelle unseres Unglücks in der Moderne. Heute werden sie spezifischer, wenn auch nicht genauer, denn die Tendenz, der Aufklärung unsere Misere anzulasten, basiert auf Textfetzen, die ohne Kenntnis der Zusammenhänge immer wieder zitiert werden. Wenn wir aber die Ideen der Aufklärung entsorgen, verlieren wir die wichtigsten normativen Ressourcen, die wir haben, und stehen mit leeren Händen vor den geistigen Aufgaben unserer Zeit.

Ohne Universalismus keine Solidarität; ohne Solidarität bleibt nur noch Toleranz, dieser schwache Begriff für Menschen, die zu machtlos sind, um missliche Zustände zu ändern. Doch gerade der Universalismus steht in Verruf, verlogen, wenn nicht leer zu sein: Denn es seien bloß die Interessen einer dominanten (westlichen) Kultur, die sich mit dem universalistischen Appell an eine abstrakte Menschheit besser durchsetzen kann.

Wie aber entstand der Universalismus-Begriff der Aufklärung? Wer die Aufklärung als naiv oder optimistisch bezeichnet, hat weder ihre Texte gelesen noch überlegt, aus welchen Zusammenhängen die Aufklärung überhaupt entstanden ist. Die Denker der Aufklärung wuchsen in einer Welt auf, die immer wieder von Religionskriegen erschüttert wurde. Zwei Drittel der Bevölkerung Brandenburgs fiel einem dieser Kriege zum Opfer. Noch häufiger als die Religionskriege waren Pandemien, gegen die es weder Schutz noch Behandlung gab. Frauen wurden regelmäßig als Hexen verbrannt, Männer für die Verfassung kritischer Schriften in Ketten gelegt, Folter wurde selbstverständlich als juristisches Mittel eingesetzt. Es sollte niemanden wundern, dass sich keine Epoche mehr Gedanken über das Wesen des Bösen machte.

Gerade in dieser gewalttätigen Umgebung war die Idee des Universalismus revolutionär, denn er setzte eine Würde voraus, die in jedem Menschen, unabhängig von National- oder Religionsgemeinschaft, vorhanden ist. »Die Würde des Menschen ist unantastbar« ist keine empirische Feststellung; denn wir wissen ja, wie oft diese Würde missachtet wird. Der Satz stellt vielmehr eine normative Forderung auf. Aus der Idee, dass alle Menschen den gleichen Anspruch auf Respekt vor dieser Würde haben, folgt keineswegs der Schluss, dass alle Menschen gleich sind. Unterschiedliche Kulturen und Geschichten fügen den abstrakten Knochen, aus denen die Abstraktion »Menschheit« gebaut wird, Fleisch und Blut hinzu. Dennoch ist die Fähigkeit, aus der Vielfalt der Menschheit Gemeinsamkeiten zu abstrahieren, die Grundlage der Solidarität.

Aus derselben Fähigkeit entspringt der Begriff des Menschenrechts. Auch die Idee dieses Rechts ist nicht empirisch, sondern normativ: eine moralische Forderung, dass Machtansprüche nicht das letzte Wort haben sollen. Rechte sollen der Macht eine Grenze setzen. Denken wir an die Umstände, aus denen der Begriff hervorgegangen ist: Wenn der Bauer das Reh des Grafen für sich nahm, wurde er hingerichtet. Wenn der Graf das Tier, die Arbeitskraft oder die Tochter des Bauern für sich nahm, war das rechtens. Allerdings wurde der Begriff der Menschenrechte oft genug missbraucht, um Machtansprüche zu verschleiern. Hier kann George W. Bushs Irakkrieg als jüngstes Paradebeispiel dienen, doch das Problem wurde schon in Platons *Der Staat* erörtert. Dort behauptet der junge Sophist Thrasymachos, dass alle Gerechtigkeitsansprüche nichts als verschleierte Machtansprüche sind. Solche nihilistischen Schlussfolgerungen gibt es bei so unterschiedlichen Denkern wie Carl Schmitt und Michel Foucault, beide Ziehväter vieler theoretischer Strömungen, die sich heute als links verstehen. Doch diese sollten sich eher fragen, ob eine linksliberale Geisteshaltung ohne einen Rechtsbegriff, der wenigstens versucht, reine Machtansprüche einzugrenzen, überhaupt möglich ist. Nur wenn wir die Idee universaler Menschenrechte aufrechterhalten, können wir überhaupt daran arbeiten, die Kluft zwischen Macht und Recht zu verkleinern.

Aufklärungsgegner heute behaupten aber, dass der abstrakte Begriff der Menschenrechte erfunden wurde, um der nichteuropäischen Welt europäische Werte und Normen aufzudrücken. Die angeblich universellen Rechte seien bloß Deckmäntel für die Interessen weißer Männer, die die Welt beherrschen wollten, und seien somit ein Instrument des Kolonialismus.

Die Kritik ist im Grunde genommen eine Wiederholung jener, die bei den vorsokratischen Sophisten zu finden ist. Wer glaubt, dass es keine Rechts-, sondern nur Machtansprüche gibt, findet dafür vielerorts Bestätigung. In Bezug auf die Aufklärung aber ist der Vorwurf besonders absurd, er ist nicht einfach falsch, sondern stellt die Fakten auf den Kopf. Es war die Aufklärung, die die Kritik am Eurozentrismus ja überhaupt erst erfunden hat. Sie empfahl den Europäern, von anderen Völkern zu lernen, und hat ihre Kritik europäischer Zustände oft gerade aus der Perspektive anderer Kulturen formuliert. So benutzte Montesquieu fiktionalisierte Perser, um die Pariser Gesellschaft zu persiflieren, Diderot stellte Tahiti gegen patriarchalische europäische Sitten, Voltaires schärfste Kritiken an der Kirche wurden wahlweise in den Mund eines chinesischen Kaisers oder eines indigenen südamerikanischen Priesters gelegt. Denn wenn die Kritik im eigenen Namen ausgesprochen wurde, lauerte Gefahr. 1723 befahl Friedrich Wilhelm I., dass Christian Wolff seinen Lehrstuhl, die Stadt Halle und ganz Preußen binnen 48 Stunden zu verlassen habe. Wolff, der Konfuzius und Menzius studierte, hatte die Chinesen als lebendigen Beweis dafür angeführt, dass Moral auch ohne Christentum funktioniert. Das galt als Atheismus, und darauf stand die Todesstrafe.

Die Aufklärer haben es nicht dabei belassen, von anderen Kulturen zu lernen. Sie verurteilten den Kolonialismus aufs Schärfste. Passagen, in denen Diderot die indigenen Völker Südafrikas aufforderte, die kolonisierenden Holländer mit Giftpfeilen zu vernichten, könnte man mit Texten von Franz Fanon verwechseln, wären die Waffen bei Diderot moderner. Kant gratulierte den Chinesen und Japanern zu ihrer Weisheit, den Europäern die Einreise zu verbieten. Er nannte Kolonialismus ein Übel – ein Wort, das er selten benutzte – nicht nur für hochentwickelte Kulturen wie die chinesische. Auch die Rechte indigener Völker hat er vehement verteidigt, und er verurteilte die damals geltende Eigentumstheorie, der zufolge Jäger und Sammler keine Rechte auf ihre Länder hatten.

Wenn die Antikolonialisten von heute zu Recht darauf bestehen, dass wir die Welt auch aus nichtwestlichen Perspektiven betrachten, folgen sie einer Tradition der Aufklärung, die auf Montesquieu zurückgeht. Warum sind sie nicht bereit, die Wurzel ihrer Kritiken in der Aufklärung zu erkennen? Einige zeitgenössische Beschreibungen von Nichteuropäern muten uns heute zwar unangenehm an, die Reiseberichte von damals wirken oft karikaturhaft. Im Gegensatz zu vielen heutigen Kritikern waren den Aufklärern aber die Grenzen ihrer Kenntnisse bewusst. Rousseau beklagte, dass das europäische Verständnis von ganz Afrika auf Berichte beschränkt sei, die von Reisenden geschrieben wurden, »die lieber ihre Taschen als ihre Köpfe füllen«. Kant wies auf gegensätzliche ethnografische Schriften hin, um zu beweisen, dass man daraus nicht auf eine Überlegenheit der Europäer schließen dürfe. Auch wenn sie wussten, dass ihre empirischen Kenntnisse keine endgültigen Urteile über andere Erdteile legitimierten, haben viele Aufklärer die Vorurteile über Nichteuropäer aufs Schärfste kritisiert. Hier schreibt Diderot über die Spanier, die Mexiko kolonisierten: »Sie bildeten sich ein, dass die Leute keine Regierung hatten, weil die Regierung nicht von einem Menschen abhing; keine Zivilisation, weil sie anders war als die Zivilisation Madrids; keine Sitten, weil sie eine unterschiedliche Religion hatten; und keinen Verstand, weil sie anderer Meinung waren.«

Angesichts solcher Passagen – und ähnlicher, die Kant, Rousseau, Diderot, Voltaire und weniger bekannte Aufklärer geschrieben haben, verwundert es, dass die Aufklärung heute als Quelle von kolonialistischem Denken betrachtet wird.

Liegt diese Verdrehung am allgemeinen Bildungsmangel? Sicherlich spielt er eine Rolle, doch eine andere Erklärung liegt auf der Hand. Zunächst aber müssen wir uns daran erinnern, dass Imperien nicht in der europäischen Moderne erfunden worden sind. Die Chinesen schufen Imperien wie auch die Assyrer, die Azteken, die Khmer, die Malien, die Mongolen, die Mughals und natürlich die Griechen und Römer. Seit den Anfängen der Geschichte haben stärkere Völker schwächere kolonisiert mit unterschiedlichen Graden von Unterdrückung und Brutalität. Alle haben aber Recht und

Macht gleichgesetzt – das heißt ihre Imperien ohne jeden Rechtsbegriff aufgebaut. Für sie war es selbstverständlich, dass größere Nationen die kleineren verschlingen – so selbstverständlich, wie der Graf den Bauern verschlingen konnte.

Gelegentlich wurde die Brutalität der Kolonisierung kritisiert, wie es der spanische Priester Bartolomeo de Las Casas (1484–1566) tat. Doch Las Casas forderte bloß eine mildere, gütigere Form der Kolonisierung, nicht deren Abschaffung. Erst die Denker der Aufklärung plädierten dafür, auf Basis universeller Menschenrechte jede Form der Kolonisierung abzuschaffen.

Durchgesetzt haben sie sich nicht. Die europäische Kolonisation, die im 18. Jahrhundert begann, wuchs im darauffolgenden Jahrhundert rasant. Die aufgeklärte Kritik am Kolonialismus hat ihr Ziel nicht erreicht, sondern nichts als ein schlechtes Gewissen produziert. Zum ersten Mal in der Geschichte mussten die Kolonialmächte sich rechtfertigen. Weder die Römer noch die Azteken spürten ein Bedürfnis, ihre Eroberungen zu legitimieren oder ihren Untertanen weiszumachen, dass die Kolonisierung in deren Interesse sei. Nach der aufgeklärten Kritik an der Kolonisierung konnte aber kaum jemand übersehen, dass die Eroberung anderer Länder eine Verletzung eben der Ideale von Recht und Freiheit war, die die Europäer für sich selbst beanspruchten. Und so wurde behauptet, dass fremde Länder gerade deshalb übernommen wurden, um deren primitive Einwohner just mit den Idealen zu beschenken, die die Aufklärung verteidigt. Die großen Denker der Aufklärung hätten diese Lüge durchschaut, aber sie waren einfach nicht mehr da.

Der spätere Missbrauch der aufgeklärten Kritik am Kolonialismus ist somit der einzige halbwegs vernünftige Grund, der Aufklärung Verantwortung für den Kolonialismus anzulasten. Nun habe ich also argumentiert, dass nicht die Aufklärung selbst, sondern ein perfider Missbrauch von deren Ideen dafür verantwortlich war. Das mag zwar Historiker interessieren, doch hat es eine Bedeutung für unsere Zukunft?

Keiner zweifelt heute daran, dass die Zukunft des Westens international sein muss. Wenn die Hoffnung auf Solidarität nicht dafür ausreicht, muss die Angst vor dem Untergang herhalten: Spätestens seit der doppelten Bedrohung durch Pandemie und Klimakrise wissen wir, dass kein Erdteil allein durchkommt.

Das bedeutet: Das normative Projekt kann zwar kein Projekt des Westens allein sein, aber es kann auch nicht ohne den Westen auskommen. Doch ein Westen, der ausschließlich von Schuld befangen ist, wird weder dem Westen noch dem Rest der Welt viel nutzen: Überheblichkeit mit permanenter Zerknirschung zu ersetzen ist nur eine hilflose Umkehrung.

Auch wenn die Aufklärung den Kolonialismus nicht beenden konnte, hat sie zum ersten Mal in der Geschichte die Grundlage für dessen Abschaffung geliefert: mit dem Begriff der universellen Menschenrechte und den richtigen Schlussfolgerungen daraus. Darüber hinaus haben diese Prinzipien die Wirklichkeit von Millionen Menschen verändert. Zwar wurden diese Prinzipien nie vollkommen umgesetzt. Aber wer wegen der ungenügenden Umsetzung das ganze Projekt verwerfen will, sollte einen versklavten Menschen in Indien oder Mauretanien nach seinen Lebensumständen fragen, eine Frau in Saudi-Arabien oder Afghanistan, einen Schwulen oder eine Lesbierin in Iran oder Uganda. Wir im Westen können die Leistungen der Aufklärung nur deshalb geringschätzen, weil wir sie seit ziemlich langer Zeit genießen.

Die Aufklärung ist keine bloße Erfindung des Westens; ähnliche Ideen finden sich in Indien wie in Afrika, womöglich auch in anderen Kulturen. Europa war aber der Ort, wo diese Ideen am gründlichsten ausgearbeitet wurden, auch wenn Europa heute nur mehr zögernd dazu steht. Doch diese Ideen sind eine Stärke, auf die wir zusammen mit anderen bauen können. Selbstbewusstsein im doppelten Sinn – als Reflexion unserer Geschichte, aber auch als bescheidener Stolz – brauchen die westlichen Intellektuellen, wenn sie in der Lage sein wollen, einen Beitrag zur Zukunft zu leisten.

Parag Khanna

Eine glaubhafte Führungsrolle
Von Aufwand und Ertrag der Demokratie

Als Francis Fukuyamas bahnbrechender Essay *Das Ende der Geschichte?* im Jahr 1989 erschien, stand ein Fragezeichen im Titel – und zwar zu Recht. Es war eine vorsichtige Hypothese, die Fukuyama damals aufstellte, und keineswegs die lautstarke Behauptung, die ihm in den Jahren darauf unterstellt wurde. Die Wahl des Interpunktionszeichens sollte sich als weitsichtig erweisen, denn inzwischen ist klar, dass die Zukunft des Westens mit einem Fragezeichen versehen ist, während eine neue Phase der Geschichte kraftvoll Gestalt annimmt.

An tiefgreifenden historischen Wendepunkten postulieren wir reflexartig einen deutlichen Bruch mit der Vergangenheit und küren unter konkurrierenden Systemen Gewinner und Verlierer. Fukuyama glaubte, der liberale demokratische Kapitalismus des Westens aus der Zeit nach dem Kalten Krieg mit den siegreichen Vereinigten Staaten im Zentrum sei als Modell über jeden Zweifel erhaben. Andere Systeme stünden entweder am Rande des Zusammenbruchs – maßgeblich der Kommunismus sowjetischer Prägung – oder seien von Langeweile geprägt. Die Berühmtheiten, auf die sich Fukuyama beruft – Georg Wilhelm Friedrich Hegel, Max Weber, Alexandre Kojeve –, hatten ihre Zeit jeweils als »Ende der Geschichte« erlebt. Im Falle Hegels und Webers war es die postnapoleonische Ära des 19. Jahrhunderts und der zentralistische preußische Staat, der sie beherrschte.

Doch die globale Hierarchie ist 1989 nicht erstarrt, wie Fukuyama es vorhergesagt hatte. Vielmehr hat sich seither eine Landschaft herausgebildet, die von mindestens vier in sich geschlossenen und lebensfähigen globalen Führungszentren geprägt ist: den Vereinigten Staaten, Europa, China und dem demokratischen Asien (insbesondere dem aufkeimenden Bündnis zwischen Japan, Australien und Indien). Wir leben heute in einer multipolaren Welt – geopolitisch wie ideell. Jedes dieser Zentren sieht sich selbst angesichts der Ungewissheit, die die anderen Pole trübt, als besseren Anker globaler Stabilität. Naturgemäß verfügt in dieser Situation noch keines der Machtzentren über ausreichend Glaubwürdigkeit, um sich gegen die anderen durchzusetzen – schon gar nicht die liberale Demokratie westlicher Prägung.

Die Corona-Pandemie hat die Kompetenz von Regierungen und die gesellschaftliche Solidarität vor einzigartige Herausforderungen gestellt. Regierungen überall auf der Welt sollten für die Eindämmung eines Virus sorgen, das alles bedrohte – das Leben der Menschen und ihre Existenzgrundlagen. Westliche Länder, von denen es hieß, sie seien bestmöglich vorbereitet auf Krisen der öffentlichen Gesundheit, scheiterten an dieser Prüfung kläglich. In den liberalen Demokratien wurde so gut wie jede Maßnahme der Pandemiebekämpfung – sei es die Maskenpflicht, der Lockdown, die Impfstoffproduktion oder die Öffnung von Schulen – von politischen Querelen begleitet. In der Öffentlichkeit und unter Fachleuten wurde aufgeregt darüber debattiert, wer die Zahl der Covid-19-Toten oder die Auswirkungen der Krise auf den Aktienmarkt am besten vorhergesagt hatte, während vergleichsweise wenig unternommen wurde, um Menschenleben zu retten und das soziale Gefüge zu erhalten.

Während die Politik die Maßnahmen zur Pandemiebekämpfung ausbremste, machten staatliche Institutionen deutlich, wie wichtig Fachwissen und eine unabhängige Verwaltung sind. In Amerika kartierten Wissenschaftler des National Institute of Health und des National Institute of Allergy and Infectious Diseases (NIAID) virale Proteine, die Operation »Warp Speed« stellte Mittel für Biotech-Unternehmen bereit, um die Entwicklung von Impfstoffen voranzutreiben, und eine breite weltweit aktive öffentlich-private Koalition rief mit COVAX eine Initiative ins Leben, mit der die Verteilung von Impfstoffen an ärmere Länder gesichert werden sollte. Abgesehen von NIAID-Direktor Anthony Fauci erfuhren nur wenige der Beteiligten in der Öffentlichkeit oder in den »Chattering Classes« Anerkennung für ihr Tun. Leider hatten weder Fauci noch seine Kolleginnen und Kollegen im Westen die Befugnis, politische Entscheidungen zu treffen, die Hunderttausende Todesopfer hätten verhindern und die Pandemie wahrscheinlich deutlich schneller beenden und zu einem besseren Abschluss hätten bringen können.

Das hätte auch anders laufen können. In Teilen Asiens sind Fachleute und Wissenschaftler längst intensiv in die Gestaltung der Politik eingebunden. Von Taiwan über Südkorea bis Singapur werden Ärzte, Ingenieure und andere Fachleute in die wichtigsten Ämter gewählt und leiten Fachbehörden. In der öffentlichen Verwaltung zu arbeiten, gilt in diesen Ländern als Berufung, direkte Verbindungen zwischen Wirtschaft und Politik gibt es kaum. Transparenz wird großgeschrieben, die Korruptionszahlen sind niedrig. Was diese drei asiatischen Staaten – und andere mit extrem geringen Covid-19-Todeszahlen – verbindet, ist ihre starke technokratische Ausprägung.

Einfach gesagt: Technokratien schneiden in Krisenzeiten besser ab, gut ausgebildete Bürokraten tendieren sogar dazu, proaktiv zu handeln mit dem Ziel, Krisen gänzlich zu vermeiden. Dies zeigte sich auch in der Pandemiepolitik dieser Länder und darin, wie sie mit wirtschaftlichen Erschütterungen umgehen. In Asien handelt man nach dem Vorsorgeprinzip: Lieber in die Vorbeugung investieren, so dass die Behandlungskosten nicht aus dem Ruder laufen, was sich in der Vorausschau wie auch im Nachhinein als überlegener Ansatz erweist.

Liberale Traditionen sind an und für sich eine solide Grundlage für Freiheit und Demokratie, sie sind jedoch keine Garantie für eine gute Regierungsführung, nicht in guten Zeiten, wenn sich eine Gesellschaft auf der Trägheit vergangener Erfolge ausruhen kann, und schon gar nicht in schlechten Zeiten, wenn Stillstand und Ungleichheit die tiefergehende institutionelle Fäulnis des Systems offenbaren.

SARS-CoV-2 ist nicht die einzige Gefahr, die deutlich macht, dass komplexe globale Herausforderungen die meisten liberaldemokratischen Systeme überfordern. Auch beim Klimawandel, der Regulierung des Internets und der Massenmigration lässt der Westen eine schlüssige Vision vermissen, verfolgt widersprüchliche politische Ziele und versäumt, den eigenen Worten Taten folgen zu lassen. Anstatt Expertinnen und Experten in die Lösung so vielfältiger komplexer Probleme einzubeziehen, pflegen populistische Dilettanten wie der britische Premierminister Boris Johnson und der ehemalige US-Präsident Donald Trump diese zu verhöhnen, egal um welches Thema es gerade geht – ob Brexit, China-Zölle oder Corona-Pandemie –, und dabei das öffentliche Wohl dem eigenen politischen Vorteil zu opfern. Sie riskieren damit, dass sich in ihrer jeweiligen politischen Kultur Misstrauen gegenüber dem Fachwissen einnistet. Inzwischen steht die Rechtmäßigkeit ihrer Wahlen infrage, da technische und soziale Medienmanipulationen im Spiel gewesen sein könnten, was Populismus und Verschwörungstheorien Vorschub leistet. Diese untergraben unweigerlich das Vertrauen in die Regierungen, selbst wenn diese in der Lage sein sollten, ihre Befähigung zu besserem Regierungshandeln unter Beweis zu stellen. Die strategisch relevantesten Themen, die die Zukunft des Westens betreffen – Klimawandel, Einwanderung, Ungleichheit und Geopolitik –, erfordern sämtlich technokratische Ansätze und keinen Populismus ohne faktenbasierte Grundlage. Wenn die Fehlertoleranz auf null sinkt, sind immer die Technokraten gefragt.

Auch wenn sie das Scheitern des Westens in diesen maßgeblichen Bereichen nicht genau verfolgen, sind weite Teile der Weltbevölkerung – insbesondere in Asien, aber auch anderswo – längst davon abgekommen, den Westen politisch nachahmen zu wollen, wenngleich die technologische Innovationskraft und die unternehmerische Kultur des Westens nach wie vor weithin Bewunderung genießen. Gesellschaften, die eine Modernisierung durchlaufen, wissen, dass politische Stabilität die wesentliche Grundlage für Fortschritte in anderen Bereichen ist, und bevorzugen daher ein gesünderes Gleichgewicht zwischen demokratischem Willen und technokratischer Führung. Während sich der Rest der Welt in dieser Frage einig zu sein scheint, ist unklar, ob im Westen noch weitgehend Einigkeit über die eigene Position besteht.

Jeder von uns, der sich noch gut an den Fall der Berliner Mauer und den Zusammenbruch der Sowjetunion erinnert, ist in einer Welt aufgewachsen, in der der Westen geopolitisch geeint war und ideologisch geschlossen auftrat. Die transatlantische Achse war der beherrschende militärische, politische und wirtschaftliche Anker der Welt. Die Unterschiede zwischen einzelnen Regierungsformen bestanden lediglich in Nuancen und waren nichts, was spaltete. Kooperation nach innen und Koordination nach außen waren die Regel. Drei Jahrzehnte später lässt sich das nicht mehr behaupten. Tatsächlich müssen wir uns ehrlich fragen – und ermessen –, inwieweit »der Westen« noch als in sich schlüssiges Konzept taugt, und zwar intellektuell wie in praktischen Fragen.

Allzu oft wird der »Westen« mit dem anglo-amerikanischen Nexus gleichgesetzt, der die strategische Agenda bestimmt und – dank der englischen Sprache – dessen globales Megafon beherrscht. Dabei sind die USA und das Vereinigte Königreich weit davon entfernt, repräsentativ für die Gesellschaften, die politische Kultur und die sozioökonomischen Modelle des Westens zu sein. Tatsächlich sind sie in vielerlei Hinsicht dessen hässlichste Erscheinungen. Fanatischer Populismus und soziale Polarisierung, schwache soziale Sicherheitsnetze, gnadenloser Finanzkapitalismus und ein gering ausgeprägtes Vertrauen in immer schwächere öffentliche Institutionen sind Markenzeichen Amerikas und Großbritanniens, nicht Kanadas, Frankreichs oder Deutschlands. Echte parlamentarische Mehrparteiensysteme – Italien, die Niederlande und andere europäische Länder etwa – sind nie von einer zentristischen Politik abgerückt oder wieder dahin zurückgekehrt, die USA und das Vereinigte Königreich hingegen verharren zwischen extremen Schwankungen und Strömungen. Während es angesichts der anglo-amerikanischen Volatilität wenig zu bewundern gibt, bieten die bescheideneren und utilitaristischen Regierungsstile, die in Europa nach wie vor die Regel sind, viele Vorzüge.

Um sich stichhaltig über die Zukunft des Westens äußern zu können, sollte man also mindestens vier geografische oder strukturelle Unterregionen unterscheiden: die anglo-amerikanische Zone, Westeuropa und Kanada, Osteuropa sowie Australien und Neuseeland. Aus Sicht der politischen Doktrinen hat jede dieser Zonen ihre eigenen Sensibilitäten, Prioritäten und Zielsetzungen. Osteuropa zum Beispiel ist offensichtlich noch immer anfällig für halb autoritäre Übergriffigkeiten, die von westeuropäischen Mächten allenfalls gerügt werden. Nach Trump und dem Brexit haben sich aber auch die USA und Großbritannien Kontinentaleuropa entfremdet. Australien und Neuseeland wiederum sind vorbildliche parlamentarische Demokratien mit robusten und hoch angesehenen professionellen öffentlichen Diensten – übernehmen aber auch strengere asiatische Praktiken und ahmen sie in gewisser Weise sogar nach, wie die Lockdown-Maßnahmen während der Corona-Pandemie und die australischen Internetvorschriften deutlich machen.

Könnte der unaufhaltsame Übergang hin zu einer wettbewerbsorientierten multipolaren Ordnung die Einheit des Westens vielleicht sogar neu beleben – ungeachtet der aktuellen zentripetalen kulturellen Tendenzen? Ein gemeinsames Misstrauen gegenüber Russland und eine noch größere Besorgnis in Bezug auf China geben reichlich Anlass zu Optimismus, auch wenn sich die westliche Strategie in beiden Fällen erst noch bewähren muss. Selbst die

Fähigkeit des Westens zu gemeinsamem Handeln hat angesichts der aktuellen Herausforderungen abgenommen. Der von den USA geführte NATO-Einsatz in Afghanistan ist am Ende katastrophal gescheitert, und der Westen hat seine kritischen Infrastrukturen gegen wiederkehrende Cyberangriffe aus Russland, China, Iran und Nordkorea noch immer nicht abgesichert.

Im Falle Chinas gibt es jedoch klare Anzeichen für eine einheitlichere Front. G7-Beamte sprechen von China als »strategischem Rivalen«, haben Pläne initiiert, die darauf zielen, mit demokratischen und anderen chinafeindlichen Mächten im indo-pazifischen Raum zu kooperieren, und einen »Build Back Better World«-Rahmen (B3W) formuliert, der Chinas Initiative für eine Neue Seidenstraße (Belt and Road Initiative, BRI) Konkurrenz machen soll. Sowohl die USA als auch Europa verschärfen derzeit die Beschränkungen für chinesische Investitionen in sensiblen Technologiebereichen, zwangen Italien zum Ausstieg aus der BRI und kamen Peking beim Erwerb der Kontrolle über den italienischen Hafen von Triest zuvor.

Beim Umgang der transatlantischen Mächte mit China zeigen sich jedoch noch Mängel in der Abstimmung. Während die Amerikaner von einem »neuen Kalten Krieg« sprechen und Washington versucht, Investitionen der Wall Street in Festland-China einzuschränken, lässt sich Europa stärker von kommerziellen Erwägungen leiten, drängt auf eine Ausweitung und zunehmend beidseitige Ausrichtung des Handels und verfolgt zudem den Ausbau der Onshore-Finanzgeschäfte in China. In Asien hat Europa Freihandelsabkommen mit Japan, Südkorea, Vietnam und Singapur geschlossen – und strebt noch umfangreichere Handelsabkommen mit den ASEAN-Staaten und Indien an –, während die USA dem Abkommen über die Transpazifische Partnerschaft bisher nicht beigetreten sind. All dies deutet darauf hin, dass – selbst wenn wir von einem formal und inhaltlich immer noch erkennbaren Westen sprechen – doch offen ist, ob dieser Westen als in sich schlüssiger kollektiver Akteur auf der globalen Bühne auftreten kann.

Wenn die westlichen Mächte – sowohl einzeln als auch gemeinsam – ihre Glaubwürdigkeit und ihren Einfluss wiederherstellen wollen, müssen sie sich nach innen auf eine bessere Regierungsführung konzentrieren und nach außen dafür sorgen, dass globale öffentliche Güter zuverlässig bereitgestellt werden.

Nach dem Corona-Schock hängt wohl niemand mehr der Illusion an, dass nur die Demokratie Sicherheit und Wohlstand gewährleistet. Wir dürfen Politik nicht mehr mit Regierungsführung, Demokratie mit Umsetzung und Verfahren mit Ergebnissen verwechseln. Der »Wille des Volkes« bedeutet nicht, dessen Wünsche immer wieder nachzubeten, ohne Ergebnisse zu erzielen. Die Demokratie muss auch liefern, wenn sie bewundert werden will. Wahlen sind ein Instrument der Rechenschaftspflicht, kein Mittel zur Umsetzung von Wahlversprechen. Die aufgewendete Legitimität der Demokratie kann niemals die erzielte Legitimität, die sich aus der Bereitstellung grundlegender Güter ergibt, aufwiegen.

Das bedeutet, dass die westlichen Gesellschaften die Maßstäbe, an denen sie sich messen, in eine eher technokratische Richtung verschieben müssen, die gleichermaßen auf Aufwand und Ertrag ausgerichtet ist. Ihre Legitimität muss sich sowohl aus dem Verfahren zur Wahl der jeweiligen Regierung als auch der Umsetzung dessen, was die Bürgerinnen und Bürger sich wünschen, speisen: eine solide Infrastruktur, öffentliche Sicherheit, saubere Luft und sauberes Wasser, zuverlässige Verkehrsmittel, Gestaltungsspielräume für Unternehmen, gute Schulen, hochwertigen Wohnraum, verlässliche Kinderbetreuung, Meinungsfreiheit, Zugang zu Arbeitsplätzen und so weiter. Folgt man der technokratischen Geisteshaltung, sind Verzögerungen bei der Erledigung dieser Dinge an sich schon eine Form der Korruption. Anstelle permanenter Schuldzuweisungen und einer Akzeptanz des Stillstands als Regelfall geht es guten Technokratien immer darum, Probleme zu lösen – die bestehenden ebenso wie die der Zukunft.

Wenn es um Global Governance geht, muss der Westen nicht nur ein Modell, sondern auch eine zugängliche Plattform bieten, über die sich andere anschließen können, sei es nun in Hinblick auf militärische Beziehungen, technologische Standards, Finanzsysteme, saubere Energiedienstleistungen oder Bildungsmöglichkeiten. Es gibt inzwischen einen umkämpften geopolitischen Markt. Mächte wie China arbeiten tatkräftig darauf hin, in jedem dieser Bereiche Standards zu setzen und Waren anzubieten. Viele Länder streben das angebotsorientierte Wachstum, die Industriepolitik und die Full-Service-Apps Chinas an, selbst wenn sie nicht wie China regiert werden wollen. Da China inzwischen jedoch die größte Volkswirtschaft der Welt und der wichtigste Handelspartner der meisten Länder der Welt ist, wird es ohne westliche »Fusion« nicht möglich sein, die Überlegenheit und Attraktivität des Westens wiederherzustellen.

Der Westen muss in den Bereichen, die anderen wichtig sind, eine überzeugende Führungsrolle einnehmen: Stabilität, Infrastruktur, Arbeitsplätze, Klimawandel und Migration. Das bedeutet, lieber zweimal nachzudenken, bevor man destabilisierend im Nahen Osten und in Zentralasien eingreift, es bedeutet auch, viel mehr in die Schaffung von Arbeitsplätzen und den Aufbau von Qualifikationen in diesen und anderen unterentwickelten Regionen zu investieren, mehr Migranten aufzunehmen, wenn der Klimawandel weite Teile der Welt unbewohnbar macht, und kosteneffektive saubere Energiesysteme einzuführen und zu exportieren. Das sind keine À-la-carte-Optionen für eine Führungsrolle. Es ist vielmehr die Substanz einer soliden und integrierenden Agenda, die strategisch ausgerichtet ist und im kommenden Jahrzehnt unverzüglich umgesetzt werden muss. Alles andere wäre lediglich banales Geschwätz, eine Gruppentherapie für vergängliche westliche Führungspersönlichkeiten.

Wir sollten weniger Zeit auf Nabelschau und Selbstdiagnose verwenden. Ein neurotischer Westen ist kein produktiver Westen. Stattdessen sollten westliche Gesellschaften ihre Energie und ihre Bestimmung daraus ableiten, dass sie entschlossen daran arbeiten, eine wirklich konstruktive und für alle Beteiligten vorteilhafte Rolle in der Welt zu spielen. Wenn das gelingt, wird der Westen zu einer besseren Zukunft für die Welt beitragen – und sich selbst eine herausragende Rolle darin sichern können.

GESELLSCHAFT OHNE POLITIK?

Von unserem Institutionenverständnis in der Individualisierung

Christoph Möllers

Ein zugewandtes Leben
Der bedrohliche Rückzug aus der Politik

Die Idee eines glücklichen Lebens ohne Politik, eines individuellen oder kollektiven Rückzugs aus der Reichweite politischer Herrschaft, scheint heute zunehmend an Attraktivität zu gewinnen. Superreiche bauen sich Refugien in staatsfreien Territorien, Reichsbürger beanspruchen, nicht der Herrschaft des Staates zu unterliegen, andere entziehen sich zumindest der Teilnahme an öffentlichen Diskussionen, gehen nicht zur Wahl und verlieren das Interesse an der Politik, auch wenn diese ihr Leben unweigerlich prägt. Obwohl jeder Rückzug für eine demokratische Gemeinschaft ein Problem ist, da sie auf Teilnahme angewiesen ist, sind die Vorstellungen von Politik, die diesem Rückzug zugrunde liegen, gerade der demokratischen Ordnung nicht fremd: Der Gedanke, besser aus der Politik auszusteigen, bezieht vielmehr manches von seiner Attraktivität aus einem Ideenhaushalt, der mit dem Ideenhaushalt demokratischer Selbstherrschaft eng verwandt ist. Wer gut konservativ an tradierte Bestände glaubt, dürfte sich schwer damit tun, den Verzicht auf hoheitliche Institutionen attraktiv zu finden. Denn für diese Idee gibt es keine historischen Beispiele, keine erfolgreiche Geschichte, kein berückendes Narrativ, kurzum keine Tradition. Dagegen wird der Verzicht auf politische Herrschaft überhaupt nur unter zwei Annahmen zu einem plausiblen Projekt, die beide etwas mit der Rechtfertigung moderner Demokratien zu tun haben:

Die *erste* Annahme besagt, dass politische Institutionen in einem besonderen Sinne der Rechtfertigung bedürfen. Zum Umstand, dass dies weder ideengeschichtlich noch systematisch selbstverständlich ist, empfehle ich Ian Shapiros *The Evolution of Rights in Liberal Theory*. Nur wenn man dezidiert normativ über politische Institutionen nachdenkt, sie also nicht durch ihr pures Vorhandensein oder bestimmte praktische Leistungen allein legitimiert sieht, kann man von dem Faktum abstrahieren, dass es eine Vergemeinschaftung ohne politische Herrschaft nicht gibt. Das Denken über Politik normativ anzulegen gestattet es, sich Herrschaft wegzudenken. Erst so wird es möglich, sich eine politikfreie Welt als eine bessere Welt vorzustellen.

Zum Zweiten gewinnt die Idee eines Lebens außerhalb politischer Herrschaft ihren Reiz aus einem Modell von Politik, das auf das Individuum zentriert ist. Diese Zentrierung dominiert aus guten Gründen die westliche Politik seit zwei Jahrhunderten mehr und mehr. Sie ist ein Kernelement eines weit verstandenen modernen Liberalismus und hat im Menschenrechtsdiskurs des 20. Jahrhunderts einen neuen Höhepunkt gefunden. Wenn man aber jedwede politische Herrschaft vornehmlich aus der Selbstbestimmung der Einzelnen herzuleiten versucht, könnte es auch naheliegen, diese Selbstbestimmung gleich ohne den Umweg über politische Herrschaft zu denken und aus dem Einzelnen etwas quasi Naturwüchsiges zu machen, das sich in der besten aller Welten ohne politische Institutionen um sich selbst kümmern kann.

Beide Voraussetzungen, der Individualbezug und die Rechtfertigungsbedürftigkeit politischer Herrschaft, sind auch wichtige Bausteine so gut wie aller modernen Theorien der Demokratie. Denn die nachrevolutionäre Demokratie rechtfertigt sich nicht über ihre faktische Einsetzung, sondern über ihren eigenen normativen Anspruch. Dieser Anspruch aber wird regelmäßig auch durch den Hinweis auf individuelle Selbstbestimmung begründet, die in politischen Verfahren zum Ausdruck kommt, in denen jede Stimme gleich viel zählt. Will man die Demokratie nicht auf einen diffusen Volksbegriff zurückführen, in dem alle Individualität von einem imaginären Volkskörper konsumiert wird, dann führt in der modernen Demokratie kein Weg an einer Verzahnung individueller Selbstbestimmung mit politischen Verfahren vorbei.

Beide Voraussetzungen, Rechtfertigungsbedürftigkeit und Individualbezug politischer Herrschaft, lassen sich in zwei Richtungen entwickeln: hin zur Etablierung einer demokratischen Ordnung der Freien und Gleichen, die maßgeblich auf individuelle Beiträge angewiesen ist, aber auch hin zu deren Auflösung in Herrschaftslosigkeit und Privatismus. Zum Ausdruck kommt dieser Konnex in der systematisch falschen, aber gar nicht seltenen Verwechslung von Demokratie mit Herrschaftslosigkeit.

Die Beobachtung, dass die ideologischen Wurzeln eines Ideals der Staats- oder Politikfreiheit mit denjenigen der modernen Demokratie zusammengehören, gehört ihrerseits in eine Familie von Beobachtungen, die die heute so bezeichnete »Krise der Demokratie« als Konsequenz der Demokratisierung selbst behandeln. Eine solche Sicht hat einige Vorteile: Indem sie »Krisen« der Demokratie als demokratie-immanente Phänomene (wenn überhaupt als Krisen) beschreibt, nimmt sie ihnen das Exotische und macht es damit leichter, Erklärungen für sie zu finden. Bei einem solchen Ansatz muss man sich nicht wundern, dass sich die Gegner liberaler Demokratien auf die Demokratie berufen und mit klassisch demokratischen Mitteln wie Demonstrationen operieren, wie es sich in Deutschland beispielsweise bei der Pegida-Bewegung beobachten ließ. Ein solcher Ansatz streicht die unvermeidlichen Widersprüche demokratischer Herrschaft mehr heraus, die sich daraus ergeben, dass die demokratische Ordnung das Verhältnis zwischen Individuum und politischer Gemeinschaft immer wieder neu bestimmt und ausdrücklich vorsieht, auch eigennütziges Verhalten zu schützen.

Betrachtet man die aktuelle Krise demokratischer Herrschaft auch als immanente Folge der Demokratisierung im Allgemeinen und behandelt man die Verlockungen der Politikfreiheit als verfehlte, aber doch naheliegende Schlussfolgerungen, die aus Grundsätzen gezogen werden, denen auch demokratische Herrschaft zugrunde liegt, so wird man zögern, zur Bewahrung der Demokratie Kategorien wie Gemeinsinn oder Bürgermoral anzurufen. Denn mit dem Rückzug wird eben ein Angebot wahrgenommen, das zur Demokratie gehört. Ebenso wird man vorsichtig damit sein, Individualisierungsdiagnosen, die die Soziologie bereits seit mehr als einem Jahrhundert begleiten – von Georg Simmel bis Andreas Reckwitz –, pauschal als Ursache einer Demokratiekrise heranzuziehen. Die moderne nachrevolutionäre Demokratie war immer auf eine Gemeinschaft ausgeprägter Individuen hin angelegt. Nicht zuletzt im Namen individueller Entfaltung konnten sich demokratische Bewegungen gegen ihre feudalen Vorläufer durchsetzen. Reichsbürger und Milliardäre haben gemeinsam, dass sie auf die Handlungsfähigkeit einer politischen Gemeinschaft nicht angewiesen zu sein glauben. Diese Überzeugung kann in faktischen Umständen wie immensem Reichtum begründet oder ein Produkt bloßen Wunschdenkens sein. Für demokratische Gemeinschaften, die einen Herrschaftsanspruch auf einem gegebenen Territorium erheben, ist ein solcher Anspruch in jedem Fall problematisch, denn sie sind auf Teilnahme an, Vertrauen in und Respekt vor den eigenen Institutionen besonders angewiesen, weil es in einer demokratischen Gemeinschaft grundsätzlich jedem freisteht, auszusteigen, sich eine andere Gemeinschaft zu suchen oder in die Privatheit zurückzuziehen. Demokratische Politik ist nur als freiwilliges Projekt möglich. Ihre Plausibilität zeigt sich darin, dass die Zugehörigen zumindest bleiben, im besten Fall aber mitmachen. Die Gegenprobe ist in dieser Hinsicht das Schicksal der DDR, die durch das ganze Spektrum vom Rückzug in die Privatheit bis zur Flucht aus der Gemeinschaft maßgeblich definiert wurde, obgleich sie ihr demokratisches Selbstverständnis im Namen trug.

In einer Welt, die flächendeckend aus Staaten besteht, ist es natürlich nicht ohne weiteres möglich, den Bereich jedweder Staatsgewalt vollständig zu verlassen. Daher geht es beim Rückzug aus der Gemeinschaft zumeist darum, sich bei den Vorteilen staatlicher Herrschaft zu bedienen, ohne sich mit den Nachteilen konfrontieren zu müssen. Ein solches strategisches Verhältnis zu politischer Herrschaft kennt viele Varianten und gehört quasi zu einer bürgerlichen Lebenspraxis: von der Nutzung transnationaler Steuersparmodelle im Großen bis zur Entsendung der Kinder auf eine Privatschule im Kleineren. Wer einen Garten hat, ist auf öffentliche Plätze weniger angewiesen. Wer ein Auto hat, bedarf keiner öffentlichen Verkehrsinfrastruktur. An diesen letzten, zunächst trivialen Beobachtungen lassen sich zwei grundsätzlichere Zusammenhänge festmachen:

Zum Ersten ist es wichtig zu sehen, dass zwischen dem grundsätzlich erwünschten privaten Gebrauch von Eigentum und anderen Rechten einerseits und dem Aufgeben der demokratischen Gemeinschaft andererseits ein fließender Zusammenhang besteht. Während formell verfassungsrechtlich klar ist, dass auch die Eigentümerin einer privaten Stadt samt kompletter Infrastruktur durch diesen Besitzstand ihre politische Zugehörigkeit, ihre Staatsangehörigkeit, nicht infrage stellt, stellt sich die Lage politisch komplexer dar. Wer die Mittel hat, auf die Angebote der politischen Gemeinschaft zu verzichten, verliert seinen existenziellen Konnex zu dieser, seine Angewiesenheit, die die faktische Gegenseite zu deren Herrschaftsanspruch darstellt. Dabei ist es entscheidend, dass sich diese Loslösung graduell und punktuell vollziehen kann. Beispielhaft: Wer seine Kinder auf eine private Schule schickt, dem ist kein Vorwurf zu machen, er bedient sich eines legitimen Rechts (dazu sogleich), und doch wird mit einer solchen Entscheidung (wie mit vielen vergleichbaren) eine für die soziale Fortschreibung der eigenen Familie entscheidende Frage der politischen Gemeinschaft teilweise entzogen.

Zum Zweiten kann ein solcher Rückzug den Akteuren aber nicht einfach moralisch oder politisch zum Vorwurf gemacht werden. Wir haben gesehen, dass die demokratische Gemeinschaft nur als eine individuell freiwillige funktionieren kann. Es gibt in der Demokratie keine politische Moral, die dazu verpflichten würde, sich von öffentlichen Institutionen abhängig zu halten. Vielmehr ist es die Aufgabe der Gemeinschaft, attraktive Angebote zu machen, um den Konnex zwischen allen ihren Mitgliedern und der Gemeinschaft zu erhalten. Zu diesen Aufgaben kann es auch gehören, die Möglichkeiten zu beschränken, sich mit privaten Mitteln der Gemeinschaft zu entziehen.

Bemerkenswerterweise werden diese Zusammenhänge bis heute fast ausschließlich ökonomisch, nicht aber politisch debattiert. So mag man unter Ökonomen darüber streiten, ob eine Begrenzung privater Vermögen in einer Wirtschaftsordnung effizient ist. Aber auch, wenn dies nicht der Fall wäre, ist zu fragen, ob eine solche Beschränkung nicht politisch erwünscht wäre, um die demokratische Gemeinschaft zusammenzuhalten. Denn ein bestimmtes Maß an privatem Reichtum führt nolens volens dazu, dass die privaten Handlungen einer Person politisch relevant werden, diese Relevanz sich aber in Loslösung von den politischen Verfahren der Gemeinschaft vollzieht. Besonders deutlich wird dies im Phänomen der Philanthropie extrem reicher Personen, da mit deren Großzügigkeit ein besonderer, politisch nicht gerechtfertigter Einfluss in allgemeine Angelegenheiten einhergeht.

Ähnliches gilt umgekehrt für die Frage der materiellen Privatisierung staatlicher Aufgaben. Auch hier mögen ökonomische Fragen zugunsten einer solchen sprechen, ohne dass damit die Frage nach der politischen Bedeutung dieser Entscheidung geklärt wäre. Es gilt nämlich auch: Indem der Staat eine Aufgabenerfüllung aus der Hand gibt, weicht die praktische Beziehung zwischen Bürger:in und Staat in Hinsicht auf diese Aufgabe einer anderen Form und verliert damit ihre spezifische politische Relevanz als Akt der politischen Gemeinschaft.

Damit soll nicht gesagt werden, dass die Staatsorganisation, wie es im Sozialismus der Fall war, alle Aufgaben an sich ziehen soll. Der Hinweis zeigt ja bereits, dass zwischen einem allzuständigen Staat und einer demokratischen Regierungsform auch ein Widerspruch entstehen kann, der mit dem unvermeidlichen Individualbezug moderner Demokratien zusammenhängt. Dennoch bleibt festzuhalten, dass der Rückzug von Bürgerinnen und Bürgern aus der politischen Gemeinschaft immer auch etwas mit dem Rückzug der politischen Gemeinschaft aus den Angelegenheiten der Bürgerinnen und Bürger zu tun haben kann.

Wie gesehen, ist mit diesen Überlegungen auch die Unterscheidung zwischen privatem Eigentum und Teilhabe an der politischen Gemeinschaft politisch relativiert. Diese Relativierung zeigt sich deutlich am Phänomen des privaten Grundeigentums. Jenseits der Frage, welches das richtige Regime zu seiner Regulierung ist, bleibt zu erkennen, dass ein privates *Wohn*eigentumsregime die existenzielle Frage der eigenen Behausung von der Institutionenwelt der politischen Gemeinschaft zu einem gewissen Grad löst – zu einem gewissen Grad nur, solange die Möglichkeit genutzt wird, das Eigentum zu regulieren. Zugleich zeigt sich die politische Bedeutung des Grundeigentums nicht allein aus der Perspektive derer, die es bewohnen und auf ein Angebot angewiesen sind, sondern auch aus derjenigen des Staates, der ja einen territorialen Herrschaftsanspruch erhebt. Wieder ist zwischen einer verfassungsrechtlichen und einer politischen Perspektive zu unterscheiden. Verfassungsrechtlich ist das Privateigentum ein Produkt der staatlichen Rechtsordnung. Es ist kein Produkt der Natur, auch nicht des Verdienstes, sondern Ergebnis eines politischen Verteilungs- und Umverteilungsanspruchs, der in der staatlichen Privatrechtsordnung zum Ausdruck kommt. Durch die Form des Privatrechts wird der staatliche Herrschaftsanspruch erst einmal nicht relativiert.

Politisch sieht das anders aus. Durch die Verteilung privaten Grundeigentums werden Staatsangehörigkeit oder Aufenthaltsrecht einerseits und Bewegungsfreiheit innerhalb des Staatsgebiets andererseits zu einem gewissen Grad voneinander gelöst. Der öffentliche Raum wird privat mit der wiederum im Verfassungsrecht viel diskutierten Folge, dass eine politische Betätigung, namentlich die Nutzung von Grundrechten wie der Versammlungsfreiheit, nicht ohne weiteres möglich ist. Politisch entscheidend ist, dass solche Strukturen es notwendigerweise ausschließen, diese Räume mit der politischen Gemeinschaft zu identifizieren. Der Ausstieg aus dem öffentlichen Raum ist ein Stück weit auch ein Ausstieg aus der politischen Gemeinschaft. Deswegen dürfen bei der Verteilung von Raum nicht nur ökonomische Kriterien gelten, sondern auch das politische Kriterium demokratischer Allgemeinheit des Zugangs. Wenn sich eine Gemeinschaft dazu entschließt, solche Grenzen zu ziehen, dann wird sie dies im Modus der Legalität tun, also durch rechtliche Regeln, die demokratische Legitimation, Klarheit und Durchsetzbarkeit implizieren, nicht dagegen in Formen moralischer Erwartungen an die Zugehörigen.

Der Rückzug aus der Politik kennt verschiedenste Formen und unterschiedliche Intensitäten. Als Möglichkeit stellt er für die demokratische Gemeinschaft deswegen eine Bedrohung dar, weil diese auf Freiwilligkeit beruht und sie deswegen eine Entpolitisierung nicht einfach ausschließen kann, die ihren Impetus auch aus einem Individualismus bezieht, der grundsätzlich zu demokratischer Herrschaft gehört. Deswegen muss die demokratische Gemeinschaft selbst zusehen, wie sie die Relevanz ihrer Politik für alle Bürgerinnen und Bürger sichert. Dies kann sicherlich nicht durch moralische Appelle geschehen, sondern eben nur durch eine Politik, die plausibel macht, warum ein der politischen Gemeinschaft zugewandtes Leben im eigenen Interesse liegt.

Donatella della Porta

Innovation gestalten
Das Potenzial sozialer Bewegungen

Die Demokratien sind zweifellos unter Druck geraten, es gibt jedoch auch Potenzial für Innovationen. Die verschiedenen (finanziellen, gesellschaftlichen, politischen) Krisen der letzten Jahre haben einige allgemeine politische Entwicklungen in Richtung einer geringeren Beteiligung an traditionellen Handlungsformen und eines abnehmenden Vertrauens in Institutionen hervorgebracht. Demokratien stützten sich traditionell auf etablierte Parteien, das Gemeinwohl und Nationalstaaten, doch das wurde etwa um die Jahrtausendwende durch eine Machtverschiebung von Parteien (und repräsentativen Institutionen) zur Exekutive, vom Nationalstaat zu internationalen Regierungsorganisationen und vom Staat zum Markt infrage gestellt. Dadurch beschleunigte sich die Entwicklung der von dem Soziologen Colin Crouch sogenannten Postdemokratien, die durch ein elitäres Verständnis von der Beteiligung der breiten Masse der Bürgerinnen und Bürger an Wahlen und eine ungehinderte Lobbytätigkeit für stärkere Interessen sowie ein geringes Maß staatlicher Intervention bei sozialer Ungleichheit charakterisiert sind. Ideologisch geprägte Volksparteien dienten zwar faktisch zur Kanalisierung der Bürgerbeteiligung, doch mit ihrem Niedergang wurden wichtige Verflechtungen zwischen Gesellschaft und Politik aufgelöst. Darüber hinaus wurden durch kapitalistische Transformationen diejenigen Kanäle einer funktionalen Repräsentation über Gewerkschaften und Interessengruppen geschwächt, die sich für gesellschaftliche Integration eingesetzt hatten. Dadurch entstand in einigen Fällen sogar eine Kriminalisierung zivilgesellschaftlicher Organisationen. Zudem ließ sich ein

Teufelskreis zwischen dem schwindenden Vertrauen in öffentliche Institutionen und deren nachlassender Fähigkeit, Bürgerrechte zu gewähren, erkennen.

Zwar wurden auch allgemeine kulturelle Veränderungen in einer »liquid society« – individualistischer und säkularisierter – als Erklärung für einige Herausforderungen der Demokratie angeführt, darunter eine gewisse demokratische Gegenbewegung in Form populistischer rechter Parteien, doch haben Forschungen in Politikwissenschaft und Soziologie auch einige potenzielle Ressourcen für eine zunehmende Bürgerbeteiligung ausgemacht. Es wurde nicht nur darauf hingewiesen, wie notwendig kritische Bürgerinnen und Bürger für die Weiterentwicklung der Demokratie sind, sondern auch eine Zunahme bestimmter Formen des sozialen Engagements sowie eine Hinwendung zu unkonventionellen Formen politischer Teilhabe festgestellt. Tatsächlich wandten Bürgerinnen und Bürger recht großzügig Zeit und Ressourcen für freiwillige Zusammenschlüsse auf, und auch das Interesse an Politik stieg, desgleichen die Fähigkeit zur kollektiven Mobilisierung, wenn es darum ging, bestimmte Ziele zu erreichen. Während der Finanz- und ebenso während der Corona-Krise haben sich Bürgerinnen und Bürger mit Nachbarn in Not solidarisiert, Netzwerke zur gegenseitigen Hilfe aufgebaut, sich bei der Aneignung von Wissen über die neuen Herausforderungen unterstützt, Ungerechtigkeiten angeprangert und Alternativen vorgeschlagen.

Wie ich im Folgenden darlegen werde, könnte das Unbehagen an einigen traditionellen Demokratiemodellen dadurch aufgewogen werden, dass sich Chancen für innovative Demokratiemodelle ergeben. Die Herausforderungen, vor denen die repräsentativen Demokratien in den verschiedenen Krisen stehen, machen Überlegungen zu den Qualitäten des demokratischen Systems dringend erforderlich. Es ist tatsächlich umstritten, was Demokratie genau bedeutet, ihre Qualitäten werden in unterschiedlichem Verständnis des Begriffs Demokratie selbst und in der Bewertung demokratischer Praktiken jeweils unterschiedlich betont. Zwar wurde die Verantwortung des Wahlsystems als der wichtigste demokratische Mechanismus in der historischen Entwicklung des Diskurses über die real existierende Demokratie betrachtet, doch die heutigen Herausforderungen für die repräsentative Demokratie richten den Blick vorwiegend auf andere demokratische Qualitäten.

Die etablierten Konzepte und Praktiken der Demokratie werden vornehmlich mittels Konzepten und Praktiken diskutiert, die von Politikwissenschaftlerinnen und Politikwissenschaftlern unter Begriffen wie partizipatorische Demokratie, starke Demokratie, diskursive Demokratie, kommunikative Demokratie, Wohlfahrtsdemokratie oder assoziative Demokratie gefasst wurden. Die wissenschaftlichen und politischen Debatten drehen sich vorwiegend um zwei Merkmale, die oft als Grundlage der von Robert Dahl sogenannten real existierenden Demokratien betrachtet werden: Delegation von Machtbefugnissen und Mehrheitsentscheidungen (auch wenn diese in unterschiedlichem Maße mit dem Schutz von Minderheiten durch Konstitutionalisierung von bestimmten Rechten und institutionelle Gegenmaßnahmen verbunden sind). Diese beiden Elemente vertrugen sich im Grunde nicht mit jenen demokratischen Qualitäten, die die Grundlage anderer Demokratiekonzepte bilden. Schon lange weisen Theoretikerinnen und Theoretiker der partizipatorischen Demokratie darauf hin, welche Bedeutung die Schaffung von Partizipationsmöglichkeiten für Bürgerinnen und Bürger jenseits von Wahlen hat. Partizipation in verschiedenen Formen und an verschiedenen Stellen des demokratischen Prozesses wird als wesentlich angesehen, um ihnen konkrete Vorstellungen vom Gemeinwohl zu vermitteln und zudem möglicherweise ihr Vertrauen in politische Institutionen und deren Unterstützung zu steigern. Partizipatorische Ansätze fordern – unter Erweiterung der semantischen Bedeutung von Politik – Demokratie nicht nur in Parlamenten und Regierungen, sondern auch in gesellschaftlichen Institutionen: vom Arbeitsplatz bis zum Wohnviertel, von Schulen bis zu Krankenhäusern, von den Regionen bis zu länderübergreifenden Institutionen.

Auch die mehrheitlichen Entscheidungsprozesse wurden aus mehreren Gründen kritisiert. So wurde darauf hingewiesen, dass die Macht der Mehrheit die Rechte der Minderheiten gefährden könnte und dass die Annahme, zahlenmäßig stärker unterstützte Präferenzen seien auch für die Gesamtgesellschaft das Beste, der Logik entbehrt. In deliberativen normativen Theorien wurde betont, wie wichtig es sei, Räume von hochwertiger diskursiver Qualität zu schaffen, in denen die Teilnehmenden Argumente austauschen und gemeinsam Definitionen des Gemeinwohls erarbeiten können. Diese Vorstellung läuft darauf hinaus, dass man umso mehr Legitimität und Effizienz erreichen kann, je hochwertiger die diskursiven Prozesse sind, in denen Interessen und kollektive Identitäten definiert werden. Entscheidungen sind demokratisch nicht (so sehr) dann, wenn sie die Unterstützung der Mehrheit genießen, sondern vielmehr dann, wenn sie sich in einem deliberativen Prozess herausbilden, also im freien Austausch von Argumenten.

Partizipatorische und deliberative Demokratiekonzepte sind eine Herausforderung nicht nur für einige zentrale Annahmen real existierender Demokratien, sondern auch für deren technokratische Alternativen, in denen Bürgerinnen und Bürger als egoistisch, aber auch als unwissend gelten, weshalb man sie für unfähig erachtet, sich auch nur um ihre ureigenen privaten Belange zu kümmern. Im Gegensatz zu der Annahme, Entscheidungen über öffentliche Fragen seien eine so komplexe Aufgabe, dass man sie der Masse der Bürgerinnen und Bürger nicht überlassen könne, stützen sich partizipatorische und deliberative Demokratiekonzepte auf das Vertrauen in diese, auf ihr Wissen und ihre Argumente. Öffentliche Debatten werden als prägend angesehen, und weil das so ist, würde Partizipation bessere Bürgerinnen und Bürger hervorbringen.

Im Laufe ihrer konkreten Entwicklung haben demokratische Staaten und Gesellschaften tatsächlich die idealtypischen Prinzipien der repräsentativen Demokratie abgeschwächt und sie mit anderen Formen vermischt, denen unterschiedliche Demokratie-konzepte zugrunde liegen. Unter stillschweigender Anerkennung der Grenzen von Bevollmächtigung und Mehrheitsentscheidung haben Demokratien Formen miteinander kombiniert, in denen unterschiedliche demokratische Qualitäten vorherrschen. Im Zuge von Reformen haben den demokratischen Staat im Laufe der Zeit Partizipationskonzepte durchdrungen, die Bürgerbeteiligung in Schulen, Fabriken und Wohnvierteln vorsehen und überdies die politische Anerkennung einiger Organisationen der sozialen Bewegung sowie des »Rechts auf Widerspruch«. Volksentscheide, die früher als Restbestände von Verfahren der direkten Demokratie galten, werden zunehmend häufiger eingesetzt, desgleichen Prinzipien eingeschränkter Delegierung, etwa die Wahl von Repräsentantinnen und Repräsentanten im Losverfahren und Formen der konsensualen Entscheidungsfindung.

Über demokratische Innovationen – von Bürgerhaushalten bis zu deliberativen Mini-Öffentlichkeiten – hat man zudem versucht, das Vertrauen der Bürgerinnen und Bürger in die Demokratie wiederherzustellen und ihre Erfahrungen und ihre Kenntnisse einzubeziehen. Gegen das Unbehagen an der Demokratie, das aus der zunehmend elitären Entwicklung in real existierenden Demokratien – vor allem in deren postdemokratischer Version – erwächst, ist die Einbeziehung der Bürgerinnen und Bürger ein wirksames Mittel – und zwar in Bezug auf die Wiederherstellung der demokratischen Legitimität und deren Wirkungskraft. Partizipation ist nicht nur zur Wiedergewinnung von Vertrauen in die Institutionen von Bedeutung, sondern trägt auch zur Entwicklung guten staatsbürgerlichen Verhaltens bei. Die mit dem Rechtspopulismus entstandene Gegenbewegung zur Demokratie lässt sich nicht eindämmen, indem man deren Anhängerinnen und Anhänger für untauglich zum bürgerlichen Leben erklärt und nach technokratischen Lösungen ruft. Stattdessen erfordert das, was der Soziologe

Pierre Rosanvallon als »Zeitalter des Misstrauens« bezeichnete, eine Anpassung der Institutionen, ein Umdenken, das Herausforderungen zu Ressourcen werden lässt.

Fortschrittliche soziale Bewegungen wurden vorwiegend im Hinblick auf ihre Rolle als umstrittene gesellschaftliche Akteure untersucht, die hauptsächlich auf die Straße gingen, um Widerstand gegen politische Veränderungen zu leisten oder sich für diese einzusetzen. Einige Forschungsarbeiten haben aber auf die Innovationsfähigkeit dieser Bewegungen bei der Förderung und Verbreitung neuer Ideen hingewiesen, unter anderem auch in Bezug auf demokratische Institutionen. Obwohl sie traditionell als Akteure »vor den Toren« des institutionellen Systems angesehen werden, finden soziale Bewegungen in unterschiedlicher Form und über verschiedene Kanäle Zugang zu institutionellen Bereichen. Im Allgemeinen vertreten fortschrittliche soziale Bewegungen ein partizipatorisches und deliberatives Verständnis von Demokratie und setzen sich dafür ein, mehr Zugang zu den Institutionen zu bekommen. Arbeiterbewegung und Frauenbewegung kämpfen für die Erweiterung von Stimmrechten bis hin zum allgemeinen Wahlrecht. Darüber hinaus drängen Bürgerrechtsbewegungen auf Ausweitung der Rechte von Bürgerinnen und Bürgern, urbane Bewegungen auf Dezentralisierung, studentische Bewegungen auf Beteiligung an Entscheidungen über das Bildungssystem usw. Daher wird Partizipation als wichtige demokratische Qualität eingestuft, als Gegengewicht zur Repräsentation unter anderem mit dem Ziel, demokratische Entscheidungen gerechter und effektiver zu gestalten. Auch diskursive Qualitäten gelten als wichtige Voraussetzung für den demokratischen Prozess. Darüber hinaus experimentieren fortschrittliche soziale Bewegungen auch intern mit Formen der direkten Beteiligung und wirksamer Beratung, deren immer ausgefeiltere Methoden sich an der Inklusion orientierten.

Über die Einführung innovativer demokratischer Verfahren für interne Vorgänge hinaus sind soziale Bewegungen faktisch auch Innovationsträger für Institutionen und nehmen diese Rolle vielfach und mit durchaus unterschiedlichen Ergebnissen wahr. Kurz gesagt, soziale Bewegungen erheben Ansprüche nicht nur hinsichtlich bestimmter politischer Handlungen, sondern allgemeiner hinsichtlich der Funktionsweise des politischen Systems als Ganzem: seinen institutionellen und formellen Verfahren, der Rekrutierung von Eliten, der informellen Konfiguration von Macht. Soziale Bewegungen haben oft eine Dezentralisierung politischer Macht erreicht und Wege gefunden, Bürgerinnen und Bürger zu bestimmten Entscheidungen zu konsultieren, sie haben Einspruchsverfahren gegen Entscheidungen der öffentlichen Verwaltung angestrengt, ihre Zulassung als Zeugen vor repräsentativen Institutionen und in der Justiz durchgesetzt und bewirkt, dass sie als Gegenpartei gehört werden und rechtliche Anerkennung sowie materielle Anreize erhalten. Das Repertoire kollektiver Aktionen (darunter Streiks oder Sit-ins), die früher stigmatisiert und als Störung der öffentlichen Ordnung behandelt wurden, ist allmählich legal und legitim geworden. Direkte Demokratie wurde als Ergänzung zu den Möglichkeiten begriffen, die sich im Rahmen der repräsentativen Demokratie eröffneten.

Soziale Bewegungen tragen ferner zur Schaffung neuer Foren für die Weiterentwicklung öffentlichen politischen Handelns bei, etwa in Form von Expertenkommissionen oder der Mitwirkung in bestimmten administrativen und politischen Teilbereichen – etwa Staatsministerien oder lokale Büros für Frauen- und Ökologiefragen in vielen Ländern. In jüngster Zeit umfassten demokratische Innovationen auch partizipatorische Foren, die sich der Beteiligung von Bürgerinnen und Bürgern an öffentlichen Debatten über kontroverse Themen öffneten. Vor allem auf lokaler Ebene sind zahlreiche Versuche zu beobachten, durch Schaffung hochrangiger Kommunikationsforen und Befähigung der Bürgerinnen und Bürger mehr Beteiligung zu erreichen. Hier ist insbesondere die Verbreitung partizipativer Haushalte zu nennen, von Porto

Alegre, einer brasilianischen Stadt mit 1 360 000 Einwohnern, bis hin zu vielen europäischen Städten.

Im letzten Jahrzehnt befassten sich fortschrittliche soziale Bewegungen immer mehr mit politischen Institutionen. Die Analyse eines »Verfassungsgebungsprozesses durch Crowd-Sourcing« deutete darauf hin, dass namentlich in Krisenzeiten soziale Bewegungen eine gewisse Fähigkeit zur Ausübung von Gestaltungsmacht haben. In der Soziologie der Verfassungen wurde auf die allgemeine Bedeutung von Verfassungsgebungsprozessen sowie auf Veränderungen in den theoretischen Konzepten und der praktischen Umsetzung der Verfassungsgestaltung hingewiesen. In Phasen des Unbehagens an der Demokratie ist die direkte Einbindung von Bürgerinnen und Bürgern in Entwurf und Änderung von Verfassungen eine Möglichkeit zur Wiederherstellung von gesellschaftlichem Zusammenhalt. Betrachtet man die Verlagerung der Verfassungstheorie von einer legalistischen Vorstellung des Konstitutionalismus als eines technischen Prozesses hin zu einem partizipatorisch orientierten Vorgang zur Schaffung eines Gründungsereignisses, haben fortschrittliche soziale Bewegungen Verfassungsgebungsprozesse ausgelöst, in denen die Beteiligung der Bürgerinnen und Bürger an Beratungsforen als notwendig betrachtet wurde mit dem Ziel, ein normatives Einverständnis zu erreichen. In Island und in Irland regten Bürgerinitiativen erste Experimente der Verfassungsgestaltung durch Einberufung von Bürgerversammlungen an, die sich selbst mit einem Instrument für Interaktionen mit Außenstehenden ausstatteten. Pluralistische Information, zivilisierte Interaktionen, gegenseitiger Respekt, Publicity und inklusive Partizipation bildeten die normative Grundlage in diesen Verfassungsgebungsforen.

Zudem wurden als Reaktion auf das zunehmende Misstrauen gegen repräsentative Institutionen immer öfter Volksentscheide und andere Mechanismen direkter Demokratie eingesetzt, je mehr das Unbehagen an der Demokratie wuchs. Wie Volksentscheide ins

Spiel gebracht wurden, war zwar höchst unterschiedlich – ebenso ihre demokratische Qualität –, doch haben fortschrittliche soziale Bewegungen phasenweise die potenziellen Vorteile erkannt (hinsichtlich der Legitimität, aber auch der Effizienz), die sich durch eine Übergabe des Entscheidungsrechts direkt an die Bürgerinnen und Bürger ergeben. Wie sich im Fall des Referendums gegen die Privatisierung der Wasserversorgung in Italien 2011 zeigte, können im Zusammenhang mit umstrittenen Themen – etwa die Konzeption öffentlicher Dienstleistungen oder nationale Unabhängigkeit – Instrumente der direkten Demokratie durch Partizipation nicht nur die Legitimität öffentlicher Entscheidungen erhöhen, sondern auch durch Anregung öffentlicher Debatten das öffentliche Leben bereichern. Im italienischen Fall trugen Organisationen und Kampagnen sozialer Bewegungen im Rahmen des Referendumsprozesses offenbar zur Vielfalt der Argumentationen bei und wirkten damit als Multiplikatoren der öffentlichen Foren, in denen Referendumsfragen diskutiert wurden. Mit der Beteiligung an Volksentscheidprozessen könnten fortschrittliche soziale Bewegungen auch dazu beitragen, über Volksentscheide die verfassungsrechtlichen Garantien gegen die übermäßige Macht der gewählten Volksvertreterinnen und Volksvertreter zu erweitern und damit durch Partizipation ein Gegengewicht zur Delegation zu schaffen.

Schließlich hatten Krisenphasen auch Auswirkungen auf Parteiensysteme, indem neue Parteien entstanden oder alte umgestaltet wurden. Als sich in der »Großen Rezession« die Unfähigkeit (oder mangelnde Bereitschaft) öffentlicher Institutionen offenbarte, Bürgerrechte zu garantieren, und eine Krise der politischen Legitimität ausgelöst wurde, eröffneten sich durch die Instabilität der Wahlen Räume für neue Parteien auf der linken wie auf der rechten Seite. Auf der linken Seite haben fortschrittliche soziale Bewegungen die Weiterentwicklung politischer Parteien befördert, die nicht mehr nur die Forderungen ihrer Mitglieder vertraten, sondern auch durch ihre Konzepte und Praktiken für die Demokratie

Einfluss ausübten. Die Auflösung vormals verfestigter politischer Spaltungen drückte sich also nicht nur (oder nicht hauptsächlich) in der wachsenden Unzufriedenheit durch Stimmenthaltung bei den Wahlen aus, sondern vielmehr durch das Auftauchen hybrider Protestparteien. Das führte einerseits zu Spannungen mit ihren ursprünglichen Anhängerkreisen, andererseits konnten sie die enttäuschten Wählerinnen und Wähler der in Unordnung geratenen Mitte-links-Parteien leichter für sich gewinnen. Die zunehmende Skepsis gegenüber der repräsentativen Demokratie, aus der Erwartungen an politikfeindliche Entwicklungen und Protestparteien (so zum Beispiel in Spanien oder Griechenland, aber auch auf lokaler Ebene in Osteuropa) erwuchsen, erzeugten auch Versuche fortschrittlicher sozialer Bewegungen, in die repräsentativen Institutionen partizipatorische und deliberative Ideale einzubringen.

Klassisch normative Definitionen unterstreichen die legitimierende Rolle von Bürgerinnen und Bürgern sowie die Bedeutung von Dialog und Konsens. Je mehr Gewicht Wahlen beigemessen wird, desto mehr droht unterzugehen, dass Wahlverantwortung nur wirksam wahrgenommen werden kann von kritischen Bürgerinnen und Bürgern, die Regierende zur Verantwortung ziehen. Selbstreflexive Praktiken halten die Demokratie in einem permanenten Prozess von Definition und Neudefinition. Demokratische Innovationen haben einige demokratische Qualitäten ausgebildet, die durch Partizipation und Mehrheitsentscheidungen mittels diskursiver Beratungsverfahren ein Gegengewicht zur Repräsentation schaffen. Fortschrittliche soziale Bewegungen haben sich an diesem Prozess beteiligt und ihren Beitrag zu einer potenziellen Vertiefung der Demokratie geleistet.

Diese Ideen wurden erstmals präsentiert in: Donatella della Porta, *Die schöne neue Demokratie: Über das Potenzial sozialer Bewegungen*. Aus dem Englischen von Herbert Reiter. Frankfurt am Main 2020 (*How Social Movements Can Save Democracy: Democratic Innovations from Below*, Cambridge 2020).

David Van Reybrouck

Das Präferendum
Ein »Missing Link« zwischen repräsentativer und deliberativer
Demokratie

So könnte es aussehen: Bei den nächsten allgemeinen Wahlen
würden Sie im Wahllokal nicht einen, sondern zwei Stimmzettel
bekommen. Der erste ist Ihre klassische Liste der Kandidatinnen
und Kandidaten und ihrer politischen Parteien. Der zweite ist etwas Neues – ein Dokument mit dreißig verschiedenen Vorschlägen, die Sie einen nach dem anderen bewerten sollen. Unter jeder
Aussage steht: »lehne ausdrücklich ab«, »lehne ab«, »stimme zu«,
»stimme ausdrücklich zu« usw. Das wirkt wie einer dieser Online-
Fragenkataloge, die Sie sicher schon einmal beantwortet haben.
Noch mehr ähnelt es der App zur Wahlentscheidungshilfe, die Sie
möglicherweise verwendet haben, um herauszufinden, welche
Partei am besten zu Ihnen passt – Wahl-O-Mat, Election Compass,
Vote Matcher, Stemwijzer, Test électoral oder wie auch immer sie
genannt wird. Zum Schluss werden Sie aufgefordert, die fünf Vorschläge hervorzuheben, die Ihnen am wichtigsten sind – nicht um
Ihre bevorzugte Partei herauszufinden, sondern um eine Liste gemeinsamer Prioritäten zu erstellen. Denn das ist das, was jede Bürgerin und jeder Bürger in Ihrem Land am Wahltag in der Wahlkabine tun würde: »*Rating und Ranking*« – *Vorschläge bewerten und in
eine Rangordnung bringen*. Der Prozess sieht aus wie ein Referendum, eine Volksabstimmung, allerdings mit einer viel umfangrei-
cheren Schnittstelle zur Angabe Ihrer politischen Präferenzen. Das
wäre dann das *Präferendum*, ein Tool zur Zusammenfassung Ihrer
individuellen Präferenzen zu den kollektiven Prioritäten Ihrer Gemeinschaft. Natürlich hätten Sie in den Medien davon erfahren.
Die Liste von dreißig Vorschlägen wäre nicht von Regierungs-

behörden oder den konkurrierenden politischen Parteien festgelegt worden, sondern von fünfzig zufällig ausgewählten Bürgerinnen und Bürgern, die sechs Monate Zeit hatten, sich damit zu befassen. Der ihnen von der Regierung erteilte Auftrag lautete, Vorschläge auszuarbeiten, die ihnen geeignet erschienen. Der Gesamtprozess wäre eine innovative Kombination von Elementen aus der repräsentativen Demokratie (Regierungsauftrag), der deliberativen Demokratie (Bürgerversammlung) und der direkten Demokratie (Präferendum).

Ich möchte hier die Potenziale und die Fallstricke des Präferendums erörtern – einer Form der Präferenzwahl durch Vorzugsstimmen, die bereits im Frankreich des 18. Jahrhunderts angeregt wurde und in der niederländischen Politik des 21. Jahrhunderts ansatzweise erkennbar ist. Auch wenn es nach meiner Kenntnis gegenwärtig keine Beispiele dafür im wirklichen Leben gibt, so ist eine theoretische Diskussion dieses Instruments dennoch gerechtfertigt, weil es zur Überbrückung der Kluft zwischen repräsentativen und deliberativen Prozessen beitragen kann. Trotz einer Reihe von Schwächen behaupte ich, dass das Präferendum ein äußerst vielversprechendes Mittel zur öffentlichen Entscheidungsfindung ist, vor allem wenn ihm vor der Entscheidung eine gut geplante deliberative Mini-Öffentlichkeit geboten wird und klares staatliches Handeln folgt. Das Präferendum erweist sich als schnelle, sichere und einfache Methode, die geschickt in die bestehenden Strukturen der Bürgerbeteiligung integriert werden kann.

Es gibt noch einen besonderen Grund für die Entdeckung seines Potenzials: den Klimawandel. Angesichts der relativen Schwerfälligkeit, mit der demokratische Innovationen institutionalisiert werden, und der außerordentlichen Dringlichkeit robusten klimabezogenen Handelns kann das Präferendum ein unbedingt erforderliches Instrument sein und dazu dienen, im nächsten Jahrzehnt die Klimapolitik in den klassischen repräsentativen Demokratien zu beschleunigen.

Die Veröffentlichung des OECD-Berichts *Innovative Citizen Participation and New Democratic Instutitions: Catching the Deliberative Wave* im Juni 2020 ist als Meilenstein in der neueren Geschichte der demokratischen Innovation zu betrachten. Die Analyse von 289 Beispielen deliberativer Prozesse mit Bürgerinnen und Bürgern (Mini-Öffentlichkeiten, Bürgerlotterien, Bürgerversammlungen usw.) zwischen 1986 und 2019 in aller Welt war die erste groß angelegte vergleichende Studie über die Politikgestaltung mit Bürgerinnen und Bürgern, die von einer großen transnationalen Organisation durchgeführt wurde. In dem Bericht wurden retrospektive empirische Untersuchungen mit der Festlegung sinnvoller Leitlinien für zukünftiges Handeln verbunden. Die internationale Presseberichterstattung war beträchtlich, Artikel erschienen in *Economist, Nature, Science, Le Monde* und der *Süddeutschen Zeitung*. Der Bericht der OECD von 2020 verdeutlichte: »Überall in der Welt wenden staatliche Behörden in zunehmendem Maße repräsentative deliberative Prozesse an, um die Bürgerinnen und Bürger direkter an der Lösung einiger der drängendsten politischen Herausforderungen zu beteiligen.« Immer wieder zeigten sich nach dem Zufallsprinzip zusammengestellte Gruppen von Bürgerinnen und Bürgern bei genügend Zeit und Informationen perfekt in der Lage, relevante, stimmige und solide politische Empfehlungen auszusprechen – oft schneller und mutiger als gewählte Politikerinnen und Politiker. »Wir müssen unsere parlamentarische Demokratie zukunftsfähig machen«, erklärte Bundestagspräsident Wolfgang Schäuble einige Monate später in der *Süddeutschen Zeitung* vor der Einführung des ersten deutschen staatlich organisierten Bürgerrates. Er betonte, Bürgerräte »könnten ein wichtiger Ausgangspunkt« sein, um zu verhindern, dass der Bundestag zu »einer abgeschlossenen Kaste« werde.

Das spektakulärste bisherige Beispiel ist zweifellos die »Convention citoyenne pour le climat«, die der französische Präsident Emmanuel Macron in der Folge der Gelbwestenbewegung organisierte. »Wie kann Frankreich seine Treibhausgasemissionen im Jahr 2030 um 40 % senken – und das im Geiste sozialer Gerechtigkeit?«, fragte er eine Zufallsauswahl von 150 französischen Bürgerinnen und Bürgern aus allen Gesellschaftsschichten. An dieser Frage arbeiteten sie gemeinsam zwischen Oktober 2019 und Juni 2020. Trotz des ersten Lockdowns und der Umstellung auf Online-Sitzungen legten die Teilnehmenden ein Paket von 149 sehr anspruchsvollen Ideen zur Bewältigung des Klimawandels vor. Falls jemand noch daran zweifelte, ob Bürgerinnen und Bürger dafür kompetent genug seien: Hier kam der Beweis.

Die Umsetzung der Empfehlungen dieser Versammlung erwies sich jedoch als ein ganz anderes Paar Schuhe. Obwohl Präsident Macron zugesagt hatte, alle Ideen »ohne Filter« den zuständigen Behörden zuzuleiten, sortierte er mittels Joker drei Vorschläge aus, die ihm nicht genehm waren (darunter eine Erhöhung der Körperschaftssteuer). Die übrigen 146 Empfehlungen wurden bestenfalls halbherzig aufgenommen. Unabhängige Websites überwachten die Fortschritte, und Ende März 2021 wurde auf »Sansfiltre.les150.fr« festgestellt, dass nicht weniger als 66 Vorschläge aufgegeben worden oder gefährdet und 70 weitere nur teilweise beachtet oder noch in Bearbeitung waren. Magere 13 Ideen waren effektiv »ohne Filter« verwendet worden. Eine weitere detaillierte Analyse der Zeitschrift *Reporterre* fiel sogar noch drastischer aus: Nur 10 Prozent der Vorschläge (15) waren in tatsächliche politische Maßnahmen umgesetzt, 37 Prozent (55 Vorschläge) modifiziert oder verwässert und erschütternde 53 Prozent (79 Vorschläge) glatt abgelehnt worden. Lag das an fehlender öffentlicher Unterstützung? Weit gefehlt. Eine breite Mehrheit der französischen Bürgerinnen und Bürger befürwortete nachdrücklich die Ideen der Versammlung mit Ausnahme des dort empfohlenen Tempolimits. Offensichtlich war nicht die Beratung das Problem, sondern die Umsetzung.

Das französische Beispiel mag vielleicht extrem sein, aber es ist keineswegs eine Ausnahme. Aus gutem Grund wird in den OECD-

Richtlinien entschieden erklärt: »Es sollte auf öffentliche Entscheidungen Einfluss genommen werden.« Ferner werden dort Politikerinnen und Politiker dringend gebeten, »öffentliche Verpflichtungserklärungen abzugeben, dass sie zeitnah auf Empfehlungen der Teilnehmenden reagieren oder danach handeln werden«, gerade weil es in der Praxis oft so anders aussieht. Sind die Teilnehmenden nach Hause gegangen, verschwinden ihre hervorragenden Ideen häufig in der Schublade und setzen Staub an, während die Politik weitermacht wie gewohnt. Deliberative Demokratie scheint daher oft einem menschlichen Muskel zu gleichen, der für sich gesehen perfekt funktioniert, ohne die Sehnen vorheriger Verpflichtung und garantierter Nachkontrolle jedoch vom politischen Skelett des Staates losgelöst bleibt. Doch wie erwischen wir denn nun die deliberative Welle?

Eine Möglichkeit zur Erhöhung der Chancen, dass Empfehlungen von Bürgerinnen und Bürgern zu Konsequenzen führen, ist die Institutionalisierung deliberativer Verfahren. Wenn Bürgerversammlungen fester Bestandteil einer funktionierenden Demokratie werden, dürften ihre Ergebnisse schwerer zu bestreiten oder abzulehnen sein. Diese Integration kann zweierlei Form haben: ad hoc und dauerhaft. Behörden können dafür sorgen, dass formelle kurzfristige Ad-hoc-Bürgerversammlungen unter bestimmten Bedingungen möglich sind, ganz ähnlich wie die heutigen parlamentarischen Untersuchungsausschüsse. Dauerhafte Institutionalisierung dagegen bedeutet, dass Bürgerinnen und Bürger durchgängig in einem neu gebildeten Gremium tätig werden, das parallel zu den bestehenden politischen Institutionen arbeitet.

Ich selbst war an der Planung des Ostbelgien-Modells im deutschsprachigen Teil Belgiens beteiligt, einer Blaupause für den von Belgiom-Nettis und Redman sogenannten »ersten ständigen Bürgerrat der Welt«. In diesem Modell ist eine »lange Lotterie« mit mehreren »kurzen Lotterien« kombiniert. Die lange Lotterie besteht aus einem Bürgerrat mit 24 Mitgliedern, deren Amtszeit

18 Monate beträgt; dieser hat Initiativkompetenz für Bürgerversammlungen und ist mit deren Nachkontrolle beauftragt. Die kurzen Lotterien bestehen aus Bürgerversammlungen mit 25 bis 50 Teilnehmenden, die in der Regel für drei bis fünf Monate bestehen. Es ist diese Kombination aus Kurzzeit-Panels, die Ideen generieren, und einem Langzeitgremium, das die Regierung an diese Ideen erinnert, mit der sich die Wirkung der Beschlüsse von Bürgerinnen und Bürgern strukturell verbessern lässt.

Das Ostbelgien-Modell hat zwar viel internationale Beachtung gefunden, wurde jedoch in anderen Gemeinwesen nur zögernd nachgebildet. Wie könnte nun ein Modell, das für die weltweit kleinste föderale Struktur – einen winzigen und versteckten Teil Belgiens mit weniger als 80 000 Einwohnern – entwickelt wurde, zu einem gewichtigeren Gebilde ausgebaut werden? Bisher sind nur wenige so weit gegangen wie die Pariser Bürgermeisterin Anne Hidalgo, die im September 2021 ein neues Modell einer öffentlichen Konzertierung auf der Grundlage des Ostbelgien-Modells ankündigte. Ich gehörte zu dem Team, das dessen Architektur erarbeitete, und erlebte im Stadtrat von Paris echten Ehrgeiz. Wenn eine der symbolträchtigsten Städte der Welt, eine Hauptstadt mit über 2,2 Millionen Einwohnern, die Institutionalisierung der deliberativen Demokratie beschließt, haben wir wahrscheinlich eine nächste Entwicklungsebene erreicht. Bei dieser Geschwindigkeit wird es allerdings Jahre, wenn nicht Jahrzehnte dauern, die Institutionalisierung im nationalen oder transnationalen Rahmen weiter zu normalisieren, und wir haben keine Zeit zu verlieren: Der Klimawandel verlangt sofortiges und drastisches Handeln noch vor dem Ende des Jahrzehnts.

Das Präferendum ist eine Form der Präferenzwahl durch Vorzugsstimmen, bei der alle Wählerinnen und Wähler eines bestimmten Gemeinwesens aufgefordert sind, eine Reihe politischer Vorschläge zu bewerten und in eine Rangordnung zu bringen. Dies kann online oder offline erfolgen, in der Wahlkabine oder zuhause, auf Papier oder elektronisch. Durch Auszählung der Stimmen könnten die individuellen Präferenzen zu einer Liste gemeinsamer Prioritäten zusammengefasst werden, so dass eine Agenda für konkrete politische Maßnahmen entsteht. Der französische Mathematiker Jean-Charles de Borda schuf im 18. Jahrhundert die Grundlagen für eine solche Stimmabgabe. Auch Benjamin Barber hatte in seinem Klassiker *Strong Democracy* (1984) bereits vorgebracht: »Ein überzeugendes demokratisches Volksabstimmungsverfahren würde ein Format mit Auswahlfragen anstelle der herkömmlichen Ja/Nein-Option verwenden. Statt die Bürgerinnen und Bürger lediglich zum Widerspruch oder zur Bestätigung eines Vorschlags aufzufordern, würden ihnen vielfältige und zu prüfende Auswahlmöglichkeiten angeboten werden, die zu differenzierteren und besser durchdachten Antworten führen können.« Im Juni 2007, im Zuge des Referendums zur Europäischen Verfassung, gab der niederländische Wissenschaftliche Rat für Regierungspolitik (Wetenschappelijke Raad voor het Regereringsbeleid) zu bedenken, ein Präferendum hätte »in vieler Hinsicht eine attraktivere Alternative« sein können. Die niederländische Volkspartei für Freiheit und Demokratie nahm diese Idee in ihren Entwurf zum Parteiprogramm für die Legislaturperiode 2021 bis 2025 auf.

Keines der vorgenannten Konzepte verknüpfte jedoch das Präferendum mit den Ergebnissen einer Bürgerversammlung. Der Wahlzettel würde von der Regierung und nicht von den Bürgerinnen und Bürgern entworfen werden. Was würde aber geschehen, wenn die Bürgerinnen und Bürger so abstimmten, wie andere Bürgerinnen und Bürger es vorgeschlagen hatten? Was wäre mit den Empfehlungen der französischen »Convention citoyenne pour le climat« geschehen, wenn sie nicht einfach Präsident Macron übergeben worden, sondern Gegenstand eines nationalen Präferendums geworden wären, in dem alle französischen Bürgerinnen und Bürger ihre Unterstützung und ihre Prioritäten hätten bekunden können? Wäre dann mehr als die Hälfte der Ideen abgelehnt oder ignoriert worden? Natürlich würden 149 Vorschläge eine sehr lange Liste ergeben, aber wenn die Stimmabgabe elektronisch oder online erfolgte, könnte mit einem Auswahlkarussell eine Zufallsliste von dreißig Ideen pro Wählerin und Wähler generiert werden, so dass alle Vorschläge beurteilt würden, ohne dass jede Wählerin und jeder Wähler alle Vorschläge bewerten müsste. Die Bürgerinnen und Bürger könnten sogar einen von der Bürgerversammlung verfassten kurzen Absatz pro Vorschlag zu lesen bekommen, während sie die Vorschläge bewerten und priorisieren. In einem vor kurzem in der Schweiz durchgeführten Volksentscheid über erschwinglichen Wohnraum bat die Stadt beziehungsweise die Gemeinde Sion eine Zufallsstichprobe von zwanzig Bürgerinnen und Bürgern, Argumente zu formulieren, die ihre Mitbürgerinnen und Mitbürger lesen konnten, bevor sie sich bei der Abstimmung festlegten.

Ist ein Präferendum das Ergebnis einer zuvor abgehaltenen Bürgerversammlung im Auftrag einer Behörde, ergeben sich mehrere klare Vorteile. Die Empfehlungen aus dem deliberativen Prozess werden deutlicher sichtbar werden und mehr Zugkraft entwickeln, so dass sie schwerer zu ignorieren sind. Das Präferendum würde auch die Legitimität der Ergebnisse der Bürgerversammlung erhöhen: Es würde auf der durchdachten Arbeit weniger aufbauen und ihr die Macht der vielen verleihen. Das Präferendum würde Mitglieder der Allgemeinheit dazu anregen, über die Arbeit der Mini-Öffentlichkeit nachzudenken und fundierte Antworten zu geben, statt nur ihr Bauchgefühl auszudrücken. »Es ist also eine Form der Staatsbürgerkunde ebenso wie eine Form der Abstimmung«, schrieb Benjamin Barber schon 1984 über die Stimmabgabe per Auswahlfragen, »es stärkt die Demokratie nicht einfach nur dadurch, dass die Bürgerinnen und Bürger sich zwischen alternativen Zukunftsentwürfen entscheiden können, sondern indem sie gezwungen werden, wie die Öffentlichkeit zu denken.« Das Präferendum ist weniger spaltend als ein klassischer binärer Volksentscheid und wäre zudem sehr viel schwerer durch politische oder gesellschaftliche Splittergruppen zu manipulieren. Komplexe Probleme würden als komplexe Probleme behandelt werden, und die Wählerinnen und Wähler würden das Recht bekommen, ihre Auffassungen in ausführlicherer Form als sonst zu äußern. Die Regierungen würden eine klare Liste gemeinsamer Prioritäten erhalten und damit ein besseres Verständnis des Volkswillens und eine konkrete Agenda für zukünftiges Handeln gewinnen.

Das Präferendum hat auch einige Schwachstellen. Offensichtlich besteht das Risiko, dass die sorgfältige Arbeit der Bürgerversammlung durch den Filter unmittelbarer Attraktivität und oberflächlicher Popularität gepresst wird. Was mit dem Verstand erarbeitet wurde, könnte im Gefühl verloren gehen. Während die deliberative Demokratie bestrebt ist, Rationalität und Differenziertheit wieder in den öffentlichen Raum einzubringen, könnte ein Teil davon in einem Präferendum wieder verloren gehen. Heute geht jedoch mehr bei der Übermittlung verloren, als wir morgen an Stimmungen verlieren könnten. Mit einem Präferendum wäre das positive Vermächtnis der französischen Convention sehr viel größer gewesen, nicht kleiner. Ein weiterer Fallstrick liegt in einer strategischen Erarbeitung durch die Mini-Öffentlichkeit und einem strategischen Rating und Ranking durch die Allgemeinheit. Es ist sehr gut möglich, dass die fünfzig Mitglieder der vorangehenden Bürgerversammlung ihre Vorschläge mit dem Ziel formulieren, die öffentliche Akzeptanz im Präferendum zu erhöhen – allerdings würden, da sie selbst eine vielfältige Gruppe sind, ihre Vorschläge auch die Vielfalt der Outgroup widerspiegeln. Außerdem ist es denkbar, dass einige Wählerinnen und Wähler ihre Stimme durch strategisches Kalkül statt durch substanzielle Überlegungen optimieren wollen, aber auch das unterscheidet sich nicht von den Bedingungen bei herkömmlichen Wahlen. Das Präferendum ist nicht ideal, aber es ist besser als das, was wir haben. Wir sollten nicht den Himmel anstreben, sondern nur versuchen, der Hölle zu entgehen.

Demokratien haben in der Regel drei Instrumente, die ihren Bürgerinnen und Bürgern eine Stimme geben: Wahlen, Volksabstimmungen und Bürgerversammlungen – dies sind die jeweiligen Instrumente der repräsentativen, der direkten und der deliberativen Demokratie. Jedes von ihnen hat Vor- und Nachteile.

Wahlen haben den unleugbaren Vorteil, dass jede und jeder Wahlberechtigte die Gelegenheit erhält, anzugeben, wer sie vertreten soll. Der Nachteil ist natürlich, dass komplexe politische Präferenzen auf die Benennung der Personen reduziert werden, denen es gestattet ist, in ihrem Namen zu sprechen. Indem sie eine Vertreterin, einen Vertreter wählen, überschreiben sie ihre Macht einem anderen: Der Tag, an dem sie Macht haben, ist der Tag, an dem sie diese aus der Hand geben.

Volksabstimmungen wurden oft als eine überlegene Form der öffentlichen Konsultation dargestellt, da die Wählerinnen und Wähler ihre Macht, wesentliche Entscheidungen selbst zu treffen, behalten. Der Nachteil ist jedoch, dass komplexe Fragen auf einfache binäre Optionen reduziert werden, dass die Wählerinnen und Wähler sich nicht mit der Materie vertraut machen müssen, dass die Menschen einfach gefragt werden, was sie denken, wobei sie gar nicht nachdenken müssen, und dass sie möglicherweise eine Frage beantworten, die nie wirklich gestellt wurde (zum Beispiel die Bewertung der Gesamtleistung der Regierung). Letztlich stehen sie vielleicht sogar mit einem unklaren Ergebnis und einer gespaltenen Gesellschaft da. Der Brexit ist ein typisches Beispiel dafür.

Die Stärke von Bürgerversammlungen schließlich besteht darin, dass sie einer Zufallsauswahl von Bürgerinnen und Bürgern die Chance bieten, sich mit einem Thema vertraut zu machen, bevor sie ihre Empfehlungen abgeben. Hier geht es mehr um die öffentliche Beurteilung als nur um die öffentliche Meinung. Die Menschen sagen, was sie denken, nachdem sie Gelegenheit zum Nachdenken hatten. Das Problem ist: Dies ist eine außerordentliche Erfahrung für die paar Dutzend Beteiligten, aber *business as usual* für den Rest der Gesellschaft. Die Teilnehmenden begeben sich zwar auf eine oft transformierende Reise, die Gesellschaft selbst wird jedoch nicht transformiert. Ingroup und Outgroup können auseinanderdriften.

Das Präferendum ist eine Kombination aus den besten Elementen dieser drei Instrumente: Es erkennt das Prinzip »eine Person – eine Stimme« bei Wahlen an, es zelebriert den inhaltsreichen Charakter der Volksabstimmung, und es baut auf dem sachkundigen Ergebnis von Bürgerversammlungen auf. Durch diese Kombination bringt es eine zusätzliche Ebene mit einer massiven, groß angelegten öffentlichen Antwort auf die von der Regierung gestellte Frage und die von der Bürgerversammlung ausgearbeiteten Fragen ein. Mit der Validierung und dem Ranking der Vorschläge der Mini-Öffentlichkeit stellt es den zuständigen Behörden einen differenzierten Input in einem Kreislauf zur Verfügung, der wie folgt schematisiert werden kann: Regierung → Bürgerversammlung → Präferendum → Regierung. Ein solcher Kreislauf ist besser für die Bürgerinnen und Bürger (jeder ist beteiligt), besser für die Politikerinnen und Politiker (klarer und differenzierter Input) und besser für politische Maßnahmen (Entscheidungen werden sachkundig getroffen). Darüber hinaus ist er auch besser für die demokratische Gemeinschaft (die Menschen können tatsächlich etwas bewirken).

Die IPCC-Feststellungen sind eindeutig: Es ist Aufgabe der menschlichen Rasse, zu bestimmen, wie heiß der Planet werden wird. Wenn wir die gefährliche Erderwärmung von mehr als 1,5 °C vermeiden wollen, werden die Jahre 2022 bis 2030 für die Senkung unserer Treibhausgasemissionen entscheidend sein. Verglichen mit Autokratien sind Demokratien offenbar schlecht für eine so kolossale Herausforderung ausgerüstet. Wenn wir weiter in die Umstellung auf eine Zukunft ohne fossile Brennstoffe vordringen, wird mit der Entstehung öffentlicher Unruhen zu rechnen sein, sobald die tiefhängenden Früchte der Klimapolitik aufgezehrt wurden. Gewählte Politikerinnen und Politiker werden zunehmend unpopuläre Maßnahmen verhängen müssen und riskieren damit ihr eigenes politisches Überleben. Etwas für die Menschen im Jahr 2080 zu tun, kann ziemlich schwierig werden, wenn die Umfragewerte für 2024 schlecht aussehen. Dadurch werden wir möglicherweise Zeuge von noch mehr Polarisierung, mehr Populismus, mehr Falschnachrichten, mehr Filterblasen, mehr Misstrauen, mehr Unruhe, mehr Hass und mehr Gewalt – nicht nur online. Vielleicht werden wir sogar das Ende der liberalen Demokratie, wie wir sie kennen, erleben.

Angesichts dieser kritischen Zeiten und dringenden Notwendigkeiten müssen wir unbedingt neue demokratische Räume und Vorgehensweisen entwickeln, die rationale, faktenbasierte politische Vorschläge und weitreichende öffentliche Unterstützung in Einklang bringen können. Wir müssen nach Instrumenten suchen, die eine Befähigung der Massen ermöglichen, ohne dass zugleich die massive Unterstützung für die Demokratie verloren geht. Die Logik ist ganz einfach: Gelingt es den liberalen Demokratien nicht, mehr Menschen zur Teilhabe zu befähigen, werden andere Regime erfolgreich sein – oder ihnen zumindest diese Illusion vorspiegeln. Wenn Präferenden jährlich in jedem Land organisiert werden, könnten viele Millionen Menschen in voller Kenntnis der derzeitigen Emissions- und Reduktionsziele verantwortungsbewusste Akteurinnen und Akteure statt passiver Adressatinnen und Adressaten unbedingt notwendiger Klimapolitik werden.

Wir leben sowohl politisch als auch klimatologisch in absolut kritischen Zeiten, und die derzeitigen Verfahren der repräsentativen Demokratie (Wahlen, Volksabstimmungen, Bürgerversammlungen) reichen einfach nicht aus, die Probleme anzugehen. Wir brauchen alle Kreativität, die uns zur Verfügung steht, um alternative Wege zur Gestaltung der Demokratie zu entwickeln. Die Idee eines Präferendums, die ich in diesem Essay erörtert habe, erweist sich als eine schnelle, leichte und sichere Möglichkeit, Klimapolitik zu wagen und liberale Demokratie zu stärken.

Ich möchte Claudia Chwalisz, Yves Dejaeghere, Christoph Niessen und Eva Rovers für inspirierende Gespräche über das Präferendum danken. Claudia und ich wiesen, ohne den Begriff zu verwenden, auf das Verfahren zur Diskussion der Zukunft Europas in einem Essay hin, der in *Politico* veröffentlicht wurde (»Macron's sham democracy«, 12. Februar 2018). Sein Potenzial für den Brexit untersuchte ich in einem Gastkommentar für den *Guardian* (»Britain doesn't need a second referendum, it needs a preferendum«, 17. Dezember 2018). Der Plattform G1000 in Belgien und der Federation for Innovation in Democracy Europe (FIDE) bin ich für den anregenden Austausch dankbar.

POLITIK DER EMOTION?

Von Ressentiments und demokratischer
Leidenschaft

Ute Frevert

Politisch fühlen
Eine Geschichte von Chancen und Risiken

Derzeit ist viel und häufig von einer Emotionalisierung der Politik die Rede. Der rechte Populismus, heißt es, ersetze Argumente durch Gefühle und trage einen neuen, emotional expressiven Ton in politische Debatten und Entscheidungen. Gemeint sind vor allem negativ getönte, destruktive Gefühle wie Hass, Ressentiment, Verachtung und die ihnen folgenden Praktiken sozialer Demütigung und radikaler Exklusion. All das füge der Demokratie Schaden zu und gefährde ihre Zukunft.

An dieser Beobachtung ist manches richtig. Trotzdem möchte ich den Chor der Emotionskritiker nicht vergrößern. Er ist mir zu einstimmig und auch zu voreilig. Stattdessen biete ich sieben Thesen an, die das Verhältnis von Politik und Gefühl historisch kontextualisieren und zeitgenössisch einordnen.

Emotionen in der Politik, so die *erste These*, sind nichts wirklich Neues. Seit der griechischen Antike spielt die Appellation an Gefühle für demokratische Politik eine große, die öffentliche Zustimmung des Demos kanalisierende und fördernde Rolle. Jeder Redner, lesen wir bei Aristoteles, sei gut beraten, in seinen Zuhörern bestimmte Gefühle zu wecken, seien es der Zorn oder Hass auf einen Gegner oder das Mitgefühl mit jemandem, der unter einer schlechten Regierung leidet. Ansätze einer Gefühlspolitik lassen sich später auch im Absolutismus finden, obwohl der eigentlich gar nicht auf die Gunst seiner Untertanen angewiesen war. In dem Maße jedoch, wie Zustimmung und Mitwirkung der Regierten konstitutionell in die Regierungsform eingelassen wurden, standen auch Gefühle dauerhaft und strukturimmanent auf der politischen

Tagesordnung. Schon die Liberalen des frühen 19. Jahrhunderts berichteten von leidenschaftlichen Parteikämpfen, die in den Parlamenten der jungen Verfassungsstaaten ausgefochten wurden. Noch heftiger, agonaler und lauter wurden die Kämpfe, als die bürgerliche Honoratiorenpolitik im Zeichen des allgemeinen Männerwahlrechts an Bedeutung verlor. Das lässt sich bereits im späten 19. und frühen 20. Jahrhundert beobachten, vor allem aber während der Weimarer Republik. Die scharfe politische Polarisierung trug Leidenschaften auf die Straße, wo sie nicht selten gewaltsame Formen annahmen. Aber auch totalitäre Regime mobilisierten Gefühle – positive, wie die Liebe zu Volk und Vaterland und das Vertrauen in »Väterchen Stalin«, ebenso wie negative: Hass gegen vermeintliche Verräter und Volksfeinde, Ekel gegen sogenannte Parasiten und Volksschädlinge. Sogar die frühe Bundesrepublik, die sich, in Absetzung vom Nationalsozialismus, gern als nüchtern und emotionsfrei verstand, praktizierte Formen emotionaler Ansprache und schürte Furcht vor dem Kommunismus.

Die Emotionalisierung der Politik hat also eine lange Tradition. Ihre Aufgabe, so die *zweite These*, besteht darin, Bürger an eine Partei oder eine Regierung zu binden beziehungsweise gegen sie in Stellung zu bringen. Solche Positionierungen lassen sich durch den Appell an kognitiv abrufbare Interessen nur bedingt erreichen. Gefühle wurzeln tiefer, verknüpfen sich mit individuellen Erfahrungen, Lebenserzählungen und Sehnsüchten. Sie sind zudem schneller erregbar, was sie manipulationsanfällig macht. Zugleich fällt es schwer, sie dauerhaft zu stabilisieren oder für längere Zeit auf einem hohen Agitationsniveau zu halten. Ressentiment kann als »heimlicher Groll« lange vor sich hin köcheln. Lautstarke Empörung dagegen ist an kürzere Zeitrhythmen gebunden, erschöpft sich an sich selber. Wer Gefühle als Mittel politischer Bindung nutzen und instrumentalisieren will, muss sich dieser Rhythmisierung bewusst sein. Er oder sie weiß auch, dass hochgeputschte Gefühle, vor allem negative, kompromiss- und verständigungsbereite Kommunikation verhindern. Eben das unterscheidet die Weimarer Republik bislang von der Bundesrepublik: Während die Weimarer Parteien noch keine Erfahrung mit demokratischen Verfahren hatten und ihre Lust auf Kompromisse entsprechend gering ausgeprägt war, hatten die bundesdeutschen Parteien genug Zeit, Demokratie aktiv zu lernen. Damit verbunden war eine emotionale Abrüstung, die das agonale Freund-Feind-Denken schrittweise aus der Politik verbannte – allerdings nie in toto, wie man etwa bei den Debatten über die Ostverträge merkte.

Die meisten Beispiele, die bislang für eine Emotionalisierung der Politik angeführt wurden, lassen sich, *These Nummer drei*, einem Top-down-Muster zuordnen. Politische Akteure – der attische Redner, der absolutistische Fürst, sozialistische Volkstribune wie Ferdinand Lassalle und August Bebel bis zu faschistischen »Führern« wie Adolf Hitler und Benito Mussolini – verhalten sich gegenüber ihren Zuhörern, Anhängern oder Wählern wie Gefühlsmanager. Sie rufen Emotionen auf und lenken sie auf bestimmte Themen, Personen oder Gruppen. Hitlers Konzept »politischer Reklame« als Kunst emotionaler Beeinflussung und Überzeugung richtete sich bewusst und gezielt »an die Masse« und deren »gefühlsmäßige Empfindung«. Große Versammlungen, effektvoll organisiert, sollten bei den Teilnehmenden einen »suggestiven Rausch« erzeugen und sie »zum Glied einer Gemeinschaft« machen. Nach 1945 fanden solche inszenierten Vergemeinschaftungen wenn überhaupt, dann nur noch im Osten des Landes statt. Ob sie dort tatsächlich rauschhafte Begeisterung weckten, bleibt fraglich. Aber noch im Oktober 1989 marschierten über hunderttausend fackeltragende FDJ-Mitglieder zum 40. Jahrestag der DDR auf und spürten, so ein junger Reporter der *Berliner Zeitung*, »Gänsehaut und Verpflichtung« beim Singen der Internationale. Die Bundesrepublik hatte für politische Gemeinschaftsgefühle mit »Fahnenwäldern, Trommelwirbeln und Hochrufen« keine Verwendung. Emotionalisierte Großveranstaltungen wanderten hier aus der

Politik aus und in die Unterhaltungsbranche ein, Stichwort Fußballspiele und Popkonzerte. Selbst ein charismatischer Politiker wie Willy Brandt, dem in den 1960er Jahren viele Herzen zuflogen, hielt bei öffentlichen Auftritten das »Jubelbedürfnis« seiner Anhänger in Schach und baute, wie Journalisten beobachteten, »Dämme gegen den Enthusiasmus«.

Diese Beobachtung über Jubelbedürfnisse und ihre Dämme führt zur *vierten These*. Sie lautet: Politische Emotionen werden nicht nur top-down generiert, durch Propaganda mit oder ohne Massensuggestion. Vielfach sind sie bottom-up getrieben. Anstatt bloß auf emotionale Anreize von oben zu reagieren, pflegt das demokratische Wahlvolk durchaus eigene Gefühle. Seit Bürger und Bürgerinnen darum kämpfen, an politischer Kommunikation und Entscheidung beteiligt zu werden, entdecken und erproben sie sich als politisch denkende *und* fühlende Wesen. Je mehr sie gewahr werden, dass und wie Politik ihr Leben und dessen Rahmenbedingungen prägt, desto engagierter bringen sie ihre Wünsche und Anliegen zur Sprache. Politik – als öffentliche Auseinandersetzung darüber, wie Menschen ihr Zusammenleben gestalten und regeln wollen – kann damit per definitionem nicht emotionsfrei sein. Das zeigt sich besonders dann, wenn moralische Postulate verhandelt werden. Freiheit, Menschenwürde, Gerechtigkeit, Solidarität, Rechtsgleichheit und Gleichberechtigung der Geschlechter: Solche für liberale Demokratien maßgeblichen Werte sind gefühlsmäßig stark besetzt. Was Werte von Normen unterscheidet, sind hohe emotionale Intensität und freiwillige Bindung. Wird ein Wert verletzt, reagiert man empört und verteidigt ihn mit Leidenschaft. Wertbasierte Politik lädt also geradewegs dazu ein, Gefühle zu haben und zu äußern. Das lässt sich in der frühen Arbeiterbewegung ebenso nachzeichnen wie in den sozialen Bewegungen der 1980er Jahre: dem Feminismus, der Ökologiebewegung, der Anti-AKW-Bewegung, der Friedensbewegung. Das damals populäre Konzept der »Basisdemokratie« war mit Gefühlen nicht nur kompatibel, sondern nobilitierte sie ausdrücklich als Motiv, sich politisch zu engagieren. Als besonders mobilisierungsfähig und als legitime Quelle politischen Engagements erwies sich das Gefühl der Angst. Menschen bekannten sich zu ihrer Angst, schämten sich ihrer nicht und ließen sich auch nicht als Angsthasen verspotten. Sie akzeptierten Angst als eine positiv gestaltende Kraft, die zu Widerstand und Protest ermunterte, erwarteten Antworten auf ihre Angstgefühle und setzten das politische System damit unter Zugzwang. Als 1981 auf dem Hamburger Kirchentag ein Schüler zum damaligen Bundeskanzler sagte: »Ihre Politik macht mir Angst«, verschlug es Helmut Schmidt die Sprache.

Dass Gefühle im letzten Drittel des 20. Jahrhunderts basisdemokratisch politisiert und politikfähig wurden, hat – *These Nummer fünf* – verschiedene Gründe. Einer davon ist die Aufwertung, die Gefühle in der »therapeutischen Ära« erlebten. Der Boom des Therapiemarktes reichte weit in die bürgerliche Mitte der Gesellschaft hinein. Die Botschaft war immer die gleiche: Vertraue deinen Gefühlen, höre auf sie. Gefühle galten als unverfälscht und nicht korrumpierbar; sie entstünden, hieß es, spontan und anarchisch, ließen sich nicht an die Kandare nehmen und seien deshalb verlässliche Marker unserer wahren Bedürfnisse und Befindlichkeiten. Das ist selbstverständlich ein Mythos. Aber es war und ist ein einflussreicher Mythos, der der Nobilitierung der Emotionen in der Politik Vorschub leistete. Ein weiterer Grund liegt in dem etwa zeitgleichen Zerfall parteilich oder konfessionell gebundener sozialmoralischer Milieus. Tradierte politische Zuordnungen entlang einer ideologisch polarisierten Klassenlinie verloren ihre Basis und Evidenz, und die neuen sozialen Bewegungen waren damit nicht mehr zu greifen. Atommüll, Aufrüstung, Waldsterben, Umweltverschmutzung, Frauendiskriminierung betrafen alle. Aus dieser Erfahrung entstand ein breites Bewusstsein bürgerschaftlicher Verantwortung und Zuständigkeit, das sich im Begriff der Bürger- oder Zivilgesellschaft niederschlug. Darin ging es um *ownership* und *empowerment*, um Selbstaktivierung und Selbstwirksamkeit. Die Parteiendemokratie galt vielen als abgehoben und auf taktische Machtspiele konzentriert, wohingegen sich Menschen für das einsetzen wollten, von dem sie sich persönlich und vor Ort »betroffen« fühlten. Mit im Betroffenheitsboot segelten starke Gefühle: Empathie und teilnehmende Sorge, Achtsamkeit, Respekt und Vertrauen. Letztgenanntes wechselte vom vertikalen Führervertrauen zum horizontalen, wechselseitigen Bürgervertrauen und wurde damit zum demokratischen Gefühl par excellence. Bei der ideologiefernen Neuordnung des politischen Feldes, wie sie seit den 1970er Jahren stattfand, spielten solche demokratietauglichen Gefühle eine tragende und konstitutive Rolle.

Herausgefordert, so die *sechste These*, sah sich die wohltemperierte Gefühlspolitik der liberaldemokratischen Bürgergesellschaft zunächst nur von randständigen radikalen Gruppen. Dazu gehören militante Linksextreme und Autonome, die ihre »Wut« gegen kapitalistische Ausbeutung ebenso gewaltsam wie medienwirksam in Szene setzen. Besonders eindrücklich taten sie das bei ihrem »Welcome to Hell«-Auftritt 2017 anlässlich des Hamburger G20-Gipfels. Auch die wiederholten Brandanschläge auf Autos in manchen Berliner Bezirken gehen auf das Konto dieser Wütenden. Demgegenüber fordern Rechtsextreme im Internet dazu auf, bei linken und liberalen »Volksverrätern die Wut rauszulassen«, und schrecken vor Mord nicht zurück. Angriffe auf Migranten und Flüchtlingsheime sollen ausdrücken, was »Menschen mit Ängsten und Sorgen« vorgeblich empfinden. Wird auf »Ängste und Sorgen« seitens der »Systemparteien« nicht angemessen geantwortet, verwandeln sich diese Gefühle in handgreifliches Ressentiment gegen »die Eliten«, die »das Volk« nicht verstehen (wollen). Dafür steht – pars pro toto – der 2015 auf einer Dresdner Pegida-Demonstration mitgeführte und für Angela Merkel und Sigmar Gabriel bestimmte Galgen. Solche widerwärtigen Erscheinungen können eine funktionierende Demokratie nicht ernsthaft beschädigen, solange sie sich am Rande der Gesellschaft bewegen. Problematisch wird es, wenn sie vom Rand in die Mitte rücken. Eben das war in den letzten fünf Jahren zu beobachten und eng mit dem Aufstieg der AfD verknüpft. Diese vor allem in Ostdeutschland erfolgreiche Partei ordnet zwar, anders als die NSDAP am 9. November 1938, den »Volkszorn« nicht an. Aber sie deckt, billigt und legitimiert ihn, so dass er sich zunehmend ungenierter gebärden kann. Zu den beliebtesten Rechtfertigungsstrategien gehört das Opfer-Narrativ, das auch in anderen Kreisen hohe Wertschätzung genießt. Regelmäßig inszenieren sich rechtsextreme Parteigänger und »Identitäre« als Opfer ihrer Hassobjekte. Wer sich von globalen Jetsettern, arroganten Besserwessis, selbstbewussten Frauen in Medien und Politik gering geschätzt, verachtet, gedemütigt fühlt, sieht sich befugt, selber zu demütigen. Als ehrenwerte Widerstandskämpfer gegen einen angeblich totalitären linksliberalen Mainstream spielen sich mittlerweile sogar männliche Leser bürgerlicher Qualitätszeitungen auf, wenn sie missliebige Positionen in misogyner Fäkalsprache kommentieren.

Wie lässt sich, letzter Punkt, diese Lust an zerstörerischen Gefühlen in der politischen Kommunikation einhegen? Zunächst ist daran zu erinnern, dass sich die weitaus meisten Bundesbürger und -bürgerinnen von solchen Gefühlen und Praktiken fernhalten. Viele setzen klare Zeichen und Grenzen, wenn sie gegen Hass und Gewalt auf die Straße gehen. Ob ein »linker Populismus«, wie ihn die französische Politikwissenschaftlerin Chantal Mouffe empfahl, ein effektives und akzeptables Rezept gegen die rechte Gefühlsoffensive wäre, ist fraglich. Mouffe – und zeitweise auch Mitglieder der deutschen Linkspartei – wollten den »populistischen Moment« von links einfangen und »Affekte in Verteidigung von Gleichheit und sozialer Gerechtigkeit« mobilisieren. Das klang schön, hat aber, wie man in Frankreich sieht, seine Tücken. Denn wer den Teufel mit dem Beelzebub austreiben will, bemüht die gleichen emotional überdrehten, in Freund-Feind-Bildern schwelgenden

Vereinfachungs- und Zuspitzungsstrategien. Die Verliererin eines solchen Wettstreits steht dabei von vornherein fest: die liberale Demokratie. Sie ist auf klare Positionierungen ebenso wie auf Verständigungswillen angewiesen, respektiert Meinungspluralität und vereinigt Mehrheitsentscheidungen mit Minderheitenschutz. Ihr Problem ist, dass die Ergebnisse eines derart offenen kommunikativen Projekts kaum jemanden wirklich zufriedenstellen. Kritik und Enttäuschungen sind vor- und einprogrammiert. Umso wichtiger ist es deshalb, die Verfahren der Demokratie so transparent und lebendig, so inklusiv und partizipativ wie möglich zu gestalten. Gerade weil die politischen Karten immer wieder neu gemischt werden und Mehrheiten wechseln, müssen politische Akteure auf allen Ebenen – wie der Soziologe und liberale Demokrat Max Weber vor einem Jahrhundert formulierte – mit »leidenschaftlicher Hingabe« um die mehrheitsfähige Position streiten und kämpfen.

Ihre »heiße Leidenschaft« aber ist, *siebte These*, zivilgesellschaftlich einzubetten. Demokratie bedeutet, das Gegenüber nicht als Feind anzusehen, sondern als Gegner. Feinden begegnet man mit Hass und Vernichtungswillen, Gegner wollen respektiert und gehört werden. Um sie zu überzeugen, braucht es wechselseitiges Vertrauen, das im Gespräch miteinander gebildet und stabilisiert wird. Solche Gespräche sind nicht einfach. Sie verlangen allen Teilnehmenden viel ab: Offenheit, Langmut, Verständnis, Menschenfreundlichkeit und den Verzicht auf Selbstgerechtigkeit und Allwissenheit. Bevor man selber redet, muss man zunächst einmal zuhören – in der Familie, in der Schule, am Arbeitsplatz, im Sportverein, im Kirchenchor und nicht zuletzt in den repräsentativ zusammengesetzten Bürgerräten, wie sie als neues Gefäß demokratischer Deliberation derzeit erprobt werden. Ängste und Sorgen lassen sich nicht durch Stereotype und Feindbilder bannen, sondern durch Begegnungen und Auseinandersetzungen auf Augenhöhe mit dem, wovor man sich fürchtet. Dabei kann und soll es durchaus leidenschaftlich zugehen, denn Leidenschaft bürgt für den Wert dessen, worüber gestritten wird. Auch rote Linien sind wichtig, denn nicht alles ist verhandelbar. Zu eng dürfen die Grenzen des Fühl- und Sagbaren jedoch nicht gezogen werden, und der moralische Hochsitz sollte leer bleiben. Statt identitätspolitische Empfindlichkeiten zu pflegen und sich in festen Stellungen zu vergraben, wäre es sinnvoller, über biografische Erfahrungen zu sprechen, die uns »am Herzen« liegen und unsere Einstellungen begründen. Denn es sind gerade persönliche, gefühlsaffine Erzählungen, die Distanz in Nähe, Misstrauen in Vertrauen verwandeln können – und der Demokratie damit eine Zukunft geben.

Andreas Hollstein

Schule der Demokratie
Plädoyer für eine kommunale Debattenkultur

Rückblickend auf über 21 Jahre als Bürgermeister stelle ich fest, dass es gerade die persönlichen Begegnungen sind, die für mich den Reiz der Politik auf der lokalen Ebene ausmachen. Kommunalpolitik ist naturgemäß Politik zum Anfassen, nah am Menschen. Im Alltag der Stadt begegnen sich Bürger:innen und Mandatsträger:innen auf Augenhöhe in unterschiedlichen Situationen. Hier geht es meist um ganz Konkretes: ein neues Baugebiet, die Ausstattung der Schulen, den Ausbau von Kindergärten, Verkehrsbeschränkungen oder die Unterstützung von Vereinen. Alles Dinge, die sich direkt auf den Lebensalltag der Menschen vor Ort auswirken.

Doch gerade die Kommunalpolitik sieht sich mit Hass, Bedrohungen und Gewalt in ihren verschiedenen Formen konfrontiert. Dabei richten sich die Anfeindungen sowohl gegen Bürgermeister:innen als auch gegen ehrenamtlich tätige Mandatsträger:innen in den Städten und Gemeinden. Und auch andere Vertreter:innen des Staates sind betroffen: Angehörige von Verwaltungen, Feuerwehr, Rettungsdienst und Polizei. Das Spektrum reicht von beleidigenden Mails über Sachbeschädigungen, körperliche Attacken (z. B. Anspucken oder Faustschläge) bis zu Messerangriffen, wie 2015 auf die heutige Kölner Oberbürgermeisterin Henriette Reker. Mit dem politischen Mord an dem Kasseler Regierungspräsidenten Walter Lübcke im Jahr 2019 wurden Hass und Gewalt gegen Kommunalpolitiker:innen in ganz Deutschland zum Thema.

Die Anzahl der politischen Straftaten wächst bereits seit einigen Jahren. 2020 waren es 2629 Straftaten (BT-Drucksache

19/2020), eine dramatische Steigerung gegenüber den Vorjahren (2019: 1674 und 2018: 1256 Straftaten). Die Entwicklung zeigt Wirkung und verändert das Klima vor Ort. In einer repräsentativen Forsa-Umfrage für die Körber-Stiftung vom April 2021 gaben bereits 57 Prozent der Bürgermeister:innen an, schon einmal persönlich beleidigt, bedroht oder angegriffen worden zu sein, und zwanzig Prozent der Befragten räumten ein, den Rückzug aus dem Amt aus diesem Grund schon einmal erwogen zu haben. Fast ein Drittel gab an, sich seltener zu bestimmten Themen in der Öffentlichkeit zu äußern. Besonders beunruhigend ist, dass fast jeder fünfte der kommunalen Amts- und Mandatsträger:innen gestand, wegen der Anfeindungen sein persönliches Verhalten bereits verändert zu haben. Einzelne Betroffene hatten ihr politisches Engagement aus diesem Grund sogar eingestellt. Deshalb überrascht es kaum, dass sich Frauen und Männer, die sich für kommunale Ämter und Mandate zur Verfügung stellen, nur noch schwer finden lassen. Insbesondere bei den Frauen und Männern sinkt die Bereitschaft zum Engagement im Rat oder als Bürgermeister. Der gesellschaftliche Auftrag, den Anteil von Frauen in der Politik zu steigern und junge Menschen sowie Seiteneinsteiger:innen zu integrieren, lässt sich so immer schwerer erfüllen. Die Kommunalpolitik bleibt männlich geprägt und überaltert. Sie repräsentiert damit immer weniger unsere Gesellschaft. Dazu trägt auch bei, dass bei Hass und Hetze in der Politik eine sexistische Komponente hinzutritt, wenn sich die Kampagnen gegen Frauen richten. Und nicht nur die politisch Handelnden selbst werden zum Ziel solcher Bedrohungen, oft wird deren Familie einbezogen, weil man so den Druck gerade bei Menschen erhöht, die ein hohes Verantwortungsbewusstsein haben. Vielen bleibt vermeintlich nur der stille Rückzug ins Privatleben.

Die Gründe für den Hass sind multikausal und müssen in der gesamten Breite ihres Auftretens betrachtet werden.

Den vernichtenden Satz »Ihr seid doch alle gleich« hat fast jeder kommunalpolitisch Tätige in Diskussionen schon hören müssen.

Damit werden die sich kommunalpolitisch engagierenden Menschen den Politiker:innen auf Bundes- und Landesebene zugeordnet und Vorurteile (»Politik-Bashing«) und negative Erfahrungen, die der Bürgerschaft in der Regel durch Medien pauschal vermittelt werden, auf die politisch Aktiven der lokalen Ebene übertragen. Entscheidend ist, dass durch diese Zuordnung ein Ventil geöffnet wird. Der kommunalpolitisch Engagierte, der sich in seiner Freizeit für das Gemeinwesen einsetzt, wird zum Mitglied der Kaste der verhassten »Berufspolitiker« gemacht, ist im Gegensatz zu diesen aber jederzeit und leicht greifbar. Sie oder er wird zur Projektionsfläche für den Unmut über einzelne Entscheidungen oder negative Vorkommnisse auf allen Ebenen. Und nicht selten sind die Übergriffe vor Ort auf Entscheidungen auf Bundes- oder Landesebene zurückzuführen. Gerade emotional besonders aufgeladene Themen der letzten Jahre wie die Migrationspolitik und die Corona-Pandemie haben viele Anfeindungen provoziert. So wirkt sich der Autoritäts- und Vertrauensverlust der Politik auf übergeordneter Ebene konkret auf die kommunale Ebene aus. Wie tief das politische Ansehen inzwischen allgemein gesunken ist, belegt die zunehmende Zahl der Nichtwähler oder Protestwähler.

Neben dem »Politik-Bashing« sind es aber auch abschreckende Machtspiele und konkretes Fehlverhalten einzelner Mandatsträger (z. B. Provisionen beim Verkauf von Masken während der Pandemie), die das schlechte Image der Politik verursachen. Da Politik heute vielfach zum Beruf geworden ist, sind Rücktritte aus politischer Verantwortung höchst selten. Der politische Nachwuchs kann zuweilen weder Studienabschlüsse noch abgeschlossene Ausbildungen oder Berufserfahrungen vorweisen mit der Folge, dass ein möglichst langer Verbleib und eine steile Karriere eine existenziell bedeutsame Frage oder gar der entscheidende Antrieb sind. Auch der teilweise respektlose persönliche Umgang der Politiker miteinander und die Schmutzkampagnen in Wahlkämpfen wirken abschreckend.

Oft erweckt die Politik den Anschein, als seien die Sorgen und Nöte der Menschen für sie weit weg. Obwohl die politischen Themen immer komplexer und globaler und damit komplizierter werden, geht die Zahl derjenigen, die Mitglieder einer Partei sind, beständig zurück mit der Folge, dass der Durchdringungsgrad der Parteien in die Gesellschaft deutlich geringer als vor einigen Jahrzehnten ist. Die nachlassende Wahlbeteiligung – gerade auch auf kommunaler Ebene – offenbart den zunehmenden Rückzug der Menschen aus der politischen Verantwortungsgemeinschaft. Die Ansprache an die Stadtgesellschaft gelingt meist nur, wenn eigene Betroffenheit und die Erfüllung vermeintlicher Ansprüche im Spiel sind, und dann geschieht das häufig in einem emotional extrem aufgeladenen Klima, das Hass und Hetze tendenziell begünstigt.

Unsere Gesellschaft verändert sich rasant. Die christliche Glaubensbindung hat stark abgenommen und wird weiter sinken. Nur noch etwas mehr als die Hälfte der deutschen Bevölkerung gehört christlichen Gemeinschaften und Kirchen an. Andere Religionen und vor allem die Gruppe der Konfessionslosen nehmen hingegen kontinuierlich zu. Das christliche Wertekorsett, das unserer Gesellschaft Stabilität und Verhaltensnormen gegeben hat, ist nicht mehr die allgemein akzeptierte Grundlage unserer Gesellschaft. Die Folge ist, dass gerade unterhalb der Strafnormen viele Verhaltensformen, die nicht justiziabel sind, aber vor Jahrzehnten noch unter das Verdikt des Das-gehört-sich-nicht fielen, heute hingenommen werden, da sie inzwischen dem individuellen Wertmaßstab einzelner Gruppen oder Individuen überlassen sind. Darüber hinaus wird das Gewaltmonopol des Staates zunehmend infrage gestellt, wenn es nicht in die individuelle Sicht passt. Da man diesen Trend nicht rechtzeitig erkannt oder sogar ignoriert hat, wurde lange Zeit auch versäumt, das ebenfalls christlich beeinflusste Wertekorsett unseres Grundgesetzes in aller Deutlichkeit als gesellschaftlichen Klebstoff und verbindliche Grundlage für alle Menschen in Deutschland zu vereinbaren. Es herrscht deshalb ein gesellschaftliches Mikroklima, in dem Respektlosigkeit um sich greift, was wiederum dazu führt, dass die Anfeindungen zunehmen.

Die Neigung, individuelle Werte und Überzeugungen zum allgemeingültigen Maßstab zu erheben, ist inzwischen weit verbreitet. Das hat Auswirkungen, die von der teilweisen gesellschaftlichen Entkopplung einzelner Gruppen bis zur Ausbildung von Parallelgesellschaften und Verschwörungstheorien reichen. Die Emotionen schwellen an, was noch begünstigt wird durch die veränderten Informationsgewohnheiten der Bevölkerung. Indem zunehmend das Nachrichtenangebot im Netz wahrgenommen wird, gerät gerade die Kommunalpolitik ins Hintertreffen. Sie rückt nur noch bei Sensationen oder vermeintlichen Skandalen in den Blick, selten jedoch informierend oder erklärend in die Zeitung mit dem Resultat, dass die Abozahlen der Lokalzeitungen einbrechen. Diese geben dann auf oder wenden sich stärker den »leichten« Geschichten vor Ort zu.

Auf der anderen Seite boomen die Sozialen Medien. Nach *Statista* sind mittlerweile fast achtzig Prozent der Deutschen bei einem sozialen Netzwerk angemeldet. Dort werden Schlagworte, nicht Zusammenhänge präsentiert, oder die Nachrichten beschränken sich auf Bilder, die speziell auf die Emotionen des Adressaten abgestellt sind. Da die Halbwertszeit der Beiträge im Netz gering ist, wird wenig Sorgfalt aufgewendet bei der Recherche und der Formulierung des Inhalts. Radikale Stimmen und Haltungen erfahren starke Reaktionen, werden häufiger geteilt und erhalten über Algorithmen eine noch größere Reichweite. Posts, die heftige Diskussionen auslösen, wecken nicht selten auch das Interesse der etablierten Verlagshäuser und Sendeanstalten. Falschmeldungen und suggestive Bilder werden deshalb allein aus diesem Grund ganz bewusst genutzt.

Der Zusammenhalt unter den Teilgruppen unserer Gesellschaft und der Respekt haben abgenommen. Die einzelnen Generationen leben seltener als früher zusammen und immer seltener im Einklang miteinander. Jede Gruppe bewegt sich in ihrer Blase, frönt ihren speziellen Interessen. Verteilungskämpfe werden respektlos ausgetragen. Das Bundesverfassungsgericht hat die Politik daher im Mai 2021 unter bestimmten Umständen zur »Sicherung grundrechtsgestützter Freiheit über die Zeit und zur verhältnismäßigen Verteilung von Freiheitschancen über die Generationen verpflichtet«. Die im Grunde doch selbstverständliche und nachhaltige Generationengerechtigkeit wird vor allem in der Klimapolitik vermisst, aber nicht nur dort. Auch bei der Staatsverschuldung und der Rentenfinanzierung ist der Generationenkonflikt nicht gelöst. Und jenseits der Generationenfragen ist die Gesellschaft längst in unzählige, sehr unterschiedliche Interessengruppen zerfallen. Die eigene Freiheit wird häufig auf Kosten von Solidarität, Toleranz und den Rechten anderer überdehnt. Darüber hinaus wird das Grundrecht, die eigene Meinung frei überall zu äußern, zunehmend durch moralisierende und pauschale Wertungen eingeschränkt. Der gesellschaftliche Konsens hinsichtlich tabuisierter Extremmeinungen wird missbraucht, indem durch Grenzverschiebungen missliebige Äußerungen anderer Menschen als nicht diskutabel dargestellt und der Diskussion entzogen werden. Es ist eine moralisierende Empörungskultur entstanden mit der Folge, dass viele Menschen sich dem gesellschaftlichen Diskurs entziehen. Gefühle stauen sich an, Hass kann entstehen, der sich dann bisweilen im Netz oder in Mails entlädt.

In der Demokratie herrscht Gewaltenteilung. Neben der Legislative und der Exekutive ist die Judikative eine der drei unabhängigen Gewalten in unserem Staatswesen. Ihr kommt die Aufgabe zu, im Rahmen der Gesetze die Vertreter:innen des Staates vor Hass und Hetze zu schützen (Fürsorgepflicht). Leider lassen sich für die zurückliegenden Jahre einige Beispiele aufführen, dass die Justiz von Amts- und Mandatsträgern eher Nehmerqualitäten in Bezug auf Hass und Beleidigungen fordert. Das prominenteste Beispiel lieferte das Landgericht Berlin mit einem Beschluss vom September 2019 (Az. AR 17/19), wonach der Grünenpolitikerin Renate Künast die Hinnahme von schwersten Beleidigungen aufgrund der grundgesetzlichen Freiheit der Meinungsäußerung abverlangt wird. Das Urteil, das schließlich vom Kammergericht Berlin in wesentlichen Teilen aufgehoben wurde, ist ein Beispiel für den Trend, andere Maßstäbe als gewöhnlich anzulegen, wenn es um in der Öffentlichkeit stehende Personen geht. Auch das sogenannte Galgen-Urteil vom Dezember 2017 ist in diesem Zusammenhang zu nennen, wonach der Verkauf von Galgen mit dem Konterfei der Bundeskanzlerin und des Außenministers durch einen Verein in Sachsen unter die Freiheit der Kunst fiel. Auch hier griff die Zivilkammer des Landgerichts Hamburg ein und verbot den Verkauf 2018.

Es ist für unsere Gesellschaft von großer, vielleicht sogar existenzieller Bedeutung, auf allen Ebenen konsequent gegen Hass und Hetze vorzugehen. Es ist deshalb zu begrüßen, dass der Bundestag 2021 unter Bezugnahme auf den Mord an Walter Lübcke wichtige gesetzliche Veränderungen vornahm. So wurde die Einrichtung von Schwerpunktstaatsanwaltschaften und Hotlines für Betroffene beschlossen, was in einigen Ländern bereits umgesetzt worden ist, und bei volksverhetzenden Äußerungen, Morddrohungen und anderen strafbaren Inhalten wurde den Anbietern von Plattformen im Netz neben der Verpflichtung zur Löschung zudem die Pflicht auferlegt, derartige Vorkommnisse dem Bundeskriminalamt zu melden. Die Behörden können in solchen Fällen Auskunftserteilung verlangen und so Tatverdächtige besser identifizieren. Beleidigungen, Verleumdungen und üble Nachrede, die sich gegen Kommunalpolitiker:innen richten, werden künftig härter bestraft. Zudem können Betroffene bei Bedarf Auskunftssperren im Melderegister einrichten lassen. Auch die Beratungsangebote wurden inzwischen verbessert. Die kommunalen Spitzenverbände haben gemeinsam mit der Körber-Stiftung im April 2021 die Plattform www.stark-im-amt.de ins Leben gerufen, die Informationen rund um das Thema liefert und betroffenen Kommunalpolitiker:innen Hilfe anbietet.

Konsequentes Anzeigen von Straftaten und ein offener Umgang mit Bedrohung sind in unserer Gesellschaft leider nicht selbstverständlich, aber der einzige Weg, ein öffentliches Bewusstsein zu erzeugen. Es braucht viel Mut und Selbstvertrauen, um über Hass und Bedrohungen zu reden, denn wenn sich jemand über derartige Erfahrungen äußert, wird das nicht selten als Geltungssucht und Schwäche interpretiert. Dabei kann eine über Parteigrenzen hinausgehende gesellschaftliche Solidarität nur erreicht werden, wenn über die Vorkommnisse gesprochen wird. Aus eigener Erfahrung weiß ich, dass gerade diese Solidarität die Kraft geben kann, die im Umgang mit Grenzsituationen nötig ist.

Damit es erst gar nicht zu Grenzsituationen kommt, muss im Bereich der Prävention mehr unternommen werden, und das heißt zuallererst: Auf kommunaler Ebene müssen möglichst viele gesellschaftliche Gruppen integriert werden. Eine inklusive, auf den Werten unseres Grundgesetzes beruhende und auf gegenseitigem Respekt fußende Gesellschaft lässt sich nur von den Städten und Gemeinden aus, also von unten nach oben, aufbauen und nicht von oben verordnen. Das verlangt von allen Beteiligten Toleranz und die Bereitschaft, einen Lernprozess zu durchlaufen. Dieser kann aber nur in Gang kommen, wenn die übergeordneten Ebenen konsequent das Subsidiaritätsprinzip achten und Entscheidungskompetenzen bei den Amtsträger:innen vor Ort belassen beziehungsweise diesen einräumen und deren Entscheidungen akzeptieren.

Die Kommunalpolitik muss wieder stärker in die Gesellschaft hineinwirken. Dies kann nicht mehr ausschließlich über die klassischen Medien und den gesellschaftlichen Einfluss der Parteien erreicht werden, vielmehr muss der direkte Kontakt in der Kommunalpolitik über die verstärkte und kontinuierliche Integration von Multiplikator:innen des vorpolitischen Raums in die Politik vor Ort gesucht und die viel intensivere Nutzung der Sozialen Medien im Kontakt zu den Bürger:innen angestrebt werden. Medien wie Facebook, Twitter und Instagram müssen lokal gut gepflegt werden, kurze Presseerklärungen allein reichen da nicht mehr aus. Die Formate der Sozialen Medien müssen anlassbezogen und reaktionsschnell bedient werden.

Darüber hinaus müssen kommunal neue, ergebnisoffene Formen der Bürgerbeteiligung im Vorfeld von Entscheidungen gestärkt werden. Ideen- und Planungsworkshops, informelle Befragungen und andere Mitwirkungsmöglichkeiten stärken den Rückhalt vor Ort, aber das setzt voraus, dass der Gemeinderat als Steuerungsgremium das entsprechende Selbstverständnis entwickelt. Das Angebot zur Mitwirkung muss so niederschwellig sein, dass der Zugang möglichst breiten gesellschaftlichen Schichten möglich ist.

Ein Beitrag zur Lebendigkeit, zur breiten Mitwirkung und zum Hassabbau könnte auch die Begrenzung von Amts- sowie Mandatszeiten sein. Die Kommunalpolitik könnte so zur Schule der Demokratie werden, denn die Durchlässigkeit der politischen Ebenen würde dann zwangsläufig größer. Die Parteien müssten fortan zur Qualitätssicherung auf allen Ebenen den Nachwuchs nicht nur in den eigenen Jugendorganisationen suchen, sondern auch ein professionelles Talentscouting im Bereich der Kommunen und darüber hinaus aufbauen. Die Begrenzung der Amtszeiten würde zudem den Austausch zwischen kommunaler, Landes- und Bundesebene fördern. Berufspolitiker:innen wären so nur noch über mehrere Ebenen hinweg denkbar.

Die repräsentative Demokratie könnte auch durch eine Aufwertung der Direktwahl gestärkt werden. Diese könnte in den Wahlkreisen von der Verhältniswahl entkoppelt werden. Nur die Hälfte des Bundestages würde dann über die Listen der Partei besetzt. Gute Kandidat:innen könnten den Proporz in dem sogenannten Grabenwahlrecht durchaus verändern. Das würde zudem die

Rolle der Mandatsträger:innen vor Ort stärken, mehr innerparteiliche Konkurrenz erzeugen und die Macht der Listen als disziplinierendes Element der Parteien schwächen.

Die Debattenkultur und die parteiübergreifende Toleranz müssen wieder gestärkt werden. Das dürfte ein schwieriges Unterfangen sein, weil im Wahlkampf leider immer mehr Gewicht auf Bilder, Gesten und Oberflächlichkeiten gelegt wird und Parteien auf kurzfristige Vorteile verzichten müssten. Selbst die Parteien der demokratischen Mitte bedienen sich zunehmend – teilweise auch mit Blick auf die öffentliche Wirkung – übersteigerter und diffamierender Begriffe. Respekt ist nicht naturgegeben, doch politisch Tätige können ihn sich mit einer wohlüberlegten, respektvollen Ausdrucksweise erwerben.

Der wesentliche Akteur im Kampf um eine Gesellschaft ohne Hass, Hetze und Übergriffe ist die Bürgerschaft selbst. Jede direkte Frage anstelle eines wütenden Kommentars im Netz leistet einen Beitrag, genauso das beherzte Eingreifen, wenn in geselligen Runden undifferenziert »Politik-Bashing« betrieben wird. Die Sozialen Medien bieten zudem die Möglichkeit, die zum Großteil ehrenamtlich tätigen Männer und Frauen mit Posts gegen Anfeindungen zu schützen oder in Sachfragen differenziertere Argumentationen von ihnen zu erbitten. Auch sachliche Kritik oder sogar Lob von Angesicht zu Angesicht können zur Verbesserung der kommunalen Situation beitragen. Sollten dennoch Anfeindungen bekannt werden, kann ein Brief oder eine Mail als Ausdruck der Solidarisierung ein geeignetes Mittel sein. Bei Gewalttaten hilft den Betroffenen und ihren Familien gelebter gesellschaftlicher Rückhalt, und der motiviert sie überdies zum weiteren Einsatz für die demokratische Gemeinschaft.

Bernhard Pörksen

Wutmüdigkeit
Über die Kunst des konstruktiven Streits

Ich leide unter einem Syndrom, das man *rage fatigue* nennen könnte, Empörungserschöpfung, Wutmüdigkeit. Es ist, wenn man so will, die letzte Stufe im Aufregungsspektakel dieser Tage, ein diffuser Entrüstungsekel in Kombination mit einem Gefühl von Sinnlosigkeit, das in die Frage mündet: Wie sollen Politik und die Einhegung der Gegenwartskrisen gelingen, wenn schon im Fall von Nichtigkeiten so miteinander geredet und gestritten wird? Erinnern wir uns nur ein letztes Mal an die globale Aufmerksamkeitsekstase bei jedem neuen Trump-Tweet im Angesicht der kalkulierten Pöbelei. Denken wir an die Wutattacken, denen Politikerinnen und Politiker ausgesetzt waren und sind, die in einem vermeintlich unbeobachteten Moment die Corona-Auflagen verletzten und beispielsweise ihre Maske absetzten, gefilmt und fotografiert von einer Normpolizei, die mit dem Smartphone bewaffnet umherstreift und Dokumente der Blamage und der Demontage im Zweifel sekundenschnell postet. Entsinnen wir uns der allgemeinen Aufregung über längst vergessene Faschingswitzchen, oder rekonstruieren wir die Kita-Schweinefleisch-Debatten, die einst die Republik in Atem hielten, ausgelöst und angeheizt von jenen Boulevardportalen, die ziemlich effektiv Themen setzen, auch und gerade weil sie ihr Publikum vor allem als »Klickvieh« begreifen.

Das Schema des sinnlosen Kommunikationstaumels ist stets: zuerst der Ur-Aufreger, dann, gepuscht von Empörungsprofis unterschiedlicher Couleur, ein plötzlich aufschäumendes Zusammenspiel sozialer und redaktioneller Medien. Schließlich das immer heftigere Aufeinandereindreschen unterschiedlicher Lager und die Empörung über die Empörung der jeweils anderen Seite.

Zum Schluss dann allgemeines Kopfschütteln über den Zustand der Debattenkultur, die Meta-Meta-Schockiertheit. Das alles ist vielfach beschrieben und bis zum Exzess diagnostiziert worden. Nur: Wie kommt man da raus? Wie ließen sich Techniken der Abkühlung trainieren? Wie produktiv streiten und wie auf andere, bessere Weise in der Öffentlichkeit debattieren, dem geistigen Lebensraum einer liberalen Demokratie? Ich behaupte: Die gesellschaftliche Mitte ist heute gefordert wie selten zuvor. Sie muss in Zeiten der Spektakelpolarisierung gleichermaßen behutsam und hartnäckig für eine Sprache der Mäßigung werben. Und sie muss im Versuch, den Diskurs zu entgiften, fünf Fehldiagnosen und Kommunikationsmythen überwinden, die gerade im Milieu der Engagierten verbreitet sind. Diese Kommunikationsmythen sind Ausdruck der Ratlosigkeit und einer Sehnsucht nach Schnell-schnell-Lösungen, die es nicht geben kann. Sie handeln von der resignativen Fixierung auf die Unterwelt der Hasskommunikation, von einem schematischen Rezept-Denken, von irreführenden Dialoghoffnungen und falschen Filterblasen- und Polarisierungsängsten.

Der Untergangsmythos – oder der falsche Fokus auf das hässliche Extrem: Die Götter des Negativismus sind sehr mächtig und werden überall verehrt, auch in der gesellschaftlichen Mitte. Das Zeitalter der Fakten ist vorbei, so heißt es, der Diskurs erloschen, das Rationalitäts- und Realitätsprinzip pulverisiert, die Öffentlichkeit »in Trümmer« (Menasse, 2019) zerfallen. Aber stimmt das? Natürlich nicht, zumindest nicht in dieser Grundsätzlichkeit. Es gibt, ohne Frage, ein Übermaß an verbaler Aggression, eine Verpöbelung von Diskurs und Debatte, entsetzliche Formen der Menschenjagd, online wie offline. Es gibt aber auch bedrückende Formen der moralisierenden Empfindlichkeit, hypersensible Versuche der Diskursreinigung und bemüht-betuliche Triggerwarnungen, die sich aus Sicht der empirischen Forschung zunehmend als fraglich erweisen, weil sie vorhandene Ängste bei Traumatisierten womöglich sogar verstärken (zur möglichen Kontraproduktivität von Triggerwarnungen siehe exemplarisch: Jones et al., 2019). Und es gibt (und das ist die gute Nachricht) in Schulen, Universitäten, Unternehmen und Redaktionen längst ein Bemühen um echte Wertschätzung, Respekt, Achtsamkeit und Authentizität, das aufgrund der medialen Fixierung auf das Misslingende und bedrückend Konflikthafte so gut wie gar nicht vorkommt. Das heißt: Wir leben, kommunikationsanalytisch betrachtet, in einer *Gesellschaft der Gleichzeitigkeiten* (zu den Theorien der Gleichzeitigkeit bzw. der Ungleichzeitigkeit siehe: Bloch, 1977, sowie Bausinger, 1987). Und der Hass ist das hässliche Extrem, das man nicht für das Ganze nehmen sollte. Warum? Weil es gilt, die Pöbler und Hater als die radikale, boshafte Minderheit vorzustellen, die sie sind. Und weil die gesellschaftliche Mitte vor der Frage steht: Bedient sie selbst – in formaler Ähnlichkeit zu den rechtspopulistischen Narrativen des Niedergangs (»Tugendterror!«, »Meinungsdiktatur!«) – die Sprache der Eskalation? Produziert sie also – im Bemühen, zu warnen und die eigenen Prophezeiungen und Behauptungen eben gerade *nicht* Wirklichkeit werden zu lassen – womöglich längst selbst Zerrbilder der Kommunikationsrealität, die im Extremfall einen toxischen Pessimismus und die Entmutigung der Engagierten befördern?

Der Rezeptmythos – oder die Zukunftstugend der respektvollen Konfrontation: Es existiert, leider oder glücklicherweise, keine Weltformel der Diskursrettung. Menschliche Kommunikation ist auf herrliche und doch beunruhigende Weise unberechenbar, sie programmiert die Überraschung in der Art, wie das Gesagte aufgefasst und das eigentlich Gemeinte missverstanden werden kann. Gewiss, damit das Miteinander-Reden und das Miteinander-Streiten gelingen, braucht es den Abschied von absoluten, dogmatisch verfochtenen Wahrheitsvorstellungen und den großen und kleinen Ideologien des eigenen Alltags – warum sollte man sonst sprechen, Ideen austauschen, im Gespräch nach einer Synthese suchen? Natürlich, wer das Kommunikationsklima verbessern will, der muss das Zögern lernen, die um Genauigkeit ringende Bewertung. Denn die Ad-hoc-Reaktion im Affekt, der kommentierende Sofortismus in einer ohnehin überhitzten Atmosphäre, die symmetrische Eskalation durch immer neue, immer schärfere Stellungnahmen – all das ist tendenziell destruktiv. Selbstverständlich, wer das Individuum in eine Klischee-Schublade sperrt (»alter weißer Mann«, »hysterische Feministin«, »frustrierter Ostdeutscher«), der produziert unvermeidlich Kränkungen, weil die pauschale Abwertung und der brutale Reduktionismus kränkend sind. Aber sonst? Die gesellschaftliche Mitte muss – gerade weil die Gereiztheit so massiv geworden ist – aus der einigermaßen fruchtlosen, von binären Denkmustern regierten Meta-Debatte (»Mit allen reden!« versus »Auf keinen Fall!«) aussteigen und sich vom Schematismus des Rezept-Denkens verabschieden. Gerade jetzt und gerade heute braucht es die maximale Beweglichkeit in der Wahl der Mittel auf dem Weg zu einer individuell stimmigen »Mischung aus Offenheit und robuster Zivilität« (Ash, 2016: 316). Nötig sind, um rollen- und situationsgerecht zu reagieren, alle möglichen Register der Kommunikation: ein hellwaches Bewusstsein für die Nuance, Empathie und Verständnis, Toleranz und Streitbarkeit sowie die absolut entschiedene Intoleranz gegenüber einer Intoleranz, die auf die Zersetzung der Demokratie zielt. Und manchmal braucht es auch das Eingeständnis der eigenen Ratlosigkeit, der Trauer und Traurigkeit über das rasche Verlöschen eines Gesprächs im bloßen Gezeter und Geschrei. Und noch etwas: Je unvermittelter und direkter – zumal unter vernetzten Bedingungen – radikal andersartige Perspektiven und Weltbilder aufeinanderprallen, desto wichtiger wird die Zukunftstugend der respektvollen Konfrontation – nicht ausweichen, sich nicht opportunistisch wegducken, aber auch die Ablehnung einer Position nicht zur Attacke auf die Person und den »ganzen« Menschen ausweiten. Nur so gelingt, vielleicht und ohne jede Garantie, der Streit ohne sinnlose Abwertung.

Der Dialogmythos – oder die Gefahr der Heuchelei: Wenn Protestierende auf den Straßen wüten, Pegida-Anhänger marschieren,

Rechtspopulisten die Parlamente stürmen, dann treten mit schöner Regelmäßigkeit Politikerinnen und Politiker der Mitte auf den Plan und fordern, man müsse »die Sorgen und Nöte der Menschen ernst nehmen«, »das Gespräch auf Augenhöhe« suchen, »wirklich zuhören« und endlich »miteinander reden« (siehe hierzu kritisch: Geltermann/Sarasin, 2019). Das Problem: Menschen sind Expertinnen und Experten bei der Entlarvung von Heuchelei. Sie spüren mit sehr feinen Antennen, wenn das Gesprächsangebot nur als pseudotherapeutische Beschwichtigungsfloskel zur Konfliktvermeidung oder als Trick zur raschen Besänftigung wirken soll. In einem Dialog, der diesen Namen verdient, muss man voraussetzen, dass der andere Recht haben könnte und mit seiner Position (und als Person ohnehin) Anerkennung und Wertschätzung verdient.

Die gleichermaßen einfache und schwierige Schlüsselfrage lautet daher: Will man das wirklich? Ist die Gesprächsanstrengung, die Anerkennung der anderen Position, also ernst gemeint? Bei der Klärung der eigenen Dialog- und Diskursbereitschaft hilft es, *Verstehen, Verständnis* und *Einverständnis* zu unterscheiden, wie der Kommunikationspsychologe Friedemann Schulz von Thun vorschlägt (Pörksen/Schulz von Thun, 2020: 97ff.). Denn natürlich muss man verstehen, was der andere sagt, muss eine Äußerung also in ihrem Sinngehalt erst einmal erfassen. Wie ließe sich sonst entscheiden, ob sich das Miteinander-Reden lohnt und wann die konfrontative Abgrenzung gefordert ist? Aber hat man auch Verständnis, kann also Motive, Empfindungen und Empfindlichkeiten zumindest nachvollziehen, wenn man sie nicht teilt? Eben das gilt es herauszufinden und dann in der Auseinandersetzung zu eruieren. Und ist, wer dies vermag, deshalb automatisch einverstanden mit dem, was der andere sagt? Keineswegs. Kurz und knapp: Diese kleine Drei-Stufen-Lehre dient einerseits der Selbstklärung und andererseits dazu, den eigenen Standpunkt zu präzisieren und die Gesprächsbereitschaft gegebenenfalls auch öffentlich zu verteidigen. Man kann nun auch, wenn das Bemühen, den anderen wenigstens zu verstehen, vorschnell als Einverständnis skandalisiert und als mehr oder minder offensichtliche Sympathiebekundung für falsche Positionen interpretiert wird, kontern – schon allein deshalb, weil man präzisere Kategorien zur Verfügung hat.

Der Filterblasenmythos – oder die Technisierung der Angst: Das Filterblasen-Modell, 2011 von Eli Pariser in die Welt gesetzt, ist einer der mächtigsten Kommunikationsmythen der Gegenwart (Pariser, 2012). Algorithmen trennen uns, so heißt es. Sie locken uns in einen Tunnel der Selbstbestätigung hinein und bilden ein der reflektierenden Analyse kaum noch zugängliches Wahrnehmungsgerüst, das Menschen auf perfide Weise voneinander trennt. Denn diese ahnen nicht einmal, dass sie in isolierten Realitätsenklaven vor allem mit ihresgleichen diskutieren. Die Lösung in dieser Logik, die zum Beispiel von Twitter und von diversen Diskursinitiativen überall auf der Welt propagiert wird: die Filterblasen aufsprengen – und zwar mit Hilfe einer besseren Software, die die Perspektivenvielfalt programmiert. Hier zeigt sich wie unter einem Brennglas, wie entschieden man in die Irre marschieren kann, wenn man das sehr reale soziale Problem einer zunehmenden Segregation von Milieus zuerst mit Hilfe einer technischen Manipulations- und Determinationsfantasie diagnostiziert, um es dann – eben in dieser Spur der Betrachtung – auch primär technisch zu behandeln und zu heilen (zum Problem sozialer Segregation und den vielfältigen Ursachen siehe im Blick auf die USA: Boyd, 2017). Denn Fakt ist: Menschen suchen sich ihresgleichen, analog und digital. Sie schaffen sich in dem Bedürfnis nach Selbstbestätigung und dem Austausch mit Gleichgesinnten ihre Filterblasen selbst, leben in Echokammern der Marke Eigenbau. Und überdies gilt: Die pauschale Kontakttheorie, die auf der Prämisse basiert, dass die Konfrontation mit anderen Auffassungen die Polarisierung unter allen Umständen dämpft, ist nachweislich falsch (siehe Bail et al., 2018, Klein, 2018, und Bail, 2018). Es nützt nichts, wie Experimente zeigen, Rechten die Tweets von Linken in die Timeline zu spülen und ihnen die

Postings von LGBTQ-Aktivistinnen und -Aktivisten vorzusetzen, um auf diese Weise gemäßigtere Positionen algorithmisch zu induzieren. Im Gegenteil. Die Verhärtung der Standpunkte nimmt, wenn man dies tut, eher zu – und zwar in direkter Abhängigkeit vom Ausmaß der ideologischen Vor-Fixierung der Diskursteilnehmer. Die vermeintliche Lösung der Dauerkonfrontation mit anderen und mit konträren Ansichten ist also der Therapievorschlag, der das Problem verschärft. Ohnehin kann man unter vernetzten Bedingungen der Konfrontation mit anderen Auffassungen nicht mehr wirklich ausweichen, wie Studien in großer Zahl zeigen. Wir leiden also, so meine These, unter dem *Filterclash*, dem permanenten Aufeinanderprallen von Parallelöffentlichkeiten, sind dem Stress der Dauerirritation durch andere Auffassungen ganz unmittelbar und im eigenen Kommunikationskanal ausgesetzt. Wir können uns zwar abschotten, aber nicht einigeln. Die positive Filtersouveränität ist, wie der Netztheoretiker Michael Seemann vermerkt, möglich, weil wir uns in unsere Wirklichkeitsblase hineingoogeln können. Aber die negative Filtersouveränität – die Ausschaltung und Abdrängung unerwünschter Perspektiven – ist in der digitalen Sphäre nicht erreichbar (zur Unterscheidung von positiver und negativer Filtersouveränität siehe Seemann, 2014: 185, 194f. sowie 2017).

Das bedeutet in der Konsequenz: Wir sehen unter den aktuellen Medienbedingungen nicht *zu wenig*, sondern *zu viel* Andersartigkeit. Die grundsätzliche Umkehrung der Problembeschreibung, die ich hier vorschlage, ist folgenreich. Denn man erkennt, wenn man nun dieser Spur des Denkens folgt, was ein auf Verstehen und Verständigung setzender Diskurs tatsächlich braucht: Behutsamkeit, Zeit, die richtigen Orte, die ungestörtes Sprechen ermöglichen, geklärte Kontexte und den direkten, gesellschaftlich und institutionell geförderten Kontakt sowie die Gelegenheit zur vertiefenden Kooperation. Kurzum: Ein soziales Jahr und Initiativen wie »Deutschland spricht« sind im Sinne eines tatsächlich effektiven Empathietrainings besser als jede neue Software.

Der Polarisierungsmythos – oder eine Warnung vor der Verzagtheit: Die Angst vor dem Verlust des gesellschaftlichen Zusammenhalts nimmt in vielen Ländern Europas zu. Aber man kann – ohne ketzerische Absichten – fragen: Ist Polarisierung eigentlich immer schlecht? Und sollte man sich die Gesellschaft tatsächlich als einen einzigen, riesenhaften Stuhlkreis vorstellen, in dem permanent wertschätzende, empathische Ich-Botschaften formuliert werden? Definitiv nicht, denn das wäre gelebte Dissensvermeidung, die Simulation eines Konsensus, der weder existiert noch wünschenswert ist. Demokratie ist, um eine erhellende Formulierung Adolf Arndts aufzugreifen, die »politische Lebensform der Alternative« (Arndt, 1966: 2). Und die Gegenüberstellung wie die Konfrontation der Standpunkte ist Ausdruck und sichtbare Form, die Alternativen des Denkens und Handelns im Diskurs bekommen. Darüber hinaus ist Dissens eine wesentliche Phase in der Auseinandersetzung und enthält das Potenzial der Klärung im Konflikt. Insofern lohnt es sich, weiter zu fragen: Gibt es zu viel oder zu wenig Polarisierung? Hier wäre meine Antwort: Sowohl als auch. Denn entscheidend ist doch, über welche Fragen man in welcher Form disputiert. Bedingt durch die Hass-Seuche und die sich ausbreitende Furcht vor dem Schwinden von Respekt und Rationalität hat sich in der gesellschaftlichen Mitte inzwischen eine Harmonie- und Konsenssehnsucht ausgebreitet, die reale Gegensätze und drängende Zukunftsfragen verdeckt, sie politisch nicht wirklich diskutierbar macht. Was fehlt, ist die *programmatische Polarisierung* unter den gemäßigten Parteien, der harte Streit in der Sache über langfristige Alternativen des Denkens und Handelns und radikal unterschiedliche Zukunftsbilder der ökologischen Modernisierung, der gelingenden Integration und der digitalen Bildung. In dem aktuell erlebbaren Sinnvakuum einer ratlosen Mitte und einer von Krisenfurcht und Deutlichkeitstabus geprägten Atmosphäre kann das Spektakel der *populistischen Polarisierung* und der persönlichen Diffamierung ungehindert wuchern und die Emotion an die Stelle der Vision treten, so meine Befürchtung. Die Wiederkehr großer, elektrisierender, im besten Sinne utopischer Debatten könnte hingegen die untergründig längst spürbare Zukunftsunruhe in konstruktivere Bahnen lenken. Denn derartige Debatten würden doch immerhin eines signalisieren: Es gibt sie, die Anstrengung des Denkens, die sich dem Problemdruck und den globalen Herausforderungen der Gegenwart gewachsen zeigen will (siehe hierzu die Kritik »gradueller« Politik und des verzagten Sachzwang-Denkens im Angesicht globaler Krisen formuliert: Ulrich, 2018).

Nur: Reicht das schon? Es wäre naiv, allein auf den Streit in der Sache und die besänftigende Kraft von programmatischen Narrativen zu setzen. Denn in Zeiten der globalen Vernetzung sind wir unvermeidlich mit einem Maximum an verstörender Unterschiedlichkeit konfrontiert. Und das heißt: Wir driften in ein Jahrhundert der Kommunikationskonflikte, schon allein, weil all die Daten und Dokumente, die guten und bösen Botschaften, einmal digitalisiert, eine neue Leichtigkeit und Beweglichkeit besitzen und im Zweifel alle mitzündeln können, sich also Konflikte nicht mehr in paternalistischer Weise für beendet erklären lassen. In einer solchen Situation verwandelt sich das Miteinander-Reden und Miteinander-Streiten in eine anspruchsvolle Kunst, wird es doch zugleich wichtiger und schwieriger. Und es muss überdies im Angesicht von Katastrophen, deren Bewältigung die globale Kooperation verlangt, notwendig effektiver werden, muss sich von sinnloser Resignation lösen und von den Mythen einer falschen Einfachheit befreien. Ob das gelingt? Demokratinnen und Demokraten sind bis zum absolut endgültigen Beweis des Gegenteils zum Diskursoptimismus verpflichtet, müssen an die Mündigkeit des Gegenübers und die Kraft des besseren Arguments glauben. Das ist das utopische Zentrum ihrer implizit vorausgesetzten Anthropologie. Aber der Einsatz ist hoch. Was auf dem Spiel steht, so viel lässt sich ohne Übertreibung und ohne apokalyptische Dramatisierung sagen, ist die Welt, wie wir sie kennen.

Dieser Essay basiert auf einem zunächst in der Wochenzeitung *Die Zeit* abgedruckten Artikel, den ich für die Zwecke dieses Buches überarbeitet, erweitert und mit Belegen und Verweisen versehen habe. Siehe: Pörksen, Bernhard: »Gut kühlen«. In: *Zeit online* (5.2.2020). Überdies hätte ich diesen Text nicht schreiben können ohne die Fülle der Anregungen, die ich den Gesprächen mit meinem Kollegen und Freund Friedemann Schulz von Thun verdanke.

Literatur

Arndt, Adolf: »Die Rolle der Massenmedien in der Demokratie«. In: Martin Löffler (Hg.): *Die Rolle der Massenmedien in der Demokratie*. München/Berlin 1966.

Ash, Timothy Garton: *Redefreiheit. Prinzipien für eine vernetzte Welt*. München 2016.

Bail, Christopher: »Twitter's Flawed Solution to Political Polarization«. In: *NYTimes.com*, 8.11.2018 (abgerufen am 27.1.2020).

Bail, Christopher A., et al.: »Exposure to Opposing Views on Social Media Can Increase Political Polarization«. In: PNAS 2018. 115. Jg. H. 37. S. 9216–9221.

Bausinger, Hermann: »Ungleichzeitigkeiten. Von der Volkskunde zur empirischen Kulturwissenschaft«. In: Berking, Helmuth/Faber, Richard (Hg.): *Kultursoziologie – Symptom des Zeitgeistes?* Würzburg 1987, S. 267–285.

Bloch, Ernst. *Erbschaft dieser Zeit*. Frankfurt am Main 1977.

Boyd, Danah: »Why America Is Self-Segregating«. In: *points.datasociety.net*, 5.1.2017 (abgerufen am 11.9.2020).

Goltermann, Svenja/Sarasin, Philipp: *#Zuhören. Die politischen Fallstricke einer schönen Idee*. In: *GeschichtederGegenwart*.ch, 6.1.2019 (abgerufen am 19.1.2021).

Jones, Payton J./Bellet, Benjamin W./McNally, Richard J. (2019): *Helping or Harming? The Effect of Trigger Warnings on Individuals with Trauma Histories*. Preprint. https://osf.io/axn6z/ (abgerufen am 18.7.2019).

Klein, Ezra: »When Twitter Users Hear Out the Other Side, They Become More Polarized«. In: *Vox.com*, 18.10.2018 (abgerufen am 27.1.2020).

Menasse, Eva: »Alles geht in Trümmer – und das, was Öffentlichkeit war, wird bald nicht einmal mehr eine Erinnerung gewesen sein«. In: NZZ.ch, 27.5.2019 (abgerufen am 14.10.2019).

Pariser, Eli: *Filter Bubble. Wie wir im Internet entmündigt werden*. München 2012.

Pörksen, Bernhard/Schulz von Thun, Friedemann): *Die Kunst des Miteinander-Redens. Über den Dialog in Gesellschaft und Politik*. München 2020.

Seemann, Michael: *Das neue Spiel. Strategien für die Welt nach dem digitalen Kontrollverlust*. Freiburg 2014.

Seemann, Michael: »Das Regime der demokratischen Wahrheit IV – It's the Culture, Stupid«. In: *ctrl-verlust.net*, 20.3.2017 (abgerufen am 22.5.2017).

Ulrich, Bernd: Wie radikal ist realistisch? In: *Zeit.de*, 13.6.2018 (abgerufen am 31.8.2018).

Cornelia Koppetsch

Von Ressentiments getrieben
Soziale Spaltungen und der Aufstieg des Rechtspopulismus

Seit der Jahrtausendwende haben Gefährdungsdiagnosen zur Mittelschicht auch in Deutschland einiges Aufsehen erregt. Ihnen ist zu entnehmen, dass nach jahrzehntelangem Wachstum die Einkommensmittelschicht wieder kleiner wird und Ängste vor Arbeitslosigkeit und sozialem Abstieg dort wachsen. Die Realeinkommen stagnieren, Erwerbsunsicherheiten, prekäre Beschäftigungssituationen und Phasen der Arbeitslosigkeit sind für immer mehr Menschen zu einem realistischen Szenario geworden. Während der obere und der untere Rand stetig auseinanderdriften, wachsen zugleich die Verwerfungen innerhalb der Mittelschicht. Sogar Hochschulabsolventinnen und Hochschulabsolventen sind zunehmend von Unsicherheiten und prekären Beschäftigungsbedingungen betroffen (Tölke/Hank, 2005; Manske, 2007, 2009). Angesichts solcher Befunde bereitet das Integrationspotenzial demokratischer Gesellschaften zunehmend Sorgen. Eine stabile und prosperierende Mittelschicht gilt unter Soziologen – etwa Ralf Dahrendorf, Seymour M. Lipset oder Theodor Geiger – als Garant politischer und gesellschaftlicher Stabilität. Doch, so fragte Herfried Münkler, wenn die Mittelschicht aufhört, ein Ort der Sicherheit und Beständigkeit zu sein, wird die Gesellschaft dann anfälliger für Extreme und politischen Extremismus? (Münkler, 2010)

Die Bundesrepublik Deutschland und später auch das vereinigte Deutschland schienen aufgrund jahrzehntelanger wirtschaftlicher Prosperität, aber auch infolge der intensiven Auseinandersetzung und Aufarbeitung des NS-Erbes lange Zeit gefeit gegen ernstzunehmende Erfolge rechtspopulistischer Parteien.

Doch dann etablierte sich die AfD, was auch insofern eine Überraschung war, als die rechtspopulistischen Strömungen und Parteien in anderen europäischen Ländern bis dahin als vorübergehende Erscheinung wahrgenommen wurden, die bald wieder verschwinden würden (Jörke, 2017). Eine solche Sichtweise ist spätestens seit der Wahl Trumps zum Präsidenten der USA im November 2016 nicht mehr plausibel. Aus heutiger Sicht ist Deutschland lediglich ein Nachzügler in einer Entwicklung, die in anderen westlichen Ländern schon weiter fortgeschritten ist.

Nach wie vor ist ungeklärt, wie und in welcher Form gesellschaftliche Spaltungen zum Erfolg der Rechtsparteien beigetragen haben und welche Emotionen dabei im Spiel sein könnten. Ein zentrales Problem der bisherigen Diskussion zum Thema Rechtspopulismus ist, dass sie bislang kaum auf verstehende Ansätze der Sozialforschung rekurriert und dadurch wenig über die lebensgeschichtlichen und emotionalen Hintergründe der Entstehung politischer Orientierungen auch in konkreten milieuspezifischen Lebens- und Erfahrungszusammenhängen sagen kann. Bisher konzentrierte sich die Ursachenforschung zumeist auf grobe Indikatoren und Einzelfaktoren – wie Einkommen, soziale Lage oder autoritäre Haltungen. Ausnahmen stellen hier zwei amerikanische Studien (Hochschild, 2016; Cramer, 2016) und eine ländervergleichende Studie zu jüngeren Protestbewegungen in Deutschland und den USA (Kumkar, 2018) dar. Cramer und Hochschild haben sich in groß angelegten Ethnografien der Frage nach den kulturellen und sozialpsychologischen Bedingungen für den Aufstieg Trumps in den ländlichen Regionen der USA (red America) gewidmet. Ähnlich untersucht Nils Kumkar (2018) am Beispiel dreier Protestbewegungen – nämlich der Tea Party, der Occupy Wall Street (USA) und der Blockupy-Bewegung (Deutschland) – die Entstehung politischer Orientierungen als eine durch den Klassenhabitus gefilterte Reaktion auf gesellschaftliche Krisenerfahrungen. Kumkar findet die Kernklientele der Occupy/Blockupy-Bewegungen im modernen, aufstiegsblockierten Kleinbürgertum und die Kernklientele der Tea-Party-Bewegung in den um ihre sozialen Anwartschaften »betrogenen« Milieus des etabliert-traditionellen Kleinbürgertums. Ein Blick auf die unterschiedlichen empirischen Befunde hierzulande zeigt, dass es keineswegs die offensichtlich Erfolglosen und Benachteiligten sind, die die AfD wählen. Vielmehr stellt sich der Zusammenhang zwischen wachsenden Ungleichheiten und der politischen Mobilisierung von rechts sehr viel komplexer dar, als bisher vermutet wurde.

Ausgehend von der Annahme, dass vor allem eine gut integrierte, prosperierende Mittelschicht vor politischem Extremismus schützt, war zu erwarten, dass rechtspopulistische und rechtsextreme Parteien vorzugsweise in jenen Ländern einen rasanten Aufstieg erfahren, die von der Finanz- und Eurokrise seit 2008 von Arbeitslosigkeit und Austerität besonders getroffen wurden. Doch bei den Wahlen zum Europäischen Parlament 2014 haben die Rechtsparteien gerade dort am besten abgeschnitten beziehungsweise ihre stärksten Zugewinne erzielt, wo die unmittelbaren Folgen der Krise vergleichsweise harmlos ausfielen, nämlich in Österreich, Dänemark, Deutschland, Frankreich, Niederlande und Schweden. Lediglich in Ungarn, das ökonomisch hart getroffen wurde, konnte mit der Jobbik eine rechtsextreme Partei das viertbeste Ergebnis erzielen (vgl. Decker u.a., 2015: 14f.).

Besonders überraschte der Erfolg der Rechtsparteien in Schweden und Dänemark, deren Gesellschaften im europäischen Vergleich zu den egalitärsten europäischen gehören und deren Gemeinwesen über die weltweit sichersten Wohlfahrtssysteme und das höchste Bildungsniveau verfügen (Inglehart/Norris, 2016: 12).

Innerhalb der Gesellschaften sind die Befunde vieldeutig und komplex. So findet sich Unterstützung für Rechtspopulisten quer durch alle sozialen Schichten, gerade in Deutschland und in den USA in einem nicht unerheblichen Ausmaß auch bei Akademikern und Hochqualifizierten. Und bei den Anhängern der rechtspopulistischen Parteien in West- und Nordeuropa handelt es sich nicht vorwiegend um Langzeitarbeitslose, Sozialhilfeempfänger oder Geringverdiener, also Angehörige des Prekariats, sondern um Menschen aus der Mittelschicht (Oesch, 2008; Inglehart/Norris, 2016: 27).

Überraschend ist zudem, dass der Aufstieg der AfD in der Bundesrepublik in eine Phase partieller wirtschaftlicher Erholung und Stabilisierung der Arbeitsmärkte fällt: Die Zahl der »Normalarbeitsplätze«, das heißt der sozialversicherungspflichtigen Beschäftigungsverhältnisse, hat wieder zugenommen (auch wenn sich der Niedriglohnbereich ausgeweitet hat), und die Angst vor dem Abstieg und die Sorge um den Arbeitsplatz ist deutlich zurückgegangen (Lengfeld, 2016).

Deutlich zu erkennen ist, dass das populistische »Wir«, also die Anhängerschaft der neuen Rechtsparteien, keinem einheitlichen Milieu entspringt, sondern Wählergruppen mit unterschiedlichen Einkommensniveaus und Bildungshintergründen sowie unterschiedlichen Beweggründen vertreten sind. In der AfD finden sich etwa die Protestwähler, die der Politik einen Denkzettel verpassen wollen. Dies sind meist wertkonservative, traditionalistische Wähler, denen die Unionsparteien nicht mehr konservativ genug sind und die in der liberalen, postmodernen Gesellschaft keine politische Heimat mehr finden. Daneben gehören rechtsradikale Gruppen zur Wählerschaft. Auch hinsichtlich der Motive unterscheiden sich die Wählergruppen. Nationalkonservativ gesinnte Mittelschichtseliten und sogenannte Wutbürger gehen mit Globalisierungsverlierern und deklassierten Milieus, etwa den »Zurückgebliebenen« in den deindustrialisierten Regionen Ostdeutschlands und Nordrhein-Westfalens, eine politische Koalition ein.

Der Aufstieg rechtspopulistischer Parteien kann daher durchaus als politische Reaktion auf soziale Spaltungen verstanden werden. Wohlstandseinbußen spielen dabei zumeist eine untergeordnete Rolle, vielmehr geht es um Macht- und Geltungskonflikte.

Der rechtspopulistische Kampf ist so etwas wie ein Stellvertreterkrieg um Anerkennung, ein kultureller Klassenkonflikt zwischen den einst Etablierten und den neuen kosmopolitischen Eliten, zwischen den Einheimischen und den Zugewanderten. Die Anhänger des Rechtspopulismus fühlen sich durch den gesellschaftlichen Wandel von der Industriemoderne zur Postmoderne ausgegrenzt und sehnen sich nach der vermeintlichen Normalität der alten Bundesrepublik zurück. Die kosmopolitische Vielfalt postindustrieller Lebensformen soll zurückgedrängt und zu früherer Homogenität nationaler Identitäten zurückgefunden werden, indem bodenständige Bewertungsmaßstäbe angelegt werden, die sich am »Normalen«, am »gesunden Menschenverstand« und an Konventionen und Traditionen orientieren. Danach sollen wieder »richtige Frauen« und »ganze Männer« »gute Arbeit« leisten, ihre Kinder auf eine »normale« Schule schicken und »ganz normal« essen.

Die Anhänger solcher Vorstellungen sprechen von »Gendergaga« und »Ernährungswahn« und bezeichnen *political correctness* als exzentrischen Unsinn (Hark/Villa, 2015; Siri in Hark/Villa, 2015). Nur wenn es ihnen gelingt, so behaupten sie, die von ihnen favorisierten Lebensformen, Geschlechterbilder oder Bildungsvorstellungen durchzusetzen, würden ihre spezifischen Interessen und Kompetenzen wieder besser zur Geltung kommen (Bourdieu, 1990: 104). Dass es dabei um Deutungshoheiten und Spieleinsätze in *allen* gesellschaftlichen Bereichen geht, zeigt sich im gegenwärtigen Rechtspopulismus etwa daran, dass Rechtspopulisten ihre Sichtweisen nicht nur im Bereich von Medien und Öffentlichkeit, sondern ebenso im Bereich der Wissenschaft (Anti-Genderismus), der Wirtschaftspolitik (Kritik an Globalisierung und Europapolitik) und schließlich auch in der Alltagskultur (Heimat, konservative Werte) propagieren. Das emotionale Einfallstor dieser Protestbewegungen – und als solche sollen hier auch die neuen Rechtsparteien verstanden werden – stellen weit verbreitete Ressentiments dar. Diese sind im öffentlichen Diskurs verpönt, wirken aber als affektiver Treibstoff sowohl rechter als auch linker Protestbewegungen, wobei diese Wirksamkeit innerhalb unterschiedlicher Kontexte entfalten. Rechte Protestbewegungen finden ihre Klientel überwiegend in etablierten, aber vom Abstieg bedrohten oder bereits abgestiegenen Milieus, während die Anhänger von Linksbewegungen zumeist den marginalisierten Aufstiegsorientierten, aber im Aufstieg blockierten Milieus entstammen. Rechte und linke Protestbewegungen situieren sich also – nach Pierre Bourdieu – in konträren sozialen und kulturellen Flugbahnen (trajectories).

Dass in den letzten Jahren vermehrt rechte Protestbewegungen erstarkt sind, hat darüber hinaus mit einem Wechsel in den emotionalen Unterströmungen zu tun. Bildeten bis in die jüngere Zeit überwiegend Fragen der individualisierten Statuskonkurrenz, die – im Fall des sozialen Scheiterns – mit Gefühlen wie Neid, Scham und Unterlegenheit belegt waren (siehe dazu die Arbeiten von Ehrenberg, 2004; Landweer, 1999; Neckel, 1991), das emotionale Epizentrum spätmoderner Gesellschaften, so lässt sich derzeit ein auffälliger Umschlag ungleichheitsrelevanter Emotionen konstatieren, der mit einem starken Anwachsen von Ressentiments einhergeht. Anders als Neid und Scham sind Ressentiments kollektivitätsstiftende Gefühle, welche die Isolation und Einsamkeit des gescheiterten Subjekts zugunsten eines »Wir« überwinden helfen, was eine Voraussetzung für die politische Mobilisierung ist.

Ressentiments umgehen die Handlungshemmung von Neid und Scham, weil sie Verantwortlichkeit vom Subjekt nehmen. Das von Ressentiments erfüllte Subjekt blickt nicht länger auf sein defizitäres Selbst, sondern hält Ausschau nach Gegnern und feindlichen Mächten; das Leiden an der Niederlage erlangt scheinbar sogar Würde, da es nicht mehr als Folge unglücklicher Umstände oder gar als individuelles Versagen betrachtet, sondern – ins Prinzipielle erhoben – als moralisches Unrecht gedeutet wird. Folgerichtig leidet man nicht unter einem Schicksal, das anonym oder zufällig zuschlägt, sondern es hat spezifische Urheber, etwa die vom Schicksal Bessergestellten, die Chefs, die »Eliten« und schließlich das korrumpierte System als Ganzes. Durch die moralische Aufladung, die Umdeutung der Niederlage in ein Unrecht, steht das Subjekt nicht allein da, sondern scheint umringt von anderen Betroffenen. Ressentiments überführen aus der Ohnmacht des Statusverlusts in die symbolische Opposition. Wer Ressentiments hegt, will seine Widersacher nicht nur übertreffen, sondern zugleich erniedrigen und kann von der Entlarvung der bestehenden Ordnung nicht genug bekommen – zumindest in der Fantasie. Das Ressentiment ist in der Gesellschafts- und Moralkritik daher oftmals ein wirkungsvolles Kampfmittel und darüber hinaus eine wesentliche emotionale Triebkraft bei der Produktion restaurativer Gesellschaftsbilder und oppositioneller Subjekte.

Literatur

Bourdieu, Pierre: *Die feinen Unterschiede. Kritik der gesellschaftlichen Urteilskraft*. Frankfurt am Main 1982.

Bourdieu, Pierre: *Was heißt sprechen? Die Ökonomie des sprachlichen Tausches*. Wien 1990.

Cramer, Katherine J.: *The Politics of Resentment. Rural Consciousness in Wisconsin and the Rise of Scott Walker*. Chicago 2016.

Dahrendorf, Ralf: »Demokratie und Sozialstruktur in Deutschland«. In: Ders.: *Gesellschaft und Freiheit – Zur soziologischen Analyse der Gegenwart*. München 1961.

Decker, Frank, Bernd Henningsen und Kjetil Jakobsen: *Rechtspopulismus in Europa. Die Herausforderung der Zivilgesellschaft durch alte Ideologien und neue Medien*. Baden-Baden 2015.

Ehrenberg, Alain: *Das erschöpfte Selbst. Depression und Gesellschaft in der Gegenwart*. Frankfurt am Main/New York 2004.

Geiger, Theodor: »Panik im Mittelstand«. In: *Die Arbeit. Zeitschrift für Gewerkschaftspolitik und Wirtschaftskunde* 2004, Jg. 7, H. 10.

Hark, Sabine, und Paula-Irene Villa (Hrsg.): *Anti-Genderismus. Sexualität und Geschlecht als Schauplätze aktueller politischer Auseinandersetzung*. Bielefeld 2015.

Hillebrand, Ernst (Hrsg.): *Rechtspopulismus in Europa. Gefahr für die Demokratie?* Bonn 2015.

Hochschild, Arlie Russell: *Fremd in ihrem Land. Eine Reise ins Herz der amerikanischen Rechten*. Frankfurt am Main 2017.

Inglehart, Ronald F., und Pippa Norris: »Trump, Brexit, and the rise of Populism. Economic have-nots and cultural backlash«. In: Harvard Kennedy School. *Faculty Research Working Paper*, 2016; research.hks.harvard.edu/publications/working-papers/Index.aspx

Jörke, Dirk: »Vom Verdammen zum Verstehen. Neuerscheinungen zum Populismus«. In: *Neue Politische Literatur* 2017, H. 1.

Kumkar, Nils C.: *The Tea Party, Occupy Wall Street, and the Great Recession. Critical Political Theory and Radical Practice*. Basingstoke/New York 2018.

Landweer, Hilge: *Scham und Macht. Phänomenologische Untersuchungen zur Sozialität eines Gefühls*, Tübingen 1999.

Lengfeld, Holger: »Das Ende der Abstiegsangst«. In: *tagesspiegel.de* vom 16. 8. 2016; www.tagesspiegel.de/wissen/neue-zuversicht-in-der-mittelschicht-das-ende-der-abstiegsangst/14010692.html

Lengfeld, Holger, und Jochen Hirschle: »Die Angst der Mittelschicht vor dem sozialen Abstieg. Eine Längsschnittanalyse 1984–2007«. In: Burzan, Nicole, und Peter Berger (Hrsg.): *Dynamiken (in) der gesellschaftlichen Mitte*. Wiesbaden 2010, S. 181–200.

Lipset, Seymor Martin: *Political Man. The Social Bases of Politics*. Garden City 1960.

Manske, Alexandra: *Prekarisierung auf hohem Niveau. Eine Feldstudie über Alleinunternehmer in der IT-Branche*. München/Mering 2007.

Manske, Alexandra: »Unsicherheit und kreative Arbeit. Stellungskämpfe von Soloselbständigen in der Kulturwirtschaft«. In: Castel, Robert, und Klaus Dörre (Hrsg.): *Prekarität, Abstieg, Ausgrenzung*. Frankfurt am Main/New York 2009, S. 283–296.

Münkler, Herfried: *Mitte und Maß. Der Kampf um die richtige Ordnung*. Berlin 2010.

Neckel, Sighard: *Status und Scham. Zur symbolischen Reproduktion sozialer Ungleichheit*. Frankfurt am Main/New York 1991.

Oesch, Daniel: »Explaining Workers' Support for Right-Wing Populist Parties in Western Europe. Evidence from Austria, Belgium, France, Norway, and Switzerland«. In: *International Political Science Review* 2008, 2 (3), S. 349–373.

Siri, Jasmin: »Paradoxien konservativen Protests. Das Beispiel der Bewegungen gegen Gleichstellung in der BRD«. In: Hark, Sabine und Paula-Irene Villa (Hrsg.): *Anti-Genderismus. Sexualität und Geschlecht als Schauplätze aktueller politischer Auseinandersetzung*. Bielefeld 2015, S. 239–256.

Tölke, Angelika, und Karsten Hank: *Männer – Das »vernachlässigte« Geschlecht in der Familienforschung*. Wiesbaden 2005, S. 7–17.

FAKT ODER FAKE?

Vom Realitätssinn der Demokratie in der neuen
Medienöffentlichkeit

Michael Butter

Eine gute Ausgangsposition
Verschwörungstheorien als Herausforderung für die Demokratie

Mein im Jahr 2018 erschienenes Buch über Verschwörungstheorien schließt mit folgenden Sätzen: »Diese Fragmentierung scheint mir das eigentliche Problem zu sein, das sich uns derzeit stellt. Verschwörungstheorien sind ein Bereich, in dem diese Zersplitterung besonders auffällt. Insofern ist die derzeitige Diskussion – Verschwörungspanik in manchen Teilöffentlichkeiten, Verschwörungstheoriepanik in anderen – ein Symptom für eine tiefer liegende Krise demokratischer Gesellschaften. Denn wenn Gesellschaften sich nicht mehr darauf verständigen können, was wahr ist, können sie auch die drängenden Probleme des 21. Jahrhunderts nicht meistern.«

Die Passage ist allgemein gehalten, wurde aber vor allem auf Deutschland gemünzt verstanden. So war sie auch gemeint. Heute würde ich diese Sätze allerdings nicht mehr so formulieren. Sie erfassen zwar akkurat, was sich derzeit in den USA abspielt – in einem Land, an das ich als Amerikanist beim Formulieren dieser Sätze natürlich auch gedacht habe. Sie erfassen aber nicht, warum Verschwörungstheorien in manchen osteuropäischen Ländern wie Ungarn die Demokratie bedrohen. Was Deutschland angeht, bin ich in den letzten drei Jahren – insbesondere durch die Corona-Krise – wesentlich optimistischer geworden.

Um es klar zu sagen: Man muss Verschwörungstheorien und ihre Folgen ernst nehmen, aber der Alarmismus, der aus den Schlusssätzen meines Buches spricht und der in noch deutlich schrillerer Form seit Beginn der Pandemie den Diskurs zum Thema dominiert, ist nicht angebracht. Gerade im internationalen Vergleich ist Deutschland in einer recht komfortablen Position. Das bedeutet nicht, dass wir uns entspannt zurücklehnen sollten, aber wir haben die Zeit, nachhaltige Maßnahmen zu diskutieren und zu implementieren, damit mittelfristig weniger Menschen an Verschwörungstheorien glauben.

Verschwörungstheorien verhindern nicht das angemessene Verständnis der Wirklichkeit, da sie planvolles Handeln überschätzen und nicht beabsichtigte Konsequenzen, Zufall und die Eigenlogik komplexer sozialer Systeme unterschätzen. Sie können gefährlich werden, wenn sie als Katalysator für Radikalisierung wirken, die in Gewalt mündet. Wer sich als Opfer eines globalen Komplotts sieht, kann sich berufen fühlen, zur Waffe zu greifen. Medizinische Verschwörungstheorien wiederum sind gefährlich, weil sie zur Folge haben können, dass man sich und andere gefährdet. Wer denkt, dass das Corona-Virus nicht existiert oder harmlos ist, hält Abstands- und Hygieneregeln weniger strikt ein oder verletzt sie sogar bewusst als Akt von zivilem Ungehorsam. Schließlich können Verschwörungstheorien zu einer Gefahr für die Demokratie werden, wenn eine kritische Masse – eventuell sogar angestachelt von politischen Führungsfiguren – an sie glaubt und dadurch das Vertrauen in demokratische Prozesse und Institutionen verliert.

Was geschieht, wenn diese drei Dimensionen zusammenkommen, hat uns der Sturm auf das Kapitol in Washington, D.C., am 6. Januar 2021 vor Augen geführt. Aber auch auf den »Querdenker«-Demonstrationen in Deutschland ist dies zu beobachten – zum Glück bisher in deutlich abgeschwächter Form. Ich schreibe diesen Text am 2. August 2021, einen Tag nachdem in Berlin Tausende von »Querdenkern« das Demonstrationsverbot missachtet und ohne Masken und Abstand gegen die Corona-Maßnahmen protestiert haben. Wie auf diesen Demonstrationen üblich herrschte eine aggressive Stimmung, und es kam vereinzelt sogar zu Angriffen auf Journalist:innen und die Polizei. Wie jene, die das Kapitol stürmten, haben auch die deutschen »Querdenker« den Glauben an die Demokratie größtenteils verloren. Sie glauben, in einer Diktatur zu leben, und rechtfertigen so Gewalt und die Missachtung von Geboten und Verboten. Der Verfassungsschutz spricht deshalb völlig zu Recht von einer neuen Form des Extremismus. Diese Entwicklung ist besonders problematisch, weil viele »Querdenker« – wie unter anderem eine Studie der Universität Basel gezeigt hat – zwar aus eher linken Milieus kommen, sich aber mittlerweile kaum noch nach »rechts« abgrenzen und Allianzen mit der »Neuen Rechten« eingehen, mit Kräften also, die unsere Demokratie seit langem ablehnen und als Diktatur diffamieren. Insofern sind die »Querdenker«-Proteste durchaus als verschwörungstheoretisch motivierter Angriff auf unsere Demokratie zu verstehen.

Von Zuständen wie in den USA sind wir in Deutschland dennoch weit entfernt. Während etwa die Hälfte der Amerikaner:innen an mindestens eine Verschwörungstheorie glaubt, weist in Deutschland knapp ein Drittel der Bevölkerung eine sogenannte Verschwörungsmentalität auf. Und nur für etwa ein Drittel dieser Gruppe – also etwa zehn Prozent der Gesamtbevölkerung – sind Verschwörungstheorien absolut zentral für Identität und Weltverständnis. Das sind natürlich – gerade in absoluten Zahlen – nicht wenige Menschen, doch im historischen und internationalen Vergleich handelt es sich um niedrige Werte. So war es bis etwa zur Mitte des 20. Jahrhunderts in Deutschland noch völlig normal, an Verschwörungstheorien zu glauben, weshalb dies auch die überwältigende Mehrheit der Bevölkerung tat. In Teilen Osteuropas zum Beispiel hat sich dies bis heute nicht geändert, weil der Prozess der Stigmatisierung, den Verschwörungstheorien in der westlichen Welt von den späten 1950er Jahren an durchliefen, dort gar nicht oder nur in viel geringerem Maße stattgefunden hat.

Grundsätzlich hat der Glaube an Verschwörungstheorien während der Corona-Krise bei uns nicht zugenommen. Die Ergebnisse mehrerer quantitativer Studien sind eindeutig: Wenn es überhaupt eine Veränderung gibt, dann ist die Neigung zu konspirationistischen Welterklärungen sogar zurückgegangen. Dass es uns dennoch so vorkommt, als hätte der Glaube an Verschwörungstheorien zugenommen, hängt damit zusammen, dass diese noch nie so präsent waren, wie sie es seit Beginn der Pandemie sind. Die Medien waren infolge der Ereignisse der letzten Jahre – Brexit, Trump etc. – von Anfang an für das Thema sensibilisiert, während die meisten von uns im Alltag, bei der Arbeit oder im Freundes- und Familienkreis erstmals damit konfrontiert wurden.

Der überwiegende Teil jener, die an Verschwörungstheorien glauben, ist nicht psychisch krank, wie man früher vermutete. Aber sie wissen, dass ihre Überzeugungen von vielen, mit denen sie täglich zu tun haben, abgelehnt werden. Entsprechend behalten sie ihre Ansichten für sich und äußern sie nur unter Gleichgesinnten. In der Corona-Krise geht das nicht, vielmehr machen die vielfältigen Einschränkungen des sozialen Lebens eine ständige Positionierung notwendig – gerade im Privaten, wo es seit Beginn der Pandemie immer wieder um die Frage geht, ob und unter welchen Bedingungen man sich überhaupt treffen kann. Das führt zwangsläufig dazu, dass diejenigen, die die Kontaktbeschränkungen als Teil eines Komplotts begreifen, dies auch kundtun. Und so mussten viele zur Kenntnis nehmen, dass es in ihrem Umfeld Verschwörungstheoretiker:innen gibt. Allerdings kann man einigermaßen sicher folgern, dass in den meisten Fällen Freund:innen und Verwandte schon vorher an Verschwörungstheorien geglaubt haben; man wusste es nur nicht.

Bei genauerem Hinsehen sind die Demonstrationen gegen die Corona-Maßnahmen gar nicht so bedrohlich, wie das zunächst scheinen mag. Wenn, wie im August 2020, rund 20 000 Menschen in Berlin protestieren, handelt es sich auf den ersten Blick um eine beträchtliche Menge. Führt man sich jedoch vor Augen, dass für diese Demonstrationen Menschen aus ganz Deutschland anreisen und im Internet wochenlang geworben wurde, erkennt man, wie begrenzt das Aktivierungspotenzial der »Querdenker« ist. Jedes Bundesligaspiel wird an einem x-beliebigen nichtpandemischen Samstag von mehr Menschen besucht, und im Verlauf des Jahres 2021 ist die »Querdenker«-Bewegung immer weiter geschrumpft. Sie stellt zwar, wie oben ausgeführt, einen Angriff auf unsere Demokratie dar, gefährdet sie aber nicht.

Das liegt auch daran, dass es im Deutschen Bundestag nur eine Partei gibt, die Verschwörungstheorien systematisch verbreitet (was nicht bedeutet, dass nicht auch Repräsentant:innen anderer Parteien dies mitunter tun). Während in den USA die Verschwörungstheorie vom Wahlbetrug mehr und mehr zur Leitlinie der Republikanischen Partei wird und in Ungarn laut einer neuen Studie 95 Prozent der Anhänger:innen der regierenden Fidesz-Partei an Verschwörungstheorien über George Soros glauben, ist die AfD von der Regierungsverantwortung weit entfernt. Es ist ihr nicht gelungen, von der Pandemie zu profitieren und zum Beispiel eine für westliche Gesellschaften typische populistische Bewegung zu schmieden, also die Verschwörungstheoretiker:innen – die in Corona ein Komplott der Eliten sehen – mit den Nichtverschwörungstheoretiker:innen – die Corona nicht leugnen, aber die Handhabung der Krise kritisch sehen – im Protest zu vereinen, obwohl die Politik dafür im Herbst und Frühjahr 2020/21 reichlich Vorlagen geliefert hat. Das sollte uns hinsichtlich der Zukunft unserer Demokratie optimistisch stimmen. Ich würde daher nicht mehr, wie noch 2018, von einer Spaltung unserer Gesellschaft sprechen, sondern eher von einer Abspaltung, wie in den Medienwissenschaften mit Blick auf die »alternativen« Nachrichtenquellen des Internets vorgeschlagen wurde.

Um die Gefahr von Verschwörungstheorien für die Demokratie realistisch einschätzen zu können, muss man sich vor Augen führen, dass beileibe nicht alle Verschwörungstheorien extremistisch und/oder antisemitisch sind. Das hat die mittlerweile sehr umfangreiche internationale und interdisziplinäre Forschung zum

Thema hinlänglich gezeigt. Dass diese Fehlwahrnehmung gerade in Deutschland noch immer weit verbreitet ist, lässt sich aus der Katastrophenerfahrung des Holocaust erklären, welche die ersten wissenschaftlichen Auseinandersetzungen mit dem Thema in der deutschsprachigen Forschung geprägt hat. Bis heute beeinflussen diese Studien leider die öffentliche Debatte über Verschwörungstheorien in Deutschland. Berücksichtigt man dagegen, dass nicht alle Verschwörungstheorien und gewiss nicht alle, die an sie glauben, antisemitisch, rassistisch oder in anderer Form extremistisch sind und dass der Glaube an Verschwörungstheorien durchaus kompatibel mit demokratischen Überzeugungen ist, erscheint das Gefährdungspotenzial deutlich geringer.

Gerade weil der Glaube an Verschwörungstheorien in Deutschland noch immer verhältnismäßig wenig verbreitet und diese Denkfigur im öffentlichen Diskurs so sehr stigmatisiert ist, hat sie praktisch keinen Einfluss auf politische Entscheidungen. Wir sind also in einer guten Ausgangsposition, müssen aber Maßnahmen ergreifen, damit der Glaube an Verschwörungstheorien in Deutschland mittelfristig abnimmt und diese somit weder unsere Demokratie noch Leib und Leben einzelner Menschen gefährden. Ganz verschwinden, das muss uns klar sein, werden Verschwörungstheorien jedoch nie, denn sie sind seit der Frühen Neuzeit integraler Bestandteil aller modernen und daher auch aller demokratischen Gesellschaften.

Im Einzelnen wären meines Erachtens folgende Maßnahmen sinnvoll:

1. Verschwörungstheorien kommen zwar in allen Bevölkerungsgruppen vor, doch zahlreiche Studien haben gezeigt, dass die Neigung, an Verschwörungstheorien zu glauben, mit dem Bildungsgrad abnimmt. Es lohnt sich daher zum einen, die Bildung der Bevölkerung im Allgemeinen voranzutreiben, und zum anderen ist es sinnvoll, das Thema in den Lehrplänen der Schulen sowie in der Erwachsenenbildung zu verankern. Denn Studien haben

auch gezeigt, dass »Prebunking«, also Aufklären über die Struktur und Argumentation von Verschwörungstheorien im Vorhinein, deutlich wirksamer ist als »Debunking«, also Aufklärung, nachdem Menschen bereits mit Verschwörungstheorien in Berührung gekommen sind. Durch die enorme Präsenz der Verschwörungstheorien während der Pandemie ist hier bereits viel in Bewegung gekommen. Wichtig wäre, dass im Unterricht aktuelle wissenschaftliche Erkenntnisse und nicht die mitunter falschen Behauptungen pseudowissenschaftlicher Publikationen vermittelt werden, die während der Corona-Krise breit rezipiert wurden.

2. Wir wissen zudem aus vielen Studien, dass der Glaube an Verschwörungstheorien oft aus einem Gefühl von Macht- und Kontrollverlust entsteht. Menschen, die meinen, in Politik und Gesellschaft kein Gehör zu finden, glauben an große Komplotte und gewinnen so Kontrolle zurück, weil sie meinen, zumindest verstanden zu haben, was geschieht. Dieses Gefühl von Machtlosigkeit muss nicht berechtigt sein, es kann aber von realen Problemen und Missständen motiviert sein. So sind Verschwörungstheorien zur Neuen Weltordnung meist Antworten auf die Transformationsprozesse der Globalisierung, die sich in der westlichen Welt nachteilig auf das Leben von gerade nicht besonders gut ausgebildeten Menschen auswirken. Auch hier kann Politik ansetzen, um Verschwörungstheorien vorzubeugen. Denn die Erfahrung von Macht- und Kontrollverlust speist sich auch aus sozialer Ungleichheit. Wo diese nicht zu groß ist und ein gutes soziales Sicherungssystem existiert, werden Verschwörungstheorien nicht so leicht Fuß fassen.

3. Nicht alle Verschwörungstheorien sind gefährlich, aber wo dies der Fall ist, muss konsequent gegen sie vorgegangen werden. Das gilt für verschwörungstheoretisch motivierte Aufrufe zu antisemitischer Gewalt, wie sie regelmäßig von Attila Hildmann getätigt werden, ebenso für die systematische Verletzung von Auflagen auf »Querdenker«-Demonstrationen. In beiden Fällen wurde das zögerliche Verhalten der Polizei und der Staatsanwaltschaft von

den Verschwörungstheoretiker:innen als Zeichen gedeutet, dass die Staatsgewalten insgeheim mit ihnen sympathisieren. Dies ermutigte sie zu weiteren Regelverstößen und zu noch aggressiverem Verhalten gegen Andersdenkende.

4. Es wäre sinnvoll, für den deutschsprachigen Raum eine zentrale Website einzurichten, auf der die Argumente der gängigsten Verschwörungstheorien widerlegt werden. Es gibt zwar mittlerweile einige gute »Debunking«-Seiten; diese sind jedoch unsystematisch aufgebaut und nicht immer leicht zu finden. Die Webpräsenz der Bundeszentrale für politische Bildung böte sich hierfür an. Sie könnte zu einer wichtigen Ressource für die Aufklärung über Verschwörungstheorien werden.

5. Schließlich sollten Beratungsangebote ausgebaut werden, damit Menschen sich Unterstützung holen können beim Umgang mit Familienmitgliedern oder Freund:innen, die an Verschwörungstheorien glauben. Diese Beratung sollte zumindest in Teilen unabhängig von Projekten zur Extremismusprävention erfolgen, da eben nicht alle Verschwörungstheorien extremistisch und/oder antisemitisch sind. Das zeigen auch die Erfahrungen der neugegründeten Berliner Beratungsstelle »veritas«. Denn wenn Beratung nur unter dem Schirm der Extremismusprävention erfolgt, kann es sein, dass die Angebote nicht wahrgenommen werden, weil die Betroffenen eine Stigmatisierung fürchten. Die Politik sollte sinnvolle Einrichtungen wie »veritas« langfristig fördern.

Mithilfe dieser Maßnahmen sollte in Deutschland die Zahl der Menschen, die an Verschwörungstheorien glaubt, auf keinen Fall zu-, sondern mittelfristig eventuell sogar abnehmen. Verschwörungstheorien könnten in unserem Land dann nicht zur Gefahr für die Demokratie werden.

Julia Stein

Von den Jüngeren lernen
Die demokratische Verantwortung der Medien

Es ist meist die drängendste Frage der Schülerinnen und Schüler, wenn ich zu Besuch in einer Klasse bin: Wie erkennen wir Fake News? Denn sie haben davon gehört, dass viele Informationen im Internet gar nicht stimmen. Sie wissen, dass es Falschmeldungen gibt, die bewusst und gezielt verbreitet werden. »Aber woran können wir erkennen, ob eine Information falsch oder richtig ist?«, lautet deshalb die häufigste Frage.

Dass viele jüngere Menschen sich diese Frage stellen und Studien zufolge die Mehrheit der Deutschen sogar eine politische Beeinflussung durch Falschmeldungen befürchtet, ist auf den ersten Blick besorgniserregend. Denn es offenbart eine breite gesellschaftliche Unsicherheit, wem man noch trauen kann. Es dokumentiert, dass man auch den Medien nicht zubilligt, Wahres von Unwahrem unterscheiden zu können. Im Gegenteil: Medien werden als Teil des Problems wahrgenommen, wenn sie Falschmeldungen nicht erkennen und diese verbreiten.

Auf den zweiten Blick ist genau diese gesellschaftliche Skepsis eine Errungenschaft, denn es hat sich überall herumgesprochen, dass es Falschnachrichten gibt. Dass sehr viele Schülerinnen und Schüler in Deutschland wissen, dass Nachrichten gezielt manipuliert werden, ist die beste Voraussetzung, um ihrer Verbreitung etwas entgegenzusetzen. Zwar lässt sich kaum verhindern, dass Falschmeldungen absichtlich in die Welt gesetzt werden, aber mit Aufklärung lässt sich zumindest ihre Ausbreitung verlangsamen und zuweilen sogar stoppen. Diese Aufklärung zu fördern und zu fordern, darin liegt eine der wichtigsten Aufgaben der Medien. Ihre Verantwortung für die Demokratie wiegt damit schwer.

Denn es scheint inzwischen fast eine Art Volkssport zu sein, in der Anonymität des Netzes krude und radikale Nachrichten in die Welt zu setzen. Einzelne platzieren sie gezielt, und schon sammeln sich Schaulustige, die sie bereitwillig teilen. Ob mutmaßliche »45 000 Impftote«, die »angebliche Pandemie« oder die vermeintlich »jahrelange Vorbereitung der Corona-Krise aufgrund von Geld, Gier und Macht« – man muss gar nicht lange suchen, um auf Verschwörungstheorien wie diese zu stoßen. Das Internet ist voll von derlei kruden Thesen, und es haben sich viele Foren gebildet, in denen sich Interessierte sowie Anhängerinnen und Anhänger tummeln. Ihre Sprache ist teilweise durchzogen von Verachtung und Abfälligkeiten. Längst richtet sich der Hass im Netz nicht mehr nur auf einzelne herausgehobene Persönlichkeiten, sondern auf alle und jedes. Denn dem Selbstverständnis vieler entspricht es offenbar, ihrem Hass im Netz hemmungslos freien Lauf zu lassen. Als gäbe es zwei Welten: Eine Netzwelt, in der man andere bepöbelt und herumfantasiert, und eine echte Welt, in der man sich das nicht ohne weiteres traut.

Auch die Flutkatastrophe im Juli 2021 nutzten Menschen, um erfundene, falsche oder verzerrte Informationen – letztlich Lügen – zu verbreiten. So wurde zum Beispiel behauptet, 600 Kinderleichen seien aufgefunden worden. Jetzt käme raus, dass »Kinder im ehemaligen Regierungsbunker missbraucht und gefangen gehalten wurden«. Die Methode, eine so falsche und abwegige Nachricht möglichst wahr erscheinen zu lassen, ist perfide. So werden einzelne Begriffe wie »Kinderleiche« als Zitate aus dem Kontext der Berichterstattung namhafter Medien gerissen und als Signalwörter in Umlauf gebracht. Falschmeldungen wie die von einer hohen zweistelligen Suizidrate kursierten noch wochenlang im Netz.

Was aber können Medien tun, um die mutwillige Verbreitung solcher Nachrichten zu verhindern? Was müssten Medien leisten, um besser aufzuklären? Und warum genau scheint ihnen ein Teil der Gesellschaft diese Aufgabe nicht zuzutrauen, da er sie nicht für glaubwürdig hält?

Die zunehmende Popularität des Begriffs »Fake News« ist nicht zuletzt denen zu verdanken, die ihn in der politischen Auseinandersetzung oft und gern benutzen. Sich in der Politik den Vorwurf zu machen, der politische Konkurrent verbreite Fake News , ist in Landtags- oder Bundestagswahlkämpfen inzwischen nahezu eine Floskel. Es besteht in unserer Demokratie zwar weitestgehend Konsens, nicht vorsätzlich mit falschen Fakten zu arbeiten, doch der Fake-News-Vorwurf wird eingesetzt, um populistisch zu diffamieren und ein wenig Angst bei den Wählerinnen und Wählern zu schüren. Mit dieser pauschalen, undifferenzierten und erstaunlich gedankenlosen Nutzung schwindet allerdings die Klarheit, was genau Fake News eigentlich sind.

So wird die Herausforderung, Fake News im politischen Diskurs zu erkennen, größer und komplexer. Schließlich geht es dabei nie allein um Fakten, sondern immer auch um Bewertungen. Das politische (Welt-)Geschehen lässt sich nicht allein an Fakten festmachen. Immer geht es auch darum, wie Politik kommuniziert und welches Bild in den Medien entsteht. Nur das, was öffentlich stattfindet und gesagt wird, existiert in der gesellschaftlichen Wahrnehmung – alles andere dagegen faktisch nicht.

Für Medien und für jede Journalistin und jeden Journalisten liegen darin die größten Fallstricke. Denn während sich bei einer »echten« Falschmeldung schnell eindeutig klären lässt, dass eine Nachricht verbreitet wird mit dem Ziel zu manipulieren, ist im politisch-gesellschaftlichen Diskurs unklar: Was ist eine empirische Tatsache, was ein Argument? Wer legt fest, was wahr und was falsch ist? Meist kann jede Rezipientin und jeder Rezipient das nur für sich selbst beantworten. An die Medien wird dabei der Anspruch gestellt, so zu informieren, dass jeder so kenntnisreich wie möglich sein eigenes Urteil fällen kann. In dieser Rolle als Informationsvermittler sind die Medien wichtiger denn je. Doch ist ihnen in der Vergangenheit ein großer Teil ihrer Glaubwürdigkeit verloren gegangen. Dass das so ist, liegt längst nicht nur daran, dass sich Bürgerinnen und Bürger über das Internet und Social Media andere Wege und Kanäle eröffnet haben. Es wäre zu einfach, Whats-App, Telegram, Facebook und Co. diese Verantwortung allein zuzuschreiben. Es sind Journalistinnen und Journalisten selbst, die dazu beigetragen haben, ihre eigene Glaubwürdigkeit zu schmälern.

Medien sind träge gewesen im Umgang mit ihren eigenen Fehlern. Bis heute haben viele kein Selbstverständnis für Korrekturen entwickelt, um so kleinere und größere Fehler einzuräumen und transparent zu machen. Zum Berufsverständnis gehörte es lange, an andere strengere Maßstäbe anzulegen als an sich selbst. Ob erschummelte Doktorarbeiten, Transparenz bei Gehältern oder menschliche Verfehlungen: Journalisten und Journalistinnen teilen mitunter leichtfertig aus, sind aber oft nicht bereit, Ansprüchen gerecht zu werden, die sie an andere ganz selbstverständlich stellen.

Und zu häufig lassen sie sich verführen, ihre beruflichen Zugänge zu ihrem persönlichen Vorteil einzusetzen und zu nutzen. Ob durch maßlose Nebenverdienste oder durch abwegige Presserabatte: Vom Auto über die Kreuzfahrt bis hin zum Eintritt im Zoo, selten ist damit ein beruflicher Zweck verbunden. Diese Vergünstigungen privilegieren sie gegenüber anderen und beschädigen die Unabhängigkeit des Einzelnen ebenso wie die Unabhängigkeit des Berufsstandes insgesamt.

Etwas Besseres zu sein oder es besser zu wissen, mit dieser Grundhaltung haben wir Medien uns immer wieder auch entfernt von den Bürgerinnen und Bürgern – inzwischen sogar räumlich. Denn während Tausende Journalistinnen und Journalisten in der Hauptstadt arbeiten, wird es in der Region zunehmend einsam. Viele Zeitungen haben es schwer, wirtschaftlich zu bestehen und Abonnements zu halten. Redaktionen werden kleiner, die Zahl der Reporterinnen und Reporter nimmt ab. Dabei lassen sich gerade hier die Geschichten finden und erzählen, die die Menschen betreffen, an die sich die Medien richten.

Die wirtschaftliche Medienkrise geht an die Substanz: Wo kaum noch Geld da ist, um die Redaktionen zu finanzieren, beginnt ein Teufelskreislauf. Denn je weniger Reporterinnen und Reporter in einer Region unterwegs sind, desto weniger Geschichten gibt es von dort. Je mehr Meldungen jeder Einzelne von ihnen täglich herausbringen muss, desto beliebiger werden die Geschichten im Detail. Je weniger Geld und Personal vorhanden ist, desto weniger Handwerk, Qualität und Recherchen wird es geben. Und wo es keine Recherchen mehr gibt, da gibt es keinen guten und aufklärerischen Journalismus mehr. Da gibt es auch kaum eine Kultur der Kritik, die vermittelt wird und mit deren Hilfe sie, die Medien, ihrem Aufklärungsauftrag nachkommen können. Dort droht Journalismus verzichtbar zu werden.

Hervorragende Recherchen beweisen immer wieder, dass es möglich ist, Missstände offenzulegen und Politikerinnen und Politiker, Wirtschaftsvertreterinnen und Wirtschaftsvertreter, Wissenschaftlerinnen und Wissenschaftler und viele andere kritisch zu begleiten, teilweise auch zu überführen. Der Zusammenschluss von Journalistinnen und Journalisten zur gemeinsamen Recherche hat inzwischen ein Jahrzehnt des Booms hinter sich: Im Jahr 2013 gelang mit den sogenannten »Offshore Leaks« erstmals einem internationalen Team eine weltweit sichtbare Veröffentlichung. Medien und Journalistinnen und Journalisten hatten sich zusammengeschlossen und gaben detaillierte Einblicke in Steueroasen. Weitere Enthüllungen des International Consortiums of Investigative Journalists (ICIJ) wie die Panama Papers folgten. Investigativressorts kamen in Mode. Die Zeit des Reporters als Einzelkämpfers war vorbei, über Redaktionsgrenzen hinweg schlossen sich Reporterinnen und Reporter zusammen.

Die Strahlkraft dieser Ressorts mit nahezu planbaren Scoops täuscht aber darüber hinweg, wie schlecht Redaktionen teilweise ausgestattet sind und wie gering die Möglichkeiten für Recherchen im Lokalen und ebenso für freie Journalistinnen und Journalisten heute sind. Bei allen Verlagen und Medien, auch bei den öffentlich-rechtlichen, herrscht ein enormer Spardruck. Gut bezahlte Recherche ist die Ausnahme, unbezahlte Recherche ist keine Seltenheit und schlecht bezahlte Recherche die Regel.

Nicht zuletzt das hohe Tempo im Journalismus kostet immer wieder auch Glaubwürdigkeit. In »Echtzeit« zu berichten ist zum Standard geworden. Doch fehlt dabei die Zeit, Informationen auch zu überprüfen. Es steigt das Risiko, Fehler zu machen und zu verbreiten. Und die journalistische Neigung, alles und jeden auf die Schnelle zu bewerten, schafft kein Vertrauen, sondern bedingt allenfalls das Gegenteil.

Wie also kann es dennoch gelingen, dass Medien mehr zur Aufklärung beitragen und gegen Fake News wirken? Wie können sie in einem Umfeld von offenkundigem Frust, Hass und Verschwörungsideologien mehr Akzeptanz gewinnen?

Zu den guten Nachrichten gehört, dass der Journalismus seit Jahren vielfältiger wird. Handwerk und Berufsbild des Journalisten werden immer weiter ausdifferenziert und damit professioneller. Nicht der einzelne zählt, sondern das Team. Die unterschiedlichen Leitbilder unseres Berufs, die vielen verschiedenen »Typen«, die Jungen, die Erfahrenen, die Datenjournalistinnen und Datenjournalisten, die Reporterinnen und Reporter für Social Media und Print, für Online, für den Hörfunk und das Fernsehen, die Dokumentarfilmerinnen und Dokumentarfilmer, die internationalen Kooperationen und die Lokalreporterinnen und -reporter – am Ende arbeiten sie alle zusammen und verbinden die unterschiedlichsten Interessen und Perspektiven.

Am wichtigsten bleibt, dass Journalistinnen und Journalisten ihr Handwerk pflegen. Es klingt banal, aber Handwerk, Aufmerksamkeit, Selbstkritik und Wissbegier sind der Schlüssel für unsere Arbeit. Raum für Recherchen und eine Kultur der Recherche sind das, was Journalismus auszeichnet und ihn unverzichtbar macht. Medien müssen nahbar, nachvollziehbar und transparent arbeiten. Egal wie viel erfunden und gemosert wird, wir müssen denjenigen, die sich offenbar missachtet fühlen, zuhören und Raum geben. Es kann nicht sein, dass sich Verachtung und Hass anonym in den Winkeln des Netzes ausbreiten, sie müssen ans Licht geholt und jene gestellt werden, die sie verbreiten.

Mehr Informationen und weniger Bewertungen sind das Fundament im Kampf gegen Fake News. Eine Rubrik wie der »Faktenfinder« auf tagesschau.de, in der regelmäßig Ungereimtheiten, Behauptungen und radikale Positionen aus dem Netz, der Politik und den Medien veröffentlicht und überführt werden, sorgt hier für Aufklärung und ist inzwischen unverzichtbar. Mehr Regionales statt nur Globales und auch ebenso viel Ost wie West würde helfen, die Probleme vor der Haustür besser zu verstehen. Mehr Perspektiven, unterschiedliche Hintergründe und Lebensläufe in den Redaktionen sind ein Weg zu mehr Pros und Contras, mehr Toleranz und Verständnis.

Und schließlich muss der Recherchepraxis in der Ausbildung ein höherer Stellenwert eingeräumt werden. Vor allem aber können wir, die Journalisten und Journalistinnen, an die Schulen gehen und mit den Schülerinnen und Schülern diskutieren. Und zwar nicht nur darüber, woran man erkennt, ob eine Information falsch oder richtig ist, sondern auch darüber, was sie, die Jüngeren, sehen und lesen, was sie interessiert und was sie selbst über Social Media verbreiten.

Die Kinder, Jugendlichen und jungen Erwachsenen von heute organisieren die demokratische Gesellschaft von morgen, und sie bestimmen, wie wir übermorgen kommunizieren. Je besser sie verstehen, was sich im Netz abspielt, je öfter sie sich selbst dort in offener Weise zu Wort melden, desto freiheitlicher und desto mehr an den Fakten orientiert wird diese Kommunikation ausfallen.

Was ich mir wünsche: In zehn Jahren noch mit Fragen konfrontiert zu werden, wenn ich vor einer Schulklasse stehe, statt mit Gewissheiten, festgefügten Weltbildern und alternativen Fakten. Es wäre der Beleg dafür, dass die Fake News nicht gewonnen haben.

Ulf Poschardt

Lasst uns streiten
Die notwendige Auseinandersetzung um Fakten

Schreiben, was ist. Dieser Satz über den Journalismus von Rudolf Augstein ist in seiner philosophischen Lakonik eine Mischung aus Berufswunsch, -auftrag und -ideal. Der Journalist geht im Ideal in der Erfassung der Realität auf, ohne dass behauptet werden kann, dass Sprache, Journalismus, aber auch Fotos und Videos diese Realität wirklich erfassen können. Im Ideal nähert sich der Journalismus der Wirklichkeit an. Immer aber sollte er sich für die Wirklichkeit interessieren. Gleichzeitig genügt ein Semester Sprachphilosophie oder Erkenntnistheorie, um zu ahnen, dass es so einfach nicht ist. Dazu später mehr.

Schreiben, was ist. So einfach ist das. Im Prinzip. Aber Prinzipien sind wichtiger denn je. Gerade im Zeitalter der Träumerei, in der weite Teile des Journalismus eher schreiben, wie es sein sollte. Die den Journalismus als Werkzeug ihrer moralischen Wunschvorstellungen missverstehen und die zu beschreibende Realität stets im Kontrast zu den eigenen hohen moralischen Ansprüchen als eine Art Verlustrechnung präsentieren. Die Neugier ist unerlässlich für den Journalismus. Eigentlich für alle Menschen, für den mündigen Bürger als Ideal der westlichen, liberalen Demokratien allemal.

Für Aristoteles und Platon war das Staunen der Anfang der Philosophie, und in Zeiten wachsender Verschlichtung medialer Erzählformen wäre ein fast philosophischer Ernst beim Staunen wünschenswert. Nicht um dann von der Realität abzuheben ins Metaphysische, sondern einzudringen in die Wirklichkeit und sich dort auf die Feinheiten des Alltags, der Wissenschaft, der

Menschen, der Studien, der Kultur, der Unternehmen, des Sports, der Wirtschaft, der Medien einzulassen. Wer vorher weiß, was rauskommen soll, wird selten staunen. Wer sich als Aktivist versteht, und das tun immer mehr Kollegen, hat das Staunen im Journalismus verlernt.

Aristoteles stellt das Staunen an den Anfang seiner Metaphysik und damit auch seines Menschenbildes. Alle Menschen streben von Natur aus nach Wissen. Das lässt sich auch als erste Rezipienten- wie Journalistentheorie verstehen, 350 Jahre vor Christi Geburt. Die Neugier macht den Menschen aus, wenn er in der Lage ist, sie im Vollzug der zunehmend komplexer werdenden kulturellen Zusammenhänge zu nutzen. Mit Alexander dem Großen bekam diese athenische Hochkultur-Anthropologie auch eine imperiale Geste. Der Feldherr und König kam bis Indien und verlor sich in seiner Neugier so weit von seiner Herkunft und Heimat, dass er am Ende mehr gesehen und erlebt hatte als seine Zeitgenossen, aber auch entwurzelt war.

Einige lassen die Geschichte der Medien mit der Entstehung der Schrift, andere mit den ersten Schriftrollen beginnen, wieder andere mit dem Buch, noch andere mit den ersten Zeitungen. Wahr ist in jedem Fall, dass die Geschichte der Medien zwei Konstanten hat: 1. Es werden immer mehr, getrieben von technologischen Entwicklungen. 2. Ein kulturpessimistischer Basso continuo tut so, als ob früher alles besser und schöner war. Ganz aktuell wird gestaunt über die schlümmen, schlümmen sozialen Medien, die es den alten, klassischen Medien so schwer machen – und deren Turbopopulismus das Wohltemperierte aus den Debatten auszulöschen droht.

Das ist natürlich Quark, und fast alle wissen das. Es ist ebenso einfach wie naheliegend für Medienmacher, über Social Media zu lamentieren. Zu offensichtlich tritt einem oft genug eine emotionale Extremlandschaft gegenüber, in der erregte Bürger:innen über dies und das sprechen, und eigentlich war es nie anderes. Nur waren die meisten Menschen zu bequem, um ständig und sekündlich Leserbriefe zu schreiben. Der Leserbriefschreiber (und ja, er war vor allem männlich) war sagenumwoben, als ich Ende der achtziger Jahre bei der *Süddeutschen Zeitung* anfing, kleine Texte und zum Teil auch größere zu schreiben. Er war mürrisch, in der Regel verärgert und hielt doch an der Lektüre seines Mediums fest, das ihm doch augenscheinlich so viel Kummer bereitete. Es war eine Mischung aus Masochismus, Romantik und Neugier.

Gefühlte Wahrheiten und alternative Fakten gab es schon vor dem Internet und ganz sicher auch vor den Sozialen Medien. Etwas abstrakt formuliert, ist Wahrheit in der Regel subjektiv, und es gehört zum menschlichen Selbstaufklärungselan dazu, auch formulierten Wahrheiten kritisch gegenüberzutreten. Wahrheit wird es für den je individuellen Leser erst, wenn er es als seine Wahrheit auch akzeptiert. Kein Medium kann die Wahrheit für sich in Anspruch nehmen: Wahrheit entsteht eher aus der Addition von Fakten und Perspektiven. Der neue, fast unschuldig auftretende Wissenschaftspositivismus hat ein wenig den Glauben genährt, dass es einfache Wahrheiten gibt, deren Überprüfung überflüssig sein könnte.

Und so schält sich das Land in zwei Teile: Die Wissenschaftspositivisten mit aktivistischen Wissenschaftlern im Schlepptau, die auch wechselnde Erkenntnisprozesse stets mit dem Gestus unvermeidlicher Autorität vermelden. Der andere Teil des Landes verspinnt sich in Verschwörungstheorien, wirren Kolportagen und findet jede Menge Medien und Quellen, die den eigenen Quark mit so etwas Ähnlichem wie Information garnieren.

Beides ist wenig hilfreich, wenn es um ein aufgeklärtes Kommunikationsideal geht. Die gesellschaftliche Frage ist, wie man unterschiedliche Wahrheits- und Faktenkonzepte harmonisiert, ohne in die Absurdität eines postfaktischen Zeitalters einzutreten. Wie kann man empirische Tatsachen und naturwissenschaftliche Zusammenhänge ernstnehmen, ohne sie als dogmatische Gewissheiten unhinterfragbar machen zu lassen? Welche Rolle übernehmen die Medien, wenn es darum geht, Diskussionen und Debatten, aber auch die Wissensvermittlung selbst aufgeklärter zu führen?

Mit der Corona-Krise hat sich die Diskussion über die normativen Standards insbesondere des Wissenschaftsjournalismus verschärft. Die in Teilen unglückliche Rolle einiger Wissenschaftler:innen und politischer Berater, deren Alarmismus stets Angst und weniger mündige Bürger im Blick hatte, war ebenso wenig hilfreich wie eine sprachliche Eskalation von Bedrohungslagen und ein Kommando- und Denunziationston derjenigen, die im Lockdown an die Grenzen gerieten und sich nach Ausbruch sehnten. Wie schon bei der Flüchtlingskrise 2015 und dem zum Teil eklatanten Versagen von Medien bei der kritischen Berichterstattung (Stichwort: Kölner Domplatte) mehrte sich so Misstrauen, das in Teilen an den Grundfesten von vielem nagte.

Im Klimajournalismus mischen sich auch in angesehenen, einst liberalen Medien Alarmismus und autoritäre Staatsübergriffsfantasien. Gerade im öffentlich-rechtlichen Rundfunk ist eine politische Schlagseite entstanden, die immer wieder zu scharfer Kritik in den Sozialen Medien geführt hat. Nach der Flüchtlingskrise war es die ARD selbst, die mit einer klugen Dokumentation im Juli 2016 den Kampf der Medien um Glaubwürdigkeit abbildete und als Ausgangswert des Features einen Verlust von Vertrauen benannte.

Noch toxischer werden die Dinge, wenn die Faktenchecker des öffentlich-rechtlichen Rundfunks weniger Fakten als Weltanschauungen checken. Und stets wenig subtil der eigene subjektive, milieufixierte Blick auf die Wirklichkeit als Wahrheit und Fakt serviert wird. In diesem Gestrüpp gibt es auch NGOs und kleinere Mediendienste, die nur selten für sich in Anspruch nehmen können, wirklich für alle zu sprechen.

Auf bemerkenswert deutsche Weise hat sich ausgerechnet der Humor mit dem moralischen Diskurs verknüpft. Die fast wesenhaft gewordene Moralisierung des Komödianten führt zu interessanten Rückkopplungseffekten, die bei Jan Böhmermann zu bestaunen sind, der die Freiheit der Meinungen in Talkshows problematisiert, weil dort auch Meinungen auftauchen, »die sind so durchtränkt von Menschenfeindlichkeit«, so Böhmermann zu seinem Kollegen Markus Lanz, »dass ich mich manchmal frage, warum einige Leute bei dir sitzen«. Böhmermann stellt damit eine sehr grundsätzliche Frage, wie Meinungen einzuordnen sind, und ob die Meinungsfreiheit zwingend gewährleistet werden müsse. Für Böhmermann eine Frage des Qualitätsmanagements: »Meinungen im öffentlichen Raum sollten einer strengen, umfassenden medialen und gesellschaftlichen Qualitätskontrolle standhalten. Die öffentliche Repräsentation von Meinungen muss nach Qualität erfolgen.«

Beim WDR heißt das in der Wissenschaftsredaktion von Quarks, dass dann auch die Parteiprogramme einen subjektiven Qualitätscheck bestehen müssen. In einem Video, so berichtete die *Welt*, hatte das Wissenschaftsmagazin untersucht, ob die Ziele der großen Parteien geeignet sind, das 1,5-Grad-Ziel des Pariser Klimaabkommens einzuhalten. Die FDP kam dabei – laut *Welt* – in einem Ranking zunächst auf den ersten Platz, wurde dann aber auf den vorletzten heruntergestuft, weil die Redaktion offenbar an der Umsetzung der Klimapläne zweifelte. Zweifel genügt.

Die Wahrheit ist umkämpft, und sie wird oft genug als Konstruktion sichtbar. Das macht den mündigen Medienkonsumenten umso wichtiger. Er misstraut allem ein wenig und vertraut erst, wenn er sich über nachhaltigen Konsum einzelner Medien selbst sein Bild gemacht hat.

Aber was hat den bundesdeutschen Journalismus in seiner Gründungsphase groß gemacht? Die Generation junger Verleger und Magazingründer wie Gerd Bucerius, Rudolf Augstein und Axel Springer hatte eine genaue Vorstellung davon, was Journalismus in einer Demokratie leisten kann und muss – und was nicht. Was es heißt, ein Journalist zu sein – und eben nicht Regierungssprecher oder Erziehungsberechtigter. Denn mit der Rückkehr der freien Presse nach der Nazi-Barbarei entstand in der jungen Bundesrepublik eine neue Verantwortung für die vierte Macht in einer liberalen Gesellschaft. Als Kontrastmittel zur politischen Verlautbarung war – und ist! – der kritische Journalismus von unschätzbarem Wert. Daran gilt es Journalisten zu erinnern, bevor sie sich über den Kommentarbereich bei Facebook (und damit vor allem auch: den drohenden Verlust der eigenen Bedeutung) auslassen.

Schließlich ist Journalismus nicht dazu da, eine geschätzte Regierung beim Durchregieren zu unterstützen, genauso wenig wie eine geschätzte Opposition hochzuschreiben. Journalismus erfüllt seinen kritischen, konstruktiven Beitrag am besten, wenn er, innerlich gefestigt und mit Prinzipien behaftet, genau hinsieht, was die Mächtigen treiben, und überall dort reagiert, wo Machtmissbrauch oder auch nur Verantwortungslosigkeit offenbar werden. Und dann gewinnt er auch im vermeintlich »postfaktischen Zeitalter« das Vertrauen und die notwendige Reichweite zurück, um wieder ein Bollwerk gegen Desinformation, Lügen und Scharlatanerie zu sein.

Stattdessen jedoch hat sich während der Pandemie der Krisenmodus wiederholt, der schon 2015 zu einem Vertrauensverlust vieler Medien geführt hat. Zu viele Journalisten haben sich als Transmissionsriemen gesellschaftlicher Prozesse verstanden, der das Gelingen des Merkel'schen »Wir schaffen das!« sicherstellen sollte. Da rutschten einige Kollegen in die Nähe der Verklärung, haarscharf an der Lüge vorbei. Auch die xenophoben Hassprediger tischten Lügen auf, und von dieser aufgeheizten, bisweilen feindseligen Stimmung hat sich das Land schon nicht mehr recht erholt, aber dann brach die Pandemie über Deutschland herein, und viele machten da weiter, wo sie schon in der Flüchtlingskrise standen, nur noch lauter, noch schriller, noch moralisierender, noch selbstgerechter. Bist du für oder gegen Drosten? Für Grautöne, für einen differenzierten Blick war kein Platz mehr. Stattdessen Meinungskorridore, so eng wie nie zuvor, die mit einer Verve verteidigt wurden, die vielleicht alles Mögliche war, aber sicher nicht die Sternstunde einer gepflegten Debattenkultur.

Als sei das nicht schon schlimm genug, wurde mit Moral gewütet, statt eigene interessante Gedanken zu formulieren – die wohl effizienteste Methode, um die Leser, Hörer, Zuschauer in die offenen Arme von Facebook, Twitter, Instagram, WhatsApp, TikTok, YouTube und Telegram zu treiben. Wer die Corona-Maßnahmen kritisiert, verhöhne die Toten, die Kranken, die Ärzte und Pfleger – so kommentierten nicht nur Betroffene, Politiker und Moraldarsteller in unterschiedlich exponierten Funktionen des Kulturbetriebs, sondern auch gestandene Journalisten; Anmoderationen erinnerten an Marschbefehle regierungstreuer Aktivisten.

Neu ist dabei die Rolle der eher linken Medien. Sie sind zum Verklärer staatlichen Handelns geworden und forderten mehr oder minder ungeniert eine CDU-Kanzlerin zum Durchregieren auf, #ZeroCovid und #NoCovid lassen grüßen. Wobei man ihnen zugutehalten muss, dass es hier um die Ausrottung des Virus geht. Aber was kommt danach? Schließlich lauern andere Konflikte, die sich womöglich ähnlich radikal und autoritär lösen lassen: Klimasünden, politisch Unkorrektes, die falsche Sprache, das, was sie für Rassismus halten. Leute, die eine andere Meinung haben als das Meinungskartell, werden nur zu schnell ausgeschlossen, selbst ein so bemerkenswert kluger und besonnener Kopf wie Hendrik Streeck kann davon ein Lied singen. Einmal vom Meinungskorridor abgewichen, für immer geächtet. Oder gar mit Querdenkern in einen Topf geworfen, denn der vermeintlich mutige Journalist, der zwar erst Anfang 2020 gelernt hat, wie man »Epidemiologie« fehlerfrei schreibt, weiß in Sachen Virusbekämpfung natürlich besser Bescheid als der Professor.

Für die geistige Enge im Land sind sicher nicht die Journalisten (allein) verantwortlich, aber es wäre ihre Aufgabe, »Stopp!« zu rufen, wenn die Meinungskorridore so sehr verengt werden, dass auch gute, rechtschaffende Bürger – und nicht nur die unheilbaren Aluhüte – von klaustrophobischen Gefühlen beschlichen werden. Stattdessen wird jedoch dem Gegenteil gefrönt: Weite Teile der öffentlich-rechtlichen Medien haben in den vergangenen Jahren einen Schwenk weg von der Beschreibung gesellschaftlicher, wirtschaftlicher und politischer Realitäten hin zu einer Forderung moralischer Standards vorgenommen. Medien als moralische Lehranstalt sind im Augenblick populär – jedoch nicht unbedingt bei den vermeintlichen Konsumenten. Der Fanclub der AfD etwa, ihre Wähler:innen und Anhänger:innen, sind einer Studie der Universität Hohenheim in Stuttgart zufolge ganz besonders umfänglich durch Soziale Medien informiert. Sie haben ihr Misstrauen in die von ihnen als »Mainstream-Medien« verhöhnten Informationsangebote zu einer Abkehr genutzt und hängen nun in ihren eigenen Facebook- und Youtube-Blasen. Das mag man höhnisch kommentieren, für den Zusammenhalt der Gesellschaft ist das gefährlich.

Dabei ist für uns Journalisten das Vertrauen der Bürger das kostbarste Gut. Leserinnen und Leser, Zuschauerinnen und Zuschauer sind nicht als zu erziehende Bürger zu verstehen, auch nicht als zu Belehrende und schon gar nicht als Menschen, die zu überreden sind. Wir müssen uns Konsumenten als mündige Bürger vorstellen. Wer das nicht tut, hat keinen Respekt. Wer seine Leser und Zuschauer unterschätzt, ist hochmütig. Weder nach dem Mund reden noch bei der Möblierung einer gemütlichen Welt der Stereotype helfen: Kritischer Journalismus macht es sich nirgendwo bequem. Und mit niemandem. Er ist immer und überall selbstkritisch.

Mehr noch: Kritischer Journalismus darf nicht vor der Komplexität der Realität zurückweichen. Er darf es sich nicht zu einfach machen. Er darf sich nicht dem wachsenden Drang nach Harmonisierung im Chor der Meinungen ergeben. Journalisten kommen häufig aus ein und demselben gesellschaftlichen Milieu. Sie sind sich nahe, auch dort, wo sie politisch unterschiedlich ticken. Diese soziale Homogenität ist ebenso ein Problem wie die Neigung, vor allem für Kollegen zu schreiben und zu senden – und eben nicht mehr für die Breite der Bevölkerung. Womit wir wieder bei Gerd Bucerius, Rudolf Augstein und Axel Springer wären, Pionieren der bundesdeutschen Presselandschaft, die sich nicht zu fein dafür waren, Medien zu machen, die tatsächlich auch von allen Bevölkerungsgruppen gelesen wurden. Nein, die *Bild* war und ist keine Zeitung für den akademischen Elfenbeinturm. Was zum Teil auch den Hass der 68er auf das Blatt erklärt, denn mit ihrer rückwärtsgewandten wie verkopften Revolutionslitanei konnten sie die Arbeiter nicht erreichen, *Bild* hingegen schon.

Schreiben beziehungsweise senden, was ist. Dieses Versprechen muss weiterhin gelten. Der Vertrauensverlust der Medien in den vergangenen Jahren hat große Kollateralschäden in der Debattenkultur angerichtet. Es ist eine schlechte Entwicklung, die am Ende zu amerikanischen Verhältnissen führen könnte: einer gespaltenen Gesellschaft, in der eine Seite der anderen misstraut und es keine gemeinsame Sprache mehr über die Wirklichkeit gibt. Das sind Vorzeichen eines kulturellen Bürgerkriegs. Den kann hier niemand wollen. Im Zentrum aller Medien muss wieder der mündige Bürger stehen, den man mit Argumenten, Pluralismus und Respekt – nicht mit Angst und Manipulation in seiner Würde als Fundament einer liberalen Demokratie ernstnimmt.

Jeff Mason

Eine Säule der Demokratie
Von Beharrlichkeit im Journalismus und dem Raunen von Fake News

In jedem Land der Welt ist eine freie Presse von entscheidender Bedeutung, damit die Öffentlichkeit laufend informiert wird, Rechenschaft von politischen Entscheidungsträger:innen eingefordert wird und die Freiheiten erhalten bleiben, die elementarer Bestandteil der Demokratie sind. Journalist:innen haben die Aufgabe, unbequeme Fragen zu stellen und Informationen von den führenden Politiker:innen zu verlangen – unabhängig davon, welche politische Partei gerade an der Macht sein mag oder wer vielleicht gerade Präsident, Premierminister, Kanzler oder Staatspräsident ist. Diese Rechte müssen sowohl in starken Demokratien als auch in Ländern geschützt und gefördert werden, in denen die demokratischen Standards brüchig sind oder gar nicht bestehen.

Ich bin seit über zwanzig Jahren als Journalist in Europa und in den USA tätig. In diesen mehr als zwei Jahrzehnten journalistischer Tätigkeit habe ich die Bedeutung der Presse nie deutlicher erfahren oder miterlebt als in den letzten Jahren in den USA – meinem Heimatland, der größten Volkswirtschaft der Welt und einer Nation, die als Modell für demokratische Werte in der Welt gelten will. Ich weiß aus eigener Erfahrung, welchen Einfluss Reporter:innen haben können, wenn sie den politischen Führungskräften unangenehme Fragen stellen, egal ob in Washington in den USA oder in anderen Staaten der Welt. Da ich ein Jahr lang die Reportergruppe leitete, die aus dem Weißen Haus berichtet, weiß ich auch, wie wichtig es ist, für unser diesbezügliches Recht einzutreten. Meine Erfahrungen haben mich vieles gelehrt, eines aber ganz besonders: Die Pressefreiheit ist keine Selbstverständlichkeit.

In einer gesunden Demokratie sollte das Recht eines Journalisten, kritisch über die Regierung oder gesellschaftliche Aspekte, gleich welcher Art, zu berichten und zu schreiben, als unantastbar gelten. Nach der Erfahrung, die ich bei der Berichterstattung über Führungskräfte in Wirtschaft und Politik gesammelt habe, ist den meisten Menschen in Machtpositionen klar, dass sie das Recht von Journalist:innen, ihrer Arbeit nachzugehen, zu respektieren haben – auch wenn ihnen die Storys der Reporter:innen nicht gefallen.

Die USA können auf eine lange Tradition der Pressefreiheit zurückblicken, denn schon die Gründerväter machten diese zu einem Grundpfeiler der amerikanischen Demokratie, indem sie das Recht in dem berühmten ersten Verfassungszusatz verankerten: »Der Kongress soll kein Gesetz erlassen, das eine Einrichtung einer Religion zum Gegenstand hat oder deren freie Ausübung beschränkt, oder eines, das Rede- und Pressefreiheit oder das Recht des Volkes einschränkt, sich friedlich zu versammeln und an die Regierung eine Petition zur Abstellung von Missständen zu richten.«

Wer hätte je gedacht, dass die USA im Jahr 2016 ein Testfall für die Widerstandsfähigkeit der Pressefreiheit sein würden? Doch das waren sie. Donald Trump, damals noch Geschäftsmann, eroberte bei den Vorwahlen der Republikaner die politische Welt im Sturm. Anschließend gelang es ihm, die frühere Außenministerin Hillary Clinton im Rennen um das Weiße Haus zu besiegen. Zu diesem Wahlsieg trugen viele Faktoren bei. Ein wesentlicher waren die Erfolge, die Trump erzielte, wenn er politische Normen missachtete oder politische Institutionen, darunter die Presse, infrage stellte. Der Wahlkampf und die vierjährige Amtszeit Trumps haben die Presse in vielerlei Hinsicht auf den Prüfstand gestellt. Die Auswirkungen dieser Zeit sind bis heute zu spüren und werden es wohl noch viele Jahre sein.

Präsident Trump ging bei der Behandlung der Presse sehr strategisch vor. Offenbar genoss er es, verbale Kämpfe mit Reporter:innen auszufechten. Er heizte seine Anhänger:innen bei politischen Kundgebungen und ebenso bei beliebigen anderen Veranstaltungen an, Journalist:innen zu kritisieren und, falls Berichte über ihn ungünstig ausfielen, einfach zu behaupten, sie seien unwahr.

Ich erinnere mich an meine erste Begegnung mit Präsident Trump in der Air Force One. Er schüttelte mir und meinen Kollegen in der Pressekabine des Flugzeugs herzlich die Hand. Doch auf seiner nächsten Kundgebung vor einer lauten und begeisterten Menge drosch er dennoch ungeniert auf die Medien ein. Die Kundgebungen während Trumps Wahlkampf 2016 und in den Jahren seiner Präsidentschaft waren für Reporter:innen so gefährlich, dass einige Nachrichtenorganisationen Security-Teams zur Begleitung von Journalist:innen an die Veranstaltungsorte entsandten. Das sollte in einer Gesellschaft, in der die Pressefreiheit respektiert wird, nicht notwendig sein.

Trump beschwor mit seiner Rhetorik in Bezug auf Berichterstatter:innen und Presse nicht nur potenziell physisch gefährliche Situationen für all jene herauf, die ihrer journalistischen Tätigkeit nachgingen; er säte auch vorsätzlich Zweifel an der Verlässlichkeit von Nachrichtenorganisationen und deren Mitarbeiter:innen. Der Präsident und einige seiner Berater:innen verfolgten damit das Ziel, das Vertrauen in die Medien, die Information und Bildung verpflichtet sind, zu untergraben und ihre Glaubwürdigkeit massiv zu erschüttern. Eine Trump-Beraterin gab den Ton für diese Praxis vor, als sie den Begriff »alternative Fakten« verwendete – und damit schon zu Beginn von Trumps Amtszeit deutlich machte, dass sogar tatsächliche Fakten in Zweifel gezogen würden, wenn sie das gewünschte Narrativ nicht unterstützten.

Schon als Kandidat für das Weiße Haus und dann auch als Präsident brachte Trump den Begriff »Fake News« in die Debatte ein und verwendete ihn als Keule gegen missliebige Nachrichtenbeiträge, Nachrichtenorganisationen und Reporter:innen – unabhängig von der Richtigkeit der Berichterstattung. Bei vielen seiner Anhänger:innen zeigte diese Taktik Wirkung, sie glaubten ihm und taten, was er forderte. Der Begriff, der deutliche Missachtung zum Ausdruck brachte, fand zunehmend Verbreitung und wurde zumeist in unangemessener Weise benutzt. Seine Popularität und dass er jede sich bietende Gelegenheit dazu nutzte, die Presse zu verunglimpfen, erwies der Öffentlichkeit des Landes einen Bärendienst: Ihre Aufmerksamkeit ließ nach und sie konnte weniger gut unterscheiden zwischen realen und wirklich falschen Nachrichten – also falschen Geschichten, die zum Teil erfunden waren und in jedem Fall nicht auf wahren Begebenheiten beruhten. Der Begriff war schließlich so allgegenwärtig, dass er zu einem festen Bestandteil des täglich verwendeten Vokabulars im öffentlichen Diskurs wurde. Menschen überall in den USA folgten Trumps Aufforderung und bezeichneten Nachrichtenmeldungen, die kein günstiges Licht auf den Präsidenten oder seine Agenda warfen, als unwahr. Trumps Umgang mit der Presse, mit den Medien allgemein und den von diesen verbreiteten Meldungen wurde zu einem Vorbild für andere Regierungschefs in anderen Teilen der Welt, die sein Interesse an der Schwächung journalistischer Arbeit teilten.

Wenn wir über die Zukunft der Demokratie nachdenken, müssen wir vor allem darüber nachdenken, wie wir uns gegen Kräfte wehren können, die versuchen, die Wahrheit zu leugnen, »alternative« Tatsachen zu schaffen und Journalist:innen daran zu hindern, ihrer Pflicht nachzukommen, unvoreingenommen über Tatsachen zu berichten. Viele Organisationen in den USA und weltweit beschäftigen sich mit diesem Problem. Es war ermutigend und erhebend, dass der Friedensnobelpreis 2021 an zwei Journalist:innen verliehen wurde für ihre mutige Verteidigung der Meinungsfreiheit und unerschrockene Berichterstattung angesichts der autoritären Regierungssysteme in Russland und auf den Philippinen.

»Sie stehen repräsentativ für alle Journalist:innen, die für dieses Ideal in einer Welt eintreten, in der Demokratie und Pressefreiheit zunehmend widrigen Bedingungen ausgesetzt sind«, sagte die Vorsitzende des norwegischen Nobelpreiskomitees, Berit Reiss-Anderson, laut der Reuters-Meldung über Maria Ressa und Dmitry Muratov. »Freier, unabhängiger und faktenbasierter Journalismus dient dem Schutz vor Machtmissbrauch, Lügen und Kriegspropaganda«, betonte die Kommission.

Anerkennung auf dieser Ebene ist eine großartige Möglichkeit, die wichtige Arbeit von Journalist:innen überall auf der Welt hervorzuheben. In Washington setzt sich die White House Correspondents' Association (WHCA) für die Pressefreiheit ein. In den Trump-Jahren hat sich diese Organisation in den USA an die Spitze des Kampfes gegen Behinderung, Einschüchterung und Drangsalierung von Journalist:innen gestellt. Nach Überzeugung der WHCA haben diese das Recht auf direkte Gespräche mit den Politiker:innen, über die sie berichten, und müssen ohne Furcht vor Vergeltung Fragen stellen dürfen.

Kurz nach Donald Trumps Wahl zum Präsidenten konnten wir uns noch nicht vorstellen, wie weit dieser mit der Aufhebung von Standards gehen würde, die für die Presse bis dahin selbstverständlich waren. Als WHCA-Präsident war ich an den Verhandlungen mit dem Trump-Team beteiligt, durch die sichergestellt werden sollte, dass ein Pool von Journalist:innen weiterhin in der Air Force One mitfliegen konnte, wenn der Präsident Washington verließ, und dass das Pressekorps weiterhin seinen Platz im James-S.-Brady-Pressekonferenzraum behielt, der sich im Westflügel des Weißen Hauses nur wenige Schritte vom Oval Office entfernt befindet. Die Möglichkeit der Presse, sich in der Nähe des Präsidenten aufzuhalten und zu arbeiten, geriet nach Trumps Wahlsieg in Gefahr. Die Verhandlungen waren schließlich erfolgreich, allerdings hätten wir gar nicht gezwungen sein sollen, sie zu führen.

Trumps gefährliche Rhetorik hat sich nach seinem Amtsantritt sogar noch verstärkt. Er verwendete nicht nur den Begriff Fake News, sondern unternahm auch boshafte Attacken und verbreitete dabei Behauptungen, die jeder Grundlage entbehrten, unter anderem bezeichnete er die Presse als Feind des amerikanischen Volkes.

Beim White House Correspondents' Dinner 2017, an dem Präsident Trump nicht teilnahm – damit war er nach Jahrzehnten der erste Präsident, der die alljährlich stattfindende Veranstaltung nicht beehrte –, ging ich in meiner Rede vor den Journalist:innen und vielen Honoratior:innen unter den Teilnehmenden auf einige seiner Äußerungen ein. Was ich damals sagte, gilt nach wie vor: »Pressefreiheit ist ein Baustein unserer Demokratie; sie durch Delegitimierung von Journalist:innen zu untergraben, ist für eine gesunde Republik gefährlich ... Es ist unser Job, über Fakten zu berichten und die politische Führung zur Rechenschaft zu ziehen. Dafür stehen wir. Wir stehen nicht für Fake News. Wir versagen nicht als Nachrichtenorganisationen. Und wir sind nicht der Feind des amerikanischen Volkes.«

Dass der Zugang zum Weißen Haus für Pressevertreter:innen in der Trump-Zeit letztlich doch kein Problem wurde, sei hier ausdrücklich erwähnt. Trotz des schwierigen Starts, als wir über den Zutritt zum Pressekonferenzraum verhandeln mussten, erwies sich Trump letztlich als ein Präsident, der Fragen gern beantwortete und wünschte, dass die Reporter:innen zumindest einen Teil der Arbeitsabläufe in seinem Weißen Haus zu sehen bekamen. Der Pressepool blieb manchmal während der Sitzungen seines Kabinetts vor Ort, weil er wünschte, dass wir für die überwiegende – wenn nicht die ganze – Dauer der Sitzungsperiode erreichbar sein sollten. Zugang zum Präsidenten zu haben, ist elementar für die Berichterstattung über das Weiße Haus und wurde bei dem einen oder anderen Präsidenten schon einmal zum Problem, bei Trump hingegen meist nicht, und das war gut für den demokratischen Prozess.

Allerdings machte Trump das Sparring mit Reporter:innen zu einem politischen Sport. Er fand Gefallen daran, die Presse als Spielball zu benutzen, indem er legitime Fragen von Reporter:innen zu Vorwürfen erklärte und den Fragestellenden Voreingenommenheit und Böswilligkeit unterstellte. Auf diese Weise suchte er seine politische Basis zu begeistern und Zweifel an den Absichten der Journalist:innen zu wecken. Mich nannte der Präsident einen »Kriminellen«, als ich ihn fragte, warum er den Präsidentschaftskandidaten Joe Biden als »Kriminellen« bezeichne, und er warf mir unangemessenes Verhalten vor, als ich ihn im November 2020 fragte, ob er das Wahlergebnis anerkennen werde.

Ein weiterer bemerkenswerter Wortwechsel ereignete sich, als ich mich 2019 erkundigte, was er in dem berüchtigten Telefonat, das zum ersten Impeachment-Verfahren gegen ihn geführt hatte, von dem ukrainischen Präsidenten Wolodymyr Selenskyj gewollt habe. Der Präsident, der meine Fragen auf den gerade zu Besuch weilenden Präsidenten Finnlands lenken wollte, erwiderte, ich solle nicht unverschämt werden.

»Ich will nicht unverschämt sein, ich würde nur gern eine Antwort auf die Frage bekommen, die ich Ihnen gestellt habe«, sagte ich.

»Ich habe alles beantwortet. Das ist nichts weiter als ein Schwindel. Und wissen Sie, wer den Schwindel mitmacht? Leute wie Sie und die Fake-News-Medien, die wir in diesem Land haben. Und ich sage in vielen Fällen: die korrupten Medien, denn Sie sind korrupt«, fuhr Trump fort.

Einen Schlagabtausch dieser Art gab es wiederholt mit diesem Präsidenten, und ich zitiere diesen lediglich als ein Beispiel. Es ist Aufgabe eines Journalisten, auf die Wahrheit zu drängen, auch wenn der befragte Politiker sich auf eine Taktik der Einschüchterung verlegt, um eine Antwort zu umgehen.

Präsident Trump war und ist nicht der einzige Politiker auf der Welt, der sich dem kritischen Blick durch Journalist:innen widersetzt hat. Seine Taktik gegenüber den Medien wurde nur deshalb als so ungewöhnlich empfunden, weil er der Präsident der USA war, der Anführer der freien Welt. Ich bin der festen Überzeugung, dass wir Journalist:innen uns in diesen Jahren und in Zukunft am besten gegen die Versuche, die Pressefreiheit zu unterminieren, stellen können, indem wir das tun, wozu wir verpflichtet sind: unbeirrt nach der Wahrheit zu suchen und über Fakten zu berichten. Es gibt kein besseres Gegenmittel gegen Fake News, als unerschütterlich echte Meldungen zu bringen und diese als solche zu kennzeichnen. Wir haben die Pflicht, beharrlich, korrekt und fair zu sein. Wenn wir Fehler machen – und die machen wir –, sind wir verpflichtet, sie richtigzustellen. Auch das schafft Vertrauen.

Es ist jedoch ebenso wichtig für Journalist:innen, unsere Leser:innen und die Gesellschaft insgesamt, nicht selbstgefällig zu werden. Wenn die Pressefreiheit in den Vereinigten Staaten in Gefahr geraten kann – einer Demokratie, die mehr als zwei Jahrhunderte lang Präsidenten wie Abraham Lincoln gewählt hat –, kann sie auch überall sonst in Gefahr geraten. Die Pressefreiheit ist zwar gesetzlich verankert, aber Menschen, die sie unterlaufen wollen, hält das Gesetz nicht wirksam ab.

Wie vermeiden wir Gleichgültigkeit? Es gibt viele Dinge, die man tun kann. Es beginnt mit der Vermittlung von Medienkompetenz. Es ist wichtig, dass junge Leute aktuelle Ereignisse und die Art und Weise kennen, wie über sie berichtet wird. Es ist außerdem wichtig, die Unterschiede zwischen den zahlreichen Nachrichtenanbietern zu kennen, die es heute gibt. Tageszeitungen, Zeitschriften, Nachrichtenagenturen und Fernsehsender haben aus meiner Sicht die Pflicht, klar zwischen Kommentaren und Meinungen und faktenbezogenen Nachrichtensendungen oder -beiträgen zu unterscheiden. Und die Konsument:innen von Nachrichten haben die Verantwortung, den Unterschied zwischen beidem zu kennen und entsprechend zu differenzieren. Ich ermutige Menschen, nach neutralen Nachrichtenanbietern zu suchen – und die gibt es zweifellos –, aber auch nach exemplarischer Berichterstattung linksorientierter und rechtsorientierter Nachrichtenorganisationen, um sich anzusehen, wie unterschiedlich über Medienereignisse berichtet wird. Zu wissen, welche Anbieter neutral sind und welche der einen oder der anderen Seite zuneigen, ist von entscheidender Bedeutung, um das Berichtete zu verstehen und einzuordnen. Mehr Medienkompetenz wird dazu führen, dass der Begriff »Fake News« nicht mehr so schnell fällt, weil die Öffentlichkeit erkennen kann, was echte Berichterstattung ist und was nicht.

Meiner Überzeugung nach sind die demokratischen Institutionen in den USA stark, und die Medien haben die Prüfungen und die Herausforderungen, mit denen sie es in den letzten Jahren zu tun hatten, weitgehend bewältigt. Wenn wir jedoch über die Zukunft der Demokratie nachdenken, müssen wir einkalkulieren, dass neue Herausforderungen kommen werden. Wir müssen weiterhin wahrheitsgetreu und offensiv berichten, Rechenschaft von den politischen Entscheidungsträger:innen fordern und Themen beleuchten, die für die Öffentlichkeit in den jeweiligen Ländern und in aller Welt von Bedeutung sind. Und wir alle müssen weiterhin für die Pressefreiheit eintreten – unabhängig davon, wer sie infrage stellen könnte –, um diese wesentliche Säule der Demokratie aufrechtzuerhalten.

EINE NEUE TRANSATLANTISCHE KOOPERATION?

Vom digitalen Strukturwandel der Öffentlichkeit

Margrethe Vestager

Die digitale Agora
Europäische Weichenstellungen für eine digitale Öffentlichkeit

Von der griechischen Agora bis zu den Kammern gewählter Versammlungen, von den Universitäten bis zu Gastwirtschaften und Cafés – die Demokratie lebt in offenen Räumen. Von Orten, in denen Menschen diskutieren, Meinungsverschiedenheiten austragen, einander widersprechen und Kompromisse finden können. Das trifft heute ebenso zu wie früher. Nur die Orte haben sich verändert – damals zwischen Mauern, heute hinter Bildschirmen.

Alle diese Orte haben etwas gemeinsam. Sie hatten zwar jeweils mehr oder weniger offene Regeln und ihre eigene Organisation, in diesen Einrichtungen fand jedoch ein lebhafter Austausch statt, der durch die Pluralität von Themen und Perspektiven gekennzeichnet war. Jahrhundertelang waren dies die Orte, an denen die öffentliche Meinung gebildet wurde.

In gewissem Maße sieht das nicht viel anders aus als die Anfangszeit des Internets Ende der 1980er Jahre und Anfang der 1990er Jahre. Damals war das World Wide Web ein freier, demokratischer und sogar chaotischer Ort. Verschiedene Arten von Informationen waren zwar grundsätzlich für jeden zugänglich, aber schwer zu finden. Die ersten Suchmaschinen waren weit weniger effektiv bei der Suche und Auswahl relevanter Informationen als heutzutage. Außerdem hatten wir damals noch nicht die Online-Plattformen, wo Inhalte geordnet und verbreitet werden. Wenn wir ein Hotel, ein Buch oder einen Flug suchten, gab es keine Online-Marktplätze, die uns die relevantesten Optionen auswählten und vorstellten.

Das änderte sich radikal mit dem Entstehen der großen Platt-formen Ende der 1990er Jahre. Nach der Logik der Netzwerk-effekte entstanden einige starke Akteure, und diese begannen mit der Organisation des Internets zu dem System, das innerhalb kur-zer Zeit Millionen von Nutzer:innen in aller Welt haben sollte. Gleich ob aus einer Wohnung in Hangzhou oder einer Garage in Bellevue – diese neu aufkommenden Plattformen brachten all-mählich Ordnung ins Chaos. Sie agierten als globale »Kontaktver-mittler« zwischen allen, die Produkte, Dienstleistungen, Inhalte und Informationen verkauften oder anboten, und denen, die da-nach suchten. Innerhalb von nur wenigen Jahren erhielten die Verbraucher:innen Zugang zu einem breiten Spektrum relevanter, schneller und leicht auffindbarer Optionen.

Fast dreißig Jahre später hat sich diese Kontaktvermittlung zwischen den beiden Seiten des Marktes als ein äußerst lukratives Geschäft erwiesen. Mit zunehmender Sichtbarkeit begannen die Plattformen, ihre Dienste immer mehr Nutzer:innen vorzustellen, und dies wiederum kurbelte ihr Angebot an – ein hochprofitabler Kreislauf.

Mit dieser stetig zunehmenden Mittlertätigkeit kamen Macht und Kontrolle. Dank der von ihnen gesammelten Daten über unser individuelles Konsumverhalten sind die Plattformen in der Lage zu entscheiden, welches Produkt – oder welche Informationen – wem, wann und wo angeboten werden. Ganz gleich, was sie verkaufen – es gilt die gleiche operative Logik: Sie schafft Gruppen von Perso-nen mit ähnlichen Verhaltensmustern, die voraussichtlich in ähn-licher Weise auf einen gemeinsamen Auslöser reagieren, ob dies nun der Kauf eines Produkts oder das Anklicken einer Werbe-anzeige ist. Das ist besonders für Social-Media-Plattformen wich-tig, die einen erheblichen Teil ihres Gewinns mit dem Verkauf von Werbeflächen erzielen. Besonders für sie spielen Klicks eine große Rolle. Je mehr Content gesehen und weitergeleitet wird, desto höher der Werbeertrag. Daher ist nicht die Qualität oder die

Vertrauenswürdigkeit der Inhalte von Bedeutung, sondern ihre »Viralität«.

So gesehen ist leicht vorstellbar, dass die Barriere zum Schutz unserer Demokratie ohne Weiteres fallen könnte. Mit der überwältigenden Macht digitaler Plattformen geht die offenkundige Gefahr einher, dass unsere demokratische Ordnung privatisiert und in unsere eigenen kleinen Räume zersplittert wird. Unsere eigene private Messenger-Gruppe. Unseren eigenen Social-Media-Feed. Ohne Widerspruch, geschweige denn Überprüfung von Tatsachen. Die Gefahr ist groß, zu meinen, die Welt sei nur so groß wie der Teil, den wir online sehen, oder sogar noch kleiner, und zu ignorieren, dass diese Welt nicht diejenige ist, die wir für uns selbst gewählt haben, sondern ein kleiner Ausschnitt der Wirklichkeit, sorgfältig herausgearbeitet von einem hoch differenzierten Algorithmus auf der Grundlage unendlicher Terabytes von Daten. Dieser Prozess trat besonders offensichtlich durch den Cambridge-Analytica-Skandal zutage: Die Daten von Millionen Facebook-Nutzer:innen waren gestohlen und dazu verwendet worden, bei der US-Präsidentenwahl 2016 Mitteilungen an bestimmte Zielgruppen zu verschicken und deren Stimmabgabe zu beeinflussen.

Kurz gesagt: Wir erkennen immer klarer die Gefahr, sich von den eingangs genannten Orten abzuwenden, in denen die Pluralität der Meinungen unsere Demokratie lebendig erhält.

Genau aus diesem Grund wollen wir uns mit unserer europäischen Herangehensweise an die Digitalisierung befassen. In allem, was wir tun, in jedem einzelnen Gesetz, das wir vorschlagen, setzen wir die Menschen an die erste Stelle. Wir verfolgen das klare Ziel, sicherzustellen, dass Technologien – ganz gleich, wie schnell sie sich entwickeln – immer den Menschen dienen. Dieser Ansatz ist nicht nur eine moralische Einstellung. Er ist ein Aktionsplan zu dem Zweck, Menschen – in diesem Fall Nutzer:innen – einen Teil der Kontrolle zurückzugeben, die sie an die Plattformen verloren haben.

Seit Jahrzehnten konnten solche Gatekeeper fast ungehindert tun, was sie wollten. Es bestanden nur sehr wenige Gesetze – falls überhaupt –, die ihrer Macht Grenzen zogen. Vor einigen Jahren setzte sich die Europäische Union an die Spitze einer weltweiten Maßnahme, um diesen Trend umzukehren. Wir entwickelten einen globalen Standard zum Schutz personenbezogener Daten mit dem Ziel, Angemessenheit wiederherzustellen und Menschen zu schützen. Mehr als alles andere verfolgen wir jedoch das Ziel, unser mächtigstes und zugleich zerbrechlichstes Gut zu erhalten: unsere liberale Demokratie. Schließlich kann es, wenn Lincoln mit seiner berühmten Definition von Demokratie Recht hatte, keine demokratische Digitalisierung ohne Technologien geben, die »durch das Volk und für das Volk« wirken.

Um dorthin zu gelangen, gibt es zwei Wege: Erstens befähigen wir Menschen, indem wir ihnen die Rechte und Kenntnisse vermitteln, die sie benötigen, um die Kontrolle über ihre digitalen Interaktionen zu behalten. Zweitens regulieren wir die verschiedenen Anbieter digitaler Dienstleistungen je nach ihrer Funktion in unserer Gesellschaft und Wirtschaft und dem Risiko, das mit ihnen verbunden sein kann. Dieser zweifache Ansatz ist in allen unseren neueren Initiativen zur digitalen Politik vorhanden.

Die im April 2016 verabschiedete Datenschutz-Grundverordnung (DSGVO) stellte die Weichen für den Weg, auf dem die Demokratie mit der Technologie Schritt halten kann – und umgekehrt. Sie setzt das Grundprinzip in Kraft, dass wir als Bürger:innen online ebenso wie offline Rechte haben. Das Recht, vergessen zu werden, unsere Daten zu besitzen und zu kontrollieren, zu wählen, ob wir gefunden werden wollen oder nicht. Heute hat die Anwendung und Umsetzung der DSGVO immer noch einige Schwachstellen – beginnend mit der Tatsache, dass viele von uns »ich stimme zu« anklicken, so dass unsere Daten fast automatisch verfolgt werden, ohne dass wir wirklich verstehen, womit wir uns da einverstanden erklären. Die Leistung der DSGVO war es jedoch, die Grundidee festzuschreiben, dass wir auch online das Recht auf unsere Privatsphäre haben. Das Recht, die Jalousien unseres privaten Lebens online zu schließen, ebenso wie wir es in unseren Häusern tun können.

Eine Rückkehr zu den Verhältnissen, wie sie vor der DSGVO bestanden, ist damit nicht möglich. Dieses Recht auf Privatsphäre ist nun zu einem Sine-qua-non-Element geworden, das wir in einem breiten Spektrum politischer Vorschläge der EU finden. So steht es zum Beispiel auch im Mittelpunkt unseres jüngsten Vorschlags für eine europäische digitale Identität. Die »eID« der EU folgt einem einfachen Prinzip: Alle Mitgliedsstaaten müssen natürlichen Personen und Unternehmen eine Lösung für eine digitale Identität bereitstellen. Ein Cyberwallet, eine digitale Brieftasche, in der wir alle gewünschten ID-Dokumente verwahren: unseren Personalausweis, unseren Führerschein, unsere Ausbildungszeugnisse und anderes mehr. Wie eine Geldbörse in unserer Tasche. Die europäische digitale Identität bietet außer dem praktischen Nutzen, eine einzige Brieftasche überall in der Europäischen Union verwenden zu können, noch ein viel größeres Versprechen: Sie verleiht uns allen die umfassende Kontrolle über unsere personenbezogenen Daten. Nur wir entscheiden, wie viele Informationen in unserem Cyberwallet gespeichert und weitergegeben werden. Nur wir entscheiden, wie viel andere über uns wissen dürfen.

Im März 2021 schlug die Europäische Kommission eine Reihe europäischer digitaler Grundsätze vor, mit denen wir als Bürger:innen geschützt werden sollen. Dazu gehört beispielsweise ein universeller Zugang zu hochwertiger Konnektivität, das Recht, in der Ausbildung hinreichende digitale Fähigkeiten erwerben zu können, und das Recht, Zugang zu gerechten und nicht diskriminierenden Online-Diensten zu erhalten. Allgemeiner ausgedrückt haben diese Grundsätze – die Ende dieses Jahres endgültig verabschiedet werden sollen – in Einklang mit dem Geist der DSGVO vor fünf Jahren das Ziel, in uns allen den fundamentalen Gedanken zu verankern, dass wir alle uns offline zustehenden Rechte auch online haben.

Außer von den Grundrechten lebt die Demokratie noch von einem weiteren, allerdings weniger sichtbaren Element: Wissen. Einem populären Spruch zufolge nähren sich autoritäre Regime von Furcht und Unwissenheit. Je weniger wir darüber wissen, wie Dinge funktionieren, desto wahrscheinlicher ist es, dass wir die Kontrolle darüber aus der Hand geben. Aus diesem Grund ist es unsere wichtigste Priorität, um Demokratie im digitalen Zeitalter zu erhalten, Menschen mit dem Wissen auszustatten, wie Technologie funktioniert. Das ist eines der Ziele unseres vorgeschlagenen Gesetzes über digitale Dienstleistungen (Digital Services Act, DSA).

Der »Digital Services Act«, den die Europäische Kommission im Dezember 2020 vorlegte, ist das Herzstück der EU-Gesetzgebung zur Regulierung der Verarbeitung und des Umgangs mit den von digitalen Plattformen bereitgestellten Inhalten. Erstmals wird darin die Rechenschaftspflicht digitaler Plattformen gegenüber ihren Nutzer:innen und den Behörden festgeschrieben, desgleichen ihre Verantwortung für die Schaffung einer transparenten, freien und dennoch sicheren digitalen Umgebung.

Im Mittelpunkt des DSA steht die Verpflichtung der Plattformen, die Transparenz – und damit das Wissen der Allgemeinheit – über die Funktionsweise ihrer Algorithmen zu verbessern. Das heißt nicht, sie vollständig offenzulegen, sondern zu verdeutlichen, auf welche Weise ihre Empfehlungssysteme den Content, den wir zu sehen bekommen, auswählen. Und warum wir Zielgruppe für bestimmte Werbeanzeigen sind. Damit soll erreicht werden, dass wir eine genauere Vorstellung bekommen, wer uns zu beeinflussen versucht und wie. Ausgestattet mit diesem Wissen, liegt es dann in unserer Hand zu entscheiden, ob wir dem Inhalt, der uns angezeigt wird, vertrauen wollen oder nicht.

Ebenso verpflichtet der DSA die Plattformen eindeutig zur Transparenz in Bezug auf die Funktionsweise ihrer Systeme zur Moderation von Inhalten. Der DSA verlangt sogar von ihnen, die

Nutzer:innen zu schützen, indem sie von ihnen gekennzeichnete rechtswidrige Inhalte entfernen. Da jedoch eine Demokratie niemals ohne Meinungsfreiheit möglich sein wird, müssen die Plattformen die Nutzer:innen außerdem benachrichtigen, wenn sie Inhalte entfernen, und den Nutzer:innen Gelegenheit zur Beschwerde geben. Mit einem solchen Verfahren werden wir vermeiden, dass Plattformen als De-facto-Zensoren der Online-Redefreiheit auftreten und selbstständig entscheiden, welcher Inhalt genehm ist und welcher nicht.

Die Erhaltung unserer demokratischen Ordnung ist ferner von zentraler Bedeutung bei unserem Einsatz für sichere, vertrauenswürdige und menschzentrierte Künstliche Intelligenz (KI). Durch die Pandemie konnten die meisten von uns die vielen Vorteile erkennen, mit denen digitale Tools unser Leben bereichert haben. Es ist schwer vorstellbar, wie diese Monate der Ausgangssperre ohne digitale Elemente in unserem Leben ausgesehen hätten. Allerdings hatte auch das eine dunkle Seite. In einigen weniger demokratischen Teilen der Welt hat die Pandemie eine zunehmende Verwendung von KI-Systemen ausgelöst, um Menschen zu verfolgen und große Teile der Stadtbevölkerung einer strengen Überwachung zu unterwerfen. Man braucht gar nicht so weit in die Zukunft zu schauen wie in einem »Black Mirror«-Szenario: Die Gefahren, die KI für unsere demokratischen Systeme bedeuten kann, sind sehr deutlich erkennbar. Das kann in Form von Chatbots der Fall sein, die mit Erkennung und Wiedergabe menschlicher Sprache arbeiten, um Fake-Beiträge zu generieren. Oder es wird ein KI-System eingesetzt, um eine unterschiedslose Massenüberwachung zu verhängen.

Aus diesem Grund wird unsere KI-Verordnung den KI-Anbietern Verpflichtungen auferlegen, bei einer ganzen Reihe von Hochrisiko-Anwendungen von KI-Systemen Risikominderungsmaßnahmen anzuwenden. Unter »Hochrisiko-Anwendung« verstehen wir jede Künstliche Intelligenz, die in wichtige Teile unseres Lebens eingreift, wie etwa eine KI-Lösung, die darüber urteilt, ob wir einen neuen Kreditrahmen von unserer Bank erhalten können. Oder eine KI, die Lebensläufe von Bewerber:innen nach Ausbildung und Stellengesuchen filtert. Zu diesen Risikominderungsmaßnahmen gehört auch, sicherzustellen, dass die KI mit hochwertigen und objektiven Daten gefüttert wird oder dass beim Design und Rollout des KI-Systems ein angemessenes Maß an menschlicher Aufsicht beibehalten wird.

Und da all dies vielleicht nicht ausreicht, schlagen wir darüber hinaus vor, alle Anwendungen von KI zu verbieten, die den Grundrechten und den fundamentalen Werten unserer Demokratie widersprechen. Das gilt zum Beispiel für KI-Systeme, die Menschen physischen oder psychischen Schaden zufügen würden. Oder für eine Social-Scoring-App in beliebiger Form, die Menschen aufgrund ihres Sozialverhaltens kategorisiert.

Diese Übersicht über die Art und Weise, wie Gesetze der Erhaltung der demokratischen Ordnung im digitalen Zeitalter dienen, wäre nicht vollständig ohne eine weitere und diesmal wirtschaftliche Dimension. Tatsächlich bauen starke Demokratien auch auf lebendigen, offenen und gerechten Märkten auf – denn mit jeder Entscheidung, die wir als Verbraucher:in treffen, haben wir ein Mitspracherecht. Der Schutz dieser Entscheidung ist der Zweck des Gesetzes über digitale Märkte (Digital Markets Act, DMA), das wir zusammen mit dem »Digital Services Act« vorschlagen.

Der »Digital Markets Act« entstand aus einer simplen Beobachtung: Im Laufe der Zeit sind viele digitale Plattformen ihrer Rolle als einfache »Vermittler« zwischen Angebot und Nachfrage entwachsen. Sie begannen, selbst Dienstleistungen auf den Plattformen anzubieten, die von ihnen kontrolliert werden und auf denen sie mit den Millionen anderer kleiner Shops und Verkäufer konkurrieren, die keine andere Wahl haben, als ihre Marktplätze zu nutzen. Da sie die Algorithmen kontrollieren, öffnet das natürlich der Bevorzugung eigener Angebote Tür und Tor.

Digitale Plattformen profitieren dabei in hohem Maße von ihrem bevorzugten Zugang zu Daten. Eine digitale Plattform zu betreiben, bedeutet auch, dass die Gatekeeper umfassend über alle Transaktionen aller Akteur:innen, die die Plattform nutzen, unterrichtet sind. Sie wissen, was andere Unternehmen anbieten und absetzen, und sie wissen, wonach Verbraucher:innen suchen, was sie warum, wann, zu welcher Uhrzeit und vom wem kaufen.

Dieses Wissen ermöglicht den Gatekeepern nicht nur eine konstante Steigerung ihrer Werbeerträge, sondern auch, andere Unternehmen auszustechen, die ähnliche Dienstleistungen wie sie selbst anbieten. Kurz gesagt, Plattformen nutzen ihre Macht, um die Spielregeln zu bestimmen. Sie entscheiden, zu welchen Bedingungen ihre Dienstleistungen in Anspruch genommen werden können und wer den Markt betreten kann – und wer nicht.

Zur Wiederherstellung der Gerechtigkeit in Online-Marktplätzen begrenzt der »Digital Markets Act« die Möglichkeit der größten Plattformen, ihre Marktmacht zum Nachteil aller anderen Unternehmen einzusetzen, die von ihnen abhängig sind oder die direkt mit ihnen konkurrieren. Das Gesetz wird solchen Plattformen klare Verpflichtungen auferlegen, die Tore der Online-Marktplätze offen zu halten. So dürfen sie zum Beispiel die Daten, die sie von allen von ihnen gehosteten Unternehmen erheben, nicht mehr verwenden, wenn sie im Wettbewerb mit ihnen stehen. Stattdessen müssen sie Datensilos errichten, die eine Trennung der in ihren verschiedenen Geschäftsfeldern generierten Daten ermöglichen. Sie werden ferner verpflichtet, ihren Suchalgorithmus anzupassen und sicherzustellen, dass Konkurrenzangebote ebenso hervorgehoben werden wie ihre eigenen Angebote. Solche Maßnahmen werden nicht nur zu größerer Transparenz führen, sondern auch zu mehr Fairness und einheitlicheren Wettbewerbsbedingungen. Dadurch können wir als Kund:innen weiterhin von einer breiten Auswahl profitieren, die uns von einer Vielzahl großer und kleiner Verkäufer:innen angeboten wird.

Die regulatorische Reaktion, die ich auf den letzten Seiten beschrieben habe, ist eine europäische Reaktion. Die Herausforderung, die digitale Technologien für die Demokratie darstellen, betrifft jedoch uns alle, über alle Grenzen hinweg. Privatpersonen und Unternehmen in aller Welt sind in gleicher Weise von den problematischen Praktiken einiger weniger Gatekeeper betroffen.

Im Gegensatz zu manchen Auffassungen ist dies also kein Kampf von Europa gegen amerikanische Unternehmen – ganz im Gegenteil. Hier geht es darum, den eisernen Griff zu lösen, in dem einige wenige Internetunternehmen unsere Volkswirtschaften und Gesellschaften inzwischen halten, und eine demokratische Kontrolle über ihre Aktivitäten wiederherzustellen. Dieses Ziel ist Europa und den USA gemeinsam. Tatsächlich handelt es sich bei diesen Akteuren derzeit überwiegend um amerikanische Unternehmen, aber da ihre chinesischen Konkurrenten gegenwärtig an Einfluss gewinnen, könnte sich das bald ändern.

In den USA gibt es schon lange eine öffentliche Debatte zur Berücksichtigung dieser Herausforderungen. Regulatorische Optionen werden bereits seit einer ganzen Weile diskutiert. In letzter Zeit haben von der Biden/Harris-Regierung getroffene wichtige Entscheidungen – zum Beispiel die Ernennung von Lina Khan zur neuen Vorsitzenden der Federal Trade Commission – ein klares Signal ausgesandt, dass nun veränderte Gespräche stattfinden. Das Bild vom Anfang der 2000er Jahre von den USA als »Tech Haven«, in dem keinerlei Regulierung die Aktivitäten der digitalen Plattformen stören würde, ist nicht mehr zutreffend.

Heute sind die Vereinigten Staaten und Europa privilegierte Partner mit dem gemeinsamen Ziel sicherzustellen, dass die Verkehrsregeln auf den Wegen zur digitalen Wirtschaft unsere gemeinsamen demokratischen Grundsätze widerspiegeln. Vor einigen Monaten wurde der EU-US Trade and Technology Council gebildet, um dieses Ziel zu verwirklichen und unsere Zusammenarbeit in den wichtigsten politischen Bereichen, die den transatlantischen digitalen Raum bestimmen werden, zu erleichtern. Das bedeutet Kooperation in Fragen wie Cybersicherheit, Daten, Technologien und der Rolle der Online-Plattformen. Diese trägt zur Angleichung von Regeln und zur Erhöhung der Rechtssicherheit bei und wird für unseren gegenseitigen Austausch von Nutzen sein.

Die enge Zusammenarbeit ist umso notwendiger, als wir in verschiedenen Teilen der Welt den offenen Charakter des Internets durch autokratische Digitalisierungsmodelle herausgefordert sehen. Diese Modelle setzen Technologie als Mittel zur Überwachung und sozialen Kontrolle ein, wobei die Bürger:innen zu Datenquellen für die Weiterentwicklung des Staates werden.

Alles in allem hat sich in den letzten 15 Jahren eine vollständige Revolution der Art und Weise vollzogen, wie das Internet gesteuert wird. Einige wenige private Unternehmen haben die Kontrolle über die allermeisten Ströme von Produkten, Dienstleistungen, Inhalten und Informationen übernommen. Dadurch gerieten unsere Wirtschaft, unsere Gesellschaft und sogar unsere demokratische Ordnung in weitgehende Abhängigkeit von Entscheidungen, die in den Vorstandsetagen dieser Unternehmen getroffen werden.

Die zahlreichen Gesetzesvorschläge, die wir im Laufe dieser letzten Jahre eingereicht haben – mit deutlicher Beschleunigung in den letzten Monaten –, sind unsere Versuche, diesen Trend umzukehren. Einfach ausgedrückt, hat jeder Vorschlag eine Botschaft: In unserer Demokratie ist es nicht Sache der größten Plattformen, die Spielregeln zu bestimmen. Die Gesetzgeber haben die Aufgabe, diese Regeln zum Wohle der Nutzer:innen festzulegen.

In der heutigen Zeit bietet uns der digitale Raum eine noch nie da gewesene Chance, uns an der demokratischen Debatte zu beteiligen. Ebenso wie – wenn nicht sogar noch mehr als – die Agora, die Universitäten, die Gastwirtschaften und Cafés der Vergangenheit. Nur selten in der Geschichte hatten wir die Möglichkeit, Zugang zu so viel Information zu erhalten, ein Thema aus Dutzenden verschiedener Blickwinkel und Quellen zu untersuchen, um Widerspruch zu bitten und unsere Meinungen zu äußern.

Das kann jedoch nur geschehen, wenn wir den Online-Raum für den freien und fairen Dialog offen halten. Und solange wir daran denken, dass das Leben aus sehr viel mehr besteht als aus dem, was wir online sehen.

Ben Scott

Grenzen für Big Tech
Ein transatlantisches Bündnis in der Digitalpolitik

Die Szenen, die sich am 6. Januar 2021 am Kapitol der Vereinigten
Staaten abspielten, veranschaulichten mehr als alles andere, wie
sehr die Big-Tech-Konzerne inzwischen zum Instrument demokratischer Destabilisierung geworden sind. Ein wütender Mob – auf-
geheizt von Lügen und Verschwörungsmythen, die über Monate in
den Sozialen Medien verbreitet wurden – probte den bewaffneten
Aufstand. Über mehrere Multimedia-Plattformen wurde das Geschehen organisiert, im Livestream übertragen und gefeiert – unmittelbar während der gewaltsamen Ausschreitungen und danach. Und als die Täter schließlich verhaftet und zur Rechenschaft
gezogen wurden, verbreitete sich in denselben Online-Foren eine
entkoppelte Realität, in der die Täter als »Patrioten« gefeiert wurden. Zu dieser verstörenden Geschichte kommt der Beitrag der
Plattformbetreiber zu den Corona-Verschwörungserzählungen
und zur Desinformation über die Impfstoffe. Nicht zu vergessen
die hasserfüllten Online-Communitys weißer Rassist:innen und
Antisemit:innen, die auf digitalen Plattformen einen fruchtbaren
Boden vorfinden, ungeachtet der Beteuerungen aus dem Silicon
Valley, dies unterbinden zu wollen.

Das ist natürlich kein rein amerikanisches Problem. Es ist ein
Problem vieler demokratischer Gesellschaften. Die Krise der digitalen Desinformation spaltet weltweit Gemeinschaften, provoziert
Gewalt und untergräbt die Pandemiebewältigung. Big-Tech-Unternehmen stellen bei der Übermittlung von Informationen Erregung
über Vernunft und sperren Menschen in Echokammern. Damit
läuten sie auch ein goldenes Zeitalter für Propagandist:innen und

Profiteur:innen ein, die den gesellschaftlichen Abstieg in Stammesdenken und Verschwörungstheorien beschleunigen. Nachbar:innen werden gegeneinander aufgebracht, weil sie in verschiedenen, von den digitalen Medien für sie erschaffenen Realitäten leben. Nicht zuletzt deshalb geht die Pandemie mit einer Infodemie einher, und das ist auch der Grund, warum gewaltsame Aufstände als Patriotismus abgetan werden können – und sich die Polarisierung und Radikalisierung der Gesellschaft in praktisch allen für die Demokratie wichtigen Fragen weltweit vertieft.

Die Merkmale des digitalen Medienmarktes, die diese Probleme verursachen, sorgen gleichzeitig für Gewinnmaximierung. Der Markt selbst wird dieses Problem nicht lösen. Wir müssen als globale Gemeinschaft unsere wirtschaftlichen und demokratischen Interessen neu formulieren. Dazu bedarf es einer Kombination aus sozialem und rechtlichem Druck.

In diesem Aufsatz werden drei politische Ansätze für den Umgang mit digitalen Bedrohungen für die Demokratie skizziert: öffentliche Sicherheit, Kartellrecht und die Kontrolle über die Daten. Jeder dieser Ansätze wird hier zwar separat bewertet, sie müssen jedoch miteinander kombiniert werden im Kampf gegen die systemischen Probleme, vor denen wir heute stehen. Auf beiden Seiten des Atlantiks arbeiten Regierungen dabei in eine ähnliche Richtung. Die wichtigste Schlussfolgerung ist kontraintuitiv. Wir müssen der Versuchung widerstehen, uns ausschließlich auf die innerstaatliche Regulierung von illegalen Inhalten und Marktmacht zu konzentrieren. Stattdessen sollten wir die Regeln für die Erhebung und Nutzung von Daten vorrangig behandeln und über unsere Außenpolitik sicherstellen, dass Reformen, die in einer Demokratie umgesetzt wurden, allen zur Verfügung stehen.

In der öffentlichen Debatte über die Macht der Digitalriesen steht in Deutschland das Problem offensichtlich rechtswidriger Inhalte im Mittelpunkt: Anstiftung zu Gewalt, Terrorismus, Kindesmissbrauch, Hassrede. Die Antwort darauf, wie das unterbunden werden kann, ist ziemlich simpel. Unternehmen sind davor geschützt, für illegale nutzergenerierte Inhalte zu haften. Werden sie jedoch darauf hingewiesen, müssen sie solche Inhalte unverzüglich entfernen – ansonsten werden sie haftbar gemacht. Außerdem dürfen die Unternehmen selbst festlegen, welche Art legaler, aber schädlicher Inhalte auf ihrer Plattform verboten ist, und dies entsprechend moderieren. So sieht die Struktur des vieldiskutierten Artikels 230 des »Communications Decency Act« in den USA aus, und es gibt ähnliche Bestimmungen im europäischen Recht, zum Beispiel im deutschen Netz-DG oder im »Digital Services Act«, der demnächst erwartet wird.

Die Reformvorschläge für Gesetze zur Regelung der Haftung für illegale Inhalte sehen in den meisten Demokratien ähnlich aus. Kritiker:innen des Status quo halten die Maßnahmen der großen Digitalunternehmen zur Überwachung illegaler Inhalte für unzureichend. Die Unternehmen haben bisher zu wenig in die Moderation von Inhalten investiert, sie tun zu wenig, um illegale Beiträge, gefälschte Konten und organisierte Bemühungen zur Täuschung der Nutzer:innen zu entfernen – und sie handeln zu spät. Vorgaben zur zügigen Entfernung von Inhalten geben jedoch Anlass zu zahlreichen Bedenken wegen möglicher »False Positives« und Negativfolgen für die Meinungsfreiheit. Wenn es um die staatlich mandatierte Löschung sprachlicher Äußerungen geht, sollten wir mit Bedacht vorgehen.

Der springende Punkt ist jedoch, dass wir der Aufgabe, die negativen Auswirkungen der Big-Tech-Unternehmen auf die Gesellschaft zu regulieren, nicht gerecht würden, selbst wenn wir die politischen Vorgaben zur Löschung strafbarer Inhalte genau richtig ausgestalten. Demokratische Regierungen dürfen nur illegale Äußerungen regulieren. Die meisten Inhalte auf digitalen Plattformen, die die meisten Probleme für die Gesellschaft verursachen, sind jedoch *nicht* illegal. Oft ist das dieselbe Art von extremen, verschwörerischen und hasserfüllten Inhalten, die seit Langem schon am Rande des öffentlichen Raums existieren. Diese Äußerungen sind inzwischen jedoch viel gefährlicher, weil sie durch Algorithmen verstärkt werden und ein viel größeres Publikum erreichen können als bisher. Dabei verzerren sie die Realität im öffentlichen Raum, übertönen die Stimmen der Vernunft und behindern die Äußerungen vulnerabler Gemeinschaften durch Störgeräusche und Einschüchterung.

Wir können diesem Problem der »verstärkten gefährlichen-aber-nicht-illegalen Äußerungen« nicht nur mit Löschungen begegnen. Die Rolle von Empfehlungsalgorithmen und die Tatsache, dass die Big-Tech-Unternehmen ihre eigenen Nutzungsbedingungen nicht einhalten, steht für die meisten Kritiker:innen im Mittelpunkt ihrer Vorbehalte. Alle Big-Tech-Unternehmen verbieten (über ihre »Gemeinschaftsstandards«) verschiedene Inhalte, die zwar legal, aber anstößig sind. Inzwischen aber fördern die Empfehlungsalgorithmen diese Inhalte aktiv (weil sie Aufmerksamkeit erzeugen) und verhöhnen damit diese »Gemeinschaftsstandards«. Hier könnte man Verbraucherschutzvorschriften verabschieden, die es den Nutzer:innen ermöglichen, diese zielgerichteten Algorithmen zu deaktivieren, und Unternehmen haftbar machen, wenn sie die zugesagten Standards zu Inhalten nicht durchsetzen. Eine solche Kontrolle würde jedoch keine staatlichen Anordnungen zur Löschung von Inhalten vorsehen.

Jede der demokratischen Regierungen, die ein Gesetzgebungsverfahren zur Bekämpfung gefährlicher Inhalte in den digitalen Medien eingeleitet hat, steckt in diesem Dilemma. Es ist möglich, Gesetze zu verschärfen, die illegale Äußerungen unter Strafe stellen, und die Big-Tech-Unternehmen anzuweisen, solche Posts zu entfernen. Aber die Bemühungen, mit verstärkten schädlichen, aber rechtmäßigen Inhalten umzugehen, greifen zu kurz, wenn man sie als Problem sprachlicher Äußerungen behandelt. Diese Inhalte müssen eher als »Reichweiten-Problem« behandelt werden, und das heißt, die künstliche Bevorzugung bestimmter Inhalte gegenüber anderen zugunsten der wirtschaftlichen Interessen der Big-Tech-Unternehmen und gegen die Interessen der Allgemeinheit muss unterbunden werden. Dabei geht es nicht um die Regulierung von Inhalten. Hier geht es um die Regulierung algorithmischer Systeme, Risikomanagement, besseres Produktdesign, die weitreichende gesellschaftliche Auswirkungen haben, und die Kontrolle über die Daten, die zur Steuerung dieser Algorithmen eingesetzt werden. Diese Vorgaben zur Bewertung systemischer Risiken, zur gesetzlich vorgeschriebenen Wahlmöglichkeit für Verbraucher:innen, zu mehr Transparenz und zur regelmäßigen Überprüfung sind zentrale Bestandteile der Gesetzgebungsagenda der EU.

Ein zweiter wichtiger Bereich, den die Politik in den Blick nehmen sollte, sind die monopolistischen Praktiken und die beispiellose Größe marktbeherrschender Unternehmen. Die Kritik daran ist stichhaltig belegt – und die Reformvorschläge werden von Politiker:innen in den USA und in der EU geteilt. Eine Konzentration der Macht in Hinblick auf die Verbreitung von Medien hat von jeher demokratische Interessen untergraben. Das gilt mit Sicherheit für die aktuelle Situation. Folgt daraus also nicht, dass die Zerschlagung der Monopole der Demokratie nutzen wird?

Doch, schon, aber wahrscheinlich nicht in absehbarer Zeit. Aufgrund der Eigenschaften der Wettbewerbspolitik ist es sehr unwahrscheinlich, dass das Kartellrecht die Probleme, die die digitalen Medien den Demokratien verursachen, kurzfristig lösen kann. Die von der EU vorgeschlagenen Maßnahmen zur Schwächung der Monopole könnten künftige Übernahmen behindern und wettbewerbswidrige Praktiken unterbinden. Und ein konzertiertes Vorgehen der US-Regierung zur Zerschlagung der Unternehmen könnte tatsächlich Erfolg haben. Das wird jedoch etliche Jahre dauern. In der Zwischenzeit ist unklar, wie kurzfristige Maßnahmen gegen bestimmte Marktpraktiken die dringenden Probleme der demokratischen Medien beheben können. Wenn das zentrale Geschäftsmodell der Aufmerksamkeitsmaximierung in der digitalen

Medienkuratierung nicht angegangen wird, könnte ein zunehmender Wettbewerb eine Abwärtsspirale in Gang setzen und neue Marktteilnehmer:innen verleiten, noch extremere Versionen der dominanten Produkte anzubieten.

Einen vielversprechenden Ansatz für die Wettbewerbspolitik scheint eine Marktmachtanalyse zur Regulierung von Datenpraktiken zu bieten. Unter Ausnutzung bestehender Gesetze zum Schutz der Verbraucher:innen vor unlauteren, irreführenden und wettbewerbswidrigen Praktiken könnten die Regulierungsbehörden strengere Regeln für die Erhebung und Verwendung personenbezogener Daten aufstellen. Für marktbeherrschende Unternehmen mit unerwünschtem Geschäftsgebaren (etwa Verkauf von Aufmerksamkeit durch gezielte Werbung anhand von Datenprofilen) könnten verhältnismäßig strengere Vorschriften gelten.

Sowohl der Aspekt der öffentlichen Sicherheit als auch der kartellrechtliche Ansatz werfen letztlich Fragen der Kontrolle über die Daten auf. Das ist die Wurzel des Problems. Es ist der Profitmotor. Und dennoch steht diese Frage *nicht* im Mittelpunkt der politischen Debatte. Wir können empirisch nachweisen, dass durch das Tracking von Nutzer:innen, die Erstellung von Zielgruppenprofilen und die algorithmische Kuratierung von Inhalten zur Maximierung der Aufmerksamkeit, die die Realität im öffentlichen Raum verzerrt, ein systemisches Risiko für die Öffentlichkeit entsteht. Aber wir können noch nicht überzeugend darlegen, wie diese Ausnutzung von Online-Verhaltensdaten die demokratische Integrität beeinträchtigt. Und in dieser Geschichte geht es nicht nur um das Recht auf Privatsphäre. Es geht darum, die Ausbeutung und Monetarisierung des digitalen Lebens – eine Praxis, die sowohl dem Einzelnen als auch der Gesellschaft schadet – zu unterbinden.

Die politische Agenda, die diesem Narrativ entspricht, sollte strenge Vorgaben machen, welche Daten erfasst werden dürfen, wie und unter welchen Umständen sie verwendet werden können.

Es gibt vier maßgebliche Reformen, die notwendig sind, um den Menschen die Kontrolle über ihre Daten zurückzugeben.

Zweckbegrenzung: Für jedes digitale Angebot sollten die Unternehmen nur die Daten erfassen und verwenden, die für den jeweiligen Zweck erforderlich sind. Um E-Mail-Dienste oder Spiele anzubieten, müssen Unternehmen keine Standortdaten erfassen, auf persönliche Kontakte zugreifen oder Nutzer:innen über andere Anwendungen oder Websites hinweg verfolgen.

Sensible Daten: Bestimmte Arten personenbezogener Daten – Race, Religion, sexuelle Orientierung, Gesundheitszustand, politische Ansichten usw. – sollten stärker geschützt werden (wie auch Daten von Kindern). Für einige Anwendungsarten sollte die Erfassung dieser Daten verboten werden. Alle Anwendungsfälle für die Weitergabe dieser Daten sollten vom Nutzer, der Nutzerin streng kontrolliert werden.

Transparenz und Einverständnis: Schon lange bringen Unternehmen mit langatmigen Einwilligungserklärungen, die nur wenige lesen, Nutzer:innen dazu, auf ihre sämtlichen Rechte in Bezug auf die Datenkontrolle zu verzichten. Neue Vorschriften sollten den Nutzer:innen die Möglichkeit geben, ihre Zustimmung ebenso leicht zu widerrufen, wie sie erteilt wurde; Unternehmen sollten zudem offenlegen müssen, welche Daten gespeichert werden, und diese auf Wunsch löschen.

Offenlegung von Daten: Unternehmen sollten verpflichtet werden, Daten über die Verbreitung und Nutzung digitaler Medien (ohne personenbezogene Daten) an ein Archiv zur Analyse durch zugelassene Forscher:innen zu übermitteln. So können wir Fragen zu digitalen Medien und kritischen sozialen Themen untersuchen: Impfskepsis, Rassismus, psychische Gesundheit von Kindern usw. Gegenwärtig besteht für die Unternehmen ein Anreiz, die Sicherheit ihrer eigenen Produkte *nicht* untersuchen zu lassen, um zu vermeiden, dass sie im Falle einer Offenlegung haftbar gemacht werden.

Im Gegensatz zu den inhaltlichen und wettbewerblichen Ansätzen zur Lösung des Digital- und Demokratieproblems (bei der sich politische Entscheidungsträger:innen in den USA und der EU weitgehend auf einer Linie befinden und ähnliche Vorschläge machen) gibt es hier größere Unterschiede zwischen Washington und Brüssel. Die USA haben die Bundesgesetze zur Data Governance seit Jahren nicht mehr aktualisiert. In der Datenschutz-Grundverordnung von 2018 hat die EU bereits die meisten dieser Regeln festgelegt. Das Problem ist eine Durchsetzungslücke. Ein gutes Gesetz ist immer nur so wirksam wie die entsprechenden Regulierungsbehörden. In diesem Fall mangelt es den Regulierungsbehörden der Mitgliedsstaaten an Ressourcen. Den Einrichtungen fehlen die technischen, rechtlichen und finanziellen Kapazitäten, um die Versprechen der DSGVO in vollem Umfang zu erfüllen. Auch wenn sie sich mit den amerikanischen Behörden um eine Harmonisierung der Datengesetze bemüht, wird es nicht leicht sein, dieses Durchsetzungsdefizit zu beheben, das damit weiterhin eine zentrale Herausforderung für die EU bleiben wird.

Eine erfolgreiche politische Agenda zur Bewältigung der Krise von Big Tech und Demokratie erfordert einen umfassenden Ansatz: öffentliche Sicherheit, Wettbewerb und Daten. Keiner dieser drei maßgeblichen Ansätze ist alles oder nichts, und keiner dieser Ansätze kann wirksam werden, wenn es die anderen nicht sind. Doch das Unterfangen ist mühsam, denn die Unternehmen reagieren empfindlich auf den Druck der Öffentlichkeit und passen ihre Produkte und Strategien entsprechend an, noch bevor die Vorschriften in Kraft treten.

Blicken wir in die USA. Dort ist das größte Hindernis, das sich Fortschritten in den Weg stellt, das politische System. Der Stillstand im Senat und die aggressive Lobbyarbeit des Silicon Valley werden in nächster Zeit in Washington jede größere Gesetzesänderung, die sich auf die Big-Tech-Unternehmen auswirkt, behindern. Dagegen ist es sehr wahrscheinlich, dass gleichgesinnte Regierungen in Brüssel, London, Paris und Berlin neue Regeln aufstellen werden. Auch wenn es unserer Intuition zuwiderläuft, ist der beste Weg für Amerika, kurzfristige Veränderungen im eigenen Land zu erreichen, wahrscheinlich eine erfolgreiche Außenpolitik. Noch deutlicher ausgedrückt: Das transatlantische Bündnis der Demokratien war in der Digitalpolitik noch nie so wichtig wie heute.

Amerikas Außenpolitik gegenüber Europa sollte darin bestehen, »ihnen zu helfen, uns zu helfen«, indem wir durch diplomatisches Engagement die Verabschiedung von Vorschriften in anderen Demokratien unterstützen, die wir dann auch im eigenen Land verlangen können. Jede von Brüssel erzielte Veränderung des Marktes sollte sofort auch in Washington eingefordert werden. Denn wenn Facebook und Google erst einmal den europäischen Nutzer:innen Vorteile bieten, wird es schwer zu rechtfertigen sein, warum dieselben Vorteile dem amerikanischen Markt (oder anderen Märkten in der Welt) vorenthalten werden sollen.

Wir können dabei auf frühere Allianzen der transatlantischen Digitalpolitik aufbauen. Noch vor gerade einmal einem Jahrzehnt priesen die USA und die EU gemeinsam die Vorzüge des offenen Internets für die Demokratie. Zum damaligen Zeitpunkt war das genau richtig. Die größte Bedrohung für den entstehenden Online-Raum war die Macht der autoritären Kontrolle über die digitale Sprache und die unheilvolle Bedrohung durch den Überwachungsstaat. Dezentralisierte, digitale Medien und die rasche weltweite Verbreitung des Smartphones schufen einen pluralistischen Online-Marktplatz für Ideen, stärkten neue soziale und politische Bewegungen und boten Milliarden von Menschen Zugang zu Wissen. Die Harmonisierung demokratischer Werte und der Ausbau digitaler Medienprodukte verlief beinahe Hand in Hand.

Doch die Zeiten haben sich geändert. Obwohl seitdem nur ein Jahrzehnt vergangen ist, hat sich die Rolle der Big-Tech-Unternehmen in der Welt gewandelt. Das einstige Versprechen der digitalen Medien, nämlich die Macht zu dezentralisieren, wurde inzwischen von einem Geschäftsmodell überholt, das das Gegenteil bewirkt. Die Plattformen der Big-Tech-Unternehmen beherrschen heute die globalen Informationsmärkte in einer Weise, die früher unvorstellbar gewesen wäre. Das Ergebnis ist eine schwerwiegende Verzerrung der Realitäten im öffentlichen Raum, die eine Flut algorithmisch überladener Hassreden, Desinformationen und Verschwörungstheorien ausgelöst hat. Diese Entwicklung schadet jeder Demokratie und vergrößert sämtliche bereits bestehenden gesellschaftlichen, politischen und wirtschaftlichen Verwerfungen. Im Endeffekt ist der »Überwachungskapitalismus« inzwischen ebenso eine Bedrohung für die Freiheit des Internets wie der »Überwachungsstaat«.

Das wirft die Frage nach der Ausgestaltung der transatlantischen Außenpolitik gegenüber der Tech-Branche auf. Wir sollten auch weiterhin das Recht der uneingeschränkten Meinungsfreiheit sichern und dürfen den Schutz der Bürger:innen vor staatlicher Überwachung und Zensur nicht antasten. Aber wir müssen noch mehr tun. So wie wir die Menschen vor Big Brother schützen wollen, müssen wir sie auch vor Big Tech schützen. Gebündelte wirtschaftliche Interessen stellen eine andere Art der Bedrohung für die Demokratie dar als autoritäre Regime, aber es bleibt eine Bedrohung. Die Überwachungsstaaten haben sich die Macht des Überwachungskapitalismus im Rahmen einer unheiligen Allianz sozialer Kontrolle und Unterdrückung längst zu eigen gemacht.

Was wir jetzt brauchen, ist eine neue Doktrin der Freiheit des Internets – um die Macht von Big Brother und Big Tech einzuschränken und Marktanreize an den Werten freier Märkte und der Demokratie neu auszurichten.

Armin Nassehi

Digitale Demokratie
Wie technische Entwicklung den demokratischen Rechtsstaat
herausfordert

Demokratische Formen der politischen Entscheidungsfindung,
der Herstellung kollektiv bindender Entscheidungen und des
Diskurses zwischen politischen Alternativen sind auf politische
Öffentlichkeiten angewiesen, also auf eine Arena, in der geradezu
erwartet wird, dass Geltungsansprüchen mit Kritik begegnet wird.
Solche Öffentlichkeiten sind stets auf Vermittlungsformen angewiesen, also explizit auf die Herstellung von Verbreitungsmöglich-
keiten für Kommunikation und möglichst niedrigschwellige Formen des Zugangs. Das Prinzip der Demokratie konnte sich erst
etablieren, als solche Räume der Erreichbarkeit hergestellt waren
und wenigstens ein Mindestmaß an Pluralität und der Repräsentation gesellschaftlicher Perspektiven und Interessen gewährleistet
war. Es lässt sich ex negativo gut beobachten: Nichtdemokratische
politische Regime und Staatsformen kann man letztlich am besten
daran erkennen, ob sie diese Arena der Erreichbarkeit und der Kritik unangemessen einzuschränken versuchen oder nicht. Selbst
wenn die Inszenierung von Wahlen oder die Gewährung einer gewissen Kandidaten- und Parteienvielfalt vorliegt, lässt sich von
einer Demokratie im engeren Sinne nur sprechen, wenn eine Öffentlichkeit vorausgesetzt werden kann, in der die Gesellschaft wie
eine Arena inszeniert werden kann.

Selbstverständlich ist diese Arena nicht die Gesellschaft, zumal
die meisten Entscheidungen innerhalb der Gesellschaft sich dem
Zugriff demokratisierbarer Entscheidungsformen entziehen –
etwa religiöse und ästhetische Entscheidungen oder auch unter-
nehmerisches und wissenschaftliches Handeln und die meisten

privaten Entscheidungen über die Lebensführung. Aber alles, was politisch wird, also auf kollektiv bindendes Entscheiden abzielt, muss Gegenstand solcher Arenen sein können, und das heißt, dass zu einer demokratischen Kultur auch gehört, dass nicht demokratisierbare Entscheidungen Gegenstand einer öffentlichen Debatte mit Geltungsanspruch sein können und damit kritisierbar werden. Man denke etwa an die Kunstkritik, an öffentliche Debatten über religiöse oder moralische Fragen, über angemessene Lebensführung etc.

All das ist bekannt – und muss doch erwähnt werden, wenn das Besondere digitaler Medien im Hinblick auf Öffentlichkeiten in den Blick genommen werden soll. Klassische moderne Öffentlichkeiten hatten es mit Medien zu tun, deren Anbieterzahl begrenzt war, die aber eine große Menge von Menschen erreichten. Wahrscheinlich wäre so etwas wie eine nationalstaatliche Form der Öffentlichkeit ohne die Zeitung, später verstärkt durch elektronische Medien wie Rundfunk und Fernsehen, niemals entstanden. Schon die technischen Gegebenheiten schränkten die Zahl der Anbieter ein, die aber viele Adressaten erreichen mussten. So sind nicht nur nationale, sondern auch regionale Öffentlichkeiten entstanden, die aber in der Regel im Horizont nationaler Öffentlichkeiten standen und stehen. Mit der Digitalisierung der Medien entstanden neue Möglichkeiten, die vor allem zwei Effekte hatten: *Zum einen* drängt schon aufgrund der Veränderung der Grenzkosten eine erheblich größere Anzahl von Anbietern auf den Markt. Diesen ist es leichter möglich, potenzielle Rezipienten zu erreichen, und die Produktionsvoraussetzungen diversifizieren sich. *Zum anderen* bietet die digitale Medientechnik die Möglichkeit, allein unidirektionale Formen der medialen Kommunikation durch bidirektionale Formen zu ergänzen. Die Unterscheidung in Sender und Empfänger verschwimmt, so dass eine völlig neue Medienlandschaft entsteht, die zugleich den Zuschnitt der (politischen) Öffentlichkeit verändert.

Mit der Einführung des Internets verbanden sich weitreichende Erwartungen an einen demokratisierenden Effekt dieses neuen Mediums. Es sollte einerseits in der Lage sein, Partizipationschancen zu erhöhen, andererseits den Zugang zu Informationen, zu Datenbanken usw. erheblich erleichtern, und schließlich sollte das Netz gerade durch die Individualisierung von Suchstrategien eine Art Empowerment einzelner Akteure bewirken und sie in die Lage versetzen, ein auf sie zugeschnittenes Informationsmanagement zu entwickeln. Auch wenn man nach einigen Jahrzehnten feststellen muss, dass solche Erwartungen geradezu naiv waren, haben sich viele dennoch erfüllt. Man kann kaum leugnen, dass die Welt transparenter, der Zugang zu versteckten Informationen leichter geworden ist und die Rekombination von Informationselementen die Form des Wissens verändert hat. Allerdings hat das andererseits die klassische Funktion von Massenmedien eingeschränkt, nämlich so etwas wie eine gemeinsame Wirklichkeit beziehungsweise Öffentlichkeit herzustellen, in der die politische Auseinandersetzung stattfindet.

Demokratische Politik ist geprägt von einem Machtkreislauf, der die Paradoxie der Demokratie einhegen kann. Diese Paradoxie besteht darin, dass Herrscher und Beherrschte in eins fallen – politische Herrschaft bekommt ihre Legitimation durch Wahlen und muss die Effizienz des eigenen Handelns in diesem Machtkreislauf an ihren Auswirkungen testen. Die Form, in der dies geschieht, ist üblicherweise die Öffentlichkeit. Die sichtbarste »Störung« durch digitalisierte Medien ist in diesem Zusammenhang ohne Zweifel die radikale Beschleunigung des kommunikativen Geschehens sowie eine Neubestimmung jener Gatekeeper, die zuvor einerseits für Qualitätsstandards sorgten, andererseits auch für eine interne Strukturierung von Debatten. Das war nicht das Ergebnis zentralistischer Regulierung, sondern eines Anbietermarktes, dessen innere Diversifizierung sowohl politischen als auch milieuspezifischen Differenzierungen folgte – und diese als spezifische Adressen auch mit hervorgebracht hat. Die digitalisierte Öffentlichkeit ist in diesem Sinne erheblich differenzierter und weniger übersichtlich, zugleich sinkt die soziale Kontrolle bei der Auswahl der Themen und vor allem bezüglich des Tons. Nicht dass auch die klassischen modernen Medien Konflikte anheizen, zur Radikalisierung beitragen und gerade im Boulevardbereich der Simplifizierung von Debatten Vorschub leisten, aber das geschah schon aus strukturellen Gründen in überschaubarer Form.

Die politische und rechtliche Regulierung klassischer Medien folgt einem relativ einfachen Modell. Da die Zuordnung der Kommunikation eindeutig möglich ist und die meisten Medienangebote von professionellen Anbietern gestaltet werden, folgt auch die Regulierung einem Modell, das wenig Zuordnungsprobleme hat. Im eher privatwirtschaftlichen Medienbereich erfolgt die Regulierung vor allem im Hinblick auf die Einhaltung von gesetzlichen Vorschriften sowohl im redaktionellen als auch im werblichen Segment. Bei öffentlich-rechtlichen Angeboten kommt die Überwachung des gesetzlichen Auftrags durch Gremien hinzu, die ein Idealbild gesellschaftlicher Akteure darstellen – von Parteien über Spitzenverbände und Pressure-Groups bis hin zu Kirchen und Wissenschaft. Solche Regulierung, die umstritten sein mag, ist gewissermaßen das Äquivalent zu den Gatekeepern, die sich in den Redaktionen um ein angemessen plurales Angebot zu kümmern hatten.

In der digitalisierten Medienwelt und Öffentlichkeit sind Phänomene hinzugekommen, die sich dieser einfachen Regulierbarkeit entziehen. Das liegt daran, dass das Geschäftsmodell der großen Medienplattformen eine neue Währung kennt, die zuvor keine Rolle spielte, nämlich Daten. Sieht man sich etwa Soziale Medien wie Facebook, Twitter oder Instagram an oder auch Suchmaschinen wie Google und Messenger-Dienste, so fällt auf, dass die sichtbaren Dienste unsichtbare Folgen haben. Für den Nutzer und für die Öffentlichkeit sehen diese Dienste aus wie Kommunikationsdienste mit unterschiedlichen Strukturen. Aber anders als bei einem Verlag, einer Rundfunkanstalt oder einer Redaktion basiert das Geschäftsmodell gar nicht auf Inhalten. Die Inhalte beziehungsweise das, was Nutzer unmittelbar sehen – die sichtbare Oberfläche der Dienste –, ist nur Mittel zum Zweck, und dieser Zweck ist das Sammeln strukturierter Daten, mit denen sich weitere ökonomische (und womöglich auch politische und forensische) Wertschöpfungsketten gestalten lassen. Das wirklich Neue an diesen Medien ist, dass das, was hier als Folge für die politische Öffentlichkeit diskutiert werden kann – die bidirektionale Form der Kommunikation, die Diversifizierung von Sendern und Empfängern, die Beschleunigung und die Erhitzung von Debatten –, gewissermaßen nur die Nebenfolge des Geschäftsmodells ist.

Dies hat erhebliche Konsequenzen für die Regulierbarkeit und Kontrolle, aber auch die politische Gestaltbarkeit dieses öffentlichkeitsrelevanten Bereichs. Schon das hohe Rechtsgut der informationellen Selbstbestimmung gerät unter die Räder – und zwar weniger aus rechtlichen als vielmehr aus technischen Gründen. Das Geschäftsmodell der Social-Media-Plattformen lebt ja gerade davon, dass die Relevanz von Informationen gar nicht unmittelbar durch die Anwender entsteht, sondern erst durch die nachträgliche Rekombination von Daten und durch die Mustererkennung in aggregierten und kombinierten Datensätzen. Dazu kommt noch die durch Algorithmen auf der Basis dieser rekombinierten Daten mitgesteuerte Strukturierung von Aufmerksamkeit, die dann gewissermaßen eine Zwitterstellung zwischen den Algorithmen und einem redaktionell verantwortlichen Akteur einnehmen. Daraus folgen Möglichkeiten eines Kontrollüberschusses durch ökonomische, politische, auch forensische Wertschöpfungsmöglichkeiten, für die es derzeit weder Regeln noch klare rechtliche Vorgaben gibt.

Hier stellt sich die Frage, wie die Folgen einer solchen Konstellation rechtlich und politisch bearbeitet werden können. Sie stellt sich zum einen im Hinblick auf die Auswirkungen einer mediatisierten politischen Öffentlichkeit, da etwa durch das Eingreifen in Wahlkämpfe und allgemein durch die Beeinflussung von Meinungen mit technisch-algorithmischen Mitteln undurchsichtige Verhältnisse entstehen können. Einer größeren Öffentlichkeit ist dies im Fall von Cambridge Analytica vor Augen geführt worden. Das allein ist schon eine enorme Herausforderung für demokratische Staaten. Andererseits ist die Verarbeitung von Daten, die nicht für den konkreten Zweck erhoben worden sind, Grundlage verschiedenster Geschäftsmodelle, aber auch innovativer Technologien, die aus dem modernen Alltag kaum noch wegzudenken sind.

Man könnte über die Sorglosigkeit erstaunt sein, mit der durch weit verbreitete Alltagspraktiken wie Zahlungsverkehr, Teilnahme am Straßenverkehr, Nutzung von Smartphones, Genehmigung von Cookies zur vereinfachten Nutzung von Websites und Apps usw. eine Unmenge von personenbezogenen Daten hinterlassen wird. Das ist eine deutliche Bestätigung der techniksoziologischen Einsicht, die da lautet, dass sich Technik dann durchsetzt, wenn sie funktioniert, und zwar so gut funktioniert, dass sie Teil des alltäglichen Habitus wird. Gerade die Schnittstellen zwischen dem Netz und der alltäglichen Praxis, zwischen menschlichen Bedürfnissen und technischen Rahmenbedingungen erweisen sich inzwischen als derart unkompliziert, dass im Alltag nur noch die technischen Oberflächen in Erscheinung treten und die wirklichen Prozesse verborgen bleiben.

Wo es um den digitalen Kontrollüberschuss geht, etwa durch autoritäre Formen der Überwachung, aber auch durch ökonomische Formen der Einflussnahme, ist diese Unsichtbarkeit ein Vorteil, im Hinblick auf die Regulierbarkeit solcher Techniken und ihre politischen und ökonomischen Folgen ist dies ein Nachteil. In diesem Spannungsfeld bewegt sich die Frage nach der Regulierung solcher medialer Formen, für die die klassischen Modelle, die wie »Rundfunkräte« aussehen, nicht mehr ausreichen. Wahrscheinlich müssen hier von staatlicher Seite zur Supervision der Prozesse auch technische Möglichkeiten eingesetzt werden.

Es sind vor allem Nordamerika und Europa gefragt, die einerseits die Chancen und Potenziale der genannten Techniken für ökonomische Geschäftsmodelle und für entsprechende Innovationen stärken, andererseits aber die Folgen solcher Praktiken für den Machtkreislauf des politischen Systems im Blick haben müssen. Zwischen den beiden Räumen gibt es durchaus Unterschiede – etwa im Umgang mit der Meinungsfreiheit, die im US-amerikanischen Raum anders ist als beispielsweise in Zentraleuropa. Diese Unterschiede stehen der internationalen Zusammenarbeit aber nicht im Weg, bei der es um die Frage der Zugriffsmöglichkeit auf die entsprechenden Prozesse und die Erarbeitung entsprechender Standards geht. Dass die Probleme schon damit beginnen, dass es eine Konkurrenz um die möglichst niedrige Besteuerung solcher Plattformen gibt, lässt erahnen, wie elementar dieser Diskurs noch zu führen ist.

Er geht weit hinaus über operative Fragen der rechtlichen Regulierbarkeit, des steuerpolitischen Umgangs mit global agierenden Unternehmen, der Kapitalkonzentration um den Rohstoff »Daten« und die technologische Kompetenz der Detektion all dieser Praktiken. Es sind auch die erheblichen Folgen für innerstaatliche und globale Öffentlichkeiten zu beachten, die vom digitalen Mediensystem ausgehen. Hier verbietet sich, nur eine Seite der Medaille zu betrachten – in jeglicher Hinsicht. Am Beispiel der Erstürmung des Kapitols in Washington, D.C., lassen sich die Ambivalenzen leicht deutlich machen. *Einerseits* ist die Erstürmung des Kapitols erst durch die Emotionalisierung und Radikalisierung der Massen über die entsprechenden Medien möglich geworden. Wer jemals entsprechende Foren beobachtet hat, konnte verfolgen, wie dort mit einer Art Selbstverstärkungsdynamik bei extrem niedriger Schwelle Verschwörungstheorien, Strategien, Gerüchte und Lügen verbreitet werden. Die zeitliche Dimension, die langsame

Gewöhnung an die Verschiebung von Begriffen, nicht zuletzt die Herstellung von Gruppenkohäsion tun ein Übriges. *Andererseits* waren es gerade die Techniken der digitalen Beobachtung, mit denen die ganze Monströsität dieses Ereignisses protokolliert werden und Transparenz hergestellt werden konnte. Das mit dem Netz verbundene Smartphone ist gewissermaßen ein Symbol für die doppelte Funktion der Teilnahme an und der Einordnung von solchen Ereignissen.

Schon an diesem einen Beispiel wird deutlich, welch schwierige Aufgabe die Regulierung solcher Wechselwirkungen ist im Vergleich zur Regulierung von klassischen Anbietermärkten. Das klassische Regulierungsmodell in Europa war wohl die Regulierung der Montanindustrie nach dem Zweiten Weltkrieg, später vielleicht noch die ökologisch motivierte Regulierung von Produktionsformen. Nach diesem Modell lässt sich die Regulierung digitaler Medien kaum bewerkstelligen, weil die Akteurskonstellationen erheblich komplexer geworden sind und die Regulierung zwei gegenläufigen Strömungen gerecht werden muss, denn sie muss einerseits unerwünschte Folgen und Nebenfolgen eindämmen und andererseits die Potenziale neuer Technologien oder neuer medialer Praxis fördern. Diese Frage ist eine Frage an den gesamten transatlantischen Raum, eine besondere Herausforderung an den liberalen Rechtsstaat, der sich neuen technologischen Gegebenheiten stellen muss.

ALLES GLAUBENSSACHE?

Vom Verhältnis von Demokratie und Religion

Hans Joas

Einladen, nicht ausgrenzen
Religion und demokratischer Wertekonsens

In den leidenschaftlichen Debatten über Religion und Politik, die seit mehr als zwanzig Jahren, besonders aber seit den terroristischen Anschlägen vom 11. September 2001, in der Öffentlichkeit vieler westlicher Länder geführt werden, lässt sich eine leichte Ermüdung einerseits, eine spannende Verschiebung der Problematik andererseits feststellen. Die Ermüdung ergibt sich daraus, dass die Argumente für und wider die sogenannte Säkularisierungsthese nun oft genug ausgetauscht wurden und sich eine Art Konsens abzuzeichnen beginnt. Allen beteiligten Seiten scheint klar zu sein, dass die Tendenzen zu einer Schwächung der Religion in den meisten europäischen Gesellschaften keineswegs zum Stillstand gekommen sind. Es hat sich aber auch gezeigt, dass viele langgehegte Vorstellungen über die Ursachen und Folgen solcher »Säkularisierung« unhaltbar und die Prozesse komplexer sind, als lange vermutet wurde. Auch diejenigen, die annehmen, dass es schlicht die »Modernisierung« selbst sei, die die Religionen zum Rückzug treibe, sehen immer deutlicher, dass unter Modernisierung vieles Unterschiedliche verstanden wird und es durchaus nicht einfach ist, die Zusammenhänge zwischen den verschiedenen Bestandteilen aufzuklären. Konkreter gesagt: Wie genau hängen eigentlich wissenschaftlich-technischer Fortschritt, wirtschaftliches Wachstum und Stabilität von Demokratie zusammen, und was in diesem Zusammenhang wirkt sich wie auf die Glaubwürdigkeit von Religion und die institutionelle Stabilität von Religionsgemeinschaften aus? In einer zunehmend globalisierten Welt genügt es zudem immer weniger, nach diesen Zusammenhängen nur im Rahmen eines einzelnen Landes wie Deutschland oder nur unter Bezug auf Europa oder den Westen zu fragen, und das macht die Sache nicht einfacher.

Wenn also Säkularisierung in Europa weiter voranschreitet, die bisherigen Erklärungen aber immer weniger plausibel erscheinen, dann entsteht der Bedarf an einer alternativen Erklärung. Eine solche liegt dort vor, wo die Politik ins Blickfeld der Religionsforschung tritt. Vor allem aus historischen Untersuchungen hat sich immer deutlicher herausgeschält, dass wir uns Säkularisierung nicht einfach als Folge von wissenschaftlichem Fortschritt oder größerem Wohlstand erklären können. Um die beträchtlichen Unterschiede zwischen verschiedenen Ländern oder sogar Regionen ein und desselben Staates zu begreifen, müssen wir historisch auf die Haltungen von Kirchen und anderen religiösen Gemeinschaften zu den zentralen Fragen der jeweiligen Zeit blicken: die nationale Frage etwa, wo und wann es um die politische Unabhängigkeit bestimmter Gebiete oder Ethnien ging; die soziale Frage besonders in Zeiten großer neuer Klassenbildungen und Umschichtungen; die demokratische Frage, die Rechte der Individuen und die Fragen des religiösen Pluralismus etwa unter den Bedingungen starker Individualisierung oder neuer Migration. Weiterhin sind die in den großen religionspolitischen Konflikten entstandenen institutionellen Arrangements von Staat, Wirtschaft und Religionsgemeinschaften für Gegenwart und Zukunft von Religion zentral. All die Wirkungen ökonomischer Prozesse, wissenschaftlicher oder kultureller Veränderungen auf Religion, die gerne zur Erklärung von Säkularisierung herangezogen werden, wirken nicht – so diese alternative Erklärung – ohne Vermittlung durch solche politischen Spannungsfelder auf die Menschen ein. Menschen gehen in der Regel nicht die Details der Glaubenslehren durch, um sich für oder gegen eine Religion zu entscheiden, sondern werden von ganzheitlichen Eindrücken geleitet, die für ihre Entscheidungen ausschlaggebend sind. Natürlich heißt das nicht, dass in Wirklichkeit alles nur Politik und deshalb Religion bloß die Verhüllung »materieller« Interessen sei. Aber Menschen können ihre spirituellen und religiösen Antriebe und Suchimpulse auf sehr verschiedenen Wegen verfolgen, und für die Entscheidung pro oder contra sind meist auch politische Motive wichtig.

Hier liegt nun die spannende Verschiebung der Fragestellung in letzter Zeit. Wenn die Vorstellung, die Welt gehe insgesamt einer Zukunft ohne Religion entgegen, nicht länger glaubhaft erscheint, mögen manche Gläubige dies als tröstliche Botschaft empfinden. Anderen dagegen, vor allem Nichtgläubigen, wird dieselbe Aussicht Sorge bereiten. Beide Seiten aber werden fragen, was die Zukunft der Religion für die Zukunft der Demokratie bedeutet. Auch unter den Gläubigen wird niemand der Religion als solcher ein demokratieförderndes Potenzial zusprechen – einzelnen Glaubensrichtungen vielleicht sehr wohl, aber gewiss nicht allen. Einer solchen pauschalen Behauptung von der Rolle der Religion in der Demokratie stünden in der Tat zu viele historische Beispiele entgegen. Und bei den Nichtgläubigen wird erst recht gefragt werden, ob es überhaupt unter den Religionen Ausnahmen gibt oder ob sie alle nur durch strikte institutionelle Einhegung an der Tendenz zur undemokratischen Dominanz über alle Staatsbürger gehindert werden können. Die drängende Frage ist dann nicht mehr, ob Religion noch Zukunft hat, sondern was die Religionen für die Zukunft der politischen Freiheit bedeuten.

In vielen Köpfen steckt, was diese Frage betrifft, bis heute eine bestimmte Geschichtserzählung, die eine Art *Kontinuität* zwischen dem protestantischen Christentum und der »neuzeitlichen« politischen Freiheit behauptet. Ihre klassische Gestalt hat sie in der Geschichtsphilosophie Hegels in den 1820er Jahren angenommen, aber ihre prägende Wirkung hat sie auch bei vielen entfaltet, die nie eine Zeile des berüchtigt schwierigen Philosophen gelesen haben. In simplifizierter Form erscheint dort die Geschichte der Religion als eine, die auf die Hervorbringung einer höchsten Form hin angelegt ist, nämlich das Christentum. Die Geschichte des Christentums wiederum wird ähnlich teleologisch gedacht als eine, die in einer höchsten Form, nämlich dem Protestantismus, gipfelt. Mit der Reformation habe ein schon beim Apostel Paulus zu findender Freiheitsgedanke seinen konsequenten Ausdruck gefunden. Damit aber sei »die Fahne des freien Geistes« (Hegel) aufgetan worden, die nun in alle Institutionen hineingetragen werden müsse, möglichst aber ohne das Chaos und den Terror der Revolution, sondern durch ruhige Reformen, wie der preußische Staat sie nach der Niederlage gegen Napoleon und nach der Befreiung von seiner Oberherrschaft vorgenommen habe. Seit 1945 werden in der entsprechenden Tradition die preußischen Reformen nicht mehr als hinreichend betrachtet. Nun wird diese Geschichtserzählung in den Staat des Grundgesetzes hinein verlängert.

Es ist hier nicht der Ort, um die Mängel dieser Geschichtserzählung im Einzelnen aufzudecken und ausführlich die immer schon erhobenen Einwände und Gegenpositionen zu referieren (das habe ich getan in meinem Buch *Im Bannkreis der Freiheit*). Ich beschränke mich an dieser Stelle darauf, die oft unbewusst wirksame, aber höchst waghalsige Geschichtserzählung in zwei Hinsichten zu relativieren. Die eine bezieht sich auf eine spezifische Erfahrung des 20. Jahrhunderts, nämlich die des Zusammenbruchs einer Demokratie, die andere auf die Notwendigkeit einer Berücksichtigung der Globalgeschichte, etwa den Islam. Aus beiden Überlegungen ziehe ich den praktischen Schluss, dass die Ausgrenzung des Gegners eine Gefahr sein kann, der Demokraten entgegenzutreten haben.

Weder bei Hegel und dem gesamten Kulturprotestantismus noch bei Marx und seinen Anhängern mit ihren Forderungen nach einer radikalen *Diskontinuität* zwischen der zu erreichenden utopischen politischen Freiheit und dem Christentum – bei keinem von diesen wird an die Gefahr einer Rücknahme der schon erreichten Freiheit, an die Möglichkeit eines Zusammenbruchs der erreichten politischen Freiheitsordnung gedacht. Anders war die Lage in Frankreich, vielleicht wegen seiner häufigen radikalen politischen Umbrüche. Ich sehe sowohl das politische Denken Alexis de Tocquevilles wie das von Émile Durkheim als höchst sensibel für die Frage, ob aus freiheitlich-demokratischen Ordnungen heraus eigene Formen der Bedrohung dieser Ordnung und ihres Übergangs in neue Tyrannei denkbar sind. Dies ist eine Frage, die gerade in Deutschland nicht verdrängt werden sollte – in einem Land, in dem 1933 nicht nur die Demokratie der Weimarer Republik zusammenbrach, sondern sogar noch all das unterschritten wurde, was bereits vor 1918 an Rechtsstaatlichkeit errungen worden war. Wir sind in Deutschland daran gewöhnt, diesen katastrophalen Niedergang auf die Schwäche einer Demokratie ohne Demokraten, einer Republik ohne Republikaner zurückzuführen, aber das tut vielen Demokraten und Republikanern unrecht und reicht als Erklärung nicht aus.

Das ist der Punkt, an dem hier die Religionen oder säkulare Formen eines Wertekonsenses ins Spiel kommen. Tocqueville sprach von der Gläubigkeit, die nötig sei, um eine Ordnung politischer Freiheit auf Dauer zu gewährleisten, und der militante Laizist Émile Durkheim fragte nach den Möglichkeiten, die universale Menschenwürde – die »Sakralität« des Individuums oder der Person – nicht nur gedanklich zu durchdringen, sondern sie in den Institutionen des Staates sowie in kollektiven Praktiken umfassend als eine neue »religion de l'humanité« zu verankern. In den USA wurde diese Frage in den langen Jahren der Weltwirtschaftskrise verstärkt erörtert, und in der Bundesrepublik Deutschland haben seit den 1960er Jahren einige Sätze des bedeutenden Verfassungsrechtlers Ernst-Wolfgang Böckenförde den Charakter eines Leitmotivs in den entsprechenden öffentlichen Debatten angenommen. Sie geben eigentlich keine Antwort auf die sich hier stellende Frage – und eine definitive Antwort auf sie kann es auch nicht geben. Für mich folgt hieraus, dass es entscheidend ist, das Problem zu erkennen: Die Institutionen des freiheitlich-demokratischen Staates sind nach Böckenförde nicht als solche und aus sich heraus stabil, sondern nur dann, wenn sich die Freiheit, die dieser Staat »seinen Bürgern gewährt, von innen her, aus der moralischen Substanz der einzelnen und der Homogenität der Gesellschaft, reguliert«. Das heißt aber, dass für die Bildung der Motive, die zur Stabilisierung staatlicher Institutionen nötig sind, größtmögliche Freiheit gegeben werden muss. »Rechtszwang« und »autoritatives Gebot« können, so Böckenförde weiter, dieses Ziel nicht erreichen. Damit wird aber nicht behauptet, dass diese keinerlei Rolle zu spielen hätten. Wo sie aber, etwa aus Sicherheitsgründen, unvermeidlich sind, wird in Prozesse eingegriffen, aus denen dann auch andere als die beabsichtigten Wirkungen entstehen. Der Versuchung, mit staatlichen Mitteln Werte durchzusetzen, ist deshalb in der Regel zu widerstehen. Gefordert ist vielmehr der Einsatz in den intellektuellen, kulturellen, religiösen Foren und Gemeinschaften selbst – der Einsatz nicht »des Staates«, sondern der Vielzahl von Akteuren, die den Schutz der gemeinsamen Freiheit für wichtig erachten. Das ist der Sinn von Regelungen, die in den Hochschulen die Freiheit von Forschung und Lehre garantieren, im Schulwesen autonome Träger wie die Kirchen zulassen oder den Religionsunterricht in deren Verantwortung, in kulturellen Institutionen oder Rundfunk und Fernsehen öffentliche Finanzierung mit hoher gesellschaftlich regulierter Autonomie verbinden. Daraus folgen allerdings Verpflichtungen des Staates und der Bürger, den freien Austausch und den Meinungspluralismus auch gegen immer wieder aufkommende interne Homogenisierungsbestrebungen zu schützen. Ein Problem kann auch dort vorliegen, wo im politischen Meinungskampf bestimmte Gegner sogar dann, wenn es ihrem Selbstverständnis widerspricht, zu Nichtdemokraten erklärt und ausgegrenzt werden. Das haben in Deutschland in der Vergangenheit Linke und Grüne erfahren; heute betrifft es eher Rechtsstehende.

Die Demokratie kann eben von vielen Seiten gefährdet sein, von der staatlichen Macht, aber auch von den Bürgern selbst, von tatsächlichen Gegnern der Demokratie, aber auch von denen, die sich anmaßen, das zulässige Meinungsspektrum zu definieren. Sie ist nie garantiert und sollte deshalb auch nicht als unvermeidliches Ziel der Geschichte aufgefasst werden. Mit dieser These wird nicht einem geringeren Engagement für die Demokratie das Wort geredet, wohl aber einer skeptischen Distanz »zu missionarischem Eifer und einer Werteseligkeit, die die Wirklichkeit allzu leicht ausblendet und so das politisch Mögliche verfehlen lässt« (Heinrich Meier).

Es war davon die Rede, dass in Hegels Geschichtserzählung eine enorme, ja teils sogar groteske Abwertung nichtchristlicher Religionen und auch nichtprotestantischer Formen des Christentums eingebaut war. Auch heute wird der mögliche Zusammenhang christlicher Traditionen mit dem »Geist« des Grundgesetzes oft nicht »einladend«, sondern »ausgrenzend« vorgetragen; dies geschieht vor allem in der Islamfeindlichkeit der politischen Rechten. Wer diesen Zusammenhang einseitig behauptet, muss sich ohnehin fragen lassen, warum dann so viele nichtfreiheitliche politische Ordnungen ebenfalls eine christliche Rechtfertigung finden konnten – das reicht von der Anfälligkeit vieler Christen für Faschismus und Nationalsozialismus im 20. Jahrhundert bis hin zu dem, was wohl allen Zeitgenossen als krassester Verstoß gegen die universale Menschenwürde erscheint, nämlich die Sklaverei, den Handel mit Menschen, ihren Einsatz ohne jede Selbstbestimmung über ihren Körper, das Zerreißen ihrer Familien, die Grausamkeit ihrer Bestrafung. An dieser Stelle ist mir aber noch wichtiger als die schönfärberische Tendenz hinsichtlich der Geschichte des Christentums die in diesem Gedankengang steckende Ignoranz gegenüber nichtchristlichen Formen eines Menschheitsethos, religiösen und nichtreligiösen. Von einer ernsthaften Bereitschaft zur Öffnung gegenüber konfuzianischen, buddhistischen oder islamischen Traditionen kann dann meist keine Rede sein. Die Allgemeine Erklärung der Menschenrechte von 1948 erklärte die Menschenrechte gerade nicht zum Produkt einer bestimmten Kultur oder zur Ableitung aus einer bestimmten Religion. Hätte sie das getan, hätte sie deren Ablehnung durch andere erleichtert. In der polnischen Verfassung werden in besonders geglückten Formulierungen Werte als leitend hervorgehoben, denen verschiedene Menschen aus verschiedenen religiösen oder nichtreligiösen Gründen zustimmen können. Für Deutschland ist und bleibt zudem eine Art negativer Sakralität konstitutiv – die emotional tief verankerte Einsicht, dass mit dem Holocaust ein schlechthin Böses verübt wurde und alles getan werden muss, um nie wieder solches in Deutschland oder von Deutschland aus geschehen zu lassen. Grundsätzlich also ist in dieser Ordnung willkommen, wer diese Grundorientierung teilt. Von diesem Konsens geht dann auch ein Stachel zur Besinnung auf mögliche Schattenseiten der religiösen Tradition aus, etwa des in das Christentum lange Zeit tief eingelassenen Anti-Judaismus, ebenso aber tradierter ungerechter negativer Sichtweisen auf den Islam.

Beide Gesichtspunkte zusammen, nimmt man sie ernst, machen jede leichte Vorstellung vom Zusammenhang von Religion und Politik unmöglich. Es hilft weder, *die* Religion als Stütze der Demokratie, noch, sie als Gefahr für diese anzusehen. Noch nicht einmal für eine bestimmte Religion, *das* Christentum oder *den* Islam, sind solche pauschalen Aussagen möglich. In der Religion wie in der Politik haben wir es mit Menschen zu tun, Individuen und Kollektiven, Bewegungen und Institutionen. Diese sind nie nur religiös oder nur politisch. Sie sind häufig beides und vieles mehr, und sie müssen in ihrer Lebensführung selbsttätig integrieren, was immer wieder auseinanderzulaufen droht. Dabei kommt es unvermeidlich zu Konflikten und gefährlichen Eskalationen, aber ebenso zu beeindruckenden Versöhnungen und Lernprozessen. Es gibt hier keinen archimedischen Punkt, von dem aus sich das Verhältnis definitiv bestimmen ließe, sondern nur die Beteiligung an Debatte und Kampf um das Selbstverständnis der Religionen und das Selbstverständnis der Demokratie. Demokratie erfordert dabei den Einsatz nicht nur für die eigenen politischen und religiösen (oder nichtreligiösen) Überzeugungen, sondern für die Freiheit der Andersdenkenden und Andersgläubigen.

Mouhanad Khorchide

Glaube an die Freiheit
Vom Beitrag des Islams für eine freiheitlich-demokratische
Grundordnung

Dass der Islam einen Beitrag zur freiheitlich-demokratischen
Grundordnung leisten kann, davon gehe ich aus. Das ist nicht
selbstverständlich, denn es herrscht weder in der Religionswissen-
schaft noch in der Theologie oder Politikwissenschaft Einigkeit
darüber, dass der Islam überhaupt mit freiheitlich-demokratischen
Werten vereinbar ist. Der Standpunkt hängt von der jeweiligen
Auslegung des Islams ab. Als Vertreter einer Freiheitstheologie des
Islams (einige sprechen von liberaler Theologie), die die Gott-
Mensch-Beziehung als Freiheitsbeziehung definiert, in der der
Mensch ein selbstbestimmtes Subjekt ist, verstehe ich den Islam
nicht als Gesetzesreligion, in der die Scharia als eine Art göttliche
Gesetzesordnung waltet, um möglichst alle Lebensbereiche religiös normativ im Sinne eines umfassenden juristischen Schemas
zu bestimmen. Auch verstehe ich die Gott-Mensch-Beziehung
nicht im Sinne der Unterwerfung. Die Freiheitstheologie definiert
den Islam vielmehr als Hingabe an einen dem Menschen bedingungslos zugewandten Gott. Das ist eine Haltung der Liebe, die der
Koran als den ontologischen Sinn der Schöpfung des Menschen
beschreibt: »Gott erschafft Menschen, die er liebt und die ihn lie-
ben« (Koran 5:54). Liebe als bedingungslose Zusage an den Gelieb-
ten setzt Freiheit voraus und entfaltet zugleich Freiheit. Sie setzt
Freiheit voraus, weil Liebe, damit sie Liebe ist, der Freiheit bedarf.
Und sie entfaltet Freiheit, weil eine bedingungslose Zusage dem
Gegenüber versichert, dass in ihm kein Mittel, sondern ein Selbstzweck gesehen wird. Auch will der Koran, wie ich ihn im Rahmen
einer islamischen Freiheitstheologie verstehe, weniger über Lehr-

sätze und juristische Regelungen informieren, sondern zur Liebe entzünden. Er macht aus seinen Rezipienten keine Objekte der Hörigkeit. Sie sind vielmehr Subjekte des Korans, die sich mit ihrer Lebenswirklichkeit in eine offene Kommunikation mit dem barmherzigen Gott einbringen und sich der Frage stellen, wie sie die Liebe, die sich in ihnen durch die Begegnung mit dem Koran entzündete, in ihrem jeweiligen Lebensentwurf verwirklichen können.

Liebe erfüllt keine Funktion, sie fragt nicht nach dem Warum, sie ist einfach bedingungslos. Sie wendet sich dem Gegenüber zu um seiner selbst willen. Dadurch wird dieses Gegenüber als Subjekt und keineswegs als Objekt funktionalisiert.

Freiheit bedeutet Selbstbestimmung, denn nur wer über sich selbst bestimmt, ist wirklich frei, wie schon Friedrich Schelling in seiner *Philosophie der Offenbarung* ausgeführt hat. Wenn aber grenzenlose und prinzipielle Offenheit die Bedingung für Selbstbestimmung darstellt, »so liegt die entsprechende Bestimmung dieser Selbstbestimmung in der Bejahung der Freiheit selbst«, schreibt Paulus Budi Kleden in *Christologie in Fragmenten*, das heißt, der erfüllende Inhalt der Freiheit kann kein anderer sein als die Freiheit selbst (um einen Gedanken von Hermann Krings anzuschließen). Nur in der Bejahung von Freiheit erfüllt sich Freiheit. Der Wille Gottes ist Wille zur Offenheit und damit zur Freiheit. Mit anderen Worten: Freiheit ist nur dort gegeben, wo sich der Wille öffnet, also etwas bejaht wird. Gott hat sich in Freiheit dem Menschen geöffnet und damit die Freiheit des Menschen bejaht. Würde Gott den Menschen in seiner Freiheit einschränken, würde dies die Freiheit Gottes selbst einschränken, denn Freiheit vollzieht sich, indem sie sich einer anderen Freiheit öffnet, sie zulässt, sie zum Freisein ermutigt.

Die Gott-Mensch-Beziehung ist daher eine Freiheitsbeziehung, in der sich beide Freiheiten komplementär zueinander verhalten und nicht in Konkurrenz zueinander stehen. Die bedingungslose Öffnung Gottes gegenüber dem Menschen ist der Inbegriff einer liebenden Barmherzigkeit, die sich für den Menschen entschieden hat und die ihn mit Mitteln der Liebe zu sich einlädt. Eine Freiheitstheologie fragt nicht, was Gott für sich beansprucht, sondern was er für den Menschen will. Beide Religionen, der Islam wie das Christentum, wie ich sie verstehe, verkünden einen Gott, der sich als Liebe und Barmherzigkeit offenbart hat; er will den freien, selbstbestimmten Menschen, und zwar bedingungslos. Die Antwort des Menschen auf diese bedingungslose Zusage Gottes besteht in der Annahme der Liebe Gottes. Diese Annahme verwirklicht sich in der bedingungslosen Zusage des Gegenübers. Religiosität, so verstanden, ist ein dialogischer Prozess, der sich in der zwischenmenschlichen Interaktion, in der Bejahung von Pluralität und Würdigung des anderen verwirklicht. Deren Hauptkriterium ist kein dogmatisches, sondern ein ethisches: Je mehr sich Liebe und Barmherzigkeit durch sein Handeln im gelebten Leben offenbaren, desto religiöser ist der Mensch. Religiosität ist somit ein Geschehen der Liebe aus Liebe und für die Liebe. Sie will sowohl das Vertrauen in Gott, die Demut vor Gott, das Ergriffensein von Gottes Liebe und das Berührtsein im Herzen von Gottes Zusage als auch den Einsatz des Menschen im gelebten Leben, sein Bemühen, den anderen Freude und Glück zu vermitteln, ihr Leid zu lindern, der Schöpfung gegenüber verantwortungsvoll zu handeln sowie bedingungslos für seine Mitmenschen da zu sein und ihr Recht auf Selbstbestimmung zu bejahen, zum Ausdruck bringen.

Dieser kurz skizzierte Ansatz einer Freiheitstheologie betrifft unmittelbar unsere ursprüngliche Frage nach dem Beitrag des Islams zu einer freiheitlich-demokratischen Grundordnung. Denn ein Islam im Sinne dieser Theologie vollzieht eine anthropologische Wende der Religion, in der der Mensch im Zentrum religiöser Reflexion steht, allerdings nicht der egoistische Mensch, sondern der verantwortungsvolle Mensch, der sich als freies und selbstbestimmtes Subjekt wahrnimmt. In dieser anthropologischen Wende sind Werte der Freiheit absolut und nicht verhandelbar. Das Christentum spricht hier vom Ebenbild Gottes und der Islam vom Kalifen. Beide Begriffe beschreiben den Menschen als freies Medium der Verwirklichung von Gottes Liebe und Barmherzigkeit. Er ist Gottes Statthalter auf Erden. Dies ist seine religiöse Bestimmung in beiden Religionen. So gesehen haben beide Religionen in ihrem Selbstverständnis einen politischen Auftrag, da sie an die Gläubigen den Anspruch stellen, ihren Lebensentwurf im Sinne der strukturellen und individuellen Umgestaltung der Gesellschaft zu definieren, um die Schöpfung möglichst als Selbstzweck zu befreien. Dies betrifft die soziale wie auch die geistige und politische Befreiung des Menschen von jeglicher Form der Bevormundung oder Unterdrückung, betrifft aber auch die Umwelt, die ebenfalls nicht als Zweck funktionalisiert wird, sondern als Selbstzweck bewahrt werden muss. Religiosität verwirklicht sich somit nicht allein in Moscheen, Kirchen und Synagogen, sondern vor allem im verantwortungsvollen Lebensentwurf im Sinne der Befreiung von jeglicher Form der »Verzweckung« der Schöpfung. Dadurch werden weder religiöse Rituale, wie Beten und Fasten, noch religiöse Orte oder Institutionen relativiert, sondern im Licht der Freiheit neu reflektiert. Ein Gebet ist zum Beispiel nicht lediglich die Erfüllung eines Gebots, um einer jenseitigen göttlichen Strafe zu entgehen beziehungsweise eine Belohnung zu erhalten, sondern steht im Lichte der Entfaltung von Spiritualität und zugleich der Selbsterkenntnis. Das Gebet ist eine transzendente Erfahrung, die das Ich überschreitet, um ins Gespräch mit dem Transzendenten zu kommen und sich selbst wie auch sein Leben und seine Welt aus dieser Perspektive zu reflektieren. Dies gilt auch für weitere religiöse Rituale. Sie sollen den Horizont des Individuums erweitern, es zur Empathie bewegen und die Liebe zu seinem Nächsten entzünden.

Die zwei Fragen, die sich nun stellen und auf die ich hier eingehen möchte, sind erstens: Unter welchen Rahmenbedingungen kann sich eine solche islamische Freiheitstheologie in unserer Gesellschaft etablieren, vor welchen Chancen und Herausforderungen stehen wir? Zweitens: Wo verläuft die Grenze zwischen einem konstruktiven politischen Beitrag des Islams in einer demokratischen Gesellschaft und einer missbräuchlichen Politisierung desselben?

Meine Antwort auf die erste Frage lautet: Unsere Gesellschaft muss dringend eine Abkehr vollziehen von der schleichenden und polarisierenden Identitätspolitik. Wenn von demokratischen Grundwerten die Rede ist, dann wird diesen oft eine bestimmte kulturelle Zugehörigkeit zugesprochen – sie seien europäische oder sogar westliche Werte, wird behauptet. Vom Islam wird erwartet, sich diese anzueignen. Durch diese Rhetorik werden zwei Sphären gegenübergestellt: auf der einen Seite europäische Werte und auf der anderen Seite der Islam. Dies erinnert an Samuel Huntingtons selbsterfüllende Prophezeiung eines Kulturkampfes zwischen dem Islam und dem Rest der Welt. Dieser Kampf wird von den verschiedenen Akteuren auf beiden Seiten durch die Verwendung einer polarisierenden Sprache konstruiert. Auch wenn Demokratie und Menschenrechte in einem bestimmten historischen Kontext entstanden sind, heißt das nicht, dass sie im Besitz einer bestimmten Kultur sind. Sie sind universale Werte, die uns allen zur Verfügung stehen.

Aber zurück zu Deutschland: Hier werden Muslime oft sowohl in der Fremd-, als auch in der Selbstzuschreibung als Angehörige einer religiösen Minderheit wahrgenommen und sind angehalten, sich die demokratischen Werte der Mehrheitsgesellschaft anzueignen. Auch diese konstruierte Trennlinie: Mehrheitsgesellschaft versus Minderheiten entlang religiöser Zugehörigkeit gehört zu einer Identitätspolitik, die polarisierende Grenzen und darüber hinaus ein Machtgefälle zwischen Mehrheit und Minderheit konstruiert. Davon profitieren Partikularisten auf beiden Seiten (wie religiöse Exklusivisten, Nationalisten, Rassisten und Islamisten). Für Rechtspopulisten ist der Islam an sich eine Gefahr. Sie sehen die europäische Identität durch eine vermeintliche Islamisierung stark gefährdet. Islamisten hingegen dient der Westen als Feindbild. Sie warnen vor der Identifizierung der Muslime mit Europa und dessen demokratischen Werten. Diese Identitätsfalle, in der der Islam und Europa als Feindbilder gegeneinander ausgespielt werden, rückt allmählich von den Rändern in die Mitte der Gesellschaft. Misstrauen und Vorurteile wachsen auf beiden Seiten und scheinen immer mehr die Beziehung zwischen Muslimen und Nichtmuslimen zu bestimmen. Der Soziologe Detlef Pollack kommt in seiner repräsentativen Studie zur religiösen Vielfalt in Europa vom September 2021 zu dem Ergebnis, dass 57,7 Prozent der Westdeutschen und 62,2 Prozent der Ostdeutschen islamkritisch eingestellt sind. Mit dem Islam verbinden die Deutschen vor allem Frauendiskriminierung (über 80 Prozent), Fanatismus (mehr als 70 Prozent) und Gewaltbereitschaft (über 60 Prozent). Lediglich 8,2 Prozent der Westdeutschen und 5,2 Prozent der Ostdeutschen halten den Islam für friedfertig. In einer anderen Studie zu türkeistämmigen Muslimen in Deutschland hält Pollack fest, dass etwa die Hälfte der befragten türkeistämmigen Muslim:innen sich über mangelnde Anerkennung beklagen: »Der Aussage ›Als Türkeistämmiger fühle ich mich als Bürger 2. Klasse‹ stimmen 51 % der Befragten ›stark‹ bzw. ›eher‹ zu. Dass der eigene Wille und persönliche Anstrengung manchmal nicht reichen, um ›dazuzugehören‹, weil generelle Inklusionsbarrieren auch seitens der Mehrheitsgesellschaft bestehen, meint ebenfalls etwa jeder zweite Befragte. 54 % stimmen der Aussage stark bzw. eher zu: ›Egal wie sehr ich mich anstrenge, ich werde nicht als Teil der deutschen Gesellschaft anerkannt.‹« Dieses Gefühl des Nichtdazugehörens geht allerdings laut der Studie nicht auf Diskriminierungserfahrungen der Befragten zurück: »Nur 24 % nehmen sich selbst als Angehörige einer Bevölkerungsgruppe wahr, die in irgendeiner Form diskriminiert wird.«

Diese durch Vorurteile und Ressentiments konstruierte Identitätsfalle stellt ein ernstes Hindernis dar für das Bemühen, sich dem jeweils anderen zu öffnen. Die Lösung besteht in der Schaffung einer Rhetorik sowie eines Narrativs von einem großen »Wir«. Hier können und sollten Religionen einen entscheidenden Beitrag leisten. Angehörige der verschiedenen Religionen sollten für eine Koalition der verschiedenen religiösen wie nichtreligiösen moralischen Universalien eintreten. Dazu gehört an erster Stelle die Anerkennung von Pluralität und Menschenwürde. Der Zusammenschluss von Universalisten gegen Partikularisten ist heute mehr gefragt denn je zuvor. Religiöse Menschen sind herausgefordert, die Liebeskräfte in sich freizusetzen.

Identitätspolitik vereinnahmt nicht nur demokratische Werte als westliche, sie leidet zugleich unter einem Vertrauensverlust vieler Menschen in der Welt. Wenn der Westen in Länder wie Irak oder Afghanistan einmarschiert, um sie zu demokratisieren und dort die Menschenrechte einzuführen, am Ende jedoch Krieg und Elend sowie korrupte Regime hinterlässt, dann wird der Anspruch des Westens, Vertreter der Demokratie in der Welt zu sein, unglaubwürdig. Der Westen hat dann ein Authentizitätsproblem, das nur durch ehrliche und aufrichtige Außenpolitik überwunden werden kann, die sich freiheitlich-demokratischen Grundwerten verpflichtet sieht – auch und gerade in den internationalen Entscheidungen und Interaktionen.

Wie das Christentum vertritt auch der Islam eine Sozialethik, nach der die Menschen unter anderem zur Bewahrung der Schöpfung, zur Solidarität mit den Armen und Bedürftigen, zum Einsatz für Gerechtigkeit und Gleichheit aufgerufen sind. Gerade das islamische Glaubensbekenntnis ist im Grunde ein Bekenntnis zur Freiheit. Der erste Satz dieses Bekenntnisses lautet: »Ich bezeuge, dass es keine andere Gottheit gibt, außer dem einen Gott.« Das islamische Glaubensbekenntnis beginnt also mit einer Negation. Es geht zuallererst darum, sich von allem zu befreien, was uns geistig, sozial oder politisch bevormundet. Alles, was den freien Blick des Menschen bewusst oder unbewusst einschränkt und ihn bevormundet, schränkt seine Freiheit ein. Der Ruf des Korans zum Glauben an den einen Gott ist ein Ruf, sich zur Freiheit zu bekennen. Der Monotheismus ist im Grunde ein Bekenntnis zur Befreiung von jeglicher geistigen, sozialen oder politischen Bevormundung. Daher ist die politische Partizipation beziehungsweise das gesellschaftliche Engagement von Muslim:innen, eine freie und gerechte Gesellschaft mitzugestalten, ein Teil des Selbstverständnisses des Islams.

Die Instrumentalisierung des Islams mit dem Ziel, die demokratischen Grundwerte auszuhöhlen und zum Beispiel die Scharia als göttliche Gesetzesordnung einzuführen, ist dagegen eine Form der Politisierung des Islams und abzulehnen. Man spricht hier vom Politischen Islam. Dieser wird im europäischen Kontext wie folgt definiert: »Eine Gesellschafts- und Herrschaftsideologie, die die Umgestaltung bzw. Beeinflussung von Gesellschaft, Kultur, Staat oder Politik anhand von solchen Werten und Normen anstrebt, die von deren Verfechtern als islamisch angesehen werden, die aber im Widerspruch zu den Grundsätzen des demokratischen Rechtsstaates und den Menschenrechten stehen« (https://www.dokumentationsstelle.at). Allerdings ist nicht jede Form der politischen Partizipation beziehungsweise des gesellschaftlichen Engagements, die religiös motiviert oder begründet ist, ein Ausdruck religiöser Politisierung. Ein religiös motivierter Einsatz zum Beispiel für mehr Umweltschutz, für mehr Frauenrechte, für mehr Solidarität mit Armen und Bedürftigen und anderes mehr ist sogar im Sinne demokratischer Prinzipien und des gesellschaftlichen Friedens. Bestrebungen, die im Widerspruch zu den Grundsätzen des demokratischen Rechtsstaates, den Menschenrechten und den Grundlagen einer freien Gesellschaft stehen, sind dagegen eindeutig dem Politischen Islam zuzurechnen. Diese Differenzierung ist wichtig, um dem Vorwurf entgegenzuwirken, mit dem Vorgehen gegen den Politischen Islam wolle man jede Form der politischen Partizipation von Muslim:innen unterbinden.

Eine weitere Dimension des Politischen Islams, die sich gegen das Freiheitsrecht des Individuums richtet, darf nicht außer Acht gelassen werden. Diese bezieht sich nicht auf die Werte und Normen, nach denen die Gesellschaft umgestaltet werden soll, an sich, sondern darauf, dass sie den Menschen aufgezwungen werden und somit ihr individuelles Recht auf Selbstbestimmung beschneiden. Dieses Aufzwingen könnte zum Beispiel durch sozialen oder durch institutionellen Druck geschehen. Moscheegemeinden und Institutionen, die einen solchen Politischen Islam vertreten, muss vonseiten des demokratischen Staats Einhalt geboten und jegliche Form der Zusammenarbeit mit ihnen unterbunden werden.

In Deutschland stehen wir vor einem großen Dilemma. Der Islam ist bekanntlich in seinem Selbstverständnis dezentral. Um Muslim:in zu sein, muss man keiner Gemeinde angehören. Daher konnte vom Drängen der deutschen Politik nach einer organisierten Struktur bislang hauptsächlich der Politische Islam profitieren, weil er – Beispiel Muslimbruderschaft – besser organisiert ist als die meisten anderen islamischen Institutionen in Deutschland – und zwar vorwiegend aus politischen und nicht aus religiösen Gründen. Die deutsche Politik scheint sich jedoch, mit wenigen Ausnahmen, für solche Hintergründe nicht besonders zu interessieren. Ihr Argument lautet immer wieder: »Wir mischen uns nicht in die innerislamischen Angelegenheiten ein.« Faktisch tut sie es aber sehr wohl, indem sie sich für die großen, eher konservativen muslimischen Verbände als Ansprechpartner entscheidet. Weil sie den Islam seit Jahren zu homogenisieren versucht, um möglichst wenige Ansprechpartner konsultieren zu müssen, rücken die großen muslimischen Verbände in den Fokus und erhalten mehr Raum für die Umsetzung ihrer politischen Agenden. Sie machen gern mit und tun alles, dieses Monopol aufrechtzuerhalten. Kleinere Verbände werden an den Rand gedrängt mit dem Argument, deren Islambild sei nicht das richtige. Dass wir heute in Deutschland mehr den Islam in seiner eher konservativen Ausprägung wahrnehmen als den Islam allgemein, hat viel damit zu tun, dass die offiziellen Repräsentanten des Islams dieses Verständnis als das einzig richtige darstellen und alle anderen, vor allem liberale Auffassungen, als häretisch abqualifizieren. Ich wünsche mir, dass der deutsche Staat auch die kleineren liberalen Gemeinden als Ansprechpartner anerkennt und ihnen die Chance gibt, den Islam in seiner ganzen Bandbreite in Deutschland sichtbar zu machen.

Letztlich kommt es aber auf die Muslim:innen selbst an, welchen Beitrag sie zur freiheitlich-demokratischen Gesellschaftsordnung in Deutschland leisten. Ihnen allein kommt die Aufgabe zu, ihre Religion dementsprechend auszulegen und zu praktizieren. Der deutsche Staat sollte die Räume dafür schaffen. In den letzten Jahren wurden bereits Schritte in diese Richtung unternommen, man denke zum Beispiel an die Einführung des islamischen Religionsunterrichts an öffentlichen Schulen oder die Einrichtung von Lehrstühlen und Zentren für islamische Theologie an deutschen Universitäten. Solange allerdings ausschließlich konservative muslimische Moscheegemeinden als Ansprechpartner des Staates und der Universitäten agieren – sie erteilen den Lehrkräften für den islamischen Religionsunterricht sowie den angehenden Inhabern der theologischen Lehrstühle die notwendige Lehrerlaubnis (Idschaza) und segnen die Curricula ab –, stehen die Chancen für den liberalen Islam schlecht, werden die jungen Muslim:innen, die ihre Religion so verstehen und ausüben, dass sie in Harmonie mit den Grundsätzen einer freiheitlich-demokratischen Gesellschaft steht, viel zu wenig wahrgenommen. Es besteht noch Handlungsbedarf in wichtigen Fragen wie der Imamausbildung oder der Förderung der liberalen Gemeinden.

Evelyn Finger

Wie tröstet man die Untröstlichen?
Von der Rolle der Kirchen in der Pandemie

Zu den ersten Toten der Pandemie, die im März jenes Schicksalsjahres 2020 Europa erreicht, gehören zahlreiche italienische Priester. In Brescia etwa stirbt der Pfarrer, der sich um die Obdachlosen gekümmert hatte. An seiner Stelle meldet sich sogleich ein ehemaliger Franziskaner, ein Arzt, freiwillig für den lebensgefährlichen Dienst – wenig später ist er selber tot. Auch der Flüchtlingsseelsorger von Mailand stirbt in den ersten Corona-Tagen. Am 22. März 2020, einem Montag, da herrscht in Italien erst seit zwei Wochen Ausgangssperre, vermeldet der *Corriere della Sera* schon fünfzig tote Priester.

Weil die Zahl der Corona-Toten rasant steigt, kündigt der Bischof von Bergamo, Francesco Beschi, an, keine Trauerfeiern mehr abzuhalten, sondern »am Ende« eine große Feier für alle und einen Abschiedsgottesdienst für jede Familie. Zu diesem Zeitpunkt weiß man noch fast nichts über das neue tödliche Virus, nur dass es sich viel zu rasch verbreitet. Die Sterblichkeitsrate unter Italiens Kirchenmännern ist zwar prozentual kaum höher als in der Gesamtbevölkerung – doch viele von ihnen sind gestorben, weil sie ihre Arbeit als Krankenhaus- oder Gemeindeseelsorger fortsetzten. Den scharfen Verordnungen der italienischen Regierung zum Trotz begleiteten sie Kranke und Sterbende.

Ihr Mut beeindruckt und inspiriert die verunsicherten Menschen. Wer hätte gedacht, dass es im Europa des 21. Jahrhunderts noch einmal christliches Märtyrertum geben würde? Um zu verstehen, was Religion heute ist, was der Glaube noch immer bewirkt, wie namentlich die Kirchen Westeuropas in ihrem Glanz und in ihrer Schwäche auf die heutige Gesellschaft abstrahlen, muss man sich ihr konkretes Agieren in der Pandemie anschauen.

So viele Theorien über die Religion in der Moderne haben sich aufgetürmt seit Beginn des 20. Jahrhunderts! Erst wurde das angebliche Ende des Glaubens beweint, dann seine angebliche Rückkehr gefeiert, irgendwann merkten die Fachleute, dass beides so nicht stimmte. Was aber die künftige Rolle der Religion sein könnte, was sie an Trost und Wegweisung auch für jene noch bereithält, die das Glaubensbekenntnis nicht mehr mitsprechen, und wie sehr die Kirchen im Westen um ihre Glaubwürdigkeit ringen, all das offenbart die Krise 2020.

In der ersten Märzwoche berichtet die deutsche Wochenzeitung *Die Zeit* noch über die Öffnung der vatikanischen Archive der Ära Pius' XII., jenes umstrittenen Papstes, der 1939 ins Amt kam und während der schlimmsten Jahre des Hitler-Faschismus die katholische Kirche führte. In der dritten Märzwoche dann druckt *Die Zeit* schon die Namen toter Priester aus Italien. Monsignore Oliver Lahl, der geistliche Berater der Deutschen Botschaft beim Heiligen Stuhl, hat der Redaktion dreißig Namen von Mitbrüdern geschickt, die am Corona-Virus gestorben sind. Der jüngste 45, der älteste 104 Jahre alt. Lahl schreibt: »Ich muss an das Wort und Beispiel Jesu denken: ›Es gibt keine größere Liebe, als wenn einer sein Leben für seine Freunde hingibt.‹«

Das Beispiel der Priester, die ihrem Glauben und ihrem Gewissen treu bleiben, indem sie nicht allein dem Credo der Vernunft folgen, das die Amtskirchen in Deutschland einmütig verkünden – Abstandhalten sei schon Nächstenliebe –, diese Priester lenken den Blick der Öffentlichkeit auch auf mutige Nichtchristen, die jetzt Großes leisten. In den Kliniken weiß man noch nicht, wie ansteckend das Virus wirklich ist, aber auf den Intensivstationen spielen sich bereits dramatische Szenen ab. In Italien und bald auch in Spanien mangelt es an den nötigen OP-Masken und Schutzkitteln. Medizinisches Personal aus den beiden hart betroffenen

Ländern berichtet der *Zeit* von seiner gefährlichen Arbeit, auch von seinen Ängsten – zugleich bitten Ärzte und Krankenschwestern inständig darum, anonym zu bleiben, weil die Kliniken Redeverbote verhängt haben. Warum aber, angesichts der Lebensgefahr, bleiben sie bei ihren Patienten?

Es ist eine alte Frage, wie aus Pestzeiten stammend. Die Antwort liegt jenseits vernünftiger Gründe und moralischer Prinzipien. Sie hat mit Glaube, Liebe, Hoffnung zu tun. Jene Hingabe, wie sie Ärzte und Seelsorger in der Pandemie beweisen, kommt, so könnte man sagen, aus dem Vertrauen auf etwas, das größer ist als sie selbst. Früher nannte man es Gott. Heute hat es viele Namen. Warum sind Menschen bereit, für andere Menschen alles zu riskieren? Papst Franziskus sagt es so: »Die wahre Macht ist der Dienst.«

Das ist wahr nicht nur für Christen, aber Christen sollen es besonders beherzigen. Deshalb gehen während der Ausgangssperren Priester weiter zu den Obdachlosen, in Rom tut es der deutsche Ordensbruder Stefan Tertünte aus Marl. Leider nur einmal in der Woche, immer dienstags, bekommt er vom Bürgermeister eine Sondergenehmigung. Dann bringt er mithilfe der Gemeinschaft Sant'Egidio Essen, Getränke, Decken, Schlafsäcke zu den Ärmsten, die sagen, dass das Virus ihre geringste Sorge sei. Tatsächlich dauert es nur wenige Tage, bis viele Obdachlose in Europas menschenleeren Großstädten hungern. Zudem ist der März 2020 besonders kalt. Doch viele Suppenküchen schließen, Nachtasyle auch. Der Papst schreitet einsam mit einem Pestkreuz durch das menschenleere Rom.

Dass viele Bischöfe glauben, es genüge schon, sich an die Corona-Regeln zu halten, und dass nur wenige Kirchenleute vor einer zu rigiden Isolation der Schwächsten warnen, darin zeigen sich sowohl Aufgeklärtheit als auch Verunsicherung des Christentums. Wie sehr passt man sich den staatlichen Verordnungen an und stützt so den Staat, die Gesellschaft? Wo aber hat man die Pflicht, nicht zu gehorchen? Und wenn man Einspruch erhebt, geht es dann wirklich zuerst um die Frage, ob Gottesdienste stattfinden? Oder vielmehr darum, dass die Kirche jenen beisteht, die ihrer jetzt am meisten bedürfen?

Nur eine Minderheit der Bischöfe, Pfarrer, Ordensleute erweist sich hier als geistesgegenwärtig. In der Großstadt Hamburg beispielsweise mit ihren stolzen protestantischen Hauptkirchen bleiben (bei Einhaltung der Hygieneschutzmaßnahmen) nur wenige Portale geöffnet. Hauptpastor Jens-Martin Kruse, der auf offenen Türen besteht, sagt vor Ostern 2020: »Noch können wir die Türen unserer Kirche offen halten – zu Stille, Gebet, Kerzenanzünden und damit Menschen sich wärmen. Doch nagt an mir die Frage, wie wir anderen nahe bleiben: Alten, Einsamen, Wohnungslosen.« Seelsorge heiße, andere aufsuchen, dies sei eine Grunddimension von Kirche. »Viele, die sich in ihrer Not nicht an die Kirchen wenden, sind uns trotzdem anvertraut.« So ist es in Hamburg nicht die Landeskirche, sondern die »Reemtsma Cigarettenfabrik«, die eine Spendenaktion startet für coronasichere Obdachlosenquartiere in leerstehenden Hotels. Der Vorstandschef Michael Kaib erklärt: »Nächstenliebe können wir uns immer leisten!«

Ganz ähnlich sieht es der katholische Bischof Heiner Wilmer in Hildesheim. Im März 2020 macht er darauf aufmerksam, dass der Papst die Pfarrer weltweit zwar aufgerufen habe, sich an das staatliche Verbot öffentlicher Gottesdienste zu halten – aber auch dazu, die Schwächsten jetzt nicht zu verlassen. Wilmer war, ehe er Bischof wurde, Ordensoberer der Herz-Jesu-Priester, also jener Gemeinschaft, zu der auch der Obdachlosenhelfer Tertünte in Rom gehört. Wilmer kritisiert: »Wir sind auf eine Sicherheit aus, die es nicht gibt.« Daher halte er den Hildesheimer Dom offen »als Ort des Trostes, den man mit Worten nicht mehr ausdrücken kann. Ein Ort, an dem wir spüren, dass wir nicht allein sind und dass Nähe der Schlüssel zum Leben ist. Keine Nähe tötet.«

Es sind solche Bischofsworte, die den seit zweihundert Jahren währenden Modernisierungsstreit in der katholischen Kirche vergessen machen. Bischof Wilmer sagt klar, was Kirche sein kann – auch heute. Er weiß, was allen Menschen nottut und dass die Kirche das Land jetzt ermutigen muss, menschenfreundlich zu bleiben.

Was das heißt, machen sie in Italien vor. So verdingt sich in der Corona-Hochburg Bergamo ein Kapuzinerpater namens Fra Aquilino, 84 Jahre alt und krebskrank, im Krankenhaus Papst Johannes XXIII. in der Leichenhalle. Alle Toten müssen ja verbrannt werden, wegen der Seuchengefahr. Doch vorher ruft Fra Aquilino die Angehörigen an, dann legt er sein Smartphone auf den Sarg, damit sie sich verabschieden können und mit ihm beten. Es ist die Zeit, als Bergamos Krematorium überlastet ist und die Särge vom Militär nach Piacenza transportiert werden. In den Tälern nahe Bergamo läuten ständig die Totenglocken. Fra Aquilino sagt, er rechne mit allem, aber habe keine Angst.

Warum nicht? Die Geschichte von Fra Aquilino ist eine Gegenerzählung zum vieltausendfachen Schmerz über das einsame Sterben, das in der Pandemie üblich war. Dieser Schmerz wirkt weit über die Pandemie hinaus. Dass es auch den Kirchen schwerfiel, ihn zu lindern, gehört zu den bittersten Erkenntnissen aus der Pandemie.

Um das Schweigen deutscher Amtskirchen zu verstehen, muss man allerdings sehen, wie die Kirchen einst auf verheerende Seuchen reagierten: Während der Pest predigten europäische Bischöfe ihren verängstigten Gläubigen den Zorn Gottes, der die sündige Menschheit zu Recht ereile. Als der Schwarze Tod auch die Frömmsten dahinraffte, verselbstständigte sich der Verdammungsfuror und traf als Sündenböcke vor allem Juden. Tausende wurden massakriert.

Seither hat das Christentum gelernt, sich mit der Deutung von Katastrophen zurückzuhalten – zumal die Idee eines ungnädigen Gottes viele Christen den Aufklärern in die Arme trieb. Heute weiß man, dass Trostgottesdienste und Bußprozessionen noch im Jahr

1918 die Spanische Grippe verbreiten halfen. Und so hat sich der apokalyptische Ton, die Angstlust, mit der das Fürchterliche einst als das Folgerichtige beschworen wurde, aus dem Sprachgebrauch der Kirchen verflüchtigt.

Der Glaube ist vernünftig geworden, gerade in Deutschland. Selbst ein weltweit grassierendes Virus verleitete keinen deutschen Bischof mehr zum Triumph über die gottlose Moderne oder zu trotzigem Beharren auf einen Gottesdienst. Man kann sagen: Gott sei Dank!

Doch war das genug? Nein. Beide großen Amtskirchen in Deutschland versäumten es, laut vor der Belastung von Alten und Kranken durch die Isolation zu warnen. So kam es, dass zu Pfingsten 2020 Streit über das Schweigen der Kirchen ausbrach. Thüringens CDU-Ministerpräsidentin a. D. Christine Lieberknecht, selbst Pastorin, kritisierte: Die Kirchen haben versagt beim Schutz der Alten und Kranken. Während sie stumm blieben, protestierten einzelne Pfarrer verzweifelt gegen die Isolation von Heimbewohnern, gegen Behördenwillkür bei Beerdigungen und gegen die Abschottung Sterbender.

Es schien, als sei den Kirchen die harte Einschränkung des Selbstbestimmungsrechts am Lebensende egal. Als lebten die Menschen während der Corona-Zeit in zwei verschiedenen Welten: In der einen forderte man, dass die Kinder bald wieder zur Schule dürfen. In der anderen war es verboten, sterbende Eltern ein letztes Mal zu sehen.

Dass die Amtskirchen das geschehen ließen, sagt viel über ihr fragiles Selbstbewusstsein. Dabei gab es von Anfang an Ärzte, die darauf pochten, dass Sterben auch in einer Pandemie keineswegs einsam geschehen muss. Christine Thomas, 59, Chefärztin am Klinikum Stuttgart, berichtete im April 2020, die Seelsorger versähen in ihrem Haus weiter ihren Dienst, »natürlich auch auf den Corona-Stationen«. Das habe nichts mit Leichtfertigkeit zu tun, sondern mit Professionalität. Die Ärztliche Direktorin, verantwortlich für 110 teilstationäre Plätze und etwa 1100 ambulant zu betreuende Patientinnen und Patienten, davon 400 zuhause und die anderen in Heimen, versprach: »Wir schotten uns nicht ab.«

In der Klinik von Christine Thomas durften Patienten stets von einer Person Besuch erhalten, sich zum Spaziergang treffen, mit Abstand gemeinsam essen. Denn, so die leitende Ärztin: »Normalität hilft gegen die Angst.« Und Seelsorge sei unverzichtbar, weil sie helfe, wo die Medizin versage. Deshalb waren in Stuttgart die Seelsorger auch für das medizinische Personal da. Undenkbar jedenfalls, Sterbende alleinzulassen – ob in der Klinik oder privat.

Bleibt die Frage, warum diese barmherzige Sicht sich nur mühsam durchsetzte. Der evangelische Theologe Günter Thomas von der Ruhr-Universität Bochum, Ehemann der Ärztin Christine Thomas, fragte polemisch: Was ist mit dem Treueversprechen der Kirche, Menschen nicht alleinzulassen? Gottesdienst lasse sich nachholen, aber eine würdige Sterbebegleitung und Beerdigung nicht. »Warum höre ich keinen Protest? Ich wünsche mir, dass wir Fehler zugeben und nachbessern.« Denn das Wort Jesu, »Ich bin bei euch alle Tage, bis an der Welt Ende«, sei ein Auftrag an alle Christen: Wenn die Medizin am Ende ist, gibt es immer noch uns!

Tatsächlich warnten auch prominente Christen wie die ehemalige Ratsvorsitzende Margot Käßmann und der ehemalige Militärbischof Sigurd Rink, der Hildesheimer Bischof Heiner Wilmer und der Jesuitenpater Klaus Mertes frühzeitig davor, die Schwächsten alleinzulassen. Doch in Thüringen musste sich ein Seelsorger den Zugang zum Pflegeheim erst vor Gericht erstreiten, woraufhin die Landesregierung sich durchrang, die im Grundgesetz garantierte Seelsorge trotz Pandemie zu erlauben.

Rätselhaft war das Schweigen der Kirchen vor allem angesichts ihrer Macht: Sie sind heute nicht nur Träger von Heimen und Krankenhäusern mit mehr als einer Million Beschäftigten allein in Caritas und Diakonie, sondern auch von Kindergärten und Schulen, somit einer der größten Arbeitgeber im Land. Trotzdem kam in der Pandemie das Gefühl auf: Die Kirchen sind nicht system-relevant. Theologen warfen der Kanzlerin vor, sie habe in ihrer ersten Corona-Rede die Kirchen unerwähnt gelassen und sie damit für unbedeutend erklärt. Sie vergaßen: Die Relevanz des Christentums zu zeigen, dafür sind sie selbst und nicht die Pfarrerstochter Angela Merkel zuständig.

So machte die Pandemie auch die innere Krise der Kirchen offenbar: Sie leiden nicht nur unter Mitgliederschwund und Glaubwürdigkeitsverlust, den sie durch ihre schleppende Missbrauchsaufarbeitung selbst verursacht haben. Vor allem leiden sie an Selbstverunsicherung.

Den Beweis dafür, dass die Kirchen zu sehr mit sich selbst beschäftigt sind, erbrachte schließlich, unfreiwillig, der Bundespräsident Frank-Walter Steinmeier, ein bekennender Protestant. Er initiierte im April 2021 eine staatliche Gedenkfeier für die Toten der Corona-Zeit. Die Kirchen schlossen sich mit einem Gottesdienst erst nachträglich an das Ereignis an – und wirkten dabei erstaunlich blass.

Das staatliche Gedenken dagegen bezog seine Kraft aus der Präsenz der Hinterbliebenen. Mit ihrer Hilfe gelang es, die Toten zu beklagen, statt nur Todeszahlen aufzulisten, und der Katastrophe einen eigenen Ausdruck zu verleihen. Man trauerte gemeinsam, nachdem so viele Trauerrituale verwehrt geblieben waren. Man fragte: Dienten alle Verbote tatsächlich dem Infektionsschutz? Waren manche Härten nicht Ausdruck von Panik?

Seit in einigen deutschen Pflegeheimen das Spazierengehen im Park untersagt wurde; seit bei Beisetzungen im Freien die Friedhofsverwalter nicht einmal nahe Verwandte zuließen – seither herrschen bittere Zweifel, ob das nottat. Die Zweifel machen Hinterbliebene bis heute wütend, ja untröstlich.

Davon berichtete beim staatlichen Gedenken in Berlin auch Anita Schedel, für die das ganze Drama der Pandemie bereits im April 2020 eskaliert war, als ihr Mann starb – ohne dass sie sich verabschieden durfte. »Er wurde weggerissen«, sagte Anita Schedel, Witwe eines Passauer Klinikchefs, beim Gedenken in Berlin.

Vielleicht muss man für die, die das Glück hatten, keine Liebsten unter Infektionsschutzmaßnahmen zu verlieren, noch einmal klarmachen, was das heißt: wegreißen. Das Ehepaar Schedel, beide Geschäftsführer einer Rehaklinik, war im März 2020 an Corona erkrankt, aber fühlte sich schon besser. Plötzlich musste er, der Arzt, aber doch noch ins Krankenhaus. Dann der Schock: Sie durfte nicht mitfahren im Rettungswagen. Ihn nicht auf der Intensivstation besuchen. Nicht einmal seinen Leichnam sehen. »Ich habe darum gebettelt«, sagt Anita Schedel. Vergeblich. Nur kurz, da war ihr Mann schon ohne Bewusstsein, durfte sie zu ihm. Ein Abschied ohne Abschied. Das quäle sie bis heute.

Deshalb und weil ihr Schicksal für viele steht, sprach Anita Schedel, 56, beim großen Gedenken des Bundespräsidenten. Ein eindrucksvoller Trauerakt für Zehntausende Tote. Die Kanzlerin kam, der Bundespräsident hielt eine Gedenkrede. Vor allem aber beeindruckten Hinterbliebene. Ihre Botschaft an die Politik: Bitte sorgen Sie dafür, dass niemand mehr einsam sterben muss.

Ist nun, im Herbst 2021, das Schlimmste vorbei? Die Zahl der Infizierten steigt. Noch immer ist es üblich, dass Todkranke wegen der Pandemiemaßnahmen ohne Begleitung durch einen Angehörigen sterben. Bundespräsident Steinmeier sagte dazu im April 2021: »Ich habe erschütternde Briefe bekommen, in denen Menschen ihren unendlichen Schmerz zum Ausdruck brachten darüber, dass sie keinen Abschied nehmen konnten.«

Wer, wenn nicht die Kirchen, soll hier Trost spenden? Die Trostbedürftigkeit ist auch deshalb so groß, weil die Politik in der Pandemie das Thema Sterben scheute. Werden die Kirchen dieser Scheu etwas entgegensetzen? Die große Chance der Religionsgemeinschaften in der Moderne liegt ja darin, dass so viele Menschen immer noch etwas von ihnen erwarten – auch diejenigen, die bekennen, an keinen Gott zu glauben. So bleibt es die Aufgabe der Kirchen nach der Pandemie, zu all denen zu finden, die ihres Trostes bedürfen. Trösten, ohne darüber hinwegzutrösten, dass wir Menschen verletzlich sind. Eingestehen, dass zum Leben auch der Tod gehört – und dass es Schlimmeres gibt als das Sterben, nämlich allein und ungetröstet zu sterben.

Der Text beruht auf Recherchen und Beiträgen der Autorin, die während der Pandemie in der Wochenzeitung *Die Zeit* erschienen.

WAS KANN DIE KUNST?

Von der demokratischen Kraft der Literatur

Daniel Kehlmann

Was kann Literatur?
Ein Streitgespräch

Der ENTHUSIAST *und der* SKEPTIKER *treffen einander auf leerer Bühne.*

ENTHUSIAST Schön, Sie wiederzusehen!

SKEPTIKER Das meinen Sie nicht ernst.

ENTHUSIAST Da haben Sie unrecht. Ich sehe Sie immer gerne. Also, was kann die Literatur?

SKEPTIKER Nichts natürlich. Außer Literatur. Die Literatur kann sich selbst und außerhalb ihrer selbst ist sie ebenso unfähig wie untauglich.

ENTHUSIAST Das kann doch nicht Ihr Ernst sein. Jedes gute Buch, das Sie lesen, macht Sie zu einem besseren Menschen.

SKEPTIKER Tatsächlich?

ENTHUSIAST Ein Buch ist eine Schule der Empathie. Der europäische Roman hat den Menschen beigebracht, die Welt mit anderen Augen zu sehen, nämlich: mit den Augen anderer. Ein Roman ist eine Maschine des Anti-Fanatismus. Er übt Sie in der seltsamen Disziplin, zu akzeptieren, dass zwei Menschen, die Entgegengesetztes wollen, beide recht haben können, und dass die, die das Gegenteil von Ihnen …

SKEPTIKER Von mir?

ENTHUSIAST Ganz genau! Sie lernen zu verstehen, dass auch die, von denen Sie glauben, dass sie unrecht haben, weil sie das Gegenteil von Ihnen wollen; dass also diese Menschen ebenfalls recht haben.

SKEPTIKER Ich lerne zu verstehen, dass die Menschen, von denen ich glaube, dass sie unrecht haben, ebenfalls recht haben?

ENTHUSIAST Exakt.

SKEPTIKER Das ist doch absurd.

ENTHUSIAST Aber deshalb ist es nicht falsch.

SKEPTIKER Das ist reiner Relativismus!

ENTHUSIAST Das ist das Gegenteil von Relativismus. Relativismus ist, wenn keiner recht hat. Die Literatur bringt uns bei, dass *jeder* recht hat, auf seine oder ihre eigenste persönliche Art, dass das Seelische vor dem Logischen kommt und auch vor ihm seine Berechtigung hat. Und so lehrt sie uns Toleranz.

SKEPTIKER Ich sehe, worauf Sie hinauswollen, aber mein Lieber, es gibt böse Bücher. Gemeine, verunsichernde, verwirrende Werke, die trotzdem großartig gelungen sind. Die falschen Meinungen, deren Schriftsteller werden sichtbar, wohin Sie in deren Produkten auch schauen! Brecht verteidigte Stalin, Benn mochte Hitler, und schon Grimmelshausen fand, dass die Obrigkeit viel nachdrücklicher gegen Hexen vorgehen müsse.

ENTHUSIAST Und trotzdem lehrt uns sein *Simplicissimus*, dass der Krieg das Schlimmste ist.

SKEPTIKER Wirklich? Ja, am Anfang des Romans ist der Krieg furchtbar, aber später entdeckt Simplicius die Söldner-Romantik, geht auf Fourage und hat seinen Spaß mit der herrlichen Freiheit des Soldatenstands.

ENTHUSIAST Das sind nicht die Teile des Romans, an die wir uns erinnern.

SKEPTIKER Weil sie nicht mit den Wünschen, Meinungen und Urteilen, mit der Zeitstimmung des Moments, übereinstimmen!

ENTHUSIAST Nicht deshalb, sondern weil sie falsch sind. Das Falsche führt zu schlechter Literatur, das Wahre zu guter.

SKEPTIKER Sie meinen ernsthaft, dass es kein gutes Buch geben kann, das nachdrücklich eine falsche Meinung vertritt?

ENTHUSIAST Ich meine, dass Figuren in Büchern recht haben, auch wo sie sich irren, aber wo ein *Autor* sich irrt, da wird die Literatur schlecht.

SKEPTIKER Aber nun widersprechen Sie sich.

Erst sagen Sie, dass jeder recht hat, dann sprechen Sie vom Falschen, das –

ENTHUSIAST Wenn ich mir widerspreche, dann müssen Sie mir doch nicht auch noch widersprechen! Im Ernst, ein Autor kann unrecht haben, das passiert sogar ziemlich oft. Eine Roman-figur hat innerhalb der Geschichte, innerhalb ihres Kosmos, innerhalb ihrer Voraussetzungen, aber immer auf ihre eigene Weise recht. Das eben definiert einen Roman. Darin liegt seine Roman-Wahrheit.

SKEPTIKER Ein gelungenes ästhetisches Gebilde will nichts! Es will nicht einmal das Wahre. Es will nur sich selbst. Wenn Literatur, wenn Kunst überhaupt eine moralische Dimension hat, dann liegt sie eben darin – dass es möglich ist, *nichts zu wollen!* Die Welt sein zu lassen, wie sie ist. Jeder will etwas, sagen die Künst-ler, jeder will etwas bewirken, ändern, machen, tun – ich aber nicht!

ENTHUSIAST Aber Künstler wollen eine Menge. Sie wollen Ruhm und Preise und Geld und Zeitungsinterviews.

SKEPTIKER Das wollen sie als die Menschen, die sie eben leider auch sind und am liebsten wohl gar nicht wären. Fragen Sie sie nur. Die meisten würden auf ihr kunstfernes Alltags-Ich dan-kend verzichten, wenn sie die Möglichkeit hätten. Als Künstler aber wollen sie ihr Werk, und ihr Werk will nichts. Es will auch die Welt nicht verbessern. Wer bin ich denn, sagt es, euch zu zeigen, wie es sein soll. Ich mache etwas Wichtigeres. Ich zeige, wie es ist.

ENTHUSIAST Ja, aber das macht uns doch zu besseren Menschen! Einen klaren Blick darauf zu richten, wie es ist, das belehrt und verbessert!

SKEPTIKER Sie wollen die Didaktik durch die Hintertür zurück-schmuggeln, aber ich weise den Versuch zurück und sage: Nein, das verbessert uns eben nicht. Wenn ich sage, das Werk lässt die Welt sein, wie sie ist, dann meine ich, es lässt auch uns, wie wir sind.

ENTHUSIAST Aber das ist doch empirisch falsch!

SKEPTIKER Ach, wirklich? Hat *Krieg und Frieden* oder *Die Brüder Karamasow* oder *Hamlet* oder …

ENTHUSIAST Ja, allerdings!

SKEPTIKER Hat irgendwas davon Sie zu einem besseren Menschen gemacht?

ENTHUSIAST Aber sicher!

SKEPTIKER Wir kennen uns schon lange. Mir wäre das nicht aufgefallen.

ENTHUSIAST Erstens ist das kränkend, und zweitens, warum sonst hätte ich das denn dann alles gelesen? Das wäre doch Zeitverschwendung gewesen!

SKEPTIKER Sie lesen Literatur, sehen Bilder an, hören Musik, um auch einmal nichts zu wollen. Das Werk will nichts, und Sie, während Sie lesen, wollen auch mal nichts. Was für eine schöne Abwechslung. Welch eine Erholung von der ständigen Wollensqual!

ENTHUSIAST Von meinem Alltags-Ich.

SKEPTIKER Genau.

ENTHUSIAST Und diese Erholung macht mich besser.

SKEPTIKER Nein. Ihre Logik ist zirkulär, mein Freund. Die Literatur bewirkt nur etwas, wenn sie das Richtige will, und wenn sie das Falsche will, ist sie schlecht und bewirkt auch nichts, also ist Literatur eine Kraft für das Gute, denn was keine Kraft fürs Gute ist, ist auch keine Literatur.

ENTHUSIAST Ich fürchte weder Zirkel noch Widersprüche.

SKEPTIKER Das habe ich gemerkt.

ENTHUSIAST Ich vermute allerdings, wir werden uns nicht einigen.

SKEPTIKER Das war ja auch weder unsere Absicht noch unsere Aufgabe.

ENTHUSIAST Es wäre trotzdem schön gewesen.

SKEPTIKER Sie meinen, unser Gespräch wäre bessere Literatur geworden, wenn wir zur Übereinstimmung gefunden hätten? Ich leugne genau das. Wir bleiben verwirrt zurück, und genau so soll es sein.

ENTHUSIAST Also doch eine Einigung? Dass wir dafür da sind, einander zu widersprechen, und eben darin in höherer Weise das Verständnis der Dinge voranbringen und die Welt besser machen, wenn auch nur um ein Winziges?

SKEPTIKER Nein! Wir beide machen die Welt nicht besser. Und wir einigen uns auch nicht. Wir bleiben unerlöst, im Widerspruch, auf dieser leeren Bühne.

ENTHUSIAST Sie sind unverbesserlich.

SKEPTIKER Das hoffe ich doch.

Unerwartet fällt der VORHANG.

Eva Menasse

Die rote Linie
Von der Freiheit der Kunst in der demokratischen Gesellschaft

Psychoanalytisch gesprochen sind Kunst und Literatur für das Unbewusste zuständig, für die verdrängten, hässlichen, schmutzigen, brutalen, peinlichen und gefährlichen Anteile des Menschen und der Gesellschaft. Die Künste holen sie hervor, spielen damit, gestalten sie um und halten sie uns mahnend vor die Nase. Denn ganz vergessen sollten wir sie wahrlich nicht.

Fest in unsere luxuriöse, skandalös ungerechte westliche Wohlstandswatte gepackt, könnten wir außerdem zwischendurch mal anerkennen, dass der überragende Anteil der Menschen auf der Welt und in der Geschichte ein beschissenes Leben geführt hat und auch in Zukunft führen wird, zu kurz, zu gewalttätig, zu krank, bitter und arm, ohne jede Hoffnung. Menschen werden unter Schmerzen geboren, sie brauchen mindestens eineinhalb Jahrzehnte, um halbwegs selbstständig leben zu können (obwohl es viele Kinderarbeiter und -soldaten schon weit früher schaffen müssen), und dann warten auf die allermeisten nur Arbeit, Ausbeutung, Konflikte, Entbehrungen und Not, beendet von einem Tod, dem in den meisten Fällen auch noch, wie zum Hohn, ein elendes Sterben vorangeht. Summa summarum ist das Leben nicht nur kein Ponyhof, sondern viel zu oft eine Qual in mehreren Akten.

Und dennoch bringen sich die Menschen, sobald sie das – spätestens als junge Erwachsene – erkannt haben, überraschenderweise nicht reihenweise um, sondern machen ungerührt weiter, zeugen restoptimistisch Kinder und scheren nicht aus. Wir sind genial programmiert, wir sind extrem genügsame Lebewesen, auch wenn ich damit noch am wenigsten jene dünne, fiese Schicht an hochaggressiven Wohlstandsverwahrlosten meine, die den Diskurs und die Finanzströme beherrscht und nach Feierabend höchstens daran zerbricht, dass die tägliche Selbstoptimierung oder neueste Lifestyle-Ideologie bloß zu 95,5 Prozent umgesetzt werden konnten – ich meine damit also nicht *uns*, sondern all die anderen, die an uns und unserem Lebenswandel nur noch schneller zugrunde gehen werden als bisher.

Um das Hamsterrad des Lebens auszuhalten, haben wir Menschen jedenfalls den Sinn erfunden. Früher kam er in der Zwangsjacke der Religion daher, und dass dieses Konzept im Zeitalter von Atomwaffen, Klimakrise und künstlicher Intelligenz für viele immer noch funktioniert (»Schuftet bis zum Umfallen in der hiesigen, dann werdet ihr in der jenseitigen Welt reich belohnt!«), kann man entweder wahnsinnig komisch oder einfach sehr beeindruckend finden, je nach charakterlicher Disposition. Moderner und zeitgemäßer ist es, einen gewissen Sinn in die Sphären der Kunst zu verschieben. Es ist wohl auch einen Tick demokratischer, weil sich über Kunst zumindest streiten lässt und in ihrem Namen vergleichsweise selten Menschen verfolgt oder getötet wurden.

Der Philosoph Robert Pfaller nennt es mit Rückgriff auf die antike Philosophie die »zweiten Welten«, in die wir uns flüchten, um den Alltag und unsere Endlichkeit zu ertragen; solche zweiten Welten hat jeder – Fantasien, Räusche, Träume, Wünsche, Leidenschaften, Geheimnisse. Nur das Allerwenigste davon ist Kunst. Erst einmal bieten die zweiten Welten nur individuell mentale Entlastung. Aber die Sternstunden der zweiten Welten, würde ich sagen, das sind die Künste. Wenn es gelingt, die zweiten Welten verschiedener Menschen geheimnisvoll zusammenzuschalten und diese Synthese für alle erfahrbar zu machen, wenn also Werke geschaffen werden, die die Jahrhunderte überdauern, dann ist es das Beste und Ehrwürdigste, was die Menschheit hervorbringen kann. Im besten Fall ist Kunst also gleichzeitig Flucht und Erkenntnis. Und deshalb muss sie frei sein. Sie muss spielen dürfen, probieren, polemisieren, sie muss irren dürfen, irritieren und kränken. Sie ist unser soziales Überlaufventil – was sie leistet, ist ein Kostümspiel auf ernstem Grund. Nur die Kunst hat dieses flirrende Doppelgesicht, sie ist der Hofnarr der Gesellschaft. Den Hofnarren aber soll man weder fesseln noch töten, auch wenn sich das, was er präsentiert, leider in den wenigsten Fällen sofort beurteilen und einordnen lässt. Vieles, was zum Zeitpunkt des Entstehens als störend, ekelhaft, unverständlich, ärgerlich oder überflüssig betrachtet wurde, galt später als Meisterwerk, *Die Blechtrommel* von Günter Grass, das Loos-Haus auf dem Wiener Michaelerplatz, die Zwölftonmusik und die Kunst von Beuys (um bloß wahllos zu notieren, was mir in den Sinn kommt). Die Zeit ist der bedeutsamste Faktor, erst sie schmiedet Werke zur Haltbarkeit und trennt das Gelungene vom Genialen, das Zeitgenössische vom Überzeitlichen.

Dass die Kunst frei sein will, so frei und ungeschoren wie möglich, hat sie seit jeher in Spannung zur Politik, sozusagen zur ersten Welt, gebracht. Denn während die Politik, jedenfalls in halbwegs idealen, also demokratischen Staaten, versucht, widerstrebende Interessen der Gesellschaft auszugleichen, Ungerechtigkeiten zu beseitigen und ein Zusammenleben in Würde und Respekt zu ermöglichen, kann sich die Kunst darum nun leider wirklich nicht kümmern. Im Gegenteil. Sie hätschelt und besänftigt nicht, sie verbindet keine Wunden, sie reißt sie lieber wieder auf.

Mir scheint, dass diese rote Linie, die die Kunst kategorisch vom realen, alltäglichen Leben, seinen ernsthaften Anforderungen, Regeln und Gesetzen scheidet, dringend nachgezogen werden muss. Denn diese Linie wurde gebleicht und verwischt in den Debatten der jüngsten Zeit. So unterstützenswert es etwa ist, mittels sensiblerer Sprache die Gerechtigkeit und Diversität der Gesellschaft zu markieren, zu fördern, zu verbessern – in der Literatur haben sprachliche Regularien nichts verloren. Die »Saujuden«, »Neger« und »Zigeuner«, die »dreckigen Fotzen«, »debilen Mongos«, »Japsen«, »Rothäute«, »Spaghettifresser«, »Wichser«, »Schwuchteln«,

»Schwanzlutscher«, »Huren«, »Liliputaner«, »Polacken« und »Ziegenficker«, die Autoren in fiktionale Texte hineinschreiben, indem sie sie ihren Figuren in den Mund legen (und dies seit je mit bestimmten Absichten und Wirkungen getan haben), sind mit den Begriffen, mit denen in der echten Welt echte Menschen belegt werden, einzig aus dem Wunsch, sie zu demütigen, zwar auf eine vermittelte Weise verbunden, aber keineswegs gleichzusetzen. Es ist ein Unterschied wie zwischen dem Satz »er brachte sie um« und einem Mord mit Täter, Opfer und hinterbliebenen Kindern. Es ist ein Unterschied wie zwischen einem Foto und dem Menschen, der darauf abgebildet ist – das Foto könnte man zerreißen oder zerstören, doch der Abgebildete bliebe unverletzt, obwohl er symbolisch attackiert wurde. Und das sage ich als jemand, deren Freundin, einer kritischen linken Journalistin, genau das angetan worden ist: In einem rechten Netzwerk war ihr Foto als Zielscheibe zu sehen, in die Schüsse krachten. Ein abscheulicher Gewaltakt, dennoch ein vermittelter. Auf diesem Unterschied müssen wir bestehen, denn auch der Rechtsstaat tut es.

Bei inkriminierten Worten handelt es sich nur um Buchstabenfolgen, und diese Buchstaben *beschreiben* etwas, entweder die Wahrheit oder eine Fantasie, doch sie *sind* es nicht. Buchstaben verletzen nicht per se, es kommt auf den Kontext an, auch wenn neuerdings in einer Hinwendung zum Quasireligiösen das Gegenteil behauptet wird.

In den Siebzigerjahren verlangten Feministinnen, dass den antiken Statuen die schamvollen Blätter über den Penissen abgenommen würden, weil die Welt neben den zahllosen Darstellungen splitternackter Frauen auch endlich vollständig entkleidete Männer zu sehen bekommen sollte. Heute weht ein anderer Wind, leider kein aufklärerisch-konfrontativer mehr; alles soll verhüllt werden, abgemildert, eingehegt, und was sich dem widersetzt, über das sagt man abfällig, es handle sich ohnehin um zweitklassige Kunst. Werken ihre Relevanz abzusprechen, wenn man sie auf andere Weise nicht loswird (da, siehe oben, eben kein TÜV für die Qualität von Kunst existiert), das ist eine überaus infame Tendenz, denn sie wirkt so unauffällig wie ein geruchloses Gift. Man muss vieles gar nicht von oben verbieten, wenn sich die Gesellschaft selbst zensiert – George Orwell hielt diese »intellektuelle Feigheit« für den »schlimmsten Feind« der Schriftsteller und Journalisten, schlimmer als handfeste staatliche Zensur.

Nun erstreckt sich die Kunstfreiheit aber ebenso auf möglicherweise schlechte, misslungene und banale Kunst – doch sobald sich etwas ihrer Sphäre zuordnen lässt, müssen die Freiheitsgesetze gelten. Und ja, dieses Prinzip schließt natürlich auch den gelegentlichen Missbrauch ein und folgt dabei demselben Rechtsprinzip wie »im Zweifel für den Angeklagten«. Nicht einmal im Rechtsstaat kriegt man die Grenzen trennscharf – wie denn in der Kunst?

Kleine Übertretungen sollten wir aushalten, das müssen wir von uns als Gesellschaft schon verlangen. Und außerdem ist es gar nicht so schwer: Stellen wir uns das fiktive Beispiel eines Rechtspopulisten vor, der rassistische Bilder malt und nun rotzfrech auf die Kunstfreiheit verweist – hat er denn früher schon, was auch immer, gemalt, oder hat er gerade erst, nur zu diesem höhnischen Zweck, damit begonnen? Halten wir unfiktiv Peter Handke dagegen, diesen politischen Wirrkopf und unbestreitbar großen Dichter. Bevor er sich in die serbische Frage zu verrennen begann, schrieb er schon jahrzehntelang, war seine Literatur schon berühmt, erforscht und weithin gelesen – und sie, die Literatur, wird ihn überleben, der Rest ist bereits halb vergessen.

Diese ganzen überschießenden Empfindlichkeiten, der hochaggressive, tendenziell ausschließende Diskurs, der irrationale Glaube, mit den bösen Worten das Böse selbst ausmerzen zu können, sowie der verständliche, aber unsinnige Wunsch, nicht einmal die Kunst möge mehr daran erinnern, wie viel Schlechtes in der Natur des Menschen steckt – all das sind Symptome der Angst.

Unsere digital-globale Gesellschaft (infotechnisch viel näher zusammengerückt, als definitiv gut für uns ist) ist halb verrückt vor Angst, und das ist nicht einmal besonders unvernünftig. Der Planet erhitzt sich psychisch wie klimatisch, mit allen Nebenwirkungen. Der innere Zusammenhalt auch unserer friedlichen, liberalen Gesellschaften wird fragiler. Der Historiker und Schriftsteller Per Leo schreibt: »Niemals seit dem Ende des Zweiten Weltkriegs waren die Bürger des Westens so heftig mit der Frage konfrontiert, was es heißt, in einer Demokratie zu leben. Und niemals zuvor waren sie so zerstritten über die Antwort.«

Aber Angst macht nicht souverän, Angst ist ein schlechter Ratgeber. Sie führt in Aberglauben, Massenhysterie, Verschwörungsmythen und aggressiven Irrationalismus. Wenn sich gesellschaftliche Debatten verbissen den Künsten zuwenden, ist das ein Alarmsignal. Es zeigt, dass das demokratische Immunsystem nicht mehr richtig funktioniert. In Österreich war das schon in den Neunzigerjahren der Fall. Der Aufstieg der Rechten unter Jörg Haider wurde gezielt begleitet von Attacken auf bestimmte, als unpatriotisch bezeichnete Kunst und Künstler: Es war ein früher Widerschein des Nestbeschmutzer-Themas, das heute von Russland über Ungarn bis in die Türkei weltweit so beliebt ist. Inzwischen kommen die Anwürfe von ganz links und rechts gleichermaßen, was zu einer enormen Verwirrung der Mitte führt. Die Folgen sind bereits zu besichtigen. Künstler verstummen, passen sich den derzeit im Kurs stehenden Themen an oder weichen weit ins Historische oder Abseitige aus. Die einen unterschreiben täglich Petitionen, die anderen keine einzige mehr. Andere werden trotzig, was zusätzliches Öl ins Feuer der Auseinandersetzungen gießt. Monika Maron, Uwe Tellkamp und Neo Rauch sind wahrscheinlich Beispiele für solche falsch verlaufenen, von Anfang an schiefen und vergifteten Prozesse. Und mein persönlicher Tiefpunkt der letzten Zeit waren die flächendeckend verdammenden Reaktionen auf die Alles-dichtmachen-Satire, mit der ein paar bekannte Schauspieler die doch wahrlich verwirrt wirkende Corona-Politik in Deutschland aufs Korn nehmen wollten. Vom Gesundheitsminister und der Kulturstaatsministerin bis hinab in die Lokalpolitik glaubten Amtsträger im Halbstundentakt ihren Senf dazugeben zu müssen, ob sie diese Satire »nur« für ungeschickt, misslungen oder gleich für brandgefährlich hielten. Als Spitzenthema der Politik schien es aber niemandem unpassend oder gefährlich! Die entspanntesten Kommentatoren in den Zeitungen waren noch jene, die schrieben: »Beruhigt euch, das war doch einfach nur schlecht.« Die Aktion zu verteidigen, traute sich niemand mehr. Jeder Verteidiger wäre den Corona-Leugnern und Rechtsradikalen zugeschlagen worden, als die man die Schauspieler im Handumdrehen dämonisierte. Dabei gilt für Satire seit jeher eine ganz einfache Regel: Entweder man lacht, oder man ignoriert sie. Das ist – oder besser gesagt: das war – immer Chance und Risiko aller Satiriker. Im heutigen Deutschland (in katholischeren Nachbarländern wie Österreich und Frankreich ist zumindest das zum Glück noch etwas anders) unterliegen auch sie beinhart dem gerade aktuellen Knigge. Manche Schauspieler, vom Shitstorm in die Knie gezwungen, übten anschließend etwas, das verdammt an stalinistische Selbstkritik erinnerte.

Eine demokratische Gesellschaft mit einem gesunden Immunsystem kann die Kunst sein lassen, wie sie qua natura oft ist: unangenehm, widerständig, hässlich, böse und störend. Sie kann auch einzelne Übertretungen wegstecken, aushalten, ignorieren. Sie kann Großmut und Toleranz walten lassen. Eine wahrhaft liberale Demokratie ist ein gewaltiges, dickhäutiges Tier, so selbstbewusst und stark, dass es den einen oder anderen Stich gar nicht bemerkt. Die Frage, was die freien Künste der Demokratie geben können (außer, dass sie, siehe oben, zu ihr unabdingbar gehören, als dauernder Kommentar und hofnärrische Herausforderung), lässt sich also auch umgekehrt beantworten: Eine Gesellschaft, die sich von ihren Künstlern zunehmend gestört und belästigt fühlt, könnte möglicherweise aufhören, eine demokratische Gesellschaft zu sein.

Salman Rushdie

Pandemie
Eine persönliche Auseinandersetzung mit dem Corona-Virus

Am Montag, den 9. März 2020, kam meine Verlegerin Robin Desser zu mir, um ihre redaktionellen Anmerkungen im Manuskript zu diesem Buch (*Sprachen der Wahrheit*, Anm. d. Verlags) mit mir zu besprechen. Die Welt war noch »normal«, doch mein Instinkt sagte mir, so werde es nicht mehr lange bleiben. Ich hatte einen Flug nach London gebucht, um drei Tage später, am 12. März, während des Spring Break der New York University meine Familie zu besuchen. (In den letzten sechs Jahren habe ich in den Sommersemestern an der NYU ein Graduiertenseminar über erzählende Sachliteratur gegeben.) Nachdem Robin gegangen war, stornierte ich meinen Flug nach London. Zwar hatte ich meine Söhne seit Weihnachten nicht mehr gesehen, doch auch sie hielten die Entscheidung für vernünftig. Eine Woche später bekam ich Fieber, und rasch stellte sich heraus, dass ich das Corona-Virus hatte. Meine zweiundsiebzig Jahre und mein Asthma machten mich zu einem erstklassigen Ziel. Der 16. März ist ein Tag nach den Iden des März, allerdings bin ich nicht Julius Caesar.

Bis zu jenem Tag hatte ich erst zwei ernsthafte Krankheiten gehabt. Wenig überraschend, dass ich über beide nachdachte. Die erste Krankheit: 1949, als ich nicht einmal zwei Jahre alt war, erkrankte ich an Typhus. Keines der Medikamente, die man mir verordnet hatte, schlug an, und der Hausarzt erklärte meinen Eltern, dass ich womöglich sehr bald sterben würde. Mein verängstigter Vater meinte aufgeregt, es müsse doch etwas anderes geben, das man mir verabreichen könne. Der Arzt entgegnete: »Es gibt ein neues Antibiotikum namens Chloromycetin. Bislang hat man nur sehr wenige

Erkenntnisse über seine Wirksamkeit, aber Sie können es probieren, denn er stirbt ja ohnehin.« Es war spätabends, und mein Vater sauste auf der Suche nach einer offenen Apotheke kreuz und quer durch Bombay. Er kam mit dem Medikament nach Hause, und es kurierte mich sehr rasch. Wenig später wurde Chloromycetin die Standardbehandlung gegen Typhus und blieb es jahrzehntelang, zumindest in jenem Teil der Welt. Ich verdanke ihm mein Leben.

(So hat die Geschichte sich in mein Gedächtnis eingeprägt. Sicherlich ist sie dramatisiert und ausgeschmückt – der Arzt, der nüchtern meinen bevorstehenden Tod ankündigt, mein Vater, der des Nachts durch die Stadt rast und hektisch nach einer offenen Apotheke sucht. Vielleicht war der Arzt weniger brutal und das Medikament leichter zu bekommen, vielleicht in der nahe gelegenen Thomas Kemp & Co., der Apotheke, die bis heute namengebend ist für Kemp's Corner. Vielleicht geschah das alles an einem Nachmittag. Aber es entspricht der Wahrheit, dass ich Typhus hatte, dass Chloromycetin 1949 ganz neu war und es mich rettete.)

Die zweite Krankheit: 1984 in London zog ich mir irgendwie eine doppelseitige Lungenentzündung zu. Es ließ sich nicht feststellen, wie ich sie bekommen hatte, doch ich verbrachte zwei Wochen im University College Hospital, in einem Mehrbettzimmer auf einer Station für Patienten mit Atemwegserkrankungen. Um mich herum lagen Menschen, denen es wesentlich schlechter ging als mir, darunter viele Krebspatienten. Nahezu jeden Tag wurden Paravents um ein benachbartes Bett gestellt, weil jemand gestorben war. Für kurze Zeit blieb das Bett leer, und dann war es wieder belegt.

(Damals war ich ein starker Raucher, und ich glaube noch immer, dass mich eine Metapher von dieser Angewohnheit befreit hat. Der behandelnde Arzt fragte mich, ob ich Filme möge, und als ich es bejahte, entgegnete er: »Denken Sie an Lungenkrebs wie an einen Film. Stellen Sie sich vor, er sei ein Spielfilm. Was mit Ihnen gerade geschieht, ist, als ob Sie den Trailer betrachten. Wenn Sie also Ihre fünfzehnminütigen krampfartigen Hustenanfälle haben und den grünlichen Schleim herauswürgen, sollten Sie darüber nachdenken, ob Sie den ganzen Film sehen wollen.«)

Die Typhus-Erfahrung überstand ich ohne bleibende Schäden. Mein Asthma aber war das Geschenk des Universums für die Genesung von der Lungenentzündung und für den Verzicht aufs Rauchen. Und nun, dreieinhalb Jahrzehnte später, befand ich mich in der Gefahrenzone von Covid-19, ein »älterer Mensch« mit einer Vorerkrankung.

Über zwei Wochen fühlte ich mich erschöpft, ich hustete, und das Fieber veranstaltete mit mir wahre Achterbahnfahrten, es stieg auf 40 Grad, fiel plötzlich auf Normaltemperatur, und gerade als ich dachte, es gehe mir besser, stieg es wieder. Es war entmutigend, und doch hatte ich Glück. Die Krankheit befiel nicht meine Lungen. Mein ausgezeichneter Hausarzt war fast jeden Tag mit mir in Kontakt – mir ist sehr bewusst, welch ein Privileg es ist, so einen Arzt und so eine gute Krankenversicherung zu haben. Jedes Mal fragte er mich, ob ich eine Enge in der Brust spüre oder kurzatmig sei. Wenn ich verneinte, nein, ich spüre sie nicht, und nein, ich bin es nicht, erklärte er mir, in dem Fall sei mein Leben nicht in Gefahr, ich solle mich von Krankenhäusern fernhalten und zuhause im Bett bleiben, solle das Tylenol und den Hustensaft nehmen und, mit seinen Worten, »es knallhart durchziehen«.

Leser: Ich gab mir Mühe. Ich bin mir allerdings nicht sicher, wie knallhart ich war. Ich bin nie ein guter Patient gewesen. Eine böse Erkältung macht mich zu einem griesgrämigen, launischen Wrack. Zu meinem Glück kümmerte sich eine äußerst fürsorgliche Partnerin um mich. Auch sie wurde krank, schaffte es aber irgendwie, die Krankheit innerhalb weniger Tage abzuschütteln. Ich brauchte siebzehn.

Erst jetzt begreife ich voll und ganz, wie viel Glück ich hatte. Ich habe mit zunehmendem Schrecken und Kummer beobachtet, dass die Anzahl der Toten stieg und dass die noch viel größere

Anzahl der Hinterbliebenen, der Verwaisten, der Verwandten der Toten sich schmerzlich mit diesem Sterben abfinden mussten und dass die Sterbenden von ihren Liebsten nicht getröstet werden durften, als sie starben, und es den Lebenden versagt war, an der Beerdigung teilzunehmen. Mittlerweile habe ich auch herausgefunden, wie sehr meine Familie wegen meiner Krankheit tatsächlich geängstigt war. Bei unseren täglichen Videogesprächen hatten sie eine tapfere Miene aufgesetzt, aber hinter ihren zuversichtlichen, beruhigenden Gesichtern waren sie verängstigt. Hätte ich das gewusst, wäre auch ich verängstigt gewesen.

John Prine starb. Er war ein Jahr älter als ich, seit seinem Debütalbum im Jahr 1971 liebe ich seine Musik, und als ich Mitglied der Jury war, die ihm 2016 einen Lyrikpreis des PEN für seine herausragenden Songtexte verlieh, hatte ich das große Glück, ihn persönlich kennenzulernen. Mein Freund, der legendäre Musikproduzent Hal Willner, starb. Die Mutter eines Freundes starb. Der Vater eines anderen Freundes starb. Doch so manche Freunde haben den Kampf gewonnen. Autoren und Verleger, Fotografen und Gastronomen, die ich kenne, überlebten. Meine alte Freundin Marianne Faithfull überlebte trotz ihrer wechselvollen medizinischen Vergangenheit das Virus in einem Londoner Krankenhaus. Jeder Tag brachte schlechte und einige gute Nachrichten. Die fürchterlichen Zahlen stiegen weiter an, und der Druck auf das bereits zusammenbrechende Gesundheitssystem nahm weiter zu.

In ihrem berühmten Essay »Krankheit als Metapher« warnte uns Susan Sontag davor – selbst eine Krebsüberlebende, die Jahre später an einem anderen Krebs starb –, einen schlechten Gesundheitszustand als ein Bild für einen anderen sozialen Missstand zu deuten.

»Zeigen will ich, dass Krankheit keine Metapher ist und dass die ehrlichste Weise, sich mit ihr auseinanderzusetzen …, darin besteht, sich so weit wie möglich von metaphorischem Denken zu lösen, ihm größtmöglichen Widerstand entgegenzusetzen.«

Als die Pandemie um die ganze Welt ging, folgten nicht viele Menschen ihrem Rat. Manche Stimmen, darunter ein Sprecher des sogenannten Islamischen Staats, Hulk Hogan und ein konservativer Pfarrer aus Florida namens Rick Wiles, erklärten, das Virus sei eine Strafe Gottes. Andere, grünere Stimmen deuteten an, die Natur nehme Rache am Menschen; doch, um fair zu sein, lautere Stimmen warnten davor, »Mutter Natur« zu vermenschlichen. Auch die alte Science-Fiction-Vorstellung, der Mensch sei das Virus, von dem die Erde sich zu erholen versuche, bekam Aufwind. Politiker bezeichneten die Pandemie als Krieg. Arundhati Roy nannte sie »ein Portal, ein Tor zwischen dieser Welt und der nächsten«.

Und die Verkaufszahlen von Albert Camus' *Die Pest* aus dem Jahr 1947 gingen durch die Decke. Ich kaufte nichts dergleichen, nichts über göttliche oder irdische Vergeltung und nichts über die Träume von einer besseren Zukunft. Viele Menschen wollten das Gefühl haben, dem Horror entspringe irgendetwas Gutes, wir würden als Spezies tugendhafte Lektionen lernen, dem Kokon des Lockdowns als großartige New-Age-Schmetterlinge entschlüpfen und freundlichere, sanftere, weniger gierige, ökologisch klügere, weniger rassistische, weniger kapitalistische, inklusivere Gesellschaften gestalten. Dies schien mir und scheint mir noch immer ein utopisches Denken. Das Corona-Virus traf mich nicht als Vorbote des Sozialismus. Die Machtstrukturen der Welt und deren Nutznießer würden sich nicht leicht einem neuen Idealismus ergeben. Ich konnte unser dringendes Bedürfnis, aus dem Schlechten müsse etwas Gutes hervorgehen, nur seltsam finden. Zu Zeiten des Schwarzen Todes und später in London während der Großen Pest war Europa nicht von Menschen bevölkert, die das Positive zu sehen versuchten. Die Menschen waren viel zu sehr damit beschäftigt, nicht zu sterben. Wie bei den Figuren in Eric Idles Monty-Python-Ableger *Spamalot* war das Einzige, das es zu feiern gab, nicht tot zu sein.

I am not dead yet (sangen sie)
I can dance and I can sing
I am not dead yet
I can do the Highland Fling
I am not dead yet
No need to go to bed
No need to call the doctor
Cause I'm not yet dead.

Es ist kein Zufall, dass wir die dominante Spezies auf der Erde sind. Wir besitzen großartige Überlebensfähigkeiten. Und wir werden überleben. Aber ich bezweifle, dass aus den Lehren der Pandemie eine soziale Revolution hervorgehen wird. Aber ja, gewiss, man kann auf Besserung hoffen und dafür kämpfen; und vielleicht erleben – oder gestalten – unsere Kinder diese bessere Welt.

Teil unserer Tragödie ist, dass wir in dieser Zeit der Krise in vielen Ländern, darunter auch in allen dreien, die mir in meinem Leben am wichtigsten sind, mit Staatschefs von beträchtlichem Zynismus und dreister Arglist gestraft sind. In Indien nutzte Narendra Modis Regierung die Pandemie, die Muslime dafür verantwortlich zu machen. In Großbritannien legte Boris Johnson (obwohl er selbst das Virus hatte und wieder gesund wurde) beim Umgang mit der Krise eine niederschmetternde Inkompetenz an den Tag, zuerst spielte er die Gefahren herunter (wie Trump), reagierte zu zurückhaltend und zu spät (ebenso wie Trump) und spielte weiterhin die Anti-Immigranten-Karte der Brexiteers aus (wieder wie Trump), ungeachtet der Tatsache, dass die Pflegekräfte, die ihn im Krankenhaus umsorgt hatten, Immigranten waren und das gesamte britische Gesundheitswesen von ihren Fähigkeiten und ihrem Mut abhängt. Und in Trumps Amerika, wo nichts undenkbar war, in diesem Land ohne moralische Talsohle, so dass, unabhängig, wie tief er und seine Anhänger sanken, es stets ein noch niedrigeres Niveau gab, auf das man sinken konnte – in Trumpistan wurde das Virus (wie alles andere) politisiert, verharmlost, gar als ein Trick der Demokraten bezeichnet; die Wissenschaft wurde verhöhnt, die erbärmliche Reaktion der Regierung auf die Pandemie durch einen Blizzard aus Lügen verdunkelt, Maskenträger wurden von Trägern roter Kappen beleidigt, und der Berg von Toten wurde immer größer, nicht betrauert von dem ichbesessenen Scharlatan, der entgegen aller Beweise behauptete, er mache Amerika wieder groß.

Die Schäden zu reparieren, die diese Leute in diesen Zeiten angerichtet haben, wird nicht leicht sein. Zu meinen Lebzeiten werde ich die Wunden nicht verheilt sehen. Es wird wohl eine Generation brauchen oder mehr. Der soziale Schaden der Pandemie selbst, die Angst vor unserem alten sozialen Leben in Bars, Restaurants, Clubs und Sportstadien, wird Zeit brauchen zu heilen (obwohl ein Prozentsatz von Leuten bereits jetzt keine Angst zu kennen scheint, wie wir es an Stränden, in Parks und bei Demonstrationen beobachten). Wir werden uns wieder umarmen und küssen. Aber werden uns die Kinos erhalten bleiben? Wird es Buchläden geben? Werden wir uns in überfüllten U-Bahnen wohlfühlen?

Der soziale, kulturelle, politische Schaden dieser Jahre, die Vertiefung der bereits bestehenden tiefen Gräben in Gesellschaften in vielen Teilen der Welt, die Vereinigten Staaten, Großbritannien und Indien eingeschlossen, wird länger fortbestehen. Es wäre nicht übertrieben zu sagen, dass wir, wenn wir über diese Gräben schauen, begonnen haben, die Menschen auf der anderen Seite zu hassen. Dieser Hass wurde befördert von den Zynikern, die uns regieren, und nahezu jeden Tag übersprudelt er uns auf verschiedene Weisen. Es ist nicht leicht, sich vorzustellen, wie dieser Abgrund überbrückt werden – wie die Liebe einen Weg finden kann.

Es hat mich überrascht, wie viele Leute mir zu Anfang des Lockdowns sagten: »Na klar, nach der iranischen Fatwa wegen der Satanischen Verse wissen Sie alles über Lockdowns, es dürfte Ihnen vertraut sein.« Ich beschloss, über diesen Punkt nicht zu diskutieren, denn wenn die Leute nicht verstanden, dass eine Todesdrohung aus religiösen Gründen gegen einen Einzelnen durch eine fremde Regierung nicht das Gleiche war wie eine globale Pandemie – so wie etwa zum Beispiel ein Stein, der auf einem Dorfplatz einem Mann an den Kopf geworfen wird, nicht das Gleiche ist wie eine tödliche Steinlawine, die auf dieses Dorf niedergeht und es zerstört –, dann konnte ich ihnen wahrscheinlich nicht helfen.

Andere Leute meinten: »Das muss eine wunderbare Zeit für Sie sein, denn Sie können zuhause bleiben und einen Roman schreiben.« Und wieder verzichtete ich auf eine Antwort, denn meine Antwort wäre äußerst sarkastisch ausgefallen. »Sie haben so recht damit – es gibt mittlerweile schon über hundertzehntausend Tote allein in den USA, aber meine Güte, was für eine gute Zeit für einen Romanautor.« Tatsächlich fiel es mir schwer zu schreiben. Ich fing etwas an, und nachdem ich über hundert Seiten geschrieben hatte, gab ich es auf, weil ich es für albern hielt. Ich brauchte Monate, um zögerlich tastend etwas anderes anzufangen. Auch viele andere Autoren, mit denen ich sprach, erklärten mir, wie schwer es ihnen falle zu arbeiten. Das Tosen der wirklichen Welt war ohrenbetäubend und ließ keinen ruhigen Ort, an dem eine imaginierte Welt sich entwickeln konnte.

Viele Leser wandten sich nicht nur Camus zu, sondern auch Daniel Defoes *Die Pest zu London*. In meinem Seminar an der NYU hatten wir über journalistische Arbeiten diskutiert, die die Techniken von Romanschreibern nutzen, um wahre Geschichten zu erzählen (Truman Capotes *Kaltblütig*, Swetlana Alexijewitschs *Tschernobyl*, John Edgar Widemans *Writing to Save a Life*, Isabel Wilkersons *The Warmth of Other Suns*). Manche der interessantesten Werke der letzten fünfzig Jahre stehen an der verschwommenen Grenze zwischen Fakt und Fiktion, und die Ergebnisse sind oft umwerfend (so wie in Katherine Boos Schilderung des Lebens im Slum von Mumbai, *Slum. Eine Geschichte von Leben, Tod und Hoffnung*) und manchmal problematisch (wie in *König der Könige. Eine*

Parabel der Macht, Ryszard Kapuścińskis Darstellung von Haile Selassies äthiopischem Hof und seines Sturzes, ein so wunderbar geschriebenes Buch und die Welt darin so reich gestaltet, dass man über die ernsthaften Fragen nach der Wahrhaftigkeit, die der Text herausfordert und auf die er keine zufriedenstellenden Antworten gibt, hinwegsehen möchte).

Daniel Defoes Buch ist die Kehrseite der oben genannten Texte. Es nutzt den Stil des Journalismus – und stellt sich als ein journalistischer Text dar –, in Wirklichkeit aber ist es ein Werk der Fantasie. Defoe veröffentlichte es 1722 anonym, die Autorenschaft schrieb er einem »Bürger« zu, »der die ganze Zeit in London zubrachte«. Er war damals zweiundsechzig, das bedeutet, dass er zur Zeit der Großen Pest im Jahr 1665 fünf Jahre alt war. Er mag als Kind und Jugendlicher von seinem Onkel Henry Foe Geschichten über die Pest gehört haben, aber dieses Buch ist im Wesentlichen ein Roman und keine Reportage.

Beide Werke, *Die Pest* und *Die Pest zu London*, sind wunderbar und lesenswert, aber ich habe mich doch des Öfteren William Goldings dunkler Geschichte *Herr der Fliegen* zugewandt, da ich in Goldings Darstellung der Zerbrechlichkeit der Zivilisation und der Leichtigkeit, mit der diese Hülle zerstört werden kann, um das Barbarentum darunter freizulegen, eine schreckliche und gültige Wahrheit fand. Dann las ich im Mai 2020 einen Artikel von Rutger Bregman im *Guardian* über eine echte Version der Golding-Saga. Im Jahr 1995 verschlug es eine Gruppe australischer Schüler auf eine Insel im Pazifik, südlich von Tonga. Und ganz anders als bei Golding bauen diese Schiffbrüchigen

>»eine kleine Gemeinschaft mit Gemüsegarten, mit ausgehöhlten Baumstämmen, um Regenwasser aufzufangen, einen Sportplatz mit sonderbaren Gewichten, einen Badmintonplatz, Hühnergehege und ein dauerhaftes Feuer, alles von Hand gemacht mit einer alten Messerklinge und mit

viel Entschlossenheit. Während die Jungen in *Herr der Fliegen* sich um das Feuer prügelten, hüteten die in der gelebten Version die Flamme, so dass sie über ein Jahr lang nie erlosch.

Die Kinder einigten sich darauf, in Zweierteams zu arbeiten, erstellten einen strikten Arbeitsplan für den Garten, die Küche und für die Wache. Manchmal stritten sie sich, doch wann immer das geschah, lösten sie den Konflikt durch eine Auszeit. Ihre Tage begannen und endeten mit Gesang und Gebet ... Einer [der Jungen] rutschte eines Tages aus, stürzte von einem Felsen und brach sich ein Bein. Die anderen Jungen suchten nach einem Weg hinunter zu ihm und halfen ihm wieder hinauf. Sie richteten sein Bein mit Stöcken und Blättern. ›Sei unbesorgt‹, scherzte ein anderer Junge. ›Wir erledigen deine Arbeit, während du hier wie König Taufa'ahau Tupou persönlich herumliegst.‹«

Mit anderen Worten, es kam nicht zu einem Abstieg in die Rohheit. Sie benahmen sich wie zivilisierte junge Leute, arbeiteten zusammen, kümmerten sich umeinander und überlebten aus diesem Grund. Nach anderthalb Jahren wurden sie gerettet, und man fand sie in recht guter Verfassung. Das gebrochene Bein war vollkommen verheilt. Goldings Roman und diese australische Geschichte stellen für mich die wesentlichen Wahrheiten dar, wie Menschen in der Krise reagieren. Die Krise wirft ein grelles Licht auf das menschliche Verhalten, das keinen Schatten lässt, in dem wir uns verstecken können, und enthüllt das Schlimmste, zu dem wir fähig sind, und gleichzeitig unsere bessere Natur. Wir haben viel große Menschlichkeit erlebt, in der Arbeit der Kämpfer an vorderster Front, der Ärzte, der Krankenschwestern und des Krankenhauspersonals, und in den Anstrengungen rund um die Uhr und rund um die Welt bei der Suche nach einem Impfstoff. Und auch das Schlimmste haben wir gesehen, in der Degeneration eines Teils der Gesellschaft zu einem ignoranten, eifernden Pöbel. Goldings Meisterwerk stellt sich als falsch heraus, was die menschliche Natur betrifft, und genau im selben Augenblick als wahr.

In den vier Jahrzehnten meines Daseins als Vater gab es nie eine Zeitspanne über ein halbes Jahr, in der ich meine Kinder nicht gesehen habe. Ich habe alles über Zoom gelernt, was hilfreich ist, aber nicht genug. Nun, da es mir wieder gut geht, bedeutet die räumliche Trennung von ihnen die größte Härte.

Denken Sie darüber nach, ob Sie den ganzen Film sehen wollen.

Ich habe die leeren Abende damit gefüllt, mir die Filme noch einmal anzusehen, die ich zuerst in meiner Jugend gesehen habe, Filme, die meine Liebe zum Kino als eine Gattung der Kunst geprägt haben. Sollte mein nächster Roman von der französischen Nouvelle Vague beeinflusst sein, was ich für sehr gut möglich halte, dann ist der Lockdown schuld daran, denn ich sah Jean-Luc Godards *Bande à part (Die Außenseiterbande)* und *Vivre sa vie (Die Geschichte der Nana S.)*, beide mit der brillanten Anna Karina, und war aufs Neue begeistert von den Techniken der Nouvelle Vague, den langen Einstellungen, den Bildsprüngen, den Jump Cuts zwischen Szenen und stilistischen Verfremdungen so wie den Schrifttafeln, die die Aktion beschreiben, ehe sie gezeigt wird. Éric Rohmer drehte sechs »Moralische Erzählungen«, alle im Wesentlichen mit dem gleichen Plot – eine Figur hat mit einer anderen eine Beziehung, fühlt sich zu einer dritten Figur hingezogen, kehrt aber am Ende zu ihrem früheren Leben zurück – und ich sah die beiden besten dieser Filme, *Le Genou de Claire (Claires Knie)* und *Ma nuit chez Maud (Meine Nacht bei Maud)*.

Ich wagte mich über Frankreich hinaus, um das große Zeitalter des Weltkinos zu erforschen. Ich studierte die träge, schweifende, sinnliche Erzählstruktur von Michelangelo Antonionis *L'avventura (Die mit der Liebe spielen)*, des Films, der Monica Vitti zum Star machte. Ich betrachtete genau Akira Kurosawas Samurai-

Film *Yojimbo* und Fellinis 8 1/2 und *Xala* von Ousmane Sembène, eine senegalesische Komödie über Impotenz.

Auch Abende mit Unterhaltung in englischer Sprache gab es – Hitchcocks herrliches *The Lady Vanishes (Eine Dame verschwindet)*, die Spitzenzeit mit Marilyn (*Some Like It Hot/Manche mögen's heiß, Gentlemen Prefer Blondes/Blondinen bevorzugt*), der komische Eskapismus in *High Society/Die oberen Zehntausend, Funny Face/Ein süßer Fratz* und *Bringing Up Baby/Leoparden küßt man nicht*. Dieses private Filmfestival hat meine kreativen Säfte wieder zum Fließen gebracht. In jungen Jahren haben mich Filme mindestens so sehr inspiriert wie Bücher. Es ist doch wunderbar, dass sie es in diesem späteren Stadium meines Lebens abermals tun.

Nachdem ich wieder gesund und zu Kräften gekommen war, spazierte ich durch die Straßen, ordentlich mit Maske und Handschuhen, um meine Beziehung zu New York zu erneuern, zu dieser Stadt, die ich seit meinem ersten Besuch in den frühen 1970er Jahren liebe. Ich stand völlig allein in der großen Halle der Grand Central Station, es war unheimlich. Ich sah das Herz, das in den Rasen des Bryant Park gemäht worden war, als Dank für die Menschen, die in der ersten Reihe arbeiten, und die Leere auf der Fifth Avenue und einen weißhaarigen Mann auf einer Bank im Madison Square Park, der ruhig auf seiner Gitarre spielte. Ich sah den menschenleeren Times Square. Und ich zollte dem Lebensmittelladen Respekt, der früher das legendäre *Max's Kansas City* gewesen war. Der Laden war nun geschlossen, so wie das *Max's* schon lange zuvor geschlossen wurde. Würde er wieder öffnen? Das weiß man nicht. Vielleicht würde die Vergangenheit zurückkehren, wenn wie durch einen Zauber oben im *Max's* die Geister von Lou Reed und den Velvet Underground wieder spielten, und Bowie und Warhol säßen im Hinterzimmer, und Debbie Harry würde an den Tischen bedienen.

Und dann veränderte die Stadt sich noch einmal, als es zu einer zweiten Krise kam, und zumindest eine Zeit lang schien es so, als gäbe es die Pandemie nicht mehr.

Eine andere Art von gesellschaftlicher Revolution begann nach dem Mord an George Floyd am 25. Mai 2020 in Minneapolis durch Polizisten, angeführt von Derek Chauvin, und vielleicht wird sich dieses Verbrechen mehr als die Pandemie als Kipppunkt erweisen. Die Straßen waren plötzlich voller Menschen, dicht gedrängt, als wäre die Pandemie nur ein schlechter Traum gewesen. Als die riesigen Protestmärsche nach dem Tod von George Floyd sich ausbreiteten, Nacht für Nacht, Stadt für Stadt, erinnerte ich mich an Peter Finch, der in dem Film *Network* von 1976 rief: »Ich bin völlig verrückt, und ich nehme das nicht länger hin.« Und ich erinnerte mich an Toni Morrison, die gesagt hatte: »Weiße haben ein sehr ernstes Problem, und sie müssen allmählich darüber nachdenken, was sie dagegen tun können«, und: »Wenn du nur groß sein kannst, weil andere auf den Knien sind, dann ist das ein Problem.« Und in den Augen und Gesichtern der Demonstranten – manche mit Maske, andere ohne – sah ich eine Entschlossenheit, die besagte: »Dieses Mal ist es anders.«

Die Zeit wird es weisen, ob die Proteste die Pandemie neu geschürt haben. Ebenso wird es die Zeit weisen, ob Amerika tatsächlich anders sein und das schamlose Morden von schwarzen Männern und Frauen durch Polizisten und andere bewaffnete weiße Rassisten aufhören kann. Wenn Sie diese Zeilen lesen, werden wir wissen, ob Amerika einen neuen Präsidenten hat und bessere Tage anbrechen. Ich hoffe inständig, dass es so sein wird. Sollte es nicht der Fall sein, wird Gott, an den ich nicht glaube, uns allen helfen müssen.

Am Mittwoch, den 3. Juni, ging ich in die Praxis meines Hausarztes und ließ mir für einen Antikörpertest Blut abnehmen. Am Freitag, den 5. Juni, bekam ich das Ergebnis. Es konnten Antikörper nachgewiesen werden! Als man es mir mitteilte, überkam mich ein Hochgefühl. Es war mir nun möglich, mit weniger Angst durch die Straßen zu gehen und Geschäfte oder andere Räume zu betreten. Es war mir möglich, den langsamen Neustart eines Lebens mit anderen Menschen zu erwägen. Die Vorstellung, in ein Flugzeug zu steigen, war weniger beunruhigend. Das Leben jenseits des Virus würde vielleicht wieder beginnen.

Die amerikanischen Gesundheitsbehörden sträuben sich offenbar, eindeutig zu sagen, ob Antikörper Immunität verleihen. Jedenfalls sind einige deutsche Autoritäten zu neunundneunzig Prozent sicher, dass Immunität mindestens für ein Jahr bestehe, und der Nachweis von Antikörpern bedeute auch, dass man kein Überträger oder auch »Spreader« sein könne. Ich vertraue den Europäern im Augenblick mehr als den Amerikanern, schon weil es dort wohl keine politischen Einmischungen in die medizinische Seite der Dinge gibt.

Ich nehme an, ich bin immun. Ich erzählte einigen Freunden davon, und mehr als einer entgegnete: »Dann bist du jetzt Superman.« Ich fühle mich nicht besonders super. Und ich weiß, dass es für jeden Superman einen Brocken grünes Kryptonit gibt.

Wir werden sehen.

Dieser Text erschien auf Deutsch erstmals in Salman Rushdies Essayband *Sprachen der Wahrheit. Texte 2003–2020*, C. Bertelsmann, München 2021. Übersetzung aus dem Englischen von Sabine Herting und Bernhard Robben.

IMMER BESSER?

Vom demokratischen Fortschritt

Maren Urner

Raus aus der Vorstellungskrise
Warum demokratischer Fortschritt im Kopf beginnt

»Ich bin heute hierhergekommen, … um uns von der Bundesseite natürlich ein reales Bild von der, wie ich sagen muss, surrealen, gespenstischen Situation zu machen. Es ist erschreckend, ich will fast sagen, die deutsche Sprache kennt kaum Worte für die Verwüstung, die angerichtet ist.«

Am Sonntag nach der Flutkatastrophe steht Angela Merkel am Rednerpult in der Ortsgemeinde Schuld im rheinland-pfälzischen Landkreis Ahrweiler und bringt wie viele andere auch in den Tagen nach den verheerenden Überschwemmungen im Sommer 2021 zum Ausdruck, welches die eigentliche Krise ist, in der wir stecken. »Solche Bilder sind nicht Deutschland!«, kommentieren Zugreisende die Aufnahmen aus Erftstadt, Bad Münstereifel, Hagen und dem Berchtesgadener Land auf ihren Smartphones. »Unglaublich!« Derweil versucht eine Mutter ihren Kindern zu erklären, dass die Bilder tatsächlich aus der Nachbarschaft stammen. Lokalpolitikerinnen und Lokalpolitiker der betroffenen Gemeinden ringen vor den Kameras der Nation um die richtigen Worte. »Das hat unsere Vorstellungskraft gesprengt, wir suchen immer noch nach einem richtigen Namen; Katastrophe trifft es nur teilweise«, beschreibt der Bürgermeister der stark betroffenen Stadt Sinzig, Andreas Geron, die Überforderung in einer Talkshow.

Diese übergeordnete Krise ist nicht hervorgerufen durch ein Virus, nicht durch Menschen, die aus ihrer Heimat fliehen, nicht durch finanzielle Spekulationen, nicht durch das Eingreifen des Menschen in das Klima, sondern beginnt bei jedem Einzelnen im Kopf. Ich nenne sie die Vorstellungskrise. Meine damit verbundene

These lautet: Nur wenn wir es schaffen, diese Vorstellungskrise in unseren Köpfen zu überwinden, werden wir in der Lage sein, Demokratie und Fortschritt wieder zusammenzuführen. Wichtig ist dabei: Es geht um mehr als Hoffnung auf ein besseres Morgen, und es geht um mehr als das Hinterfragen sowie die mögliche Abkehr vom Status quo. Stattdessen geht es darum, das »statische Denken« hinter uns zu lassen und »dynamisches Denken« zu praktizieren.

Bevor es um die drei Kernaspekte ebendieser neuen Denkweise im dritten und letzten Teil des Essays gehen wird, beginne ich mit einer kurzen Bestandsaufnahme beziehungsweise Einordnung des Krisenbegriffs anhand der Corona-Pandemie. Darauf folgt im zweiten Teil eine kurze Rückbesinnung auf die zentrale Aufgabe von Demokratien verbunden mit der Frage, welche menschliche Eigenschaft historisch gesehen Fortschritt ermöglicht hat.

Wo stehen liberale Demokratien im Jahr 2021? Sie alle erlebten und erleben die Corona-Pandemie, die der Bevölkerung in sämtlichen Lebensbereichen vor Augen führt: Nichts ist in Stein gemeißelt, denn bereits ein mit den bloßen Augen unsichtbares Virus schafft es, Gewohnheiten und sicher Geglaubtes in sämtlichen Lebensbereichen auf den Kopf zu stellen. Innerhalb kürzester Zeit erlebte die Weltbevölkerung im Frühjahr 2020 bis dahin nicht vorstellbare Veränderungen.

Im Sozialen galt es, Abstand zu halten, Kontakte einzuschränken und persönliche Interaktionen auf das Nötigste zu reduzieren. Kein Händeschütteln und keine Umarmungen, Hochzeiten wurden verschoben, Beerdigungen auf wenige Trauernde beschränkt, Konferenzen, Konzerte und Kammerspiele wiederholt auf neue Termine verlegt oder irgendwann abgesagt.

In der Bildung galt es, Homeschooling zu organisieren. Semesterbegrüßungen, Abschlussfeiern und Vorlesungen fanden genauso mit Sektglas vor den Bildschirmen statt wie Lehrerversammlungen und Gremiensitzungen.

Die Arbeit der meisten Büroschaffenden wurde ins Homeoffice verlegt, die Kulturschaffenden und zahlreiche Dienstleister waren vom einen auf den anderen Tag ohne Arbeit, und in den Medien wurden Interviewpartnerinnen und Interviewpartner immer öfters »dazugeschaltet«, statt vor Ort zu sein.

Überhaupt fand plötzlich alles irgendwie digital statt, und die ersten Psychologinnen und Psychologen begannen das Phänomen der Bildschirmmüdigkeit und -überforderung – auch »Zoom Fatigue« genannt – zu erforschen.

Gleichzeitig waren die Straßen, Züge und Bahnen leer, der Himmel ohne Kondensstreifen und Fahrradhersteller für Monate oder gar Jahre ausgelastet. Mehr Menschen gingen spazieren, laufen und radeln, allein, mit Menschen aus dem eigenen Haushalt oder wenigen anderen Menschen, je nach aktuell geltenden Kontaktbeschränkungen.

Produzierende Unternehmen erhöhten ihre Kapazitäten – von Nudeln und Toilettenpapier bis hin zu Automotoren – oder veränderten ihr Angebot. Kleidungshersteller nähten Masken statt T-Shirts, statt Motoren rollten Beatmungsmaschinen vom Band, statt für Hochprozentigen wurde Alkohol für Desinfektionsmittel genutzt.

In der Politik legten die Beteiligten eine stark erhöhte Entscheidungsgeschwindigkeit an den Tag. Allen war klar: Wir müssen die Folgen der Pandemie eindämmen. Es war keine – oder zumindest eine sehr eingeschränkte – Zeit für inner- oder zwischenparteiliche Machtkämpfe und Eskapaden; es ging um die Sache.

Die kurze Zusammenfassung ohne Anspruch auf Vollständigkeit soll vor allem eins verdeutlichen: Wir mussten uns nicht mehr vorstellen, wie sich all unsere Lebensbereiche durch eine Pandemie möglicherweise verändern würden – die Veränderungen waren da, und wir mussten gemeinsam Wege finden, um mit der neuen Situation umzugehen und sämtliche Lebensbereiche neu zu gestalten. Aussagen wie: »Das geht nicht!«, »Das haben wir immer so gemacht!« oder auch »Wer soll das denn bezahlen?« verloren ihre Gültigkeit, weil klar war: Die Rahmenbedingungen hatten sich so sehr verändert, dass es »gehen musste«. Ein »Weiter so« war schlichtweg unmöglich und Veränderung alternativlos.

Gleichzeitig wurden grundlegende Probleme, die zuvor Fortschritt behindert hatten, deutlicher. Sie wurden sichtbarer, weil Kriege und Krisen uns ehrlich machen. Im Ausnahmezustand, wenn es um Leben und Tod geht, bleibt keine Zeit für Eitelkeiten und Scheindebatten. So werden wir in Zeiten von Krisen empfänglicher dafür, die zentrale Frage zu stellen, die Fortschritt ermöglicht: Worum geht es wirklich? Mit Blick auf die Corona-Pandemie ist für diese Frage der Begriff der Systemrelevanz zentral. Mit anderen Worten: Welche Berufe, Tätigkeiten und Fähigkeiten brauchen wir wirklich für ein glückliches und gesundes Zusammenleben in einer Demokratie?

Viele Menschen haben gerade die ersten Monate der Pandemie trotz aller Herausforderungen und Überforderung auf vielen Ebenen auch als ein Innehalten wahrgenommen. Sie haben sich gefragt, wie sie ihr Leben als Individuum und Teil der Gesellschaft in Zukunft leben wollen und können. Sprich, sie haben sich die Frage gestellt: Worum geht es wirklich?

Lassen wir diese Frage zu, können wir jede Krise als das nutzen, was der Begriff ursprünglich meint: einen Wendepunkt.

»Never let a good crisis go to waste.« Diese Aussage wird Sir Winston Churchill zugeschrieben, der vor dem Hintergrund des Zweiten Weltkriegs Mitte der 1940er Jahre daran arbeitete, die Vereinten Nationen ins Leben zu rufen. Seine Aussage steht symbolisch und beispielhaft zugleich für das Verständnis von Krisen als Wendepunkte. Sie dient mir aber auch als Aufhänger für das Erfolgsrezept menschlichen Zusammenlebens allgemein und in Demokratien im Speziellen.

Die Spezies Mensch zeichnet sich nicht dadurch aus, dass ihre Vertreter besonders schnell laufen oder klettern können, Reißzähne, Klauen oder Flügel besitzen, sondern durch eine Verhaltensweise, die nichts mit körperlicher Überlegenheit des Individuums zu tun hat. Das Erfolgsrezept der Spezies Mensch liegt in seiner Fähigkeit zu kooperieren. Nur durch Kooperation war die erste Mondlandung möglich, gibt es Smartphones und können innerhalb weniger Monate neuartige Impfstoffe gegen ein bis dahin unbekanntes Virus auf den Markt gebracht werden.

Mit wem wir kooperieren, hängt von vielen Faktoren ab: Gehört jemand zur Familie? Hat das Gegenüber das gleiche Geschlecht, die gleiche Hautfarbe oder den gleichen Musikgeschmack? Zentral ist immer eine gewisse Form der Zuordnung, der Gruppierung, die es ermöglicht, gemeinsam etwas zu leisten. So gesehen sind Demokratien vor allem eins: Kooperationen im großen Stil, wobei Staatsangehörigkeit oder Wohnort das verbindende Element darstellen beziehungsweise ein Gruppengefühl erzeugen.

Mit diesem Verständnis im Hinterkopf möchte ich erneut auf den Krisenbegriff als Wendepunkt zurückkommen. Wann ist eine Krise für uns real? Wenn wir sie spüren und wahrnehmen. Aus der Psychologie und der Biologie wissen wir, dass dafür vor allem drei Kriterien der Nähe erfüllt sein müssen: zeitlich, räumlich und sozial. Letztgenanntes meint, dass wir selbst oder Menschen, die uns nahestehen, betroffen sind. So hatten wir wohl alle unseren eigenen »Corona-Moment«, in dem wir begriffen, dass das neue Virus sich nicht mehr nur in der Ferne und den Nachrichten abspielt, sondern vor oder gar hinter der eigenen Haustür angekommen war. Mit Blick auf die Klimakrise stellen für viele Menschen in Deutschland der Starkregen und die damit einhergehende Flutkatastrophe im Sommer 2021 einen solchen Moment der Erkenntnis dar.

Die zentrale Frage ist nun: Nutzen wir die Krisen als Wendepunkte, in denen wir uns als Individuen auf das Erfolgsrezept der Menschheit, also die Fähigkeit zu kooperieren, (zurück)besinnen, um so als stärkere und bessere Demokratie aus der Krisensituation hervorzugehen? Oder lassen wir unsere Ängste vor dem Unbe-

kannten und antidemokratische Gedanken gewinnen? Antidemo-
kratisch, weil das Schüren von Ängsten vor allem dem (noch) Frem-
den gegenüber geschieht und so die Zugehörigkeit zur eigenen
Gruppe auf einen sehr ausgewählten kleinen Kreis beschränkt wird,
der vermeintlich Sicherheit gewährleistet.

Klar ist, dass Fortschritt nur mit einer positiven Antwort auf
die erste Frage gelingen kann. Egal, ob es um die Gründung der
Vereinten Nationen geht oder die Erkenntnis, dass weder Viren
noch die Folgen des von Menschen gemachten Klimawandels an
irgendwelchen von Menschen gezogenen Grenzen haltmachen.
Klar ist auch, dass die zentrale Herausforderung für eine positive
Antwort auf die erste Frage darin besteht, Wege zu einer verbesser-
ten Kooperation und damit zu gesellschaftlichem Fortschritt zu
finden.

Aus gesellschaftspsychologischer Sicht bedeutet das, den Radius der moralischen Betroffen- und Verbundenheit – bestimmt
durch die drei genannten Kriterien der Nähe – zu vergrößern. Sehen Menschen ihre Grundbedürfnisse bedroht, tendieren sie dazu,
diesen Radius zu verkleinern und sich mehr auf einige wenige
starke Beziehungen zu konzentrieren, die sich durch eine starke
gegenseitige Abhängigkeit bedingen. Aus dieser Beobachtung
lässt sich also die Aufgabe jeder liberalen Demokratie generell und
in Krisenzeiten im Besonderen ableiten: Der Staat muss die Grundbedürfnisse und die damit verbundene materielle Sicherheit aller
Bürgerinnen und Bürger stillen beziehungsweise gewährleisten
und so die Reichweite der moralischen Betroffenheit in der Bevölkerung erweitern mit dem Ziel, die Kooperationsbereitschaft zu
erhöhen.

Dann sind wir bereit, nach der ersten, eher analytischen Frage –
worum geht es wirklich? – die zweite, aufs Handeln konzentrierte
Frage zu stellen: Was, wenn wir es wirklich wollen?

Um darauf Antworten geben zu können, die den Status quo
nicht zementieren, sondern neugierig und mutig auf die Zukunft

gerichtet sind, müssen wir aber überhaupt in der Lage sein uns vorzustellen, wie ein anderes, ein fortschrittliches Zusammenleben aussehen kann. Wir benötigen Bilder, Wörter und Geschichten, die uns dabei helfen. Wir benötigen all das, um die Vorstellungskrise als eine Vorstellungschance zu nutzen.

»Das Reden über Probleme schafft Probleme, das Reden über Lösungen schafft Lösungen.« Die Aussage des amerikanischen Psychotherapeuten und Autors Steve de Shazer bringt auf den Punkt, warum jede Veränderung immer in unserem Denken – und damit in unseren Köpfen – beginnt. Stärker noch: Jeder Gedanke verändert unser Gehirn und folglich unsere Sicht auf die Welt. Damit ist auch klar, dass es keines Aufrufs zur Veränderung bedarf, da diese aus neurobiologischer Sicht unvermeidbar ist. Aber es bedarf des Aufrufs zur bewussten Veränderung. Mit anderen Worten: Wir können uns nicht *nicht* verändern. Somit haben wir die Verantwortung, darüber nachzudenken, *wie* wir uns verändern wollen. Genau hier setzt mein Konzept des »dynamischen Denkens« an, das anhand von drei Kernaspekten aktive Antworten auf die Vorstellungskrise ermöglicht und generiert. Grundlegend ist dabei, dass die Veränderungsverantwortung bei jedem Einzelnen beginnt und über sämtliche Ebenen menschlichen Zusammenlebens bis zur gesellschaftspolitischen Ebene reicht.

Bessere Fragen stellen: »Abschaffung von !« – »Beendet !« – »Gegen !« Egal ob politische Partei, Gewerkschaft oder Bürgerprotest, oft formulieren Menschen und Interessengruppen ihre Absichten und Wünsche anhand dessen, *wogegen* sie sind. Der Fokus liegt also auf dem Problem, auf dem, was nicht mehr dazugehören soll. Nicht selten geht es dabei um die Abkehr von negativen Einflüssen wie Hass, Diskriminierung und Unterdrückung. Doch ganz gleich, wie ehrenwert die verfolgten Ziele auch sein mögen, der gedankliche Fokus auf das *Wogegen* führt dazu, dass wir uns in einer Haltung befinden, die abgrenzt und auch das eigene Potenzial nicht ausschöpft. In der Psychologie wird diese Denkweise als

»Fixed Mindset« bezeichnet. Dem gegenüber steht das »Growth Mindset«. Es ist die Überzeugung, dass wir Fähigkeiten bis zur eigenen Intelligenz beeinflussen können und sich dementsprechend Einsatz und Ausdauer lohnen. Das Einzige, was wir verändern müssen, um vom »Fixed« zum »Growth Mindset« zu gelangen, ist, statt nach dem *Wogegen* nach dem *Wofür* zu fragen. So geht es schon beim ersten Kernaspekt des dynamischen Denkens nicht nur darum, andere Fragen zu stellen, sondern automatisch auch um persönliche und gesellschaftliche Wertvorstellungen sowie Ziele, *für* die eine fortschrittliche liberale Demokratie stehen kann und möchte.

Lagerdenken überwinden: Frau oder Mann, jung oder alt, hellhäutig oder dunkelhäutig, Radfahrerin oder Autofahrer? Das menschliche Gehirn ist ständig damit beschäftigt, einzuordnen und bestimmte Gruppen zu definieren. Gesellschaftlich geschieht das häufig über Abgrenzung, so dass der Fokus auf dem liegt, was Menschen unterscheidet und damit voneinander trennt. Wie bereits erwähnt, lassen sich die zentralen Herausforderungen der Menschheit aber nicht eingeschränkt von Gruppendenken, festgelegten (Landes-)Grenzen oder vermeintlichen Dichotomien lösen. Letztgenannte werden besonders häufig zwischen Ökonomie und Ökologie sowie zwischen Freiheit und Sicherheit vorgegeben. Dabei ist vor allem mit Blick auf die Klimakrise längst klar, dass es nur *eine* Kosten-Nutzen-Analyse gibt, bei der es »unterm Strich« um das Überleben der Spezies Mensch auf dem Planeten Erde geht. Dabei gilt es nicht auszugrenzen, sondern einzuschließen – wie ich mit Blick auf das Demokratieverständnis als Kooperationsbereitschaft bereits erläutert habe. Darum setzt der zweite Kernaspekt des dynamischen Denkens beim Gruppendenken an: Statt reflexartig zu fragen »Was trennt uns?«, fragt der dynamisch und fortschrittlich denkende Mensch »Was verbindet uns?«. So wird aus dem »Wir gegen die Anderen« ein »Du und ich gemeinsam als Wir«.

Neue Geschichten erzählen: Staaten, Gesetze, politische und wirtschaftliche Vorstellungen sind keine Naturgesetze, sondern menschengemachte Konstrukte, die im weitesten Sinne auf Vorstellungen – und damit Geschichten – beruhen, die Menschen miteinander teilen. Das menschliche Dasein besteht sowohl auf individueller Ebene mit Blick auf die persönliche Lebensgeschichte als auch auf gesellschaftlicher Ebene, bezogen auf Wertvorstellungen und entsprechende Normen des Zusammenlebens, auf Geschichten, die wir uns selbst und anderen erzählen. Machen wir uns den transienten Charakter der Konzepte und Überzeugungen, die unser Zusammenleben zu jedem Zeitpunkt definieren, bewusst, erscheinen auch Begriffe wie Sklavenarbeit, Wochenende und Lieferkettengesetz in neuem Licht. Gleichzeitig versetzt uns dieses Bewusstsein fast automatisch in ein »Growth Mindset«, mit dem wir *Wofür* statt *Wogegen* fragen. Wir können uns neue Geschichten vom guten Leben erzählen und jeden Morgen fragen: Was kann ich tun, damit diese Vorstellung eines besseren, eines fortschrittlichen Zusammenlebens möglich wird? Dafür brauchen wir die Vorstellungskraft mutiger und neugieriger Köpfe und demokratische Strukturen, die ebendieses Denken fordern und fördern.

Steven Pinker

Aufklärung jetzt
Über gleiche Rechte

Den weltweiten Fortschritt gegen Rassismus, Sexismus und Homophobie kann man, ungeachtet seiner Holprigkeit und Rückschläge, als weit geschwungenen Bogen empfinden. Von dem Sklavereigegner Theodore Parker übernahm Martin Luther King jr. das berühmte Bild eines Bogens, der sich zur Gerechtigkeit hinneigt. Parker räumte ein, dass er nicht sehen könne, wie sich der Bogen vollende, doch könne »sein Gewissen es erahnen«. Kann es ein noch objektiveres Verfahren geben, um zu bestimmen, ob es einen historischen Bogen gibt, der der Gerechtigkeit zustrebt, und wenn ja, was ihm die Richtung weist?

Einen möglichen Blick auf den Bogen der Moral erlaubt uns der *World Values Survey*, in dem über mehrere Jahrzehnte hinweg 150 000 Personen aus über 95 Ländern, in denen fast 90 Prozent der Weltbevölkerung leben, befragt wurden. In seinem Buch *Freedom Rising* hat der Politologe Christian Welzel (ausgehend von einer Zusammenarbeit mit Ron Inglehart, Pippa Norris und anderen) die Behauptung aufgestellt, der Prozess der Modernisierung habe »emanzipative Werte« erstarken lassen (*World Values Survey*: http://www.worldvaluessurvey.org/wvs.jsp. Emanzipative Werte: Welzel, 2013). Im Übergang von Agrar- zu Industrie-, zu Informationsgesellschaften verlieren die Bürger zunehmend die Angst, sich Feinden und anderer existenzieller Bedrohungen erwehren zu müssen, und entwickeln immer mehr Interesse daran, ihre Ideale zu verwirklichen und die Gelegenheiten zu ergreifen, die ihnen das Leben bietet. Dabei verschieben sich ihre Werte hin zu größerer Freiheit für sie selbst und andere. Dieser Wandel entspricht der von dem Psychologen Abraham Maslow entwickelten Theorie einer Bedürfnishierarchie, ausgehend vom Drang zu überleben und dem Wunsch nach Sicherheit hin zu Zugehörigkeit, Wertschätzung und Selbstverwirklichung (und Brechts »Erst kommt das Fressen, dann kommt die Moral«). Wir beginnen, Freiheit höher zu schätzen als Sicherheit, Vielfalt höher als Uniformität, Autonomie höher als Autorität, Kreativität höher als Disziplin und Individualität höher als Konformität. Emanzipative Werte kann man auch als liberale Werte bezeichnen, im klassischen Sinne bezogen auf »Freiheit« und »Befreiung« (nicht auf eine linksgerichtete politische Gesinnung).

Welzel hat einen Weg gefunden, die Verpflichtung zu emanzipativen Werten durch eine einzige Zahl darzustellen. Ausgangspunkt war seine Entdeckung, dass die Antworten auf eine Gruppe von Fragen einer Erhebung meist über Personen, Länder und Regionen der Welt hinweg mit einer gemeinsamen Geschichte und Kultur korrelieren. Die Fragen umfassen Geschlechtergleichheit (ob man meint, dass Frauen das gleiche Recht auf Arbeit, politische Führungspositionen und Hochschulbildung haben sollten wie Männer), persönliche Entscheidungen (ob man meint, dass Scheidung, Homosexualität und Abtreibung gerechtfertigt sein können), politische Mitsprache (ob man der Überzeugung ist, dass Menschen das Recht auf freie Meinungsäußerung und ein Mitspracherecht in Regierung, Gemeinde und am Arbeitsplatz haben sollten) und grundsätzliche Fragen der Kindererziehung (ob man findet, dass Kinder zu Gehorsam angehalten oder zu Unabhängigkeit und Kreativität ermuntert werden sollten). Die Korrelationen zwischen diesen Fragen sind alles andere als vollkommen – insbesondere die Frage der Abtreibung entzweit Menschen, die sich sonst in vielem einig sind –, aber im Allgemeinen sind die Fragen miteinander verschränkt und erlauben im Verbund viele Vorhersagen über ein Land.

Bevor wir uns historischen Werteveränderungen zuwenden, gilt es zu bedenken, dass der Lauf der Zeit nicht einfach nur die

Seiten des Kalenders umblättert. Während die Zeit ins Land zieht, werden Menschen älter, und schließlich sterben sie und werden durch eine neue Generation ersetzt. Demzufolge können säkulare (im Sinne von historischen oder lang anhaltenden) Veränderungen im menschlichen Verhalten aus drei Gründen auftreten. (Unterscheidung zwischen Alter, Periode und Kohorte: Costa & McCrae, 1982, Smith, 2008.) Der Trend kann auf einem »Periodeneffekt« beruhen – auf dem Wandel der Zeiten, dem Zeitgeist oder der Stimmung einer Nation, die alle Boote gemeinsam anhebt oder sinken lässt. Er kann auf einem »Alterseffekt« (oder »Lebenszykluseffekt«) beruhen – Menschen verändern sich, während sie sich vom lallenden Säugling zum quengelnden Schulkind, zum seufzenden Liebhaber, zum dickbäuchigen Richter und so weiter entwickeln. Da die Geburtenrate einer Nation Booms und Flauten erlebt, verändert sich die Bevölkerung zwangsläufig mit dem sich wandelnden Anteil junger, mittelalter und alter Menschen, selbst wenn deren jeweilige Werte in jedem Alter dieselben bleiben. Und schließlich kann der Trend ein »Kohorteneffekt« (oder »Generationeneffekt«) sein: Menschen, die in einer bestimmten Zeit geboren werden, zeichnen sich oft durch Eigenschaften aus, die sie ihr ganzes Leben lang begleiten, und der Bevölkerungsdurchschnitt spiegelt die sich wandelnde Mischung der Kohorten wider, während eine Generation von der Bühne ab- und die nächste auftritt. Die Effekte von Alter, Periode und Kohorte genau auseinanderzuhalten ist unmöglich, denn während eine Periode in die nächste übergeht, altert auch jede Kohorte. Doch wenn man ein Merkmal in mehreren Perioden über eine Population hinweg misst und die Daten aus den verschiedenen Kohorten in jeder einzelnen Periode getrennt betrachtet, lassen sich über die drei Arten von Veränderungen plausible Schlüsse ziehen.

Wenden wir uns zunächst der Geschichte der am weitesten entwickelten Länder zu, etwa denen in Nordamerika, Westeuropa und Japan. Abbildung 1 illustriert den Verlauf der emanzipativen

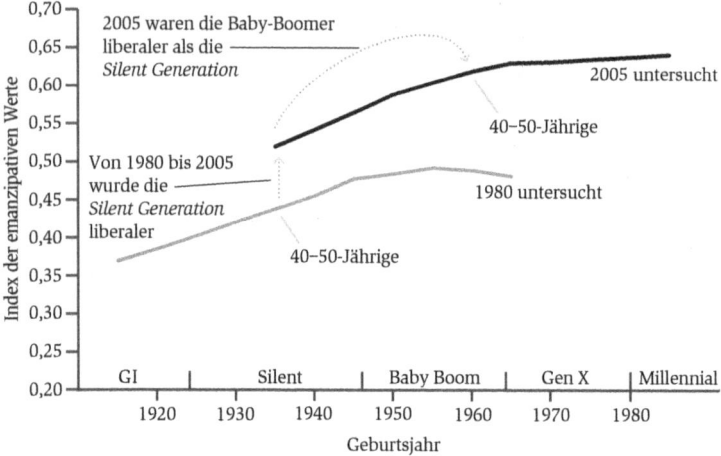

Abb. 1 Liberale Werte über Zeit und Generationen hinweg, Industrieländer, 1980 bis 2005

Quelle: Welzel 2013, Abb. 4.1. Die Daten des *World Values Survey* stammen aus Australien, Kanada, Frankreich, Westdeutschland, Italien, Japan, den Niederlanden, Norwegen, Schweden, Großbritannien und den Vereinigten Staaten (alle Länder gleich gewichtet).

Werte über ein Jahrhundert hinweg. Aufgetragen sind Erhebungsdaten von Erwachsenen (im Alter von 18 bis 85) in zwei Perioden (1980 und 2005), die Kohorten mit einem Geburtsjahr zwischen 1895 und 1980 repräsentieren. (US-amerikanische Kohorten teilt man gemeinhin auf in die G.I.-Generation, geboren zwischen 1900 und 1924, die Silent Generation, 1925 bis 1945, die Baby-Boomer, 1946 bis 1964, die Generation X, 1965 bis 1979, und die Millennials, 1980 bis 2000.) Die Kohorten sind auf der waagerechten Achse nach Geburtsjahr angeordnet; die Ergebnisse der beiden Erhebungsjahre sind in jeweils einer Kurve abgebildet. (Die Daten von 2011 bis 2014, mit denen die Reihe bis zu den späten Millennials, die bis 1996 geboren wurden, fortgeführt wird, ähneln denen von 2005.)

Das Diagramm offenbart einen historischen Trend, der im Getümmel der politischen Diskussion allzu häufig unter den Tisch fällt: Ungeachtet allen Geredes über Rückfälle in rechte Gesinnung und wütende weiße Männer sind die Werte westlicher Staaten kontinuierlich liberaler geworden (was, wie wir sehen werden, ein Grund dafür ist, dass jene Männer so wütend sind – siehe dazu auch Newport, 2015). Die Kurve für 2005 liegt höher als die für 1980 (was zeigt, dass jeder mit der Zeit liberaler geworden ist), und beide Kurven steigen von links nach rechts an (was zeigt, dass jüngere Generationen in beiden Perioden liberaler waren als ältere). Die Anstiege sind beträchtlich: jeweils rund drei Viertel einer Standardabweichung über die 25 vergangenen Jahre und für jede 25-Jahre-Generation. Die Anstiege werden überdies nicht ausreichend gewürdigt: Wie eine Umfrage von Ipsos im Jahr 2016 erbrachte, glauben die Menschen in fast jedem Industrieland, ihre Landsleute seien gesellschaftlich konservativer, als sie tatsächlich sind (Ipsos, 2016). Eine weitere entscheidende Entdeckung wird in der Grafik offenbar: Die Liberalisierung manifestiert sich nicht in einer anschwellenden Blase liberaler junger Menschen, die sich mit zunehmendem Alter wieder zum Konservatismus zurückentwickelt. Wäre das der Fall, so würden die beiden Kurven Seite an Seite verlaufen, statt dass eine über der anderen schwebt, und eine senkrechte Linie, die eine bestimmte Kohorte repräsentiert, würde die Kurve für 2005 bei einem niedrigeren Wert durchstoßen, was die konservative Gesinnung der Alten widerspiegeln würde und nicht den in der Grafik dargestellten höheren Wert, der den liberalen Zeitgeist bezeugt. Junge Menschen nehmen ihre emanzipativen Werte mit in ihre späteren Lebensjahre … Werte gehen mit der Kohorte, nicht mit dem Lebenszyklus (Ghitza & Gelman, 2014, Inglehart, 1998, Welzel, 2013).

Die in Abbildung 1 sichtbaren Liberalisierungstrends sind die der Prius fahrenden, Chai schlürfenden, Quinoa essenden Populationen postindustrieller westlicher Staaten. Was aber ist mit dem Rest der Menschheit? Welzel teilte die 95 Länder des *World Values Survey* in zehn Zonen mit jeweils ähnlicher Geschichte und Kultur ein. Er nutzte zudem das Fehlen eines Lebenszykluseffekts, um die emanzipativen Werte rückwärts zu extrapolieren: Die Werte einer

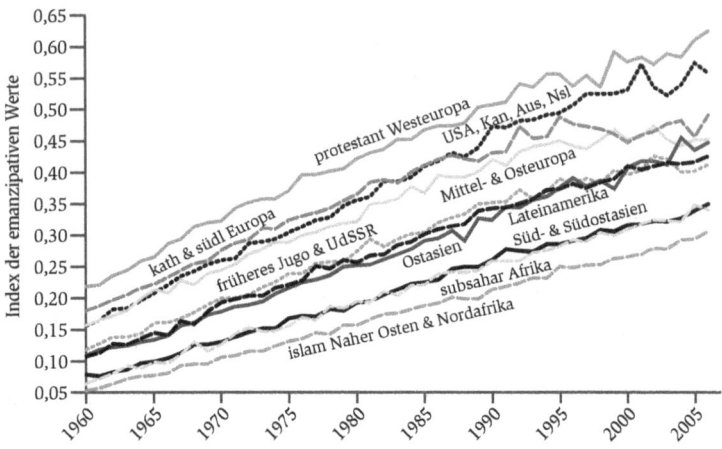

Abb. 2 Liberale Werte im Verlauf der Zeit (extrapoliert), Kulturzonen der Welt, 1960 bis 2006

Quelle: World Values Survey, nach der Analyse in Welzel, 2013, Abbildung 4.4, aktualisiert durch Daten von Welzel. Die Schätzungen für die emanzipativen Werte pro Jahr und Land wurden für eine hypothetische Stichprobe bestimmten Alters berechnet, basierend auf der jeweiligen Geburtenkohorte der Befragten, dem Befragungsjahr und einem länderspezifischen Periodeneffekt. Die Beschriftungen sind geographische Kürzel für Welzels »Kulturzonen« und gelten nicht für jedes Land in einer Zone gleichermaßen. Einige Zonen wurden hier umbenannt: protestantisches Westeuropa entspricht Welzels »Reformed West«, USA, Kanada, Australien, Neuseeland = »New West«, katholisches & südliches Europa = »Old West«, Mittel- & Osteuropa = »Returned West«, Ostasien = »Sinic East«, früheres Jugoslawien & UdSSR = »Orthodox East«, Süd- & Südostasien = »Indic East«. Die Länder in den einzelnen Zonen wurden jeweils gleich gewichtet.

60-jährigen Person im Jahr 2000, bereinigt hinsichtlich der Effekte von 40 Jahren Liberalisierung in ihrem Land insgesamt, ermöglichen eine gute Schätzung der Werte einer 20-jährigen Person im Jahr 1960. Abbildung 2 zeigt die Trends für liberale Werte in den verschiedenen Teilen der Welt über einen Zeitraum von fast 50 Jahren, wobei die Effekte des sich wandelnden Zeitgeists in jedem Land (entsprechend dem Sprung zwischen den Kurven in Abbildung 1) mit den sich wandelnden Kohorten (dem Anstieg innerhalb der einzelnen Kurven) kombiniert wurden.

Die Grafik verdeutlicht, dass zwischen den Kulturzonen der Welt erhebliche Unterschiede bestehen, was nicht weiter überrascht. Weltweit am liberalsten sind die protestantischen Länder Westeuropas wie die Niederlande, Skandinavien und Großbritannien, gefolgt von den Vereinigten Staaten und anderen reichen englischsprachigen Ländern, dann das katholische und südliche Europa sowie die vormals kommunistischen Staaten Mitteleuropas. Lateinamerika, die Industrieländer Ostasiens sowie die früheren Republiken der Sowjetunion und das frühere Jugoslawien sind gesellschaftlich konservativer, gefolgt von Süd- und Südostasien und dem subsaharischen Afrika. Die am wenigsten liberale Region ist der vom Islam geprägte Nahe Osten.

Was jedoch sehr wohl überrascht, ist, dass die Menschen in jedem Teil der Welt liberaler geworden sind. Und zwar viel liberaler: Die jungen Muslime im Nahen Osten, der konservativsten Kultur der Welt, haben heute Werte, die vergleichbar mit denen junger Leute in Westeuropa, der liberalsten Kultur der Welt, zu Beginn der 1960er Jahre sind. Zwar wurden in jeder Kultur sowohl der Zeitgeist als auch die Generationen liberaler, doch in manchen, beispielsweise im islamisch geprägten Nahen Osten, wurde die Liberalisierung überwiegend vom Generationenwechsel vorangetrieben, der im Arabischen Frühling ganz offensichtlich eine große Rolle spielte (Emanzipative Werte und der Arabische Frühling (eine komplizierte Beziehung): Inglehart, 2017).

Können wir die Ursachen benennen, die die Regionen der Welt voneinander unterscheiden und sie alle mit der Zeit liberaler machen? Zahlreiche gesamtgesellschaftliche Merkmale korrelieren mit emanzipativen Werten, und zudem – diesem Problem werden wir uns immer wieder gegenübersehen – korrelieren sie häufig miteinander, was für Soziologen ein Ärgernis ist, die Kausalzusammenhänge und Korrelationen trennen wollen (Korrelate emanzipativer Werte: Welzel, 2013, vor allem Tabelle 2.7, S. 83, und Tabelle 3.2, S. 122). Wohlstand (gemessen am BIP pro Kopf) korreliert mit emanzipativen Werten, vermutlich weil sich Menschen, die gesünder und sicherer leben, den Versuch leisten können, ihre

Gesellschaften zu liberalisieren. Wie die Daten zeigen, sind liberale Länder im Schnitt auch durch bessere Bildung gekennzeichnet, sind urbaner, haben geringere Fortpflanzungsraten, weisen weniger Inzucht (Ehen zwischen Cousins und Cousinen) auf, sind friedlicher, demokratischer, weniger korrupt und werden seltener von Kriminalität und Staatsstreichen heimgesucht (Heirat zwischen Cousin und Cousine und Stammesbewusstsein: S. Pinker, »Strangled by Roots«, www.newrepublic.com, 6. August 2007). Ihre Ökonomien, heute und früher, beruhen eher auf Handelsnetzen als auf großen Plantagen oder der Gewinnung von Öl und Mineralen.

Der beste Prädiktor für emanzipative Werte ist jedoch der von der Weltbank ins Leben gerufene Knowledge Index (Wissensindex: Chen & Dahlman, 2006, Tabelle 2). Er kombiniert Pro-Kopf-Maße für Bildung (Alphabetismus von Erwachsenen und Besuch von Gymnasien und Hochschulen), Informationszugang (Telefone, Computer und Internetnutzer), wissenschaftliche und technische Produktivität (Forscher, Patente und Zeitschriftenartikel) sowie Integrität von Institutionen (Rechtsstaatlichkeit, regulative Qualität und offene Volkswirtschaften). Laut Welzel erklärt der Wissensindex 70 Prozent der Variation der emanzipativen Werte über Länder hinweg, womit er ein viel besserer Prädiktor als das BIP ist. (Wissensindex als Prädiktor von emanzipativen Werten: Welzel, 2013, S. 122, wo der Index »Technological Advancement« – »technischer Fortschritt« – genannt wird.) Wie Welzel (persönliche Mitteilung) bestätigt, weist der Wissensindex eine hochsignifikante Partialkorrelation mit emanzipativen Werten auf (0,62), wobei das BIP pro Kopf (oder sein Logarithmus) konstant bleibt, während dies andersherum nicht zutrifft (0,20). Das statistische Ergebnis stützt eine zentrale Erkenntnis der Aufklärung: Wissen und solide Institutionen bewirken moralischen Fortschritt.

Literatur

Chen, Derek H. C., und Carl J. Dahlmann: *The knowledge economy, the KAM methodo-logy and World Bank operations (English)*. Washington, D.C.: World Bank Group. http://documents.worldbank.org/curated/en/695211468153873436/The-know-ledge-economy-the-KAM-methodology-and-World-Bank-operations.

Costa, Paul T., und Robert R. McCrae: »An approach to the attribution of aging, period, and cohort effects«, in: *Psychological Bulletin* 1982, Vol. 92, S. 238–250.

Ghitza, Yair, und Andrew Gelman: »The Great Society, Reagan's Revolution, and Generations of Presidential Voting«. 5. Juni 2014, http://www.stat.columbia.edu/~gelman/research/unpublished/cohort_voting_20140605.pdf

Inglehart, Ronald: *Modernisierung und Postmodernisierung. Kultureller, wirtschaft-licher und politischer Wandel in 43 Gesellschaften*. Übers. von I. Fischer. Frankfurt am Main 1998 [*Modernization and postmodernization: Cultural, economic, and poli-tical change in 43 societies*. Princeton, NJ, 1997].

Inglehart, Ronald: »Changing Values in the Islamic World and the West«, in: Mansoor Moaddel und Michele J. Gelfand (Hrsg.): *Values, Political Action, and Change in the Middle East and the Arab Spring*. New York 2017, S. 3–24.

Ipsos. 2016. The perils of perception 2016. https://perils.ipsos.com/

Newport, Frank: »Americans Continue to Shift Left on Key Moral Issues«, in: *Gallup*, 26. Mai 2015, http://www.gallup.com/poll/183413/americans-continue-shift-left-key-moral-issues.aspx.

Smith. H. L. 2008. »Advances in age-period-cohort analysis«, in: *Sociological Methods and Research* 2008, Vol. 36, S. 287–296.

Ian McEwan

Eine parallele Tradition
Über Wissenschaftsliteratur

Wer die Literatur liebt, hält die literarische Tradition eigentlich für selbstverständlich. Teils zeigt sie uns eine Zeitkarte, eine Möglichkeit, die Jahrhunderte und Verbindungen zwischen Schriftstellern einzuordnen. Es hilft, wenn man weiß, dass Shakespeare älter ist als Keats und der wiederum älter als Wilfred Owen, können doch so Einflüsse verfolgt werden. Teils impliziert die Tradition aber auch eine Hierarchie, einen Kanon, demzufolge Shakespeare herkömmlicherweise wie ein einsames Figürchen oben auf dem Hochzeitskuchen thront, während alle anderen Schriftsteller sich in abfallenden Rängen unter ihm anordnen. In den letzten Jahren schien dieser Kuchen vielen in einem geradezu ungenießbaren Maße allzu männlich, zu bürgerlich und zu heterosexuell geraten zu sein. Unhinterfragt aber blieb der Wert des Kanons an sich. Wer eine Tradition schafft, beginnt eine Auseinandersetzung und setzt sich damit der Kritik aus.

Vor allem anderen aber verlangt eine literarische Tradition ein aktives historisches Bewusstsein für eine Vergangenheit, die unsere Gegenwart prägt und in ihr lebendig ist. Umgekehrt erzeugt ein neues literarisches Werk unendlich kleine Verschiebungen in unserem Verständnis dessen, was zuvor gewesen ist. Man kann einen Dichter nicht für sich allein beurteilen, argumentierte T. S. Eliot in *Tradition und individuelle Begabung*, »man muss ihn, der Gegenüberstellung und des Vergleichs halber, zusammen mit den Vorgängern betrachten«. Eliot fand es keineswegs absurd, dass »das Vergangene durch das Gegenwärtige eine genauso große Umwandlung erfährt, wie das Gegenwärtige seine Richtlinien von dem

Vergangenen her empfängt«. So können wir den Geist Jane Austens in einem Roman von Angus Wilson ausmachen oder in einem Gedicht von Alice Oswald das Echo eines Gedichtes von Wordsworth hören. Im Idealfall lesen wir nach der Lektüre unserer Zeitgenossen die toten Dichter noch einmal mit neuem Verständnis. In einer lebendigen Tradition ist den Toten keine Ruhe vergönnt.

Kann die Wissenschaft, können wissenschaftliche Werke, diese gigantische, über Jahrhunderte angewachsene, halb vergessene Sammlung, eine vergleichbar lebendige Tradition bieten? Falls ja, wie könnten wir sie beschreiben? Dem Problem der Auswahl steht das Problem der Kriterien in nichts nach. Literatur wird nicht verbessert; sie ändert sich. Die Wissenschaft verfügt dagegen über ein komplexes, sich selbst korrigierendes Gedankensystem, treibt auf abertausend Forschungsfeldern unser Verständnis voran und verfeinert es. Daher rühren Macht und Status der Wissenschaft. Sie zieht es vor, einen Großteil ihrer Vergangenheit zu vergessen. Sie ist gleichsam konstitutionell an eine Form von selektiver Amnesie gebunden.

Ist recht zu haben, auf der richtigen Spur zu sein und dergleichen das wichtigste Kriterium für die Auswahl? Oder entscheidet letztlich der Stil? Das Werk von Thomas Browne, Francis Bacon oder Robert Burton enthält manch schöne Passage, deren Aussagen, wie wir heute wissen, faktisch falsch sind – dennoch würden wir gewiss nicht auf sie verzichten wollen. Weil sie über Jahrhunderte das Denken der Menschen beeinflusst haben, muss die Tradition auch einen Platz für Aristoteles und Galen bewahren. Wir dürfen der Geschichte der Wissenschaft keinen schnurgeraden Verlauf unterstellen, eine Geschichte des einsamen, aber richtigen Weges, der zur Gegenwart führt. Wir sollten uns immer auch an die verschiedenen verworfenen Spielzeuge der Wissenschaft erinnern, an die Körpersäfte, das Phlogiston, den Äther und – noch gar nicht so lang her – das Protoplasma. Die moderne Chemie wurde aus den vergeblichen Bemühungen der Alchemie geboren.

Wissenschaftler, die in Sackgassen landen, leisten einen unverzichtbaren Dienst – sie sparen jedermann eine Menge Ärger. Dabei verfeinern sie womöglich Techniken und liefern ihren Zeitgenossen unter Umständen auch Ansätze für Kritik oder intellektuelle Hebelpunkte.

Ich schreibe all dies ein wenig pflichtschuldig auf, obwohl es durchaus ein gewisses Vergnügen bereitet, wenn ein Wissenschaftler oder ein Wissenschaftsschriftsteller uns zum Licht einer mächtigen Idee führt, die ihrerseits weit in die Zukunft weisende Schneisen der Erkundung und Entdeckung eröffnet und vielerlei verschiedene Phänomene auf vielen Forschungsfeldern zusammenführt. Manche nennen das womöglich Wahrheit, und sie hat durchaus einen ästhetischen Wert, der Galens so selbstgewissen wie konfusen Ausführungen über die Natur von Krankheiten abgeht. Zum Beispiel erinnert es an die luminöse Qualität großer Literatur, wenn der neunundzwanzigjährige Charles Darwin nur zwei Jahre nach seiner Rückkehr von der Reise auf der *Beagle* und einundzwanzig Jahre vor der Veröffentlichung von *Über die Entstehung der Arten* seinem Taschennotizbuch den so schlichten wie schönen Gedanken anvertraut: »Abstammung des Menschen jetzt bewiesen ... Wer den Pavian versteht, würde mehr zur Metaphysik beitragen als John Locke.«

Vielleicht ist es besser, die Themen Wahrheit und Ungenauigkeit, Kriterien und Definitionen vorerst hintanzustellen. Wir wissen, was wir mögen, sobald wir davon kosten. Bis vor kurzem hat sich die literarische Tradition noch nie genötigt gesehen, ihre Bedingungen offenzulegen. Erst kam das Werk, dann wurde darüber diskutiert. Doch eigentlich will ich nur zu einem Gesellschaftsspiel anregen: Wie könnte der Kanon einer Wissenschaftsliteratur aussehen? Welche Bücher gehören in unsere Regale? Etwas vorzuschlagen heißt, Kritik herauszufordern; und schon fürchte ich, dass meine eigenen Vorschläge allzu männlich sind, zu bürgerlich, zu eurozentrisch.

Hier folgt der Anfang eines Essays – strenggenommen: eines Briefs – über Immunologie: »Im christlichen Europa geht das Gerücht um, die Engländer seien verrückt, lauter Irre: Verrückt, weil sie ihre Kinder mit Pocken anstecken, um zu verhindern, dass die Kleinen die Pocken bekommen; und irre, weil sie ihre Kinder frohgemut mit einer so gewissen wie grässlichen Krankheit anstecken, um eine ungewisse Krankheit zu verhindern. Die Engländer wiederum behaupten: ›Die Festlandeuropäer sind feige und unnatürlich: Feige, weil sie sich davor fürchten, ihren Kindern einen kleinen Schmerz zuzumuten, und unnatürlich, weil sie sie dem Tod durch Pocken irgendwann in der Zukunft aussetzen.‹ Um selbst urteilen zu können, wer in diesem Disput recht hat, folgt im Anschluss die Geschichte jener berühmten Schutzimpfung, von der außerhalb Englands mit solchem Horror gesprochen wird.«

Das stammt von Voltaire, geschrieben Ende der 1720er Jahre während eines ausgedehnten Englandbesuchs, ein seltenes Beispiel dafür, dass sich ein französischer Intellektueller von englischen Ideen beeindruckt zeigt. Er schrieb in seinen *Lettres philosophiques*, übersetzt als *Briefe aus England*, ganz wunderbar über Religion, Politik und Literatur und war von dem Maß an politischer Freiheit beeindruckt, das er bei uns vorfand, von der Macht des Parlaments, dem Fehlen von religiösem Absolutismus und göttlichem Recht. Er ging zu Newtons Beerdigung und war erstaunt, dass ein einfacher Wissenschaftler wie ein König in Westminster Abbey beerdigt wurde. Entscheidend aber ist, dass er zum Vermittler zwischen dem Wissenschaftler und einer interessierten Öffentlichkeit wurde und selbst grandiose Erläuterungen zu Newtons Theorien über Optik und Schwerkraft lieferte, die noch heute Bestand haben. Wer wissen will, was für kühne und originelle Ideen Newton hatte, der lese Voltaire. Bei ihm spüren wir die Begeisterung für neue Ideen, und dabei erfüllt er zugleich die höchsten Anforderungen an Verständlichkeit.

Als mein Sohn William 2001 am University College of London begann, Biologie zu studieren, wurde ihm geraten, keine vor 1997 geschriebenen Arbeiten über Genetik zu lesen. 2003 waren Schätzungen des menschlichen Genoms um den Faktor fünf oder gar sechs gesunken. Solcherart ist das überstürzte Vorgehen zeitgenössischer Wissenschaft. Doch wenn wir die Wissenschaft bloß als ein sich durch die Zeit schlängelndes Lichtband sehen, als ein Licht, das sich durch die Dunkelheit vorarbeitet, dahinter die unwissende Finsternis, eine Wissenschaft also, die nur in der strahlend hellen Gegenwart am besten ist, lassen wir uns epische Fabeln über Genialität und heroische Neugier entgehen.

Folgendes schrieb ein Mann, der mit unendlicher Sorgfalt Glaslinsen schliff. Aus einem See hatte er ein wenig Wasser geholt und untersuchte es nun gewissenhaft und ohne Vorbehalte: »Darin schwebend, sah ich diverse Erdpartikel und einige grüne Stränge, spiralförmig geschlängelt und systematisch angeordnet ... Andere Partikel zeigten nur einen Ansatz besagter grüner Stränge, doch alle bestanden sie aus sehr kleinen, grünen und miteinander verbundenen Kügelchen ... Diese *animalcules* sind unterschiedlich gefärbt, manche weißlich und durchsichtig, andere mit grünen und stark glitzernden kleinen Schuppen ... Diese Animalcules bewegten sich im Wasser so flink, mal aufwärts, mal abwärts, mal im Kreis, dass es ganz wundersam anzuschauen war: Und ich schätze, einige dieser kleinen Kreaturen waren tausendmal kleiner als die Kleinsten, die ich je zuvor gesehen hatte ...«

Dies schrieb Antoni van Leeuwenhoek aus Holland 1674 der Royal Society und beschrieb damit nebst vielen anderen Organismen zum ersten Mal die Spirogyra, die Schraubenalge. Über fünfzig Jahre lang schickte er seine Beobachtungen an die Royal Society, und es ist kein Zufall, dass er ihr seine Briefe sandte. Auf engem Raum, einem von London, Cambridge und Oxford gebildeten Dreieck, das so nur über wenige Generationen Bestand hatte, fand sich nahezu die gesamte Wissenschaft der Welt versammelt.

Newton, Locke, Hume (ich denke, bestimmte Philosophen sollten wir hier auch aufnehmen), Willis, Hocke, Boyle, Wren, Flamsteed, Halley: eine unglaubliche Versammlung von Genies und der Kern unserer Bibliothek – ihre klassischen Vertreter.

Mich konnte das geläufige Argument noch nie überzeugen, Religion und Wissenschaft bewegten sich in unterschiedlichen Sphären und lägen miteinander deshalb in keinem Widerstreit. Dass die Toten im Jenseits weiterleben, dass Gott existiert und unser Universum erschuf, dass Gebete erhört, die Bösen bestraft und die Guten belohnt werden, sind Aussagen über die Welt, die auch für die Wissenschaft von großem Belang sind. Solange die Christenheit tonangebend war, wurden freidenkende griechische und römische Schriftsteller des Altertums von mittelalterlichen Wissenschaftlern kaum berücksichtigt (was für die Gelehrten der islamischen Länder allerdings nicht zutraf). Lucrez' lang verschollene Schrift *De Rerum Natura*, in der frühen Renaissance wiederentdeckt und von großem Einfluss, verdient einen besonderen Platz im Kanon der Wissenschaftsliteratur. Mit Beginn des 16. Jahrhunderts schälte sich dann allmählich heraus, dass die Kirche nicht viel Sinnvolles über Kosmologie zu sagen hatte, über das Heilen von Krankheiten, das Alter der Erde, über die Entstehung der Arten oder über sonst irgendeinen Aspekt der materiellen Welt.

Reden wir daher von einem großen Wissenschaftler, oft »Vater der Physik« genannt, den man »der Ketzerei höchst verdächtig« fand, weil er den Gedanken verbreitete, die Erde bewege sich um die Sonne und sei daher nicht das Zentrum des Sonnensystems. Unter Androhung von Folter seitens der Inquisition wurde er zum Widerruf gezwungen. Den Rest seiner Tage verbrachte er unter Hausarrest. »Ich habe vor mir die heiligen Evangelien, berühre sie mit der Hand und schwöre, dass ich immer glaube, auch jetzt glaube und mit Gottes Hilfe auch in Zukunft alles glauben werde, was die heilige katholische und apostolische Kirche für wahr hält, predigt und lehrt. Es war mir von diesem Heiligen Offizium von Rechts wegen die Vorschrift auferlegt worden, dass ich die falsche Meinung völlig aufgeben müsse, dass die Sonne der Mittelpunkt der Welt ist und dass sie sich nicht bewegt und dass die Erde nicht der Mittelpunkt der Welt ist und dass sie sich bewegt. Es war mir weiter befohlen worden, dass ich diese falsche Lehre nicht vertreten dürfe, sie nicht verteidigen dürfe und dass ich sie in keiner Weise lehren dürfe, weder im Wort noch in der Schrift.«

Als Galileo dies 1633 unterzeichnete, hat er vielleicht leise vor sich hin geflüstert: »E pur si muove« (Und sie bewegt sich doch) – vielleicht auch nicht. Wir werden es nie erfahren. Letztlich musste er so tun, als sei er davon überzeugt, dass zwei plus zwei fünf ergibt. Wenn an dieser Stelle nun an Orwell erinnert werden soll, dann deshalb, weil sich auch weltliche Mächte dem freien Nachdenken gegenüber feindselig gezeigt haben. Bei den Nazis und im sowjetischen Regime wurde die Wissenschaft im Dienste politischer Zwecke auf groteske Weise verzerrt. Die Perversion von Darwins natürlicher Auslese durch das Dritte Reich, mit der die Theorie von der Überlegenheit einer Rasse gerechtfertigt werden sollte, bildete die Grundlage für den Holocaust.

Da es sich bei der Wissenschaft um etwas Erdverhaftetes handelt, kann sie wohl kaum von sich behaupten, gänzlich objektiv zu sein. Ihr Kanon steckt voller Geschichten aus dem Leben, und in ihrer Historie wimmelt es von aggressiven Konkurrenten, Prioritätsstreitigkeiten, Anschuldigungen intellektuellen Diebstahls und dem Aufeinanderprallen mächtiger Persönlichkeiten. James Watsons Buch *Die Doppel-Helix*, 1968 veröffentlicht, ist eines der besten wissenschaftlichen Werke des 20. Jahrhunderts, eine so genaue wie überaus persönliche Beschreibung der Struktur der DNA. Watsons Mitarbeiter Francis Crick und Maurice Wilkins (Rosalind Franklin war damals bereits tot) nahmen starken Anstoß an diesem Buch.

Die Doppel-Helix und Richard Dawkins' acht Jahre später erschienenes Buch *Das egoistische Gen* markieren den Beginn eines goldenen Zeitalters wissenschaftlicher Literatur. Dawkins stützte sich auf das Werk einer Handvoll Wissenschaftler, um eine kreative Synthese aus Darwins natürlicher Auslese und zeitgenössischer Genetik zu entwickeln, die nicht bloß jene wenigen Menschen begeisterte, die mit diesen Konzepten bereits vertraut waren. Seine Überlegungen setzen einen grundlegenden Wandel in der Evolutionstheorie in Gang, der größte Auswirkungen auf die Lehren der Biologie haben sollte, eine jüngere Generation für das Thema begeisterte und jede Menge Veröffentlichungen nach sich zog.

Ein wichtiger Beitrag zur Entwicklung einer lebendigen Vergangenheit in der Wissenschaftsliteratur war John Careys *Faber Book of Science*, eine hervorragende, ausgezeichnet annotierte Anthologie. Sie enthält Galileos »Bekenntnis«, aus dem ich eben zitiert habe. Carey nahm zudem einen langen Ausschnitt aus Thomas Huxleys berühmtem Vortrag »Über ein Stück Kreide« auf, den dieser 1968 in Norwich in einem Saal voller Arbeiter gehalten hatte. Der Vortrag enthielt den verführerisch schönen Satz: »Ein großes Kapitel der Geschichte unserer Welt ist in Kreide geschrieben ...«

Huxley führt uns natürlich zurück zu Darwin. Von *Über die Entstehung der Arten* einmal abgesehen, ist *Der Ausdruck der Gemüthsbewegungen bei dem Menschen und den Thieren* mein Lieblingsbuch von Darwin. In ihm legt er dar, dass Gefühle über alle Kulturen hinweg gültige Universalien sind. Er führt auch im Sinne des Antirassismus Argumente für eine gemeinsame menschliche Natur an. Zudem ist dieses Wissenschaftsbuch eines der ersten mit Fotografien – unter anderem mit einer Aufnahme von Darwins Baby, das plärrend in einem Hochstuhl sitzt. Die Ausgabe von Paul Ekman ist ein beispielloses Werk der Gelehrsamkeit. Mit klarem Gespür für literarische Tradition greift der Physiker Steven Weinberg in seinem Buch *Der Traum von der Einheit des Universums* Huxleys Vortrag über Kreide noch einmal im Lichte zeitgenössischer theoretischer Physik auf, um sich beredt für den Reduktionismus starkzumachen.

Steven Pinkers Anwendung der Darwin'schen Lehre auf Chomskys Linguistik in *Der Sprachinstinkt* ist eine der schönsten Würdigungen der Sprache, die ich kenne. Zu den weiteren unverzichtbaren »Klassikern« zählt für mich E. O. Wilsons *The Diversity of Life* über die ökologischen Wunder des Regenwaldes am Amazonas oder das Gewimmel von Mikroorganismen in einer Handvoll Erde; David Deutschs exzellenter Bericht über die Viele-Welten-Theorie in *The Fabric of Reality*; Jared Diamonds Verschmelzung von Historie mit biologischen Überlegungen in *Arm und Reich – Die Schicksale menschlicher Gesellschaften*; António Damásios hypnotisierende Darstellung der Neurowissenschaften der Emotionen in *Ich fühle, also bin ich – Die Entschlüsselung des Bewusstseins*; Matt Ridleys Buch *Nature Via Nurture*, in dem er dem Gegensatz von Erlernt und Angeboren nachgeht, sowie das erst jüngst veröffentlichte Buch von Daniel C. Dennett, der Hume so gut kennt wie Dawkins und in seinem Buch *Den Bann brechen, Religion als natürliches Phänomen* für uns die Memetik des Glaubens darlegt.

Von Aristoteles' empirischer Studie der Meeresfauna in der Lagune von Pyrrha auf der Insel Lesbos um 344 v. Chr. bis hin zu den Werken von Banks, Faraday, Tyndal, Gauß, Cajal, Einstein, Heisenberg – die Tradition der Wissenschaftsliteratur ist umfangreich, vielfältig und multilingual. Es ist eine Literatur, die allen und nicht nur jenen gehören sollte, die selbst Wissenschaft ausüben. Und sie offeriert eine Geschichte intellektuellen Mutes, konzentrierter Arbeit, gelegentlicher Inspiration und des menschlichen Scheiterns auf jede nur erdenkliche Weise. Darüber hinaus lädt sie zum Staunen und Genießen ein. So, wie wir mit Freunden um den Küchentisch sitzen und über eine Fernsehserie reden, einen Song, einen Film, ohne selbst Schauspieler, Komponist oder Regisseur zu sein, so sollten wir uns auch die wissenschaftliche Tradition zu eigen machen und dieses Fest organisierter Neugier feiern, diese grandiose Errungenschaft akkumulierter Kreativität.

CORONA ALS TESTFALL?

Von der Pandemie als Bewährungsprobe für die
Demokratie

Herta Müller

Die Zeit ist ein Dorf und die Angst hat das kürzeste Gesicht

1.

Im Juni 2021 veröffentlichte die Universität Bielefeld eine Studie über die politischen Einstellungen in Deutschland. Demnach sagt jeder Fünfte, dass die Demokratie nicht zu sachgerechten Entscheidungen führt, sondern nur zu »faulen« Kompromissen. Erschreckende 16 Prozent stimmen der Aussage zu: »Die regierenden Parteien betrügen das Volk.« Und genau so viele sagen sogar, Deutschland gleiche mehr einer Diktatur als einer Demokratie. Und nochmal 11 Prozent stimmen dieser Aussage teilweise zu.

Also glauben mehr als ein Viertel der Deutschen, sie leben nicht in einer Demokratie, sondern mehr oder weniger in einer Diktatur. Woher kommt dieser absurde Blick auf die Wirklichkeit, in der – trotz Pandemie – alle demokratischen Entscheidungsebenen funktionieren?

Welche Vorstellung vom Leben in einer Diktatur steckt in den Köpfen von mehr als 22 Millionen Deutschen? Hat man 30 Jahre nach dem Ende der DDR und der anderen Diktaturen in Osteuropa vergessen, was Diktatur bedeutet, wie sie einem das Leben stiehlt?

Freiheit und Befreiung. In der DDR ist das gelungen. Aber wenn von der DDR die Rede ist, spricht man heute selten von Freiheit und Befreiung und oft von den Brüchen im Leben nach dem Fall der Mauer. Die Befreiung von der Diktatur wird umgedreht zu einer Klage über den Verlust der vermeintlichen Sicherheit. Und dadurch kann sich der ganze Blick auf die Freiheit, in der man lebt, verdrehen.

Ich kann mir diese Verdrehung nicht leisten. Ich weiß um den Unterschied von Diktatur und Freiheit – und dass jede Diktatur einem das Leben stiehlt.

2.

An einem Wintertag ging ich mit meiner Mutter drei Kilometer durch den Schnee ins Nachbardorf ein Fuchsfell kaufen für einen Mantelkragen. Der Pelzkragen sollte mein Weihnachtsgeschenk sein. Das Fell war ein ganzer Fuchs und es glänzte kupferrot und wie Seide. Es hatte einen Kopf mit Ohren, eine getrocknete Schnauze und an den Füßen die schwarzen getrockneten Pölsterchen der Pfoten mit porzellanweißen Krallen. Und einen so bauschigen Schwanz, als wär noch der Wind drin. Dieser Fuchs lebte. Nicht mehr im Wald, aber in seiner konservierten Schönheit.

Der Jäger hatte rote Haare wie der Fuchs. Vielleicht fragte ich ihn deshalb, ob er ihn selbst geschossen hat. Er sagte, auf Füchse schießt man nicht, Füchse gehen in die Falle.

Und das alles sollte ein Mantelkragen werden? Ich ging noch zur Schule und wollte nicht wie alte Damen einen ganzen Fuchs mit Kopf und Pfoten am Hals, sondern nur ein Stückchen Fell als Kragen. Aber zum Zerschneiden war der Fuchs zu schön. Darum begleitete er mich jahrelang und durfte überall, wo ich wohnte, wie ein Haustier auf dem Fußboden liegen.

Eines Tages und 15 Jahre später stieß ich im Vorbeigehen an das Fell, und der Schwanz rutschte weg. Er war abgeschnitten. Wochen später war auch der rechte hintere Fuß abgeschnitten, dann der linke. Ein paar Monate später nacheinander die vorderen Füße. Der Geheimdienst kam und ging, wie er wollte. Er hinterließ Zeichen, wenn er wollte. Der Wohnungstür sah man nichts an. Ich sollte wissen, dass mir in meiner Wohnung dasselbe passieren kann wie dem Fuchs.

Zu der Zeit arbeitete ich in einer Fabrik und übersetzte die Betriebsanweisungen für Maschinen, die aus Deutschland importiert wurden. Auch im Büro tauchte jetzt alle paar Tage ein Securitate-Hauptmann auf. Er wollte mich als Spitzel anwerben. Zuerst mit Schmeicheleien. Und als ich mich weigerte, warf er die Blumenvase an die Wand und drohte. Sein Abschiedssatz war: Es wird dir noch leidtun. Wir werfen dich ins Wasser. Mitten durch die Stadt fließt die Bega.

Erst einmal wurde ich dann aber aus der Fabrik geworfen. Jetzt war ich ein Staatsfeind und arbeitslos. Der Geheimdienstler nannte mich bei den nun folgenden Verhören nicht nur Hure und Hündin, sondern auch parasitäres Element. Das klang wie Ungeziefer. Derselbe Geheimdienst, der meine Entlassung bewirkte, beschuldigte mich nun, dass ich nicht arbeite, und erinnerte mich daran, dass es dafür Gefängnis geben könnte. So war das mit den sicheren Arbeitsplätzen. Fast wie beim Militär. Jeder musste jeden Morgen antreten beim Staat. Es hieß: »Wer nicht arbeitet, soll auch nicht essen.« Und wenn man morgens um halb sieben zur Arbeit kam, spielte über dem Fabrikhof die Marschmusik mit Arbeiterchören bis hinauf in den Himmel. Man ging im Takt, ob man wollte oder nicht. Jeder kam an seinem Platz an. Die Arbeiter an den Fließbändern und wir Büroleute an den Schreibtischen. Und dann ging man duschen. Dann wurde Kaffee gekocht, die Fingernägel lackiert. Zwischendurch bisschen was gewerkelt, und dann war schon Mittagspause mit Marschmusik und Arbeiterchören aus dem Lautsprecher.

Viel wichtiger als unsere Produktivität war unsere Anwesenheit. Für diesen Gehorsam gab es vom ersten Arbeitstag bis zur Rente jeden Monat ein Gehalt. Ob etwas produziert wurde oder nicht, spielte fast keine Rolle. Unsere Maxime in der Fabrik war: Mach heute nicht, was du gestern versäumt hast, denn morgen ist es vielleicht nicht mehr nötig. Der Staat stahl uns das Leben – und wir stahlen ihm die Zeit.

Und wenn es in der Fabrik wegen Materialmangel keine Arbeit gab, trieb man das Proletariat in einen großen Saal und hielt eine sozialistische Sitzung ab. Dort saß man mit dem Hintern auf dem Stuhl und mit dem Kopf in seinen vielen persönlichen Sorgen. Die Aktivisten vorne im Präsidium droschen ihre leeren Sätze, solang sie wollten.

In Wahrheit war der große sozialistische Schlendrian keine Freiheit, sondern staatlich überwachte Präsenz. Der Securist, der mich wochenlang im Büro bedrohte, war speziell für die Fabrik zuständig. Er war fest angestellt, gab sich aus als Ingenieur und arbeitete bestimmt mehr als wir alle zusammen. Er war mit unzähligen Spitzeln verantwortlich für die Angst.

Als ich meiner Mutter die Sache mit dem Fuchs erzählte, waren ihm schon alle vier Füße abgeschnitten.

Meine Mutter fragte: Was wollen die von dir.

Ich sagte: Angst.

Und das stimmte. Dieses kurze Wort erklärte sich selbst. Denn so wie die Fabrik war das ganze Land ein Angstgebäude. Es gab die Angstherrscher und das Angstvolk. Jede Diktatur besteht aus denen, die Angst machen, und den anderen, die Angst haben. Angstmacher und Angstbeißer. Ich habe immer gedacht, Angst ist das tägliche Werkzeug der Angstmacher und das tägliche Brot der Angstbeißer. So war das damals vor 1989 in ganz Osteuropa.

Als sie den verstümmelten Fuchs sah, hatte meine Mutter auch Angst. Angst um mich und Angst um sich selbst.

Sie sagte: Du liegst eines Tages tot im Graben. Dafür hab ich dich nicht großgezogen.

Und dann schluckte sie, verdrehte die Augen und sagte dazu: Andere applaudieren und verdienen Geld. Und du bringst unsere Familie in Gefahr.

Sie hatte eine doppelte Angst. Angst um mich und Angst vor mir. Diese doppelte Angst ist mir im ganzen Land begegnet.

Ich bekam nie wieder eine feste Anstellung und wusste nicht, wovon ich leben soll. Ich hatte überhaupt kein Geld. Gelegentlich bekam ich eine befristete Aushilfsstelle in irgendeiner Schule. Von der Straße kommend hörte ich das laute Summen der Stimmen aus dem Lehrerzimmer. Sobald ich die Tür öffnete und im Lehrerzimmer erschien, wurde es still wie in einer Kirche. Sie schauten mich kurz an, und dann flüsterten sie. Je mehr Kollegen um mich herum waren, umso deutlicher war ich allein. Und wenn ein Schultag zu Ende war, ging ich wie alle zur Bushaltestelle. Niemand wollte mit mir auf der Straße gesehen werden. Ein Teil der Lehrer trödelte und hielt sich weit hinter mir. Und der andere Teil beeilte sich und lief weit vor mir her. Das geschah ohne Absprache in der Dressur der Angst.

Genauso schlimm wie die Bedrohung durch den Staat und seinen Geheimdienst war die Einsamkeit. Ich wurde von den anderen Lehrern gemieden. Ihre doppelte Angst isolierte mich. Sie hatten Angst vor dem Staat, und sie hatten Angst vor mir. Ich war eine Gefahr.

Ich war ja nur als Aushilfe in der Schule und wunderte mich: Am Ende des Schuljahres wollten mir mehrere Schüler aus verschiedenen Klassen Kaffeebohnen schenken. Es gab keinen Kaffee im Land. Ein Kilo kostete auf dem Schwarzmarkt viel mehr als ein Monatsgehalt. Ich wies den Kaffee zurück. Das sprach sich herum, und andere Lehrer stellten mich zur Rede und fragten mich, wieso ich mich für was Besseres halte. Sie rechneten mit diesem Kaffee, und ich machte ihnen das Geschäft kaputt, schlechte Zeugnisse durch Kaffeegeschenke zu verbessern.

In diesen und vielen anderen vergleichbaren Momenten musste ich begreifen, dass es nicht nur Angstmacher und Angstbeißer gab. Die sogenannten Kollegen in der Schule und davor die in der Fabrik – ja die Mehrheit der Leute in diesem Land waren Angstträger. So wie sie gelernt hatten, ihre eigene Angst zu verwalten, hatten sie auch gelernt, von der Angst der anderen zu profitieren. Sie machten aus der Not und dem Elend mal ahnungslos, mal schamlos das Beste. Sie selber glaubten, sie machen sich nur ein glattes Leben und keine Politik. Aber war doppelte Angst wirklich unpolitisch? Ich glaube nicht. Die Verwaltung der Angst war an und für sich vorauseilender Gehorsam.

Das Wort Individuum war in der Diktatur ein Schimpfwort. Und nur wenn man verfolgt war, galt man als Individuum. Wegen »Nichtanpassung ans Kollektiv« wurde man sogar entlassen. Das Individuelle durfte es nicht geben, nicht einmal in der Kleidung der Leute. In allen Läden hing die Gleichheit der Hässlichkeit. Zwei, drei Modelle in jeder Saison, staubgraue Farben und viereckig und steif zugeschnitten. Und scheußliche, quietschende oder nach Chemiederivaten riechende Stoffe. Auf der Straße hat man das gleiche Kleidungsstück Hunderte Male gesehen, weil man in den Läden nichts anderes fand. In meinem neu gekauften Kleid bin ich mir alle Tage danach auf der Straße ständig selbst begegnet. Und mir schien, dass sich unsere gleichen Kleider voreinander ein bisschen genieren und dass sie besser als wir selber wissen, wie hässlich sie aussehen. Die sozialistische Mode war wie eine Uniform. So hässlich waren auch die Möbel, die Häuser, die Parks, die Straßen. Die Diktatur war in allen Bereichen des Lebens die Austreibung jeder Schönheit. Schönheit ist eigensinnig und vielfältig.

Der Staat ließ Vielfalt nicht zu. Und die meisten Leute brauchten sie gar nicht, sie wollten unauffällig sein. Ihre verwaltete Angst brauchte Bevormundung. Und ich hatte sogar den Eindruck, dass man dafür dankbar war. Das eigene Vorhandensein auf der Welt wurde fast als ein Geschenk des Staates empfunden.

Wenn der Securist beim Verhör wütend wurde, schrie er: Was glaubst du, wer du bist.

Ich sagte: Ich bin ein Mensch wie Sie.

Darauf sagte er: Das glaubst du. Wir bestimmen, wer du bist.

In solchen Situationen glaubte ich, dass dasselbe Wort immer nur in dem Augenblick, in dem es verwendet wird, dasselbe ist. Ich fragte mich, ob mir ein Wort überhaupt gehört, weil man jedes Wort umdrehen und gegen mich verwenden kann. Ich glaubte auch, dass es am besten wäre, wenn man Wörter nur im Kopf haben müsste und nicht im Mund. Und dass das Erlebte meist gar keine Zeit für Wörter hat. Außer beim Verhör, wo die Wörter kristallisieren. Unvermeidlich und schrecklich und manchmal für immer. Der Vernehmer sagte einmal: »Wer sich sauber anzieht, kann nicht dreckig in den Himmel kommen.« Dieser Satz ist an und für sich sogar schön. Aber aus seinem Mund war das eine Morddrohung.

Wenn ich zum Verhör musste, zog ich meine schönste Bluse an, schminkte mich und nahm den hochroten Lippenstift. Das gab mir den Anschein von Mut. Also es gab der Angst, die ich hatte, den Anschein von Mut, den ich nicht hatte. Stattdessen hatte ich in der Handtasche meine Zahnbürstchen für den Fall, dass ich vom Verhör nicht mehr nach Hause komme. Angst und Mut sind wahrscheinlich teilweise dasselbe. Bei mir war es nie gänzlich das Gegenteil. Wie oft wollte ich der Angst das Gedächtnis nehmen und mich so schnell wie möglich freuen. Aber es war dann nicht Freude, sondern nur Erleichterung, wenn ich nach Hause ging.

Es war die Last einer leeren Freiheit. Sie hatte kalte Augen und weiße Pfoten und hinterließ ihre Spur. Ich fragte mich, ist die Angst das Tier oder nur die Pfoten des Tiers, die auch ohne das Tier weiterlaufen. So wie ich weiterlief und die Überwachung weiterlief. Man sah immer und überall, was ich tat. Wie damals in der Kindheit im Dorf. Bis zum nächsten Verhör steckte ich in meiner leeren Freiheit, ich war ja nicht verhaftet. Eine leere Freiheit bedeutet, dass man auf Schritt und Tritt weiß, was Freiheit wäre, weil man sie nicht hat. Leere Freiheit tut weh und macht traurig.

Ich sagte mir dann seltsame Sachen in den Kopf wie:

Die Zeit ist ein Dorf, und die Angst hat das kürzeste Gesicht.

Ich wusste nicht, was so ein Satz bedeuten soll, aber er klang nach Gewissheit und Selbstbeherrschung. Der Satz blieb mir im Kopf, ich nutzte ihn so oft, dass er das Seltsame verlor und ganz gewöhnlich klang. Ich brauchte das Gewöhnliche, es schont uns.

Mir sagte es, dass ich mir mit der Last meiner leeren Freiheit selbst gehöre. Dass ich wahrscheinlich an diesem Staat, aber nicht an mir selbst verzweifeln muss.

3.

In den ersten Jahren nach der Diktatur hat man in Ostdeutschland wie in ganz Osteuropa noch gewusst, dass Freiheit konkret ist. Dass sie viel mehr bedeutet als der große sozialistische Schlendrian und die überwachte Entmündigung am sicheren Arbeitsplatz. Dass jeder Einzelne jetzt eine Rolle spielen darf, dass man ohne Angst denken und reden darf. Dass in den Zeitungen nicht nur Propaganda steht. Dass endlich die Grenzen offen sind, dass man reisen kann. Man hat sich gefreut, dass die Straßen repariert werden und die Schaufenster grell sind.

Aber mit all den Freiheiten kam auch die Verantwortung, und um die eigene Verantwortung herum schleicht auch das eigene Risiko. Diese Mischung macht nervös, und man will sich wieder anlehnen. Das Bedürfnis nach Bevormundung stellt sich – wie in ganz Osteuropa – auch in Ostdeutschland wieder ein. Es ist ein Rückfall, mit dem niemand gerechnet hat. Weder Westeuropa noch die Osteuropäer selbst. Die Hinterlassenschaften der Diktatur sind ein Bündel von Abhängigkeiten.

Die neue Freiheit hat diese Abhängigkeiten offenbar nur zugedeckt, sie waren nie verschwunden. Die Diktatur ist vorbei, aber die sozialen Synapsen melden sich wieder und machen nicht nur die osteuropäischen Länder mit ihren jungen Demokratien labil, sondern auch die Demokratie bei uns.

4.

Die Freiheit – hat der große polnische Regisseur Andrzej Wajda einmal gesagt – ist etwas, das manche brauchen und andere nicht. Die Angstträger von früher brauchten sie damals nicht, und heute sind sie die Unterstützer der neuen Angstmacher.

Der größte Angstmacher von heute war früher ein kleiner Angstmacher. In Putins Russland sind die alten Muster der früheren osteuropäischen Diktaturen alle vorhanden.

Ein Einparteiensystem, das nur noch zum Schein und mit zynischer Überheblichkeit Wahlen inszeniert. Der Personenkult ist von Stalin geliehen und erinnert mich an den um Ceaușescu. Die Straflager gibt es seit eh und je. Die Giftmorde an politischen Gegnern sind neu, aber wahrscheinlich aus der alten Chemiewerkstatt des KGB. An der Effizienz der Giftanschläge scheint die russische Forschung größeres Interesse zu haben als an Medikamenten. Töten ist für Putin kein schreckliches Wort. Er nennt es in Geheimdienstmanier »neutralisieren«, als wäre es ein chemischer Vorgang. Unter Patriotismus versteht er Kriegsrhetorik, die Liebe zum Vaterland ist die Liebe zu Panzern und Raketen. Hyperschallraketen klingt für ihn schön wie Lyrik, und Berüchtigtsein ist für ihn der Beweis für Größe. Nicht einmal der Corona-Impfstoff »Sputnik V« ist vom nationalistischen Tamtam Russlands verschont worden.

Es ist ein Fehler, immer nur von einem autoritären Regime oder von einer gelenkten Demokratie zu reden, wenn man von Russland redet. Russland ist bereits eine fertige, auf Dauer installierte Diktatur.

Den Namen Nawalny spricht Putin nie aus. Nicht mal wenn er dazu aufgefordert wird. Putin sagt dann »Er«. Ich erinnere mich, dass in der Ceaușescu-Zeit bei keinem einzigen Verhör der Name Ceaușescu vom Vernehmer ausgesprochen wurde. Selbst wenn es sein musste, weil er mir die Beleidigung Ceaușescus vorwarf, sagte der Vernehmer nur »Er«.

Es scheint so, als wäre das Nichtnennen des Namens ein Aberglaube, eine bäuerliche Furcht vor Namenszauber. Denn alle Machthaber und Funktionäre der Diktaturen waren Parvenüs mit Parteibuch – sie blieben Bauern mit riesigen polierten Schreibtischen. Übrigens nannten auch die krassesten politischen Witze in der

Diktatur den Diktator nicht beim Namen. Man sagte nur »Er«, und jeder wusste, dass »Er« das ist.

Putins Russland ist groß wie ein Kontinent und klein wie ein Dorf. Die Fläche macht es so groß, und die Überwachung macht es so klein. Unter Putin ist Russland außerdem zu einer Fälscherwerkstatt verkommen. Das Handwerkszeug des KGB – das Fälschen und Erpressen – ist heute seine Außenpolitik. Mit Krieg und Desinformation will er die westlichen Demokratien destabilisieren.

Und wenn schon mehr als ein Viertel der Deutschen glauben, wir leben nicht mehr in einer Demokratie, hat er damit Erfolg. Die Populisten aller Länder laufen ihm nach. Ich staune immer wieder – sogar ein deutscher Ex-Bundeskanzler.

Dieser Ex-Bundeskanzler vertritt russische Unternehmen, die den Export von Gas und Öl betreiben und die damit eine riesige Einnahmequelle des russischen Staates sind. Ich wundere mich immer wieder, dass er zum Lobbyisten einer Diktatur geworden ist, die in der Ukraine einen richtigen und im Internet einen virtuellen Krieg führt, um Europa zu destabilisieren. Ich frage mich, wieso seine Partei das alles vollkommen ignoriert, kaum einen Gedanken daran verschwendet. Und dass auch die deutsche Öffentlichkeit kaum ein Wort darüber verliert.

Den Marxismus hat Putin abgelegt. Er gibt sich jetzt religiös. Er bringt auf der Welt dauernd Leute um und zündet in Moskau gerne Kerzen an. Er hat einen Beichtvater, und man sieht ihn kaum noch ohne den Patriarchen Kyrill. Sein Kirchenfürst hält die Menschenrechte für »ketzerischen Götzendienst«. Wahres Christentum bedeutet für ihn »freiwillige Selbstversklavung«. Und Putins Beichtvater bewundert bis heute Lenin, der aus den Russen »Rädchen und Schräubchen« einer Staatsmaschine machen wollte. Er sagt: »Ein Knecht Gottes geht nicht wählen, sondern nimmt demutsvoll sein Los an.«

5.

Als Knecht möchte ich nie wieder leben. Auch nicht ohne Wahlen. Nach 1989 konnte ich mir nicht mal im Traum vorstellen, dass die Demokratie wieder infrage gestellt werden könnte. Und dass es wieder Angstmacher geben wird, die mich zum Angstbeißer machen wollen. Ja, die Freiheit ist etwas, das manche brauchen und andere nicht. Und sie ist etwas, wovor manche Angst haben und andere nicht. Die Freiheit in unserer Demokratie dürfen wir nicht als selbstverständlich betrachten. Sie könnte uns sonst allmählich abhandenkommen.

Rainer Forst

Dynamiken des Vertrauens
Demokratie und Solidarität in der Krise

Demokratien sind nicht nur Formen des Staates, sondern auch des sozialen Lebens und vor allem: des Denkens. Denn sie setzen das Selbstverständnis der Bürger:innen voraus, sich selbst nicht nur als Adressat:innen der Gesetze einer politischen Ordnung zu verstehen, sondern als verantwortliche Autor:innen derselben – auch und gerade in einer komplexen, repräsentativen Demokratie. Demokratien gelingen nur, wenn diese Doppelrolle angenommen wird und angenommen werden kann. Wo sie den Menschen gleichgültig wird oder wo die sozialen Verhältnisse und politischen Strukturen so sind, dass kaum Möglichkeiten der Partizipation und Teilhabe bestehen, kann Demokratie nicht gelingen. Das Vertrauen in demokratische Ordnungen und das Vertrauen darauf, wirklich Teilnehmer:in dieser Ordnung zu sein, bedingen einander.

In Krisenzeiten muss eine Demokratie sich in besonderem Maße bewähren. Dabei sollte in Bezug auf politische Ordnungen selbst von einer echten Krise erst dann gesprochen werden, wenn die Beibehaltung der alten Ordnung unmöglich wird, ohne dass die Konturen einer neuen in Sicht wären. Die Krise ist, wie Friedrich Schleiermacher es formuliert, die »Grenze zwischen zwei verschiedenen Ordnungen der Dinge«. Zwei besonders wichtige Krisentypen sind dabei zu unterscheiden, eine «Strukturkrise» und eine »Rechtfertigungskrise«. Erstere liegt vor, wenn eine Ordnung strukturell nicht mehr in der Lage ist, ihre Aufgaben zu erfüllen. Letztere besagt, dass das Selbstverständnis der Ordnung verloren geht, ihr sozusagen ihr eigener Begriff verrutscht. Solche Entwicklungen gehen mit spezifischen Dynamiken einer Krise des politischen Vertrauens einher, das sich in der Folge neue Orte sucht. Nicht immer sind dies demokratische Orte.

Vor diesem Hintergrund stellt die Corona-Pandemie keine Krise der Demokratie selbst dar, wohl aber eine gesellschaftliche Krise und somit eine nachhaltige Herausforderung für die Demokratie. Sie kann allerdings zu einer politischen Vertrauens- und Orientierungskrise führen, wenn in Bezug auf die Dimensionen von Struktur und Selbstverständnis bestimmte Entwicklungen eintreten, die ich kurz skizzieren werde.

Die Pandemie markiert eine historische Epoche – vielleicht keine ganz neue Zeitrechnung, aber im globalen Bewusstsein wird dieser Einschnitt präsent bleiben, vergleichbar etwa mit dem 11. September 2001. Noch wissen wir nicht, was in die Kategorie des »Danach« alles fällt, welche neuen Krisen es geben wird, die mit Covid-19 verknüpft sind, oder auch, ob Fortschritte etwa in Bezug auf (dringend notwendige) globale Kooperation gemacht werden konnten. Eines aber ist festzuhalten: Seit Beginn der Pandemie hat sich etwas Außerordentliches abgespielt. Denn eine einzige Rechtfertigung hat es in demokratischen Gesellschaften (und nicht nur dort) vermocht, den gesamten sozialen Raum der Gründe radikal umzupolen. Scheinbar unabänderliche Gesetze des ökonomischen und gesellschaftlichen Lebens wurden außer Kraft gesetzt. Wie war das möglich?

Hier kommen wichtige Ambivalenzen ins Spiel, die dazu führen können, dass aus der Pandemiekrise eine Demokratiekrise wird – oder aber ein demokratischer Lernprozess einsetzt. An erster Stelle kommt es darauf an, einer quasi-absolutistischen Interpretation der Situation entgegenzutreten. Ihr zufolge hat »der Staat« (oder »die Regierung«) den Bürger:innen ihre Freiheiten (und Rechte) weggenommen, bis ihnen nach Wohlverhalten wieder zugetraut wurde, sie gescheit zu nutzen. Der Staat besitzt die souveräne Macht und Autorität dazu, und »Freiheit« heißt für die

Einzelnen lediglich, tun und lassen zu dürfen, was sie wollen – wenn sie dürfen. Diese Deutung ist unabhängig davon, ob man glaubt, der Staat habe für sein Vorgehen gute oder schlechte Gründe gehabt. Sie findet sich bei den Gehorsamen wie auch bei Querdenkern; beide Gruppen weisen ein autoritäres Staats- und ein libertäres Freiheitsverständnis auf.

Eine demokratische Lesart sagt dagegen, dass die Bürger:innen kollektiv als Rechtfertigungsgemeinschaft ihre souveräne Freiheit in dem Entschluss gebündelt haben, sich verantwortlich zu verhalten und dies rechtlich allgemein festzuschreiben, ohne die Geltung der Grundrechte infrage zu stellen, die weiterhin gerichtlich eingeklagt werden konnten. Die Bürger:innen waren politisch autonom darin, ihre individuelle Handlungsfreiheit aus guten Gründen zu beschränken – im Rahmen der Gesetze und der Verfassung, nicht im Modus exekutiver Selbstautorisierung. Es war richtig, die zentralen Entscheidungen ins Parlament zurückzuverlagern, aber in einer Demokratie sind auch Exekutiven als demokratische Organe in hohem Maße rechtfertigungspflichtig. Die öffentliche Diskussion hat neben den parlamentarischen Beratungen dabei eine essenzielle deliberative Funktion, auch wenn ihre Ergebnisse nicht in bindenden Beschlüssen festgehalten werden.

Für die Zukunft der Demokratie ist es von größter Relevanz, welche der beiden Deutungen zu dem Rechtfertigungsnarrativ werden wird, das die Bewertung der Krise bestimmt. Denn in Deutschland hat obrigkeitsstaatliches Denken eine lange Tradition, und schon immer hat es das demokratische Selbstverständnis überlagert. In solchem Geiste droht die Regression: der Umschlag der Demokratie in den Wunsch von Untertanen nach »klarer Ansage« bis hin zur Bewunderung der »effektiven« Politik autoritärer Staaten. Manche Politiker:innen bemühten sich, in diesem Sinne Handlungsmacht zu demonstrieren. Demokratisches (anders als semi-autoritäres) Vertrauen verdienen aber eher jene, die die Ungewissheit, die eine pandemische Situation kennzeichnet, offen benennen. Die spiegelbildliche Regression ist die Zurückweisung demokratisch legitimierter Maßnahmen als expertokratische Diktatur bis hin zu kruden Verschwörungstheorien. Beide Regressionen schaukeln einander auf, und es schleicht sich das Gift des Autoritarismus in das Denken ein. Die einen wollen autoritär geführt werden, die anderen glauben, das sei schon der Fall.

Die Demokratie wird dann von zwei Seiten in die Zange genommen: Einerseits geschieht das durch populistische Realitätsverweigerung, deren autoritäre Sprecher:innen sich als libertäre Held:innen gerieren und so um Vertrauen werben. Andererseits verwandeln sich Bürger:innen in Untertanen, die Befehle und Verbote ebenso wie Aufhebungen von Hausarrest hinnehmen, dabei aber nicht sehen, dass sie *selbst* es sind, die einander Gründe für die für alle geltenden rechtlichen Normen *und* sozialen Verhaltensweisen schulden. Diese Rechtfertigung lässt sich nicht abtreten; sie muss – um mit Immanuel Kant zu sprechen – im Modus des öffentlichen Vernunftgebrauchs generiert werden. Demokratisches Vertrauen ist in erster Linie das Selbstvertrauen, dazu in der Lage zu sein. Dies schließt politischen Streit ein, der allerdings auf dem Boden wechselseitigen Respekts und der Beachtung gesicherter Erkenntnisse geführt werden muss.

Die Betonung gelebter Demokratie verweist auf die strukturellen Voraussetzungen dafür, dass solches Bewusstsein überhaupt entstehen kann und der Bezug darauf keine leere rhetorische Figur wird. Demokratien sind recht verstanden keine Instrumente für die egoistische Interessendurchsetzung von Mehrheiten, sondern ihrem Anspruch nach politische Lebensformen, in denen die Beteiligten einander *als Gleiche* respektieren und nach Rechtfertigungen für Normen suchen, die besonders vor denen bestehen können, die schlecht abschneiden. Diese fragen mit vollem demokratischen Recht nach den Gründen, weshalb keine andere Regelung beziehungsweise Ordnung der Dinge möglich sein soll. Hier steht im

Zuge der Pandemie eine große strukturelle Bewährungsprobe an: Wenn es möglich war, im Angesicht der Virusbedrohung vonseiten des Staates so stark in die Ökonomie einzugreifen, müsste dies im Sinne des Gemeinwohls und der demokratischen Gerechtigkeit *weiterhin* möglich sein. So zumindest die berechtigte Erwartung vieler Bürger:innen. Aber wird das gelingen, wird es weiter solidarischen »Zusammenhalt« geben? Viele bezweifeln das, weil sie die Hoffnung auf eine solidarische Gerechtigkeitspolitik verloren haben. Hier erodiert demokratisches Vertrauen.

Nicht nur in Krisenzeiten bedürfen Demokratien der Solidarität, denn die Rechtfertigungsgemeinschaft ist unweigerlich auch eine Solidargemeinschaft der Verantwortung; fraglich ist nur, wie weit die Solidarität reicht. Diesbezüglich entwickelte sich in der Corona-Pandemie eine umfassende Diskussion. War anfangs anerkannt, dass alle mit den besonders gefährdeten Gruppen Solidarität zeigen sollten, eröffnete sich in der Folge eine Kaskade von komplexeren Solidaritätseinforderungen: Die Geimpften mit den nicht Geimpften – oder eher umgekehrt, die Jungen mit den Alten – oder umgekehrt, die Europäer untereinander (Stichwort »Recovery Fund«) oder mit dem Rest der Welt, Patentbesitzer mit denen, die Impfstoffe brauchen, die mit krisenfesten Berufen mit denen, deren Existenz gefährdet ist, usw. Der Raum der Rechtfertigungen mutierte mit dem Virus, und Solidarität musste in jeder Phase der Pandemie neu bestimmt werden.

Was aber heißt Solidarität? Sie bezeichnet die Bereitschaft, füreinander einzustehen, also den Einsatz für ein Kollektiv, dem man verbunden ist. Dieser Einsatz kann um des Gesamtwohls willen über das Normalmaß dessen, was man für andere tut, hinausgehen; er kann sogar »Selbstlosigkeit« beinhalten, muss das aber nicht. Das Eigeninteresse ist in der Regel involviert, wird allerdings im Sinne des Vorrangs des Ganzen (re-)interpretiert. Die Solidarität kann von der Gerechtigkeit gefordert und rechtlich institutionalisiert werden, aber auch über das Gerechte hinausreichen; und sie kann auf unterschiedliche Weise begründet werden, etwa nationalistisch oder antinationalistisch. Sie ist selbst dementsprechend kein eigener Wert, sondern bedarf normativer Rechtfertigung.

Krisen sind Zeiten der Prüfung der Solidarität, da sich hier zeigt, wie stark die Verbundenheit mit anderen trägt. Die Corona-Pandemie ist so ein Test gewesen: Würde die demokratische Solidargemeinschaft es schaffen, ihren normalen Geschäftsgang radikal zu unterbrechen, um mögliche Opfer des Virus zu schützen? Würde sie dafür Kosten in Kauf nehmen, und würde sie ihre Beiträge zu deren Deckung wiederum solidarisch erbringen? Hier stellt sich das bereits angesprochene Kaskadenproblem: Die eine solidarische Tat (der Lockdown) bringt Belastungen mit sich, die nicht alle gleichermaßen tragen, und diese Gruppen beklagen mangelnde Solidarität. Es ist oft bemerkt worden, dass die Pandemie in vielen Hinsichten bestehende soziale Ungleichheiten (von Einkommen, Bildung, sozialer Sicherheit) befestigte und beförderte.

Es wird eine der Zukunftsfragen der Demokratie sein, ob das Aufflackern der Hoffnung, eine gemeinwohlorientierte staatliche Politik möge sich als hinreichend mächtig erweisen, ökonomische »Gesetze« zu ändern, die Ungleichheit, Abhängigkeit und soziale Ängste mit sich bringen, nur von kurzer Dauer war. Und so kann, wer von Demokratie und Solidarität spricht, vom global vernetzten Kapitalismus der Produktion, des Handels und der Finanzen, der unser soziales Leben prägt, nicht schweigen. In struktureller Hinsicht ist die Frage entscheidend, ob die Pandemie einen Anstoß dafür geben kann, Instrumente zu entwickeln, die eine gerechtere politische Ökonomie befördern, angefangen bei der Besserstellung bestimmter Berufe bis hin zu wirksamen Politiken zur Reduktion sozialer Ungleichheit. In Bezug auf die Dimension des Selbstverständnisses von Bürger:innen tritt dabei ein Widerspruch schmerzlich zutage, der heutige Demokratien kennzeichnet – dass nämlich einerseits ein Bewusstsein der Notwendigkeit sozialer Solidarität und auch (bei vielen) die Bereitschaft zu entsprechendem zivilgesellschaftlichen und staatlichen Handeln besteht (wie die Pandemie zeigte), dass aber andererseits die ökonomische Ordnung, die unsere Realität bestimmt, keine Prämie auf Solidarität aussetzt, sondern auf die (gesetzlich erlaubte) Instrumentalisierung anderer. Wir können nicht darüber hinwegsehen, dass die Logik demokratischer Solidarität quer zur Logik privatwirtschaftlicher Wertschöpfung steht. Die Zukunft demokratischen Vertrauens hängt nicht zuletzt davon ab, ob und wie die normative Ordnung der Demokratie im ökonomischen Kontext geltend gemacht werden kann.

Man kann einen ähnlichen Widerspruch auch im Sinne einer Phänomenologie der Pandemie aufzeigen. Denn in dieser wurde ein doppelter Blick auf sich und andere eingeübt. Einerseits stellte man für andere eine potenzielle Gefährdung dar und war zu Vorsicht und Rücksicht aufgefordert, andererseits waren alle anderen Gefahrenquellen für einen selbst. Dann war eine andere Art der Vorsicht und des Misstrauens erforderlich. Auch hier musste folglich eine nuancierte Doppelrolle eingenommen werden, und es wird zu sehen sein, ob eine der Perspektiven auf Dauer die dominante wird.

Die Gründe, mit wem und wieso Solidarität zu üben ist, ergeben sich nicht von selbst. Wohl aber gibt es bestimmte Reflexe, die sich besonders in Krisen zeigen. Es ist kein Naturgesetz, aber ein häufig zu beobachtendes Phänomen, dass, je intensiver die Solidaranforderung wird, die Vertrauensgemeinschaft, die zusammenrückt, enger wird und sich nach außen abschottet. Ihre Mitglieder beäugen einander streng, ob sich alle an die Abmachung halten: *Kontraktion nach innen.* Zudem besteht eine Tendenz zur *Kontraktion gegenüber außen*, so dass die Grenzen der Solidargemeinschaft entlang der Familie oder der Nation (die als große Familie interpretiert und auch re-ethnisiert wird) gezogen werden, wodurch ein Außen geschaffen wird, von dem man sich abgrenzt. Quasi als

Außen im Inneren werden »fremde« Mitbürger:innen ausgegrenzt, andere Länder und ihre Nöte ignoriert, offen oder insgeheim nationaler Egoismus praktiziert und die Gefahren generell im Anderen verkörpert gesehen (»China-Virus«, die »indische Mutante«). Allzu oft schleicht sich in den Begriff des Volkes, das »zusammenhält«, der Spaltpilz der kulturellen Ausgrenzung ein.

Wir dürfen diese Dialektik von Inklusion und Exklusion, von Vertrauen und Misstrauen, nicht zu einem sozialen Automatismus erklären. Aber wir sollten wissen, dass der Solidarität oft ein Schatten des Unsolidarischen folgt, und reflexive Solidarität reagiert darauf. Sie muss sich auch und gerade in Krisenzeiten an die richtigen Grundsätze halten, und dies sind Grundsätze der Gerechtigkeit, die nicht nationale und transnationale Solidarität gegeneinander ausspielen. Wir leben in einem globalen System, das die wohlhabenden Gesellschaften (besonders einige dort) extrem begünstigt, und dieses Wuchern quasi-feudaler Privilegien ist demokratieunverträglich. Denn die Rechtfertigungsgemeinschaft endet in einer globalen Welt nicht an nationalen oder europäischen Grenzen, wie diese Krise gezeigt hat.

Hier werden die Gefahren einer Rechtfertigungskrise in Kombination mit einer Strukturkrise sichtbar. Die Pandemie führt dazu, dass das traditionelle Bild von der demokratisch-nationalen »Familie«, die zusammenrückt, hervortritt. Aber auf die strukturellen Fragen der Demokratie, wie sie in einer transnational vernetzten Welt die Macht generieren kann, gemeinwohlorientierte Politik über den konventionellen Tellerrand hinaus zu gestalten, gibt dieses Bild keine Antwort. Mehr noch, es droht neben der Struktur- eine Rechtfertigungskrise derart, dass der Begriff der Demokratie von nationalistischen und xenophoben Selbstbehauptungsdiskursen gekapert wird und verkommt.

Die Krise ist voller Ambivalenz: Sie bringt die Notwendigkeit der Solidarität mit sich und könnte eine Chance sozialer Erneuerung bieten – angesichts der Rückkehr des verantwortlichen

Staates, des allgemeinen Bewusstseins sozialer Vulnerabilität und der Tatsache globaler Verbundenheit. Sie ist aber auch eine Zeit des Risikos der Regression, des Rückfalls in autoritäres und verengtes, vielleicht sogar sozialdarwinistisches Denken. Die Zeit der Krise heißt auch deshalb so, weil sie offenlässt, was geschehen wird.

Daniel Ziblatt

Der wirksame Staat
Was uns die Corona-Pandemie über die Widerstandsfähigkeit von
Demokratien sagt

Zeiten des Ausnahmezustands sind bekanntlich Gelegenheiten
für Autokraten. Von Getúlio Vargas in Brasilien in den 1930er Jahren und anderen bekannteren Diktatoren jener Zeit über Indira
Gandhi und Ferdinand Marcos in den 1970er Jahren bis hin zu populistischen Autoritären von heute haben autokratisch gesinnte
Führer:innen seit langem nationale Notlagen – manche real, manche erfunden – genutzt, um außergewöhnliche Befugnisse in Anspruch zu nehmen.

Krisen bieten angehenden autoritären Machthaber:innen die
Möglichkeit, den Fesseln der Verfassung endgültig zu entkommen.
Nationale Notlagen – insbesondere Kriege, schwere Terroranschläge
und möglicherweise Epidemien – haben für solche Persönlichkeiten
drei Vorteile. Erstens schaffen sie öffentliche Unterstützung. Krisen
führen in der Regel zu einem »Rally around the flag«-Effekt, der sogenannten Stunde der Exekutive, in der die Zustimmung zu den
führenden Politiker:innen zunächst stark ansteigt. Wenn die Bür-
ger:innen um ihre Sicherheit fürchten, sind sie eher bereit, autoritäre Machtergreifungen zu tolerieren – und sogar zu unterstützen.
Zweitens bringen Krisen Gegner:innen zum Schweigen, da Kritik
in solchen Zeiten als illoyal oder unpatriotisch gilt. Schließlich
lockern Krisen die normalen verfassungsrechtlichen Beschränkungen. Aus Angst, die Sicherheit zu gefährden, beugen sich Richter:in-
nen und führende Vertreter:innen der Legislative im Allgemeinen
der Exekutive.

Seit dem Ausbruch der Corona-Pandemie im Jahr 2020 besteht daher die Befürchtung, dass diese in eine Art Autoritarismus

führen könnte. Könnte Corona in einer Zeit, in der demokratische Rückschritte auf der ganzen Welt bereits an der Tagesordnung zu sein scheinen, auch die Gesundheit der Demokratie angreifen? Die Sorge war berechtigt. Die Bewältigung der Folgen der Pandemie hat zweifellos außergewöhnliche Maßnahmen erfordert. Doch das alltägliche Geben und Nehmen in der Demokratie ist ein mühsames Geschäft, und Politiker:innen – insbesondere solche mit autoritärem Temperament – könnten eine solche Krise durchaus als Chance begreifen. Oder sie könnten tatsächlich das Gefühl haben, dass die normale konstitutionelle Politik zu einer Zwangsjacke geworden ist, die sie daran hindert, einer existenziellen Bedrohung zu begegnen.

War SARS-CoV-2 eine solche Bedrohung? Die bisherigen Erkenntnisse legen eine komplizierte Antwort nahe. Wir wissen, dass viele Populisten auf der ganzen Welt überraschenderweise nicht auf den Ausbruch der Pandemie reagiert haben, indem sie die Gelegenheit für mehr Kontrolle über die politischen Systeme nutzten. Vielmehr haben sie, wenn überhaupt, oft passiv und nicht selten ungeschickt reagiert. In Russland spielte Wladimir Putin die Bedrohung durch SARS-CoV-2 zunächst herunter und übertrug den regionalen Behörden mehr Befugnisse mit der Folge, dass sich das Virus beinahe unkontrolliert ausbreiten konnte. In Brasilien tat Jair Bolsanaro Covid-19 als »kleine Grippe« ab. In Weißrussland leugnete die politische Führung monatelang, dass das Corona-Virus überhaupt existiert. Das alles sind keine Anzeichen für die von vielen befürchtete autoritäre Überreaktion.

Stattdessen deutet vieles auf ein Paradoxon hin. Wir stellen uns gern vor, dass sich die Geschichte aufteilt in Zeiten der Stabilität und Zeiten des Umbruchs, in denen es zu einem raschen politischen Wandel kommt und sich die typischen Beschränkungen für die politische Führung lockern. Die Corona-Pandemie scheint nicht überall ein solcher Moment des Umbruchs gewesen zu sein. Es gibt Hinweise darauf, dass die Pandemie keinen Wendepunkt

darstellte, sondern vielmehr soziale Kontinuitäten und Patholo-
gien verstärkt hat. Sie scheint sogar bereits bestehende Trends beschleunigt zu haben. Der Haupttrend, den sie verstärkt zu haben
scheint, ist folgender: Die Demokratie war dort am widerstands-
fähigsten, wo zwei sich gegenseitig verstärkende soziale Merkmale
zusammentrafen, nämlich geringe politische Polarisierung und
hohe staatliche Kapazität. Demokratische Gesellschaften, die seit
Jahren durch diese beiden Merkmale gekennzeichnet sind, waren
am wenigsten anfällig für demokratische Rückschritte. Im Gegensatz dazu sind Demokratien, die sich durch die entgegengesetzte
Mischung aus hoher politischer Polarisierung und geringer staatlicher Kapazität auszeichnen, von sehr weitreichenden demokratischen Rückschritten betroffen. Kurz gesagt, dass Vorerkrankungen
Patient:innen anfälliger für Covid-19 machen können, gilt auch auf
der Makroebene: Der Notstand ist für Demokratien fataler, wenn
ihr allgemeiner Zustand sie für undemokratische Strömungen anfällig macht.

In einem Forschungsprojekt, das ich mit Kolleg:innen am
Wissenschaftszentrum Berlin für Sozialforschung durchführe, verwenden wir länderübergreifende Daten, um zu verfolgen, wie sich
die Ausbreitung der Corona-Pandemie auf die Neigung zu demokratischen Rückschritten in 146 Ländern – Demokratien und Autokratien – ausgewirkt hat. Wir verwenden Daten aus dem »Varieties
of Democracy«-Projekt, in dem Wissenschaftler:innen einen sogenannten Pandemic Backsliding Index erstellt haben. Dieser Index
basiert auf zwei Runden von Expert:innenbefragungen, die messen, wie stark Regierungen in den letzten zwei Jahren mit Notfallmaßnahmen als Reaktion auf die Pandemie gegen demokratische
Standards verstoßen haben. Gefragt wird zum Beispiel: Hat es
eine zeitliche Begrenzung für pandemiebezogene Notfallmaßnahmen gegeben? Hat es pandemiebedingte Einschränkungen
der Pressefreiheit gegeben? Hat es offizielle Desinformationskampagnen gegeben? Wurden den Gesetzgebern unverhältnismäßige

Beschränkungen auferlegt? Hat es eine missbräuchliche Durchsetzung der Notfallmaßnahmen gegeben? Da ein wirksames Krisenmanagement häufig einige undemokratische Maßnahmen erfordert, werden in den Index grundsätzlich nur solche Notfallmaßnahmen aufgenommen, die »eindeutig unverhältnismäßig, nicht notwendig oder diskriminierend« sind.

Die Fälle von Demokratierückgang im Zusammenhang mit der Corona-Pandemie sind hinlänglich bekannt. Nehmen wir die Philippinen. Als sich SARS-CoV-2 im März 2020 ausbreitete, wurde eine Ausgangssperre mit unmenschlichen Strafen (Einsperren von Bürger:innen in Hundekäfigen) durchgesetzt. In Ungarn wurde im März 2020 ein vage formuliertes Gesetz verabschiedet, das dem Ministerpräsidenten die Befugnis verlieh, das Parlament im Falle eines nationalen Notstands zu umgehen. In den Vereinigten Staaten beteiligte sich Präsident Trump an der Verbreitung von Fehlinformationen und warb für falsche Heilmittel gegen das Virus. Solche Maßnahmen waren in vielen Ländern üblich und ließen das Schreckgespenst eines notstandsbedingten demokratischen Rückschritts aufscheinen.

Um mehr Erkenntnisse zu gewinnen, haben wir das Verhältnis zwischen dem Ausmaß der pandemiebedingten Demokratierückschritte, basierend auf Daten des »Varieties of Democracy«-Projekts, und der Leistungsfähigkeit der Demokratie vor dem Ausbruch der Pandemie im Jahr 2020 dargestellt.

Dieser Vergleich – durchgeführt in 143 Ländern – ergab ein auffälliges Ergebnis: Autoritäre Länder – zum Beispiel Laos, Äthiopien und Thailand – wurden bereits vor der Pandemie sehr autokratisch regiert und haben in den letzten zwei Jahren kaum Rückschritte gemacht.

Stabile Demokratien verzeichneten die geringsten Rückschritte. Auch wenn die Reaktion auf die Pandemie nicht überall perfekt war, haben die demokratischen Institutionen in diesen Ländern standgehalten. Im Gegensatz dazu waren es die Länder in der Mitte des Spektrums, instabile Demokratien bereits vor der Krise, in denen die Corona-Pandemie den demokratischen Institutionen am meisten geschadet hat.

Wie lässt sich dieses Muster erklären? Betrachtet man einzelne Länder, so werden die Unterschiede deutlicher. Während einige Demokratien – Schweden, Deutschland, Südkorea und andere – mit intakten demokratischen Institutionen aus der Pandemie hervorgegangen zu sein scheinen, ist dies bei anderen – Brasilien, Polen und Argentinien – nicht der Fall.

In unseren Untersuchungen sind wir dann einer grundlegenden These nachgegangen: Eine Mischung aus zwei nationalen Merkmalen – eine hohe parteipolitische Polarisierung und eine geringe Staatskapazität – machen einige Demokratien anfälliger für Demokratierückschritte als andere.

Eine erste Überprüfung der Daten zeigt einige vorläufige Belege für diese These. Je ausgeprägter die Parteipolarisierung in einer Demokratie ist, das heißt der durchschnittliche ideologische Abstand zwischen den führenden politischen Parteien, umso größer fallen die pandemiebedingten demokratischen Rückschritte aus. Das Herzstück der Demokratie ist zweifellos der Umstand, dass Politiker:innen sowie Parteien unterschiedlicher Meinung sind, doch eine extreme Polarisierung kann fatal für die Demokratie sein. Wenn sich Politiker:innen gegenseitig als existenzielle Bedrohung betrachten, gerät die Demokratie in Schwierigkeiten. Dies zeigen historische Beispiele von Demokratiezerfall sehr deutlich. In der Corona-Ära sehen wir etwas Ähnliches: In Demokratien wird eine stärkere Polarisierung mit einem stärkeren Rückfall in der Demokratie in Verbindung gebracht, während es in Nicht-Demokratien hier kaum einen Zusammenhang gibt.

Diese Forschungsergebnisse bestätigen die bestehende These, dass Polarisierung Demokratien anfälliger macht (Levitsky und Ziblatt, 2018). Wenn Politiker:innen ideologisch weit auseinander liegen, neigen sie dazu, sich als »Feinde« und nicht mehr als

»Rivalen« zu betrachten. Das Ergebnis ist, dass Wähler:innen und Politiker:innen eher bereit sind, den Missbrauch von Institutionen zu tolerieren, um Gegner:innen zu besiegen. Wenn sich zu dieser gefährlichen Dynamik noch eine echte existenzielle Bedrohung – eine Pandemie – gesellt, führt das dazu, dass die Wähler:innen den Missbrauch demokratischer Institutionen tatsächlich tolerieren.

Wie sieht es mit der staatlichen Leistungsfähigkeit aus? Jüngst wurde in wissenschaftlichen Arbeiten wie denen von Stephen E. Hanson und Jeffrey S. Kopstein überzeugend dargelegt, dass nicht die Kluft zwischen Demokratie und Autokratie, sondern vielmehr der Unterschied zwischen effektiver und ineffektiver Regierungsführung entscheidend für das Verständnis der Entwicklung der Corona-Politik in der ganzen Welt ist. In Ländern, in denen effektive Bürokratien die Nachverfolgung von Kontakten, die Bereitstellung von Testkapazitäten und die Einhaltung der Maskenpflicht bewältigen konnten, war die Corona-Pandemie leichter unter Kontrolle zu bringen. Dies war in Deutschland, Südkorea und trotz zum Teil erheblicher Defizite auch in den meisten westeuropäischen Ländern der Fall. Wenn Regierungen liefern, ist es für die Demokratie leichter, sich zu behaupten. Dort, wo Bürokratien im Weber'schen Sinne versagen, wo soziale Unruhen ausbrechen und der Staat nicht für die Bürger:innen da ist, erliegen diese leichter der Anziehungskraft von Demagog:innen. Unsere Untersuchung in 143 Ländern liefert den Beweis dafür. In Ländern, in denen die Regierung nach Angaben der Weltbank tendenziell eher effektiv ist, kam es zu einem geringeren pandemiebedingtem Demokratierückgang.

Zu wissen, wie geringe Polarisierung und hohe staatliche Kapazität zum Schutz der Demokratie zusammenwirken, ist aus mehreren Gründen wichtig. Erstens: Demokratie ist keine Einbahnstraße. Keine Demokratie ist vor Entwicklungsrückschritten sicher. Die Vereinigten Staaten haben das in den letzten vier Jahren vorgeführt. Alle Demokratien sind »Baustellen«, und es ist von

entscheidender Bedeutung herauszufinden, welche gesellschaftlichen Merkmale die Demokratie mehr oder weniger widerstands-
fähig machen. Die Corona-Pandemie war nicht nur ein Schock
oder ein Wendepunkt für unsere Demokratien, sondern auch ein
Moment, der ihre Schwächen aufgedeckt hat: Gesellschaften, die
durch Polarisierung und geschwächte bürokratische Kapazität gekennzeichnet sind, sind anfällig für demokratische Rückschritte.

Da Corona wahrscheinlich nicht die letzte existenzielle Herausforderung für unsere Gesellschaft sein wird, müssen wir unbedingt
zwei Dinge lernen: Erstens, wie wir Polarisierungen eindämmen,
und zweitens, wie wir die staatliche Kapazität wiederherstellen
können. Angesichts der Bedrohung, die beispielsweise durch den
Klimawandel entsteht, werden beide Aufgaben immer dringlicher.

Der Gefahr der Polarisierung und der damit einhergehenden
Verbreitung von Fehlinformationen wird inzwischen zunehmend
Aufmerksamkeit geschenkt. Der zweiten Herausforderung – wie
populistische Angriffe auf die staatliche Kapazität die Demokratie
untergraben und was dagegen zu tun ist – dagegen noch nicht in
genügendem Maße. In den Vereinigten Staaten versprach Steve
Bannon, einst Berater von Donald Trump, den »deep state« zu zer-
schlagen. Er lieferte damit einen griffigen Slogan für jene Populisten, die die grundlegenden staatlichen Institutionen in einer alten
Demokratie angreifen wollten. Von der postkommunistischen
Welt über Brasilien bis hin zu den Vereinigten Staaten hat sich das
Misstrauen gegen den Staat mittlerweile zu einem populistischen
Angriff auf seine Lebensfähigkeit überhaupt entwickelt. Angesichts solcher Entwicklungen und immer komplexer werdender
wissenschaftlicher Probleme waren staatliche Kapazität und Fachwissen für Demokratien noch nie so wichtig wie heute. Hanson
und Kopstein haben die globale Abkehr vom Staat als »globale
patrimoniale Welle« bezeichnet und charakterisieren damit den
länderübergreifenden Trend zum Abbau genau der Fachkennt-
nisse und Kapazitäten, die den Demokratien im 20. Jahrhundert

zum Erfolg verholfen haben. Diese Art von Angriffen findet in Nicht-Demokratien ein günstiges Terrain, da der Angriff auf den Staat den Personalismus des Autoritarismus stärkt. Neu ist in vielen fortgeschrittenen Demokratien, dass der populistische Abbau staatlicher Kapazität den Staat nicht »näher zum Volk« bringt, sondern eher das Gegenteil bewirkt: Er tendiert zum Personalismus oder zu dem, was der Soziologe Max Weber »Patrimonialismus« nennen würde. Populisten schwächen den Sachverstand des Staates, weil sie der Wissenschaft, die ihre Autorität bedroht, nicht trauen; sie verlangen persönliche Loyalität von Beamt:innen – von der öffentlichen Gesundheit über den nationalen Sicherheitspparat bis hin zum nationalen Wetterdienst, weil unpersönliche Regeln ihre Macht schmälern; und sie demontieren die Reserven der Professionalität in der Bürokratie, weil sie hier oft den größten Widerstand gegen ihre Bemühungen finden, die Demokratie abzubauen.

Kurz gesagt, Corona war ein Stresstest. Inmitten dieses Stresstests haben wir erkannt, dass Populist:innen keine Sprecher:innen »des Volkes« sind. Sie sind oft Personalist:innen, die versuchen, die das Gemeinwohl schützenden Institutionen zu demontieren, um ihre eigene Macht zu stärken. Damit die Demokratie überleben kann, müssen wir die Polarisierung eindämmen, und wir brauchen starke, effektive Staaten. Diese können den Herausforderungen begegnen, vor denen unsere Gesellschaften stehen. Das Dilemma, vor dem wir alle stehen, ist die Tatsache, dass es viel einfacher ist, den Staat abzubauen, als ihn wieder aufzubauen.

WIE GELINGT INKLUSIVE TRANSFORMATION?

Von Veränderung und Zusammenhalt in unserer Demokratie

Maja Göpel

Lebendige Demokratie
Wie Bürokratie zur Zukunftsmacherin wird

Demokratie ist ein großes Wort. Über die Zukunft »der« Demokratie zu sprechen, sollte einen Eindruck vermeiden: den, dass es »eine« Demokratie gäbe. Demokratie ist niemals fertig. Sie lässt sich nur in ihrer Dynamik und Prozesshaftigkeit begreifen, als ein lebendiges und dauerhaftes Anpassen politischer Prozesse an Ideale der Deliberation und Mitbestimmung, der Konsens- und Mehrheitsbeschlüsse genauso wie des Minderheitenschutzes und eines rechtebasierten Kanons mit Verfassungsrang. Über die Zukunft der Demokratie zu sprechen heißt dann, Innovationen in unserer Gesellschaft zu thematisieren, die nicht technischer Natur sind, sondern sozialer, institutioneller und kultureller. Natürlich können bessere Daten, digitalisierte Verwaltungen und Abstimmungsprozesse diese unterstützen, aber zunächst geht es darum, viel wesentlichere Fragen nach vorne zu rücken: Wie können Lebendigkeit und Anpassungsfähigkeit der kollektiven Gesellschaftsgestaltung so erneuert werden, dass *wünschenswerte* Zukünfte und *realistisch erscheinende* Zukünfte wieder näher zusammenfinden? Denn letztlich kann eine Volksherrschaft nur dann als erfolgreich gelten, wenn die Ziele dieses Volkes auch eine Chance haben, realisiert zu werden.

Menschen besitzen die Fähigkeit der Imaginationskraft, der Reflexion und der strategischen Langzeitplanung. Wir können uns mögliche Welten vorstellen und auf sie hinarbeiten. Dem Realen die Richtung des Idealen zu geben ist daher die Essenz zivilisatorischen Fortschritts. Eine Weltkarte, in der das Land Utopia nicht verzeichnet sei, verdiene keinen Blick, lautet eines der berühmtesten

Zitate Oscar Wildes. Fortschritt ist die Verwirklichung von Utopien, konstatierte er. Utopien zu entwickeln und zu bestimmen, gehört also zeitlich *vor* die Ableitung von Rechten, Pflichten, Programmen und Maßnahmen. So war es, als die Charta der Menschenrechte, die Gründungsdokumente für die Europäische Gesellschaft oder auch die Globalen Nachhaltigkeitsziele und ihre Umsetzungsstrategien formuliert wurden. Es darf als sehr beruhigend gelten, dass zumindest in Deutschland und weiten Teilen Europas auch heute weiterhin wenig Dissens über die prinzipiellen Parameter herrscht, die Utopia bieten sollte. Allein der Weg dorthin scheint steiniger als zuvor: Die Angst vor dem Verlust des Erreichten und seiner Annehmlichkeiten steht im Vordergrund der Diskussionen der reichen Länder dieser Welt.

Daher ist es nicht nur wichtig, über die Zukunft der Demokratie nachzudenken, sondern auch die Gegenwart als einen besonderen Zustand zu erkennen: Nachdem eine bestimmte Art, Fortschritt zu organisieren, für mehrere Dekaden vielversprechend war, deutet ein Weiter-so heute eher Richtung Dystopie. Die rasant fortschreitende Zerstörung der natürlichen Lebensgrundlagen, eine historisch einmalige Ungleichverteilung von Reichtum und eine ebenso rasante digitale Umformung gesellschaftlicher Interaktionsmuster und Infrastrukturen verschmelzen zu einer Phase, die mit dem Begriff der »Großen Transformation« gefasst wird: Ähnlich wie in der Neolithischen und Industriellen Transformation entsteht ein tiefgreifender Umbau von energetischen, wirtschaftlichen, kulturellen, sozialen und politischen Institutionen. Auch die Muster der politischen Grenzziehungen werden neu verhandelt.

Transformation: Anormale Zwischenzeiten navigieren

Der italienische Politökonom Antonio Gramsci hat solche Transformationsphasen als »Interregnum« bezeichnet, eine Art Zwischenzeit, in der »das Alte stirbt und das Neue nicht geboren werden kann« (1991: *Gefängnisschriften/Writings from Prison*, 354). Diese Zeiten sind geprägt von einer zunehmenden Politisierung gesellschaftlicher Beziehungen auf allen Ebenen, das Ringen um Vergehen und Entstehen ist ungleich stärker als zu Zeiten relativer Stabilität der Verhältnisse. Insbesondere zerbrechen die großen Legitimationserzählungen, die bisher gesellschaftliches Handeln in Richtung Utopia orientiert und zu Kompromissen koordiniert haben. Die Geschichte von einem unerschöpflichen Planeten, den die Menschheit beherrschen und technologisch nach ihren Bedürfnissen formen kann: zerbrochen. Die Geschichte, dass wirtschaftliches Wachstum allen dient, da starke Zugewinne in den oberen Schichten zu den unteren durchsickern: zerbrochen. Die Geschichte, dass immer mehr Freiräume für Finanzmärkte die Realwirtschaft effizienter in der Lösung gesellschaftlicher Probleme unterstützen: zerbrochen.

Wenn große Geschichten ihre Überzeugungskraft verlieren, wenn Erzählung und Erfahrung zu stark auseinanderklaffen, werden die Normalität und ihre Abläufe porös. Auf individueller Ebene verstärken sich sowohl die Sorgen, abgehängt zu werden, als auch ein Misstrauen gegenüber denjenigen, die an den Geschichten festhalten. Auch auf der soziokulturellen Ebene geht etwas Entscheidendes für repräsentative Demokratien verloren, wenn die Erzählungen ihre Legitimationsfunktion eingebüßt haben: das Gemeinschaftsgefühl. Wenn Gesellschaften sich nicht mehr als Schicksalsgemeinschaft erleben, in der die Leben der einen in Beziehung mit den Leben der anderen wahrgenommen werden, schwindet auch das Vertrauen in die Institutionen, die mit der Gemeinwohlsicherung betraut sind. »[J]e ungehemmter der Egoismus von Teilgewalten sich entfesselt, um so entschiedener ist es allen verantwortlichen Kräften ... aufgegeben, für die Respektierung des Gemeinwohls Sorge zu tragen«, formulierte Ludwig Erhard (1964: *Wohlstand für Alle*, 380): Je kleiner der Teil der Bevölkerung, der an die legitimierenden Geschichten glaubt, desto geringer das Vertrauen in die verantwortlichen Kräfte einer Demokratie, dieser Sorge ausreichend nachzukommen.

Das Meinungsklima in der Corona-Krise hat mehr als deutlich gemacht, wie ausgeprägt dieser Vertrauensverlust und der grundlegende Zweifel an den Verfahrensweisen der staatlichen Institutionen heute sind: zu stark von kurzfristigen (Macht-)Interessen dominiert, zu langsam, zu unentschieden – zu bürokratisch. Dabei ist die Corona-Krise nur ein Vorgeschmack auf die Notwendigkeit, durch eine längere Phase des strukturellen Wandels, eines Neuverhandelns der individuellen Freiheiten und Verantwortlichkeiten navigieren zu müssen. Die Erneuerung zentraler Infrastrukturen und Gesellschaftsverträge zur öffentlichen Daseinsvorsorge steht genauso auf der Agenda wie die Positionierung Deutschlands und Europas in einer sich stark verändernden geopolitischen Ordnung. Ein zunehmender Wettkampf um natürliche Ressourcen läuft dabei Hand in Hand mit den zunehmenden Folgen nicht früh genug erfolgten Schutzes der ökologischen Versorgungssicherheit.

In der Zukunft der Demokratie wird es also um zwei Dinge gehen: das Vertrauen in die Motivation und Effektivität der Regierungsinstitutionen zurückzugewinnen und die gelebte Demokratie zwischen gesellschaftlichen Akteur*innen im vorstaatlichen Raum zu stärken. Die meisten Antworten für das zu gebärende Neue finden sich dort. Im alltäglichen Organisieren und Kooperieren wird Zukunft ausprobiert und gelebt; im alltäglichen Verständigen über die Beweggründe für alternative Lösungen werden Wertanker gemeinsamen Handelns diskutiert. Diese Innovationskraft muss im Zentrum der strukturellen und kulturellen Erneuerung von Demokratie stehen. Zweck *(purpose) first*, Digitalisierung *second*.

Kompass: Wo liegt Utopia, und wer bereitet den Weg?

Die Suche nach einem Kompass führt also zum einen Richtung Verfassung und zum anderen Richtung Vorstellungskraft einer Gesellschaft. Denn ungleich einiger Darstellungen im aktuellen Klimadiskurs hat demokratische Politik bisher weder in einem rechtsfreien Raum noch im Konsens regiert. Sowohl das Grundgesetz als auch individuelle Menschenrechte und das Völkerrecht bieten eine klare Wertebasis liberaler Demokratien, innerhalb derer repräsentativ entscheidende Personen nach bestem Wissen und Gewissen Politik machen. Demoskopische Umfragen liefern Momentaufnahmen über Meinungsbilder, aber keine Richtschnur. Das Urteil des Bundesverfassungsgerichts zum Klimagesetz hat dies bestätigt. Ziel verantwortungsvollen demokratischen Regierens bleibt es, den grundlegenden Werten und übergeordneten Zielen einer Gemeinschaft zu dienen, dafür bestmögliche Rahmenbedingungen zu formulieren und für die Unterstützung dieser zu werben.

Hilfreiche Zutaten in diesem Kontext sind Transparenz und Rechenschaft. Anstatt weiter eine undifferenzierte und nicht mehr glaubwürdige Wachstumsgeschichte zu vertreten, sollte eine Demokratie sich an Strategien und Indikatoren messen lassen, die einen direkten Bezug zu der liberalen Wertebasis und dem Lebensalltag der Menschen haben. Idealerweise werden diese sogar mit der Bevölkerung als ein Standard für gutes Leben diskutiert. Und nichts weniger liegt bereits in doppelter Ausführung vor, *top-down* wie *bottom-up* erstellt: Die Deutsche Nachhaltigkeitsstrategie ist in den globalen Politikkoordinationsprozessen der Vereinten Nationen unter Konsultation von vielen Expert*innen verabschiedet worden. In Deutschland gilt sie als »übergeordnete« Regierungsstrategie. Die Initiative »Gut leben in Deutschland« lief über zwei Jahre als ein Austausch zwischen Ministerien und lokalen Akteur*innen in der ganzen Republik und resultierte in einem Indikatorensatz für objektive und subjektive Messung von Wohlergehen, der sehr große Übereinstimmung mit dem der Nachhaltigkeitsstrategie hat. Auch im Abgleich mit der OECD-Initiative zur Standardisierung von Wohlfahrtsmessung finden sich erfreulich viele Übereinstimmungen. Nur öffentliche Aufmerksamkeit, haushaltsplanerische Relevanz, legislative Priorisierung oder politische Rechenschaftspflicht

erfahren diese Zielkoordinaten im Hinblick auf die wünschenswerte Zukunft weiter nicht, wie man Stellungnahmen etwa des Parlamentarischen Beirates für nachhaltige Entwicklung oder des
Bundesrechnungshofes entnehmen kann.

Im Zentrum der Aufmerksamkeit stehen Börsenkurse und BIP-
Trends. Dabei haben weder diese noch jene mit nachhaltigen
Geschäftsmodellen oder Fortschritt zu tun. Nicht zuletzt darin
liegt begründet, dass eine schnell wachsende Anzahl von Ökonom*innen sich als »Postwachstums-Vertreter*innen« beschreiben: Ziel von Politik muss es sein, Wohlfahrt nachhaltig zu sichern;
ob das BIP dabei wächst oder nicht, wird als abhängige Variable
gehandelt. So lange private wie gesellschaftliche Bilanzierungen
nicht auch ökologische und soziale Faktoren adäquat berücksichtigen, bleibt das Wachstumsparadigma ein Blindflug. Wichtig ist es
deshalb, bessere Fortschrittsmessung und Wirkungsanalysen von
politischen Maßnahmen zu etablieren.

Ein erster Schritt für neues Vertrauen in den Kompass Gemeinwohlorientierung liegt also darin, genauer zu (er)zählen, was
zählt. Hier liegt der Auftakt für eine glaubwürdige Legitimierung
politischer Strategien, die bürokratische und marktwirtschaft-
liche Rahmenbedingungen so anpassen können, dass der Verlust
der Annehmlichkeiten des Alten nicht von äußeren Umständen
erzwungen, sondern vorausschauend das Neue ermöglicht wird:
Lebensqualität und Versorgungssicherheit in einer dem 21. Jahrhundert angemessenen Form. Hier liegt der differenzierte Refe-
renzrahmen einer Fortschrittsgeschichte, mit dem auch gesellschaftliche Akteur*innen viel besser messen und erzählen können,
was ihr Beitrag auf dem Weg zum Ziel ist. Politik darf dabei nicht
verschweigen, dass mit den Umbrüchen auch Zumutungen verbunden sind – aber sie sollte eben insbesondere aufzeigen, welche Begründungen und Chancen damit verbunden sind. Und betonen,
dass es mitnichten darum geht, alles komplett neu zu machen: Im
Angesicht einer Großen Transformation sind strukturelle und

kulturelle Erneuerungen die Voraussetzung dafür, eine liberale Wertebasis und zivilisatorische Errungenschaften konservieren zu können.

Lebendige Demokratie: Der Tanz zwischen Innovieren und Konservieren

Die folgenden drei politischen Blockaden stehen der demokratischen Erneuerung heute besonders im Weg: eine Gegenwartsfalle in Entscheidungshorizonten *(short-termism)*, mangelnde Kohärenz zwischen Politiksektoren *(siloism)* und die strukturelle Macht der Besitzstandswahrer*innen *(incumbents)*. Demokratische Regierungsführung für Zukunftsgestaltung sollte genau hier ansetzen. Ein tiefgreifender kultureller Wandel überspannt dabei alle Punkte gemeinsam.

Antizipation und Vorsorge: Kurze Wahlzyklen, weiter gekürzt durch föderale Partei- und Machtkalküle, haben zu einer Politikparalyse geführt, in der nur noch drastische Krisen wie 2009 (Finanzen), 2015 (Flucht) oder 2020 (Corona) mutige Schritte auszulösen vermögen. In der Gegenwartsfalle der Umfragewerte fehlt der Mut, große Würfe und damit verbundene kurzfristige Einschränkungen offen zu vertreten – selbst wenn mittel- und langfristig der Nutzen überwiegt oder es gilt, Gefahren abzuwenden. Parallel ist die Deliberationskultur unter Regierungsvertreter*innen selbst von einem Wettbewerb um die besten Lösungen in eine Verunglimpfung der Ideen und Personen anderer Parteien degeneriert. Sensations- und konfliktorientierte Medienlogik heizt diese Entwicklung weiter an. Eine solche Kulisse führt weder in der Gesellschaft noch in der Wirtschaft zu Vertrauen in die Kräfte der Gemeinwohlorientierung oder die verlässlichen Rahmenbedingungen, die ein Umplanen, Uminvestieren und Umorientieren deutlich leichter machen würden. Mitten im Interregnum wird das Loslassen des Alten künstlich erschwert und dem Sprung ins Neue das Sicherheitsnetz entzogen. Hier könnte eine Agentur der Zukunft entgegenwirken, die sich über die Ressortgrenzen der Ministerien hinweg mit strategischer Vorausschau beschäftigt, Expertise dazu beauftragt und leicht verständlich bereitstellt. Auch die längerfristige Wirkung von diskutierten politischen Maßnahmen könnte durch multikriterielle Modellierung und Simulationen erfahr- und diskutierbar gemacht und für die Indikativplanung zentraler Veränderungsmissionen in Bereichen wie Mobilität, Stadtplanung, Alterssicherung, Bildung, Landnutzung, Arbeit der Zukunft, Kreislaufwirtschaft eingesetzt werden. Regelmäßige Evaluationen der Umsetzungsfortschritte sollten in die Weiterentwicklung der Indikativplanung sowie in die analytischen Instrumente zur Vorausschau einfließen.

Um eine Berücksichtigung dieser Informationen in den deliberativen Prozessen um den besten Maßnahmen-Mix zu gewährleisten, gibt es in der Forschung eine ganze Reihe institutioneller Vorschläge, von Zukunftskammern im Parlament oder einem Mandat für den/die Bundespräsident/in über Ombudspersonen für zukünftige Generationen bis hin zu mit gelosten Bürger*innen besetzten Zukunftskonventen. Eine Zusammenfassung dazu findet sich etwa im Sondergutachten des Sachverständigenrats für Umweltfragen SRU, »Demokratisch regieren in ökologischen Grenzen – Zur Legitimation von Umweltpolitik«, von 2019. Wichtig ist, dass Parameter der Gegenwartsfalle keinen Einfluss haben, dass die Informationen und Einschätzungen deutlich sichtbar und leicht verständlich aufbereitet sind und das Mandat es zulässt, politische Prozesse oder Programme infrage zu stellen, wenn Wirkungsanalysen nicht überzeugen. Heute wird diese Funktion der Rechenschaftslegung in die Zivilgesellschaft verlagert und führt zu Situationen, in denen Wissenschaft nicht mehr zu besten Lösungen berät, sondern korrigierender Watchdog wird. Diese Rollenverteilung trägt weder zu Vertrauen in die politischen Instanzen bei, noch liegt sie in der Komfortzone des wissenschaftlichen Selbstverständnisses.

Transparenz und Beschleunigung: Sektoren- und ressortübergreifende Wirkungsanalysen und missionsorientierte Indikativplanung bergen außerdem die Chance, Problemverschiebungen zu vermeiden und durch kluge Maßnahmen mehrere Herausforderungen auf einmal zu adressieren. Beispielsweise mit einer konsequenten Digitalpolitik: Welche Grundrechte und übergeordneten Ziele soll sie schützen und erreichen helfen, und in welchen Ressorts liegen dann wichtige Entscheidungshoheiten zu Fragen wie der Besteuerung von Geschäftsmodellen und Kartellrecht auf der einen, Infrastrukturplanung und gemeinwohlorientierte Datenbündelung auf der anderen und einer fokussierten Forschungs-, Innovations- und Bildungsagenda darüber hinaus?

Oft stehen diese ganzheitlichen und integrierten Strategien quer zu bisherigen Hoheiten, Budgetallokationen, Interessen und Identitäten. Um zukunftsorientierten Lösungen die besten Startchancen zu geben, sollte jeder Verhandlung eine transparente Darstellung der Lenkungs- und Verteilungswirkungen des Status quo vorangestellt werden. Genauso transparent sollte die Evidenzbasis hinter unterschiedlichen Änderungsvorschlägen dargestellt werden, inklusive der Wertentscheidungen und Annahmen über die Welt, die hinter jeder Quantifizierung und ökonomischen Berechnung stecken. Insbesondere bei Fragen der Ökologie liegt hier eine große Aufgabe für ökonomische Berechnungen von Kosten und Nutzen. Auch Leitindikatoren, die eine Entkopplung des ökonomischen Wachstums vom Umweltverbrauch darstellen sollen, sollten an die international verhandelten Standards zur Messung globaler Ressourcenströme angepasst werden. Der Dasgupta-Bericht kann hier als richtungsweisend gelten. Genauso ist es in der zunehmend aufgeheizten Debatte um wachsende Ungleichheit überfällig, Unterschiede in den Berechnungen offensiv darzustellen, anstatt in der Bevölkerung ein Misstrauen in die parteipolitische Unabhängigkeit von wissenschaftlicher Evidenz zu befördern. Eine transparente Darstellung der Verteilung von Kosten und Nutzen *(cui bono?)* bei einzelnen politischen Maßnahmen gehört ebenso dazu wie die historischen Verteilungseffekte des Status quo in dem jeweiligen Politikfeld. So entstehen ein fairer Aushandlungsraum und eine bessere Aufklärung darüber, warum die Beibehaltung des Status quo (business as usual) in allen Modellierungen mit ökologischer und sozialer Sensitivität nicht als gute Zukunftsoption erscheint.

Fairness und Partizipation: Der Begriff incumbents beschreibt in der Transformationsforschung die Gruppen und Personen, die in einem aktuellen System privilegierte Positionen innehaben. Er umfasst nicht nur offizielle Ämter, sondern Gestaltungshoheit und -macht im weiteren Sinne. Damit geraten auch Akteur*innen in den Blick, deren offizielles Amt zwar kein politisches ist, deren Einfluss auf die repräsentativ getroffenen Entscheidungen sich aber deutlich über die eine Stimme pro Person auswächst. Typischerweise werden incumbents das Loslassen des Alten – bisheriger Politik, Subventionen, Anreize und Regeln – weniger attraktiv finden als die Teile der Gesellschaft, deren Ideen, Lösungen, Interessen und Geschäftsmodelle sich im Status quo weniger repräsentiert sehen. Auch die Geschichten zur Legitimation von Entscheidungen können von einigen Akteur*innen offensiver in die Welt getragen werden als von anderen. Hinzu kommen Prozesse der Normalisierung; die aktuelle, historisch einzigartige Situation wird als gegeben empfunden oder gerne auch als neutraler Ausgangspunkt deklariert, wodurch deren Beibehaltung kaum gerechtfertigt werden muss, wohl aber die Abweichung davon bis ins letzte Detail.

Genau deshalb hat eine zukunftsorientierte Demokratie die Aufgabe, der strukturellen Macht des Status quo eine mutige und dauerhafte Agenda der Pluralisierung von Möglichkeiten und Chancengerechtigkeit entgegenzusetzen. Zukunftsoptionen offen zu halten bedeutet, Lern- und Innovationsprozesse nach bestem Wissen und Gewissen zu unterstützen und auch durch ein dem 21. Jahrhundert angemessenes Bildungsangebot möglichst viele Bürger*innen dabei zu unterstützen, ihre Version von Utopia voranzutreiben. Beteiligungsformate für die Erstellung von Roadmaps oder Zukunftsplänen müssen also über die organisierte Interessensvertretung hinausreichen, die häufig den minimalen Konsensus zum Ergebnis hat unter starkem Einfluss der *incumbents*. Innovationsökosysteme innerhalb der Verwaltungen können dann zu einem Selbstverständnis der Bürokratie beitragen, dienende und agile Ermöglicherin des gesellschaftlichen Fortschritts zu sein. Ein solcher Kulturwandel muss auch Niederschlag finden in einer ehrlichen Auseinandersetzung mit den Wirkungen des Beamtentums, wie es heute gelebt wird, und moderne Personalplanung, zielorientierte Leistungsbeurteilungen, Rechenschaft zur Überparteilichkeit sowie Führungskräftetrainings nach sich ziehen, die den Privilegien dieser Amtsinhaber*innen entsprechen.

Zukunftsfähiges Regieren: Zeit für Held*innen

In einer Zeit also, in der mutiges politisches Handeln wichtiger ist denn je, ist der Verweis auf das »politisch Machbare« zur beinahe schulterzuckenden Entschuldigung mangelnden Einsatzes und geringer Risikobereitschaft geworden. Aber, so zeichnet Dieter Thomä es in seinem 2019 erschienenen Buch nach: Demokratien brauchen Held*innen. Er definiert zwei Arten demokratischer Held*innen in komplementären Rollen: Held*innen der Verfassung treten für die liberale Wertordnung und die Ziele der Gemeinwohlsicherung und Gefahrenabwehr auch dann ein, wenn es für ihre Karriere riskant bis bedrohlich wird. Held*innen der Bewegung hingegen testen Grenzen und Spielregeln, um zu zeigen, dass mehr machbar ist, als möglich scheint und das Neue dem Alten durchaus an Attraktivität überlegen sein kann. Lebendige Demokratie braucht beides, im Idealfall in einem kooperativen Zusammenspiel.

Das demokratische Held*innentum kann sich sowohl für Erneuerungen als auch gegen die Erosion vorheriger Errungenschaften einsetzen. Liberal und Konservativ geben sich die Hand, Ökologie und soziale Gerechtigkeit bilden den Kompass.

Ich danke Sophie Bunge sehr herzlich für den konstruktiven Austausch und ihre Mitarbeit an diesem Text.

Wolfgang Merkel

Das Klima und die Demokratie
Von großen Sprüngen und kleinen Schritten

Nur ein irrlichternder Zyniker wie der ehemalige amerikanische Präsident Donald Trump vermag zu bestreiten, dass es einen Klimawandel gibt – verursacht durch die Menschen und ihre naturvergessene Produktions- und Konsumptionslogik. Man mag es kaum glauben, aber Trump steht nicht allein. Rechtspopulisten dies- und jenseits des Atlantiks sind ebenfalls skeptisch angesichts der von Menschen verursachten Klimakrise.

Es ist nicht zu bezweifeln, dass es die Erderwärmung gibt und sie sich in den letzten Dekaden erheblich beschleunigt hat. Vom Beginn der industriellen Revolution um 1750 bis zum Jahr 2017 ist die globale Erderwärmung um ein Prozent gestiegen (IPCC). 99 Prozent der in wissenschaftlichen Journalen veröffentlichten Klimaanalysen rechnen die globale Erwärmung zu einem erheblichen Teil menschlichem Handeln zu. Als Hauptursache wird die anthropogene Anreicherung der erdnahen Atmosphäre mit unterschiedlichen Treibhausgasen hervorgehoben. Das IPCC (Intergovernmental Panel on Climate Change; der Weltklimarat) schrieb 2013, dass der menschliche Anteil an der Erderwärmung in den letzten 60 Jahren deutlich über 50 Prozent liegt. Wie hoch er genau ist, darüber besteht allerdings kein Konsens.

Die Folgen der Erderwärmung unterscheiden sich von Region zu Region: Gletscher- und Meereisschmelze, Anstieg des Meeresspiegels, Auftauen der Permafrostböden mit der Folge des Freisetzens von Methangas, Dürre, Wetterextreme und Artensterben. Die weniger entwickelten Länder Afrikas und Länder wie Bangladesch, die nur geringfügig über dem Meeresspiegel liegen, sind am meisten bedroht. Sie haben andererseits bisher am wenigsten zu den klimaschädlichen Emissionen der Treibhausgase beigetragen. Auf den Konten der Klimagerechtigkeit stehen sie im Haben, die Industriestaaten im Soll.

Populär – aber auch umstritten – ist folgende Hypothese: Wenn bis im Jahr 2030 nicht eine wirkungsvolle Reduktion der Treibhausgase erreicht wird, können Kipppunkte eintreten, die eine kaskadierende Entwicklung der Freisetzung von Treibhausgasen und anderer Ursachen der Erderhitzung auslösen werden. Danach werden die Menschen die verhängnisvolle Entwicklung kaum noch beeinflussen können. In der Sprache der sozialen Bewegungen und der politisierten Klimaforschung hat sich dieser »deadline-ism« in den mobilisierungsträchtigen Slogan verwandelt: »Es ist 5 vor, wenn nicht 5 Minuten nach 12«. Das Mercator Research Institute on Global Commons and Climate Change in Germany hat auf seiner Website eine auf Sekunden eingestellte Uhr installiert, die anzeigt, ab wann das CO_2-Budget in der erdnahen Atmosphäre zur Einhaltung des 1,5-Grad-Ziels erschöpft ist. Intervenierende technologische Variablen bleiben unberücksichtigt.

Die Grenze zwischen seriöser Wissenschaft und alarmistischer Meinungsproduktion verwischt sich hier. Klimawandel ist eine große Herausforderung, aber Ablauffristen mit unerbittlicher Metrik bis zur Klimakatastrophe suggerieren Endzeit. Das erinnert mehr an die religiös motivierten Weltuntergangsvoraussagen als an ein Wissenschaftsideal, das der Permanenz des Fallibilismus verpflichtet ist.

Klimapolitik ist in unserem System eine Frage der demokratischen Auseinandersetzung – und trifft entsprechend auf unterschiedliche Vorschläge zu Wegen und Zielen. Wer bereits dies anzweifelt, wird schnell zum »Klimaleugner«, in jedem Fall aber zum moralisch insuffizienten Subjekt. Einfachsheitshalber wird dieses Subjekt etwa bei Fridays For Future entindividualisiert und kollektiv als »die« ältere Generation bezeichnet, deren Führungseliten vorgeworfen wird, die Zukunft der nachfolgenden Generationen zu zerstören: »How dare you!« Den sozialen Bewegungen ist dies nicht anzulasten. Zuspitzung gehört zu ihrer Erfolgslogik. Ob aber Naturwissenschaftler wie Nostradamus auftreten sollten, darf bezweifelt werden.

So wichtig die Klimafrage ist, sie kann nicht alle anderen gesellschaftlichen Fragen auf einen sekundären Status verweisen. In einer Demokratie ist zu debattieren, welche Strategien und Instrumente wir benötigen, um die Erderwärmung effektiv, sozialverträglich und demokratisch zu bekämpfen. Muss sich die Demokratie aber nicht anpassen an ein Problem oder gar beschränken lassen, wenn die Klimafrage über das Schicksal der Menschheit entscheidet? Welche Rolle darf und muss eigentlich die Wissenschaft in der Demokratie und ihren Entscheidungsprozessen spielen?

In der modernen Policy-Forschung gibt es den Begriff des »evidence based policy making«. Er taucht erstmals in den neunziger Jahren des vergangenen Jahrhunderts auf. Die evidenzbasierte Politikgestaltung sollte die Politik entideologisieren und pragmatische Lösungen anbieten. Es ging um empirisch belastbare Nachweise für eine richtige und moderne Politik. Es sollte nicht zuletzt der Wissenschaft überantwortet werden, Evidenzen zu erkennen und in den politischen Entscheidungsprozess einzuspeisen. Denn, wer anders als die Wissenschaft, die der Wahrheit verpflichtet ist, könnte dies in einem so komplexen Bereich wie der Klimapolitik besser tun als Klimaforscher, Klimaingenieure und Klimaökonomen? Erstgenannte können die physikalischen Vorgänge dechiffrieren, die Ingenieure technische Instrumente entwickeln und Wirtschaftswissenschaftler rationale Verfahren vorschlagen, über die sich klimapolitische Gemeingüter mit individuellen Interessen vereinen lassen. In den sozialen Bewegungen, also etwa Fridays For Future oder Extinction Rebellion, ist immer wieder der gläubige Satz zu hören: »Science has told us.« Die Teilsysteme Wissenschaft und demokratische Politik sind aber unterschiedlichen Kommunikationscodes verpflichtet: die Wissenschaft der Wahrheit, demokratische Entscheidungen (vor allem) dem Prinzip der Mehrheit. Verwischt man ihre Eigenlogiken, verlieren sie an Leistungsfähigkeit.

Aber selbst in der Wissenschaft ist der Wahrheitsanspruch nicht absolut. Das gilt auch für die Klimaforschung, ihre Zahlen, Projektionen und computergestützten Szenarien, die den möglichen, hinnehmbaren oder wahrscheinlichen Temperaturanstieg bis ins Jahr 2100 berechnen sollen. Szenarien sind Szenarien, die in der Klimaforschung stets mit unzähligen Einflussvariablen und notwendigen Ceteris-paribus-Klauseln operieren müssen. Ex-ante-Voraussagen sind etwas anderes als Ex-post-Erklärungen. Und dennoch stehen gerade in der Klimaforschung wissenschaftlicher Dissens, abweichende Meinungen oder Widerlegungsversuche nicht sehr hoch im Kurs. Wer aber den Popper'schen Mechanismus der Falsifikation als einen spezifischen prozeduralen Imperativ der revisionsoffenen Wissensproduktion begreift, kann sich nicht mit der Verkündigung unumstößlicher Wahrheiten abfinden. Dabei geht es nicht um die Frage, ob wir uns gegenwärtig in einer Periode gefährlicher Erderwärmung befinden und ob diese in einem erheblichen Maße von Menschen gemacht wurde und wird. Für beide Erkenntnisse gibt es überragende wissenschaftliche Evidenz. Dennoch darf aber auch die Klimaforschung nicht auf permanente Widerlegungsversuche verzichten, insbesondere wenn Zukunftsszenarien wissenschaftliche und politische Wirkmächtigkeit entfalten. Auch für sie gilt Poppers Diktum von 1962: »... the criterion of the scientific status of a theory is falsifiability, or refutability, or testability.«

Wenn der IPCC mit wissenschaftlicher Evidenz das Klima zu einer Überlebensfrage der Menschheit dekretiert, muss sich dann nicht alles dieser Frage unterordnen? Inklusive der Demokratie? Die Bejahung dieser These offenbart ein problematisches Verständnis von Problemen, Entscheiden und Demokratie. Auch wenn wir die IPCC-Warnungen als »evidence based« ernst nehmen müssen, muss gelten: Aus Fakten folgt noch keine Politik. »Was getan werden soll«, schreibt Richard Rorty, »muss in der Demokratie geschehen.« Zur Wissenschaft schrieb der amerikanische Philosoph: »… an der Wissenschaft ist eigentlich nichts auszusetzen«, wohl aber an dem »Versuch, sie zu vergotten«.

Muss demokratische Politik nicht möglichst nah an der wissenschaftlichen Wahrheit entscheiden oder gar strikt die wissenschaftlichen Ergebnisse in Policys umsetzen, wenn es um das Überleben der Menschheit geht? Jede Abweichung davon müsste ja das Risiko einer Klimakatastrophe erhöhen. Zum demokratischen Prozess gehört der freie Umgang mit Fakten – das schützt die Meinungsfreiheit. »Wer die Ordnung der Gleichen aufgibt, wenn sie falsche Entscheidungen trifft, hat sich von vornherein nicht auf sie eingelassen«, schreibt Christoph Möllers. Ich stimme zu. Verantwortungsbewusste Mehrheiten werden wissenschaftliche Erkenntnisse nicht ignorieren. Aber Wahrheit ist kein Legitimationsmodus der Demokratie. Der obliegt in der repräsentativen Demokratie letztinstanzlich dem Demos beziehungsweise seiner Repräsentanz, dem frei gewählten Parlament. Durch dessen Schleuse müssen demokratische Entscheidungen hindurch, wollen sie legitimerweise die Folgebereitschaft der Bürger verlangen, so hat es Jürgen Habermas formuliert.

»Science Marches«, nicht selten unter dem epistemisch naiven Slogan geführt »Zu Fakten gibt es keine Alternative«, sind grenzwertig. Sie zeigen den Versuch von Wissenschaftlern, die Politik von ihren Projektionen zu überzeugen. Dies ist zunächst legitim. Gewerkschaften, der Hartmannbund, Gelbwesten und Pegida tun dies schließlich auch. Meinungs- und Versammlungsfreiheit sind ein hohes demokratisches Gut. Und dennoch ist es ein Unterschied, ob die IG Metall demonstriert, um höhere Löhne durchzusetzen, oder eine Wissenschaft, die zu ihren Fakten keine Alternative sieht. Bei der Metallgewerkschaft geht es um die Durchsetzung der Interessen ihrer Mitglieder. Die sind stets partikular und relativ. Die Wissenschaft aber tritt als Monopolist der objektiven Wahrheit auf und verknüpft diese in der Klimafrage nicht selten mit dem Nimbus, dass sich darin auch das moralisch Richtige manifestiert. Die Politik müsse es nur endlich durchsetzen.

Aus Wahrheit lässt sich aber schwerlich Moral ableiten, schon gar nicht demokratische Politik. Es gibt keine Wahrheit im politischen Diskurs, schreibt Hannah Arendt, sondern nur Meinungen: »Sobald der Philosoph seine Wahrheit, den Abglanz der Ewigkeit, der Polis vorlegte, war sie auch schon zur Meinung unter Meinungen geworden. ... Es ist, als würde das Ewige in dem Moment, da es unter die Leute gebracht wird, irdisch.« Aber diese Selbsteinsicht ist im aktivistischen Teil der Klimawissenschaft unterentwickelt. In dem Maße, in dem Wissenschaftler, ausgestattet mit der Reputation epistemischer Neutralität, politisch Partei ergreifen, droht auch die Grenze zwischen Wahrheit und Meinung brüchig zu werden. Fehlt aber dann noch das Bewusstsein, dass die Wahrheit fallibel oder die eigene Position falsch sein könnte, dann erstarren beide zur Ideologie. Genau deshalb lehnten Pragmatisten von John Dewey bis Richard Rorty absolute Wahrheitsansprüche ab und betonten, dass diese immer auch sozial und zeitlich gebunden sind.

Unter Aktivisten, in der Scientific Community der Klimaforscher aber auch der Politikwissenschaft, wächst die Ungeduld mit der Politik. James Hansen, ein Klimaforscher bei der NASA, klagte schon 2009: »The democratic process doesn't quite seem to be working.« Es ist die »Tyrannei des Jetzt« in einer »Bequemlichkeitsgesellschaft« (Schellnhuber). Der Politikwissenschaftler Mark Beeson argumentierte, benevolente Formen des Autoritarismus »may not only be justifiable, but essential for the survival of humanity«. Der amerikanische Philosoph Jason Brennan generalisierte 2017 das expertokratische Misstrauen in einer rüden neoelitistischen Demokratietheorie und forderte die Einschränkung des Wahlrechts für Inkompetente.

Zwei ernst zu nehmende Hauptvorwürfe aus dieser Debatte lauten: Die Klimakrise erfordere zum einen kollektive Maßnahmen, die dem unmittelbaren Eigeninteresse vieler zuwiderlaufen. Die Demokratie tue sich bei Entscheidungen schwer, bei denen die elektoralen Kosten sofort, die politischen Gewinne aber erst später anfallen. Die Demokratie brauche überdies zu viel Zeit. Die Entscheidungsverfahren seien zu aufwendig und fielen dann auch noch Kompromissen anheim. Kein Wunder, dass dann nur »Klimapäckchen« statt Klimapakete herauskämen und diese auch noch zu spät.

Zeit ist aber gerade das, was die Demokratie braucht. Nimmt man ihr diese, droht sie zu einem expertokratischen Dezisionismus zu verkommen. Das wird auch dadurch kaum gemildert, dass sich solcher Dezisionismus auf Wahrheit und Moral beruft, wie dies in der Klimadebatte nicht selten geschieht. Stimmt diese apodiktische Antwort aber immer? Kann das, was zweifelsfrei für die Renten- und Gesundheitspolitik gilt, auch für die Schicksalsfrage der Klimapolitik gelten? Wofür braucht die Demokratie überhaupt Zeit?

Systematisch kann man antworten, die Demokratie braucht für alle ihre basalen Prozeduren Zeit: Information, Partizipation, Repräsentation und Entscheidung. Je anspruchsvoller jede dieser Formen ist, umso mehr Zeit benötigt sie. Wird Demokratie unter Zeitdruck und den Imperativ einschneidender Entscheidungen gesetzt, bedeutet das stets einen Kompetenzverlust der Legislative. Dies muss einkalkulieren, wer die Beschleunigung in der Klimapolitik will.

Entscheidungen in der Energie-, Verkehrs- oder Steuerpolitik haben unweigerlich Auswirkungen auf angrenzende Politikfelder wie Landwirtschafts-, Einkommens-, Arbeitsmarkt-, Industrie- und Wirtschaftspolitik. Diese Folgenabschätzung müssen Demokratien bei ihren jeweiligen Entscheidungen berücksichtigen. Wenn in der Energie- oder der Umwelt- und Klimapolitik die »Große Transformation« gefordert wird, wird dies nicht ohne Einfluss auf den

Arbeitsmarkt, die Einkommens- und Verteilungschancen bleiben. Wenn der fossile Energieverbrauch gezielt besteuert, wenn die Automobilindustrie zum schnellen Produktwechsel auf E-Mobile gedrängt wird, Kohlekraftwerke abgeschaltet oder Windräder in geringerer Distanz zu Wohnsiedlungen aufgestellt werden, fallen Kosten an. Kosten im umfassenden Sinne. Wie bei den meisten großen Transformationen werden diese Belastungen viel stärker für die unteren Einkommensgruppen spürbar. Anderes darf man nicht erwarten. Die demokratische Politik hat – hier stilisiert – drei Optionen.

(1) Sie vertritt eine radikale Klimapolitik, die nur auf ökologische Effektivität fixiert ist und die asymmetrischen Belastungen einzelner Gesellschaftsgruppen als unvermeidliche transitorische Kollateralschäden versteht. So denken Klimaaktivisten, die meist aus den Sozialmilieus der bessergestellten Kosmopoliten kommen.

(2) Sie kompensiert besondere Belastungen für einkommensschwächere Gruppen durch Ausgleichzahlungen über das Steuersystem, Transfers und Umschuldungen. So denken Gewerkschaften, die sich um ihre Klientel sorgen.

(3) Sie streckt die Übergangszeit. Sie macht aus der »Großen Transformation« kleinere Reformschritte. So denken Volksparteien, die von möglichst vielen gewählt werden wollen.

In der Realpolitik beobachten wir häufig einen Mix der Option 2 und 3. Diese Mischung produziert die berüchtigten Klimapäckchen, die von den Vertretern der Option 1 kritisiert werden. In Wahrheit spiegeln sie aber einen Kompromiss wider, der möglichst viele Interessen der Bevölkerung berücksichtigt.

Demokratien benötigen Zeit. Sie sind in allen wichtigen Dimensionen auf den Zugriff ausreichender Zeitressourcen angewiesen, wollen sie ihren eigenen Anspruch auf gleiche Teilhabe, politische Inklusion und vernünftige Politik erfüllen. Souverän ist, wer über die Zeit verfügt. Will man der Demokratie diese Zeit in der einen Politikfrage nicht geben, bleibt jenseits der Demokratie die autoritäre Option. Diese reicht von der Einschränkung demokratischer Partizipations- und rechtsstaatlicher Kontrollverfahren über den Klimanotstand bis zum Ökoautoritarismus eines benevolenten Philosophenkönigs. Will man sich nicht auf die abseitigen Pfade eines Ökoautoritarismus verführen lassen, erhebt sich die Frage: Was können wir tun? Was kann Deutschland tun, um die Verschärfung der Klimakrise zu verhindern? Die Antwort: Eine ganze Menge – an der globalen Erderwärmung wird es mittelfristig jedoch nichts ändern. Dafür gibt es Begründungen. Zunächst ein ganz basaler Grund: Deutschland emittiert nur ca. 2,0 Prozent der schädlichen Treibhausgase. Selbst wenn wir rasch emissionsneutral leben würden, wäre die Reduktion der Treibhausgase gegenüber den restlichen 98 Prozent der Welt ein verschwindend niedriger Wert. Aber auch dieser marginale Wert kommt nur dann zustande, wenn man einem anachronistischen nationalökonomischen Verständnis folgt. Denn in einer Welt verflochtener Märkte wird Folgendes passieren: Deutschland oder auch Europa steigen aus den fossilen Energien aus. Die Nachfrage nach Kohle, Öl und Erdgas sinkt, der Preis für die fossilen Energieträger damit auch. Energiehungrige Länder wie China, Indien, Indonesien oder Brasilien kaufen aufgrund der gefallenen Preise verstärkt die fossilen Energieträger. »Deutsche Denkfehler« nennt der Ökonom Hans-Werner Sinn einen solchen Alleingang und bemerkt nicht zu Unrecht: »Sie, nämlich die Scheichs, die Kohlebarone und Putins Gas-Oligarchen, und nicht etwa die europäischen Verbraucher und ihre grünen Politiker erweisen sich als die Herren des Klimas.« Gefragt sind supranationale Maßnahmen.

Der Klimawandel kennt keine Grenzen. Auch der Emissionshandel ist erst dann global wirksam, wenn einheitliche Preise im Emissionshandel nicht nur von einer Koalition der Willigen gezahlt werden, sondern ebenso von Staaten wie den USA, China oder Indien. Sonst erleben wir nur eine Emissionsverlagerung, aber keine Emissionsreduzierung. Überzeugend erscheint hier das

Modell eines Klimaklubs, wie ihn der US-amerikanische Ökonom William Nordhaus 2015 vorschlug, um das »Free-Riding«-Problem kollektiven Handelns zu lösen. Ein Kern von Ländern, etwa die wichtigsten Industriestaaten der EU, Japan und möglichst auch die USA, binden sich über die Mitgliedschaft in einem Klimaklub, um gemeinsam den Ausstoß von Treibhausgasen zu reduzieren. Die Reduktion dieser Gase ist gewissermaßen das »Klubgut«, das kontrolliert und kollektiv produziert wird. Bei Verletzung der Verpflichtungen erfolgen Sanktionen. Gegen die Länder, die nicht Klubmitglieder werden wollen, sollen milde, aber wirksame Handelssanktionen erlassen werden.

Technologische Innovationen werden eine viel größere Rolle spielen als der protestantisch-asketische Verzicht, der uns bisweilen moralisierend in der deutschen Debatte gepredigt wird. Partikulare Moral schafft keine Mehrheiten, technologische Problemlösungen schon viel eher, zuhause wie auch im globalen Maßstab. Denn in einer ökonomisch und demografisch expandierenden Welt werden technologische und wachstumsgetriebene Klimapolitik mehr Zustimmung erfahren als moralisierend asketische Verzichtsmodelle.

Die Klimapolitik wird noch zu oft unter falschen Alternativen diskutiert: Entweder gelingt die »große ökologische Transformation«, entweder entwickeln wir in Deutschland, Europa und den USA ein exportfähiges Modell erfolgreicher Klimapolitik, oder wir erleben eine Heißzeit mit kaskadierenden Kipppunkten. Moralischer Dauerbeschuss mit apokalyptischen Ablauffristen und Worst-Case-Szenarien mag am Anfang mobilisieren, doch je länger er anhält, umso unsensibler wird die Öffentlichkeit und umso rezeptionsträger die Politik.

Aber hier zeigt die Demokratie ihre Stärke gegenüber autoritären Regimen. Über ihre Verfahren und Institutionen ist sie gezwungen, viele gesellschaftliche Interessen zu respektieren und zu repräsentieren: jene der ökologisch orientierten gebildeten Mittelschichten, aber auch jener Personen, deren unterprivilegierter Gesellschaftsstatus sie zwingt, kurzfristig mehr ökonomisch als ökologisch zu denken. Sie muss Umweltverbände ebenso anhören wie die Gewerkschaften, die kurz- und mittelfristig den Abbau von Arbeitsplätzen verhindern wollen, etwa in der Kohle-, Mineralöl- und Automobilindustrie. Um nicht in die Falle des »Jetzt« zu geraten, wird eine gerechte Politik auch die Interessen zukünftiger Generationen berücksichtigen müssen. Letzteres ist in der Tat eine Schwachstelle der Demokratie. Zukünftige Generationen wählen nicht.

In wahrhaft demokratischen Gesellschaften dominiert die Klimarealpolitik die Klimadystopie. Ein funktionierender Pluralismus dämpft die autoritäre Sehnsucht nach den kompromisslosen Entscheidungen einer »großen ökologischen Transformation«. Diese ist demokratisch und gerechtigkeitstheoretisch erst statthaft, wenn die Mehrheit der Gesellschaft zustimmt und die benachteiligten Personen, Gruppen, Schichten und Klassen nicht wieder die Hauptlast tragen müssen. Das Recht auf Rechtfertigung, dass der Philosoph Rainer Forst so überzeugend einfordert, gilt für die entscheidungsberechtigte Politik gegenüber allen Interessen, Präferenzen und Befürchtungen. Je überzeugender die Rechtfertigungen, umso eher sind auch demokratische Mehrheiten in Sicht. Klimapolitik kann in der Demokratie immer nur für die Menschen und nicht für die gesamte Menschheit gemacht werden.

Udo Di Fabio

Transformation und Demokratie

Die globale Erwärmung steht als Jahrhundertthema auf der politischen Agenda. Die Anstrengung der Menschheit, ihren CO_2-Ausstoß und den Ausstoß anderer Treibhausgase zu mindern oder sogar in Richtung Klimaneutralität zu verändern, ist als gemeinsames Ziel weltweit anerkannt und völkervertraglich auch rechtlich unterlegt. Über die genauen Wege zur Klimaneutralität wird allerdings im politischen Raum zumeist geschwiegen, oder es werden nur diffuse Auskünfte gegeben. Ein Land wie Deutschland konzentriert sich auf den Kohleausstieg, ohne dass der europäische Strombinnenmarkt oder das Emissionshandelssystem angemessen berücksichtigt werden und die Fragen, mit welchem Energiemix aus welchen Quellen, in welchem stabilen Versorgungssystem und zu welchen Kosten, damit keineswegs gelöst sind. Viele Menschen meinen, wenn sie sich ein batterieelektrisches Auto (womöglich zusätzlich) anschaffen, hätten sie einen wesentlichen Beitrag zur Rettung des Weltklimas geleistet. Gerade eher wohlhabende Schichten der Gesellschaft sorgen sich um die Belastung des Weltklimas wegen des Konsums von sehr preisgünstig angebotenem Fleisch, obwohl sie statistisch gesehen mit großem Wohnraum, Fernreisen und Luxusgütern einen besonders großen CO_2-Abdruck hinterlassen. Die westlichen Gesellschaften sind bei der klimapolitischen Debatte nicht ehrlich. Sie glauben, es müsse sich vieles ändern – aber bei anderen. Eine solche Sichtweise rächt sich. Eine global wirksame Strategie zur Klimaneutralität oder zur Minderung klimaschädlicher Einträge müsste viel konsequenter, aber im Ansatz auch deutlich komplexitätsgerechter sein als die gegenwärtig diskutierten Maßnahmen.

Die weltweite Entwicklungsdynamik, die Zunahme der Weltbevölkerung und der massenhafte Aufstieg armer Gesellschaftsschichten hinein in einen besser lebenden Mittelstand, wie wir es vor allem in China, aber auch in Indien oder anderen Schwellenländern beobachten, sind geeignet, den Klimapessimisten Argumente an die Hand zu geben. Viel spricht dafür, dass trotz großer Anstrengungen auf dem Weg zur Klimaneutralität bis Mitte des Jahrhunderts der globale CO_2-Ausstoß eher stagnieren oder steigen als beträchtlich sinken wird. Allein China verbraucht mehr als die Hälfte der weltweit zur Verstromung eingesetzten Kohle und baut bislang deutlich mehr fossile Kraftwerkskapazitäten auf, als es abbaut. Aber auch Länder wie Deutschland, die aus der Kohleverstromung aussteigen, werden deshalb nicht gleich klimaneutral. Der Stoffwechsel einer ausdifferenzierten, erfolgreichen Industriegesellschaft hat viel Innovations- und Einsparpotenzial, aber im Prozess des Wachstums kommt es auch immer wieder zu Zuwächsen, selbst dort, wo mit neuen Technologien klimaschädliche Emissionen eingespart werden sollen. Niemand soll glauben, dass die Produktion und der Betrieb eines Elektroautos im gesamten Produktzyklus oder der Aufbau einer immer effizienteren Ladeinfrastruktur tatsächlich klimaneutral sind.

Transformation: Steuerung einer dynamischen Welt oder Umbau der Gesellschaftsordnung?

Daraus können zwei sehr entgegengesetzte Schlussfolgerungen gezogen werden. Entweder man tut klimapolitisch gar nichts, investiert allenfalls in Vorkehrungen gegen extreme Wetterereignisse, die sich dann umso dramatischer häufen und intensiver werden, oder man erkennt den Ernst der Lage und geht voran in eine grundlegende Transformation – mit Bepreisung klimaschädlicher Verhaltens- und Produktionsweisen, mit einer Umstellung der infrastrukturellen Rahmenbedingungen, Verhaltensänderungen, mit staatlichen Investitions- und Produktionsvorgaben bis hin womöglich zu einer Umwälzung der gesamten Wirtschafts- und Gesellschaftsordnung.

Was eigentlich meint »Transformation«? Das Wort steht für »verwandeln« oder »umformen«. Der wissenschaftlich-technische Fortschritt, die Dynamik der Marktwirtschaft oder die Zunahme von Bildung und individueller Freiheit haben die Gesellschaft seit Jahrhunderten verwandelt; politische Herrschaft konnte dabei bremsen oder beschleunigen. Aber ein drängendes Problem wie die globale Erwärmung kann nicht darauf warten, dass die technische Entwicklung oder das Bewusstsein von Milliarden Menschen im Laufe der Zeit schon die richtigen Antworten liefern werden. Deshalb bekommt der deskriptiv-beobachtende Begriff der Transformation eine voluntativ-aktive Bedeutung als Umformung, vielleicht sogar im Sinne einer Revolutionierung des gesamten menschlichen Stoffwechsels mit der Natur. Die ursprünglich von dem marxistischen Wirtschaftstheoretiker Karl Paul Polanyi in Umlauf gebrachte Begriffsbildung »Great Transformation« war sozial- und gesellschaftspolitisch als eine solche Umwälzung der Verhältnisse angelegt. In diese Richtung wird von Fundamentalkritikern der Marktwirtschaft eine kausal ansetzende Klimapolitik verstanden. Hinter politisch-normativen oder ideologischen Positionen von Kapitalismuskritik, sozialer Reformorientierung oder Wirtschaftsliberalität steht aber eigentlich eine kognitive Frage: Vermag es das politische System überhaupt, die Wirtschaft mit Aussicht auf Erfolg – national, europäisch und global – tatsächlich auf bestimmte Klimaschutzziele hin über Jahrzehnte hinweg wirksam zu steuern? Oder wird dabei nach aller historischen Erfahrung die planende, Ressourcen bewirtschaftende Politik nicht über kurz oder lang mit unvorhergesehenen Folgewirkungen oder mit überraschenden, neu auftretenden imperativen Herausforderungen konfrontiert werden? Mit anderen Worten: Wird die Transformationspolitik nicht an der Komplexität einer ausdifferenzierten Gesellschaft scheitern, womöglich sogar mit geradezu vorhersehbarer Zwangsläufigkeit? Wenn man innerhalb des bestehenden Systems der Marktwirtschaft mit staatlichen Vorgaben eine bestimmte Verhaltensänderung von Unternehmen allzu rigide erzwingt, kann es sein, dass die Wirtschaft sich zwar – jedenfalls bis zu bestimmten Grenzen der Belastung – erstaunlich elastisch solchen Vorgaben fügt. Wahrscheinlich ist aber solch ein Adaptionsprozess – und zwar je rascher verlangt, desto mehr – mit Ausweichbewegungen und Kosten verbunden, die vom Verbraucher über den Marktpreis oder – wenn der Staat subventionierend eingreift – von denselben Menschen in ihrer Rolle als Steuerbürger aufgebracht werden müssen.

Solche Fragen, nüchtern beantwortet, können zu wichtigen Sachdebatten darüber führen, wie und mit welchen Methoden oder Instrumenten ebenso intelligent wie wirksam politisch gesteuert werden kann, ohne dass man dabei an Widerständen scheitert. Soll die Wirtschaft durch Klimaauflagen zur Transformation ihrer Stoffwechselprozesse gezwungen oder mit Impulsen, Anreizen, also mit Marktmechanismen, zu einem Effekt der Dekarbonisierung und energetischen Innovation angeregt werden?

Wer gefährdet wen: der Markt das Klima, die Demokratie den Markt?

Hinter den Sachfragen nach einer richtigen, einer klugen Herangehensweise lauern tiefer greifende Systemfragen. Aus liberaler Sicht stellt sich die Frage: Würde sich eine klimapolitisch allzu intensiv gelenkte Wirtschaft überhaupt noch mit dem System der Demokratie vertragen? Braucht nicht die Demokratie eine eigenständige soziale Marktwirtschaft, weil Planwirtschaft und Demokratie noch nie zusammengegangen sind? Auch wenn man nicht gleich an historisch gescheiterte zentrale Zwangswirtschaften denken will, so ist doch eine politisch gelenkte Marktwirtschaft nicht ohne Risiko für die Demokratie, übrigens genauso wenig wie eine gänzlich ungeregelte, also eine Wirtschaft ohne einen fairen Wettbewerbsrahmen und soziale Leitplanken. Eine Marktordnung indes, die immer enger an den Staat heranrücken muss, die sich allmählich einstellt auf ein Währungs- und Finanzsystem, das stark an politische Bedürfnisse angepasst ist sowie an Investitionsvorgaben, Lieferkettenauflagen, Preisfestsetzungen und Rohstoffbudgetierungen, sie verlöre Stück für Stück ihre Funktion als intermediäre Institution der Privatautonomie zwischen dem einzelnen Menschen und dem politischen Herrschaftsverband.

Klimaaktivisten urteilen und fragen anders. Für sie ist der Markt eine ungezügelte Wachstumsmaschine, die immer mehr natürliche Ressourcen verbraucht und durch ihre renditegesteuerte Dynamik am Ende des Tages eine sinnvolle Begrenzung von klimaschädlichen Emissionen immer wieder verhindert. Die Unternehmen mit ihrer expansiven und egoistischen Zielrichtung stellen danach die Staaten vor vollendete Tatsachen, zwingen ihnen reaktive Muster im Standortwettbewerb auf oder durchdringen mit einem Netzwerk des Lobbyismus die politischen Entscheidungsinstanzen. Kann – so wird gefragt – mit der Staatsform einer responsiv-elektoralen Demokratie, kann mit der parlamentarischen Parteiendemokratie, die gebunden ist an die Logik der Marktwirtschaft, überhaupt eine umwälzende Transformation gelingen?

Wer mit seinem Deutungsmuster weniger festgelegt ist, der wird das Steuerungsproblem einer Demokratie nicht bestreiten, die weitreichende künftige Zielzustände verbindlich vorschreibt. Es geht dabei nicht zuletzt um den ökonomischen, finanziellen und sozialen Konfliktstoff, der bei einer tiefgreifenden politischen Transformation von Wirtschaft und Gesellschaft zu erwarten ist und der in einer Demokratie durch politische Kompromisse und eingebaute elastische Anpassungsleistungen entschärft werden muss. Aber genau hieran entzündet sich die Ungeduld auch vieler junger Menschen: Das ewige Verhandeln und taktische Finassieren kosten doch nur Zeit, die wir nicht mehr haben. Wenn dann wirtschaftliche Einwände, Skeptizismus im Hinblick auf technische Machbarkeit und Klagen über Schieflagen in puncto sozialer Gerechtigkeit hinzukommen, kann sich rasch eine Demokratieverdrossenheit entwickeln. So wird beklagt, die parlamentarische Demokratie mit ihrem schnellen Rhythmus von Wahlen auf verschiedenen Ebenen mache jedes langfristige Regieren und Planen unmöglich. Die ganz großen Aufgaben der Menschheit seien mit einer solch kurzfristigen und in ihrer Bindung an partikulare Interessen kurzsichtigen Rückbindung an einen wechselhaften und partikularen Wählerwillen gar nicht zu schaffen.

Wissenschaftliche Tatsachen könne man – wenn die Zeiger der Uhr unwiderruflich auf 12 gehen – nicht mehr auf die lange parlamentarische Bank schieben und dilatorischen Koalitionskompromissen überlassen. Daraus wird geschlussfolgert: Zum einen soll sich die Politik in klarsichtigen Augenblicken mit internationalen Verträgen oder mittels europäischer Gesetzesvorgaben so binden, dass auch eine Richtungsänderung bei einer Wahl an den beschlossenen Leitlinien nichts mehr zu ändern vermag. Zum anderen soll die parlamentarische Demokratie, die Parteiendemokratie, durch Installierung einer langfristig denkenden Gemeinwohlvernunft zumindest ergänzt, korrigiert oder auch reglementiert werden. Das Votum internationaler Expertengremien solle nicht länger verwässert, sondern geradlinig politisch umgesetzt und vollzogen werden. Die Forderung nach wissenschaftlich beratenden, ausgelosten Bürgerräten wird längst von denjenigen vertreten, die früher nach der Einführung von Plebisziten auch auf Bundesebene gerufen haben, aber inzwischen der Volkssouveränität offenbar kritischer gegenüberstehen. Doch was würde aus der parlamentarischen Demokratie, wenn hier nicht nur erwünschte Anregung entstünde, sondern im nächsten Schritt der Entwicklung die Volksvertretungen faktisch oder sogar normativ an das Votum solcher Räte gebunden würden?

Das Grundgesetz enthält keine Belege für den Willen der Verfassung, die Demokratie an das Votum von Experten zu binden. Etwas anderes gilt für die internationale Zusammenarbeit und für die europäische Einheit. Hier verspricht schon die Präambel, dass die Deutschen ihre Souveränität nicht in nationaler Nabelschau ausüben, sondern für den Frieden und die europäische Einheit sich aus wohlverstandener Freiheit binden wollen. Inzwischen ist Deutschland durch völkerrechtliche Verträge und das dichte Geflecht des europäischen Unionsrechts gebunden und hat damit ein hohes Maß an kooperativer Sicherheit und gemeinsamen Wohlstand erlangt. Doch der Nutzen rechtlich gebundener Demokratien ist durch immer neue Bindungen nicht beliebig steigerungsfähig, man muss auch hier mit Effekten des Grenznutzens rechnen. Das gilt auch für die Klimaschutzpolitik. Schon das bestehende, aber erst recht das sich abzeichnende überstaatlich und europäisch geprägte Regelungssystem wirft bei einer forcierten Transformation in Richtung Klimaneutralität gravierende Fragen auf: Ist eine langfristige feste Bindung an politische Zielvorgaben wie Reduktionsziele, Verbote bestimmter Produktions-, Antriebs-, Bau- oder Heizkonzepte eigentlich noch mit der Vorstellung kompatibel, dass das Volk sich in periodisch wechselnder Willensbildung selbst regiert? Denn wenn die gewählten Repräsentanten sich durch internationale oder supranationale Vereinbarungen und Vorgaben in ein allzu enges Korsett des bereits verbindlich Entschiedenen gepresst fühlen, können sie ihren Wählern dann noch Richtungsänderungen versprechen oder solche Versprechen auch nur näherungsweise einhalten? Oder gibt ein gebundener Leviathan dem populistischen Protest auf der Straße oder in der Wahlkabine Auftrieb?

Bislang hat die internationale Staatengemeinschaft, haben die wichtigen westlich orientierten Demokratien die Zielvorgaben auf dem Weg zur Minderung der globalen Klimaerwärmung vergleichsweise vorsichtig – Kritiker sagen, allzu zögerlich – insbesondere bei der Vorgabe der Einzelmaßnahmen gewählt, gerade auch um den demokratischen Prozess in den Staaten selbst nicht um seine Bewegungsfähigkeit zu bringen. Diesem Ziel dienen beispielsweise die durch die Europäische Union eingeführten Emissionshandelssysteme, die in der Lage sind, mit einem marktwirtschaftlich greifenden Mechanismus Reduktionsziele für bestimmte Sparten treffsicher zu erreichen. Man kann dann politisch relativ zielgenau die Frage stellen, auf welche weiteren Wirtschaftsbereiche diese Emissionshandelssysteme, die letztlich eine Verknappung und Budgetierung bedeuten, ausgedehnt werden können, und die Politik kann dabei beobachten, welche unvorhergesehenen Kosten oder Effekte bei der Anpassung an diese Verknappungen entstehen.

Komplexität und Eigensinn: Wie kann eine freie Gesellschaft die Zukunft planen?

Warum eigentlich muss man Effekte der eigenen Maßnahmen laufend beobachten und bereit sein, zu korrigieren? Kann man diese nicht bereits zuvor exakt ermitteln oder doch einigermaßen treffsicher abschätzen? Wer das glaubt, unterschätzt die Komplexität der modernen Gesellschaft. Wenn über die Politik Kosten erhöht werden – und nichts anderes ist ein Emissionshandelssystem –, kann das durchaus neue innovative Techniken hervorbringen und ungeahnte positive Effekte erzeugen. Aber es kann auch sein, dass die Fantasie der Akteure sich nicht allein auf innovative Technik konzentriert, sondern auf neue Wege zur Produktionsverlagerung, sich auf neue Lieferketten oder überhaupt auf neue Geschäftsmodelle ausrichtet und damit Effekte erzeugt werden, die wiederum Folgen in Wirtschaft und Gesellschaft hervorbringen, die nicht sicher kalkulierbar, die nicht einmal vorhersehbar waren.

Vieles an unseren Ideen, wie wir den Weg zur Klimaneutralität sinnvoll beschreiten können – intelligent, innovativ und elastisch –, sind gut gemeint, aber selten vollständig durchdacht.

Damit ist nicht gesagt, dass Experten zu wenig wissen oder gar gedankenlos sind. Natürlich wird überlegt bei der Europäischen Kommission, was geschieht, wenn in der EU Stromkosten, Produktionskosten oder Vertriebskosten höher werden und im internationalen Wettbewerb Nachteile bringen. Was ist, wenn die angepeilte Technologieführerschaft durch innovative Umwelttechnik ausbleiben oder in China stattfinden sollte? Was soll geschehen, wenn handfeste Wettbewerbsnachteile mittel- oder langfristig zum Abstieg Europas beitragen? Ja, darüber wird heute schon nachgedacht. Dann findet man vielleicht eine Antwort wie die CO_2-Grenzausgleichsabgabe, die letztlich die Vorteile einer klimaschädlichen Produktion in Drittstaaten ökonomisch abschöpfen will. Aber auch hier gilt es, das Komplexitätsproblem ernst zu nehmen. Niemand kann seriös sagen, was ein solcher Mechanismus, der ein Handelshemmnis (Zoll) ist, im internationalen Kräftespiel auslöst. Und wenn der Staat – wie bereits geschehen – beginnt, die Wettbewerbsnachteile, die europäischen Unternehmen entstehen, durch Subventionierung auszugleichen, dabei aber genaue Vorgaben macht, wie die zugewandten Mittel klimapolitisch sinnvoll zu verwenden sind, dann ist das wieder ein kleiner Schritt von der offenen sozialen Marktwirtschaft hin zu einer staatlich gelenkten Wirtschaft. Wenn die Erhöhung der Energiepreise oder die Kosten für neue Wohnumgebungen oder Mobilitätssysteme vom Staat durch Transferleistungen ausgeglichen werden, wird die öffentliche Hand auf dem Spielfeld der Ökonomie wieder ein Stück größer und man ahnt schon, dass Unzulänglichkeiten, Bürokratien und womöglich neue Ungerechtigkeiten entstehen werden. Klimagerechtigkeit könnte am Ende eines konsequent egalitären Denkens ohnehin nur über die Zuteilung persönlicher Pro-Kopf-Budgets erreicht werden; das aber setzt vollständige Überwachung voraus – in China bereits in Grundzügen Wirklichkeit, bei uns verfassungswidrig.

Auch das System einer zunehmend politisch gelenkten Wirtschaft kann an einem bestimmten Punkt verfassungsrechtlich problematisch werden, wenn der Staat die Wirtschaft in immer mehr Bereichen immer dichter dirigiert. Der Markt ist nun einmal eine Institution mit einer eigenen Rationalität, die einer vollständigen Politisierung der Gesellschaft im Sinne der Abwehrfunktion der Grundrechte und der Erhaltung einer freien, einer staatsfreien Gesellschaft förderlich ist. Dem Markt können soziale oder ökologische Ziele ganz gewiss ein gutes Stück weit implementiert werden, aber nur so lange, wie er noch als Markt mit Dispositionsfreiheiten im Mechanismus von Angebot und Nachfrage funktioniert. Die Komplexitätsfalle schnappt zu, wenn eine Spirale entsteht, weil ehrgeizige, aber möglicherweise falsche Lenkungsmaßnahmen für ein richtiges Ziel Korrekturen und Anpassungen verlangen – mit weiteren Eingriffen in Wirtschaft und Gesellschaft. Ökonomische Rationalität kann sich in einem klugen politischen Ordnungsrahmen am besten entfalten, aber die Politik handelt nicht mehr klug, wenn sie wirtschaftliche Entscheidungen politisch treffen will.

Am Ende des Tages stößt man auf eine Grundsatzfrage, die vielleicht fundamentaler gar nicht sein könnte: Darf politische Herrschaft in einer Demokratie tatsächlich für eine unbestimmte Zukunft feste Zielvorgaben und Ergebnisse vorschreiben? Dürfen Grundrechte heute beschnitten werden unter Berufung auf künftige Generationen, deren Lebensbedingungen wir gar nicht kennen können? Droht die Demokratie ihren Charakter als selbstbestimmte Gesellschaft zu verlieren, weil sie auf die Einsichtsfähigkeit und die Gewissensbindung unzähliger Einzelner aufgebaut ist? Sind wir alle verurteilt zu einer ungewissen, einer notwendig offenen Zukunft?

Wie immer solche Fragen auch beantwortet werden: Weder Gestaltungsresignation noch Planwirtschaft passen zum Grundgesetz, sondern ein kluger und klarer Ordnungsrahmen und Maßnahmen, die ebenso wirksam wie freiheitsbewahrend sind. Die grundrechtlich liberale, die soziale und die ökologische Dimension der Demokratie bestimmen unsere normativen Grundlagen auf der Basis eines Bildes vom Menschen, der einsichts- und urteilsfähig ist. Dieses Selbstbild des verantwortlichen Subjekts muss verteidigt werden, damit die Welt in ihren Fugen bleibt und zugleich mutig ihre Chancen auf eine gute Zukunft ergreift.

WELCHE ZUKUNFT HAT EUROPA?

Von Gefährdungen und neuer Kraft für die europäische Demokratie

Daniela Schwarzer

Europas demokratische Resilienz
Orientierung in einer Welt des Systemwettbewerbs

Die Europäische Union gilt seit Jahrzehnten als Hort der Demokratie. Viele ihrer Mitglieder stehen für erfolgreiche Systemtransformation, nach der Nazi-Zeit und dem Zweiten Weltkrieg, nach dem Fall der Diktaturen in Südeuropa in den 1970er Jahren oder nach dem Fall der Mauer 1989. Die EU gilt als demokratischer Sehnsuchtsort, hat sie doch Frieden, Wohlstand und Demokratien auf dem von Krieg und Totalitarismus erschütterten Kontinent gesichert. Aufgrund dieses historischen Erfolgs hoffen viele Menschen, dass sich ihre Heimatländer der Gemeinschaft weiter annähern oder gar aufgenommen werden. Allerdings zeigt sich, dass liberale Demokratien überall auf der Welt und selbst innerhalb der EU zunehmend unter Druck geraten, und auch die Legitimität des europäischen Entscheidungssystems wird als unzureichend kritisiert.

In den vergangenen zwei Dekaden hat Europa zahlreiche Krisen erlebt. Infolge der Wirtschaftskrisen von 2009 und von 2020 infolge der Corona-Pandemie sowie der Migrationskrise von 2015 an haben Verunsicherung, Zukunftssorgen und das Gefühl von Kontrollverlust zugenommen. Nationalistische und antidemokratische Kräfte wettern gegen – je nach innenpolitischem Kontext – liberale Demokratie, offene Gesellschaften, europäische Integration oder eine Kombination davon.

Polen und Ungarn bereiten der EU die größten Sorgen. Der Rechtspopulist Viktor Orbán hat in Ungarn die Gewaltenteilung, die Unabhängigkeit der Justiz sowie die Freiheit von Medien und Wissenschaft seit 2010 so sehr eingeschränkt, dass die Nichtregierungsorganisation Freedom House den Staat nicht mehr als Demokratie einstuft. Seit 2018 ist gegen Ungarn ein Verfahren nach Artikel 7 des EU-Vertrags anhängig, mit dem überprüft wird, ob die Einhaltung demokratischer und rechtsstaatlicher Prinzipien noch gewährleistet ist. Auch gegen Polen läuft ein derartiges Verfahren, denn dort untergräbt die Partei Recht und Gerechtigkeit (PiS) seit 2015 die liberale Demokratie. Besonders problematisch ist die Justizreform, die es der regierenden Partei ermöglicht, politisch Einfluss auf die beiden wichtigsten Einheiten des Justizsystems – Richter und Staatsanwälte – zu nehmen. Darüber hinaus wurden wiederholt Urteile des Europäischen Gerichtshofes missachtet. Auch Polen wird von Freedom House nicht mehr als funktionsfähige Demokratie angesehen. Im Demokratie-Index V-Dem rangiert es auf Platz 63 hinter Bulgarien, Lesotho und der Mongolei. Ungarn steht auf Platz 89.

Diese Besorgnis erregenden Entwicklungen im Innern werden von außen noch verstärkt, denn der systemische Wettbewerb zwischen autoritären Regimen und Demokratien weltweit reicht mittlerweile tief in die EU hinein. Durch gezielte Desinformation und die Förderung demokratiefeindlicher Kräfte untergraben etwa Russland und China die Stabilität unserer Systeme. Cyberangriffe und Datenklau werden strategisch eingesetzt, um die Ergebnisse von Wahlen zu beeinflussen. Peking versucht auf vielfältige Art und Weise, Entscheidungsträgerinnen und Entscheidungsträger und sogar die öffentliche Meinung zu beeinflussen. Als Italien im März 2020 besonders unter der Corona-Krise litt, schickte China Atemgeräte, Masken und 300 Ärzte dorthin und bemühte sich auf diese Weise, das Image der Volksrepublik zu verbessern. Doch Chinas langfristige Investitionen in Einflussnahme – etwa über die Finanzierung von universitären Lehrstühlen, Think-Tanks und NGOs in Europa – geraten immer mehr in die Kritik, da im eigenen Land kritische Stimmen massiv unterdrückt werden.

Die Europäer sind aber keineswegs nur passive Opfer undemokratischer Kräfte. Einige Politiker – mit Viktor Orbán sogar einer, der bis Anfang 2021 in der Europäischen Volkspartei (EVP) zuhause war – und Parteien in unserer Nachbarschaft sowie auch in der EU selbst suchen gezielt die Zusammenarbeit mit China. Für nicht wenige Regierungen wurde die Volksrepublik – oft mangels europäischer Alternativen – inzwischen zum wichtigen Investor. Dass damit politische Einflussnahme verbunden ist, hat nur in manchen Ländern dazu geführt, die Herangehensweise zu verändern. Mittlerweile wurden die Methoden offengelegt, mit denen die Kommunistische Partei Chinas Unterstützung bei der Politik- und Wirtschaftselite, aber auch bei Akademikerinnen und Akademikern, Thinktanks oder auch Vereinen einfordert, und es offenbart sich, wie hoch der Preis für diese aus wirtschaftlicher Sicht interessante Kooperation ist.

Besonders erschreckend war für viele Europäerinnen und Europäer, dass der von 2016 bis 2020 amtierende US-Präsident Donald Trump und sein Team zum Partner antidemokratischer und anti-europäischer Kräfte in der EU wurden. Die Befürworterinnen und Befürworter des Brexit um den britischen Premier Boris Johnson suchten wiederholt den Schulterschluss, ebenso autoritäre Kräfte in einigen anderen EU-Mitgliedsstaaten. So beriet etwa Trumps einst engster Berater Steve Bannon die rechtsextreme Präsidentschaftskandidatin des Rassemblement National, Marine Le Pen, und lotete mit der Partei Alternative für Deutschland mögliche Kooperationen gleichgesinnter Parteien aus. Auch wenn das nach bisherigem Kenntnisstand folgenlos blieb, machen diese Beispiele doch klar: Die Gegner von Demokratie und Rechtsstaatlichkeit sind in der Mitte Europas angekommen und drohen die liberalen Demokratien und das Fortbestehen des europäischen Projekts zu untergraben.

Die Corona-Pandemie und ihre wirtschaftlichen Auswirkungen haben diese Entwicklung beschleunigt. So hat sich die Situation in einigen Staaten durch Notstandsgesetze verschärft, mit denen die Versammlungsfreiheit oder die Rolle der Parlamente eingeschränkt werden. Bürgerinnen und Bürger demokratischer Staaten haben Autokratien wie China Anerkennung dafür gezollt, dass sie die Pandemie vergleichsweise schnell in den Griff bekommen haben, und es erhob sich die Frage, ob autoritäre oder technokratische Regierungen in Krisensituationen möglicherweise besseren Schutz gewähren als demokratische Staaten.

Nicht nur die Pandemie gibt Anlass, die weiteren Entwicklungen mit Sorge zu betrachten, vielmehr sind es mehrere disruptive, ineinandergreifende Trends, die unsere Zukunft gefährden. Der Klimawandel hat einen Wendepunkt erreicht und bedroht unsere Lebensgrundlagen. Die erforderlichen Maßnahmen dagegen werden in Europa weitreichende gesellschaftliche Folgen haben. Die digitale Transformation wird Arbeitsplätze verändern und Wirtschaftsmodelle auf den Kopf stellen, und zugleich werden die sozioökonomischen Folgen der Corona-Krise durchschlagen. Darüber hinaus hat ein Regulierungswettbewerb begonnen, in dem Europa langfristig nur bestehen kann, wenn es im Bereich der Zukunftstechnologien wieder zu einer führenden Kraft wird. Gerade das ist politisch von größter Bedeutung, da KI-gesteuerte Geräte und Entscheidungsprozesse noch ungeahnte Auswirkungen auf den Schutz von Bürgerrechten und Demokratie haben können.

All dies wirkt dramatisch, fast übermächtig, und doch gilt: Wie sich diese Entwicklungen mittelfristig auswirken und wie die Treiber des Wandels interagieren, hängt von Entscheidungen ab – von dem, was Gesellschaften, politische Eliten und private Akteurinnen und Akteure tun oder unterlassen. Der Europäischen Union kommt dabei eine besondere Rolle zu. Trotz interner demokratischer und liberaler Rückschritte und offensichtlicher Schwächen in ihrer Funktionsweise ist sie eine mächtige wirtschaftliche und politische Akteurin, die an der Seite der von Joe Biden geführten USA und in Partnerschaft mit anderen gleichgesinnten Ländern und Organisationen entscheidende Veränderungen für die Welt bewirken kann.

Demokratie und Rechtsstaatlichkeit sind fundamentale Prinzipien der EU, die jedes Mitglied bei seinem Beitritt unterzeichnet hat. In den ersten fünfzig Jahren der Integration war kaum vorstellbar, dass ein Staat sich so weit von diesen Prinzipien entfernen würde, dass Sanktionen nötig sind, um deren Einhaltung zu gewährleisten. Dass nationale Regierungen und auch die EU-Institutionen zur Missachtung dieser Prinzipien vor allem in Ungarn so lange geschwiegen haben, war ein großer Fehler. Denn die Reaktion auf den Rückbau von Demokratie und Rechtsstaatlichkeit muss auch eine politische sein. Mit Artikel 7 des EU-Vertrags und der Konditionalität der Finanzierung durch EU-Gelder verfügt die EU über wirksame Druckmittel zur Verteidigung der Rechtsstaatlichkeit. Diese müssen unbedingt konsequent und mit voller politischer Unterstützung der Regierungen angewendet werden, und das heißt: Wer sich nicht an die Prinzipien hält, bekommt keine EU-Gelder mehr. Für Transparenz in dieser Frage sorgt der nun einmal jährlich erscheinende Bericht der Europäischen Kommission zu Rechtsstaatlichkeit und Demokratie. Darüber hinaus muss mittlerweile leider auch in der EU darauf geachtet werden, dass nationale und regionale Wahlen ordnungsgemäß durchgeführt werden. Neben der Organisation für Sicherheit und Zusammenarbeit in Europa (OSZE) können hierbei zivilgesellschaftliche Gruppen eine wichtige Rolle spielen.

Die Verbreitung von Desinformation untergräbt das Vertrauen in politische Institutionen, die Glaubwürdigkeit von Politikerinnen und Politikern und den Zusammenhalt in der Gesellschaft. Die »East Stratcom Task Force« der Europäischen Kommission, ebenso zivilgesellschaftliche Gruppen und unabhängige Medien haben vor einigen Jahren den Kampf gegen alle Arten von Desinformationskampagnen aufgenommen mit dem Ziel, offene Gesellschaften, Meinungsfreiheit und Unabhängigkeit der politischen Willensbildung zu unterstützen. Um die demokratische Resilienz zu stärken, sollte überdies die Verantwortung von Plattformen für die Moderation von Inhalten und die Entfernung von Hassreden und Fake News gestärkt werden. Auch hier stellt Ungarn einen traurigen Sonderfall dar, denn die Regierung selbst, die einen Großteil der ungarischen Medien unter anderem über Eigentumsverhältnisse unter ihre Kontrolle gebracht hat, verbreitet hier gezielt Lügen in staatlichen und staatsnahen Medien.

Die EU sollte gemeinsam mit den USA und anderen gleichgesinnten Staaten stärker gegen Cyberbedrohungen vorgehen, etwa durch den zunehmenden Einsatz von hochentwickelter KI. IT-Systeme sowie die kritische Infrastruktur – zum Beispiel das Telekommunikationsnetz – müssen robuster gemacht und sensible Datenströme geschützt werden. Sicherheit zu gewährleisten und als Regulierungsinstanz die Demokratie im technologischen Zeitalter zu schützen, wird nur möglich sein, wenn der technologische Vorsprung und die wirtschaftliche Wettbewerbsfähigkeit wieder hergestellt werden.

Darüber hinaus muss die Diskussion um die demokratische Legitimation der Europäischen Union, die so alt ist wie die Integration selbst, dringend weitergeführt werden: Reicht es, wenn die EU im Sinne der Bürgerinnen und Bürger »liefert«? Oder muss das europäische Entscheidungssystem weiterentwickelt und durch neue partizipative Elemente ergänzt werden?

Je mehr Aufgaben die Europäische Union über die Jahre von den Mitgliedsstaaten übernahm, desto wichtiger wurden institutionelle Fragen. Die Rolle des Europäischen Parlaments wuchs beträchtlich, auch wenn es bis heute kein Initiativrecht und in einigen Politikbereichen wenig bis nichts zu sagen hat. In der Eurozone existiert ein besonderes Governance-Problem, denn hier wird, anders als in Staaten, in denen Währung und Haushaltspolitik auf gleicher Ebene zusammenfallen, der makroökonomische Policy-Mix – und damit Wachstum und Beschäftigung – nicht in einem leicht nachvollziehbaren Prozess bestimmt. Der europäischen Geldpolitik der zu Recht unabhängigen EZB stehen durch Regeln kontrollierte nationale Haushaltspolitiken gegenüber, ein Euro-zonenbudget gibt es nicht. Das Zusammenspiel von Geld- und Fis-kalpolitik weist daher unter demokratischen Gesichtspunkten Defizite auf: Die makroökonomische Entwicklung im Währungs-raum ergibt sich aus dem Aggregat nationaler und europäischer Politik. In einer politisch stärker integrierten Eurozone könnte das Aggregat der Haushalte in einem demokratischen Prozess be-stimmt werden und – durch ein Eurozonenbudget ergänzt – die makroökonomische Entwicklung der Region wieder stärker zum Ergebnis demokratischer Entscheidungen machen.

Größere Legitimität bekommt die EU aber nicht nur durch wei-tere institutionelle Reformen. Auch wie sich politische Interessen innerhalb des europäischen Mehrebenensystems organisieren und damit Beteiligungsmöglichkeiten entstehen, ist von Bedeutung. So kann man bis heute keiner europäischen Partei beitreten, es gibt lediglich Dachverbände nationaler Parteien ohne direkte Mitglied-schaft. Transnationale Listen sind bei den Europawahlen nicht vor-gesehen. Spitzenkandidatinnen und Spitzenkandidaten wurden bislang zwei Mal in die Europawahl geschickt, doch das Modell wurde im Nachgang der Wahl 2019 desavouiert, als die Regierun-gen Ursula von der Leyen zur Kommissionspräsidentin machten, obwohl sie gar nicht zur Wahl gestanden hatte. Europäische Par-teien, die Beteiligungsmöglichkeiten eröffnen, und ein anderer Umgang mit den Wahlergebnissen könnten die Bindung zwischen den Bürgerinnen und Bürgern und dem politischen Entschei-dungssystem und damit die Mobilisierungskraft der alle fünf Jahre stattfindenden Europawahlen verbessern.

Zunehmend wird E-Partizipation als Möglichkeit erforscht mit dem Ziel, die europäische Demokratie durch reaktionsschnelle, transparente und partizipatorische Konsultations- und Entschei-dungsprozesse zu beleben und das Interesse und Vertrauen der Bürgerinnen und Bürger in sie zu stärken. Die EU-Verträge bieten zwar nur einige wenige direkte Partizipationsmöglichkeiten, und direktdemokratische Ansätze können am Ende zu illiberalen Ergebnissen führen. Doch trotz dieser Gefahr sollten gerade jüngere Menschen und ihre oft innovativen Ideen über digitale Instrumente in die Politikgestaltung eingebunden werden. Das Potenzial ist groß und wird zu Recht von zivilgesellschaftlichen Organisationen und auch von Europaabgeordneten gefördert.

Der Kampf um Rechtsstaatlichkeit und demokratische Legitimation und Beteiligung im Innern der EU ist für ihre Zukunft als internationaler Akteur entscheidend. Rechtsstaatlichkeit ist zum einen zentral für das Funktionieren der europäischen Rechtsordnung und somit auch für den Binnenmarkt, der ein wichtiger Machtfaktor der EU in internationalen Verhandlungen ist. Zum Zweiten, und das ist nicht weniger gefährlich, ist die Soft Power (Joseph Nye) bedroht: Zerstören einzelne EU-Staaten Gerichte, die unabhängig urteilen dürfen, Medien, die frei berichten, Wahlen, die nicht nur frei, sondern auch fair sind, und werden die Bürgerinnen und Bürger nicht mehr vor staatlicher Willkür geschützt und vor dem Gesetz gleich behandelt, dann verliert die ganze Europäische Union das, wofür sie auch als Antwort auf Krieg, Faschismus und Völkermord im 20. Jahrhundert steht.

Verrät sie im Innern ihre eigenen Prinzipien, entzieht das der EU im globalen Systemwettbewerb jede Legitimation, sich international für Demokratie, Rechtsstaatlichkeit und Menschenrechte einzusetzen. Die transformatorische Kraft der Europäischen Union, die etwa in ihrer Nachbarschaft so wichtig ist, leidet bereits jetzt darunter.

In einer Welt, in der der Systemkonflikt zwischen liberalen Demokratien und Autokratien zunehmend an Bedeutung gewinnt und immer mehr Krisen die Sicherheit und Stabilität in unseren Ländern bedrohen, ist die außenpolitische Handlungsfähigkeit der EU ebenso wie ihre innere Resilienz und demokratische Funktionsfähigkeit besonders wichtig. Daher ist der Kampf um Rechtsstaatlichkeit und Demokratie im Innern der Gemeinschaft von so elementarer Bedeutung. Setzen sich die bestehenden Entwicklungen fort, wird die EU sich von Mitgliedsstaaten verabschieden müssen, die nicht mehr auf der gemeinsamen normativen Grundlage stehen, oder sie muss akzeptieren, dass sich der Grundkonsens in der Gemeinschaft fundamental verschoben hat.

Adam Tooze

In der Schieflage
Finanzpolitik als Herausforderung für die europäische Demokratie

In den letzten Jahrzehnten stellt der Rechtspopulismus die Demokratie in Europa vor ernsthafte Herausforderungen. Die übergroße
Macht der Lobbyisten ist eine ständige Bedrohung. Die Entwicklung neuer Technologien hat auch neue Manipulationsinstrumente
sowohl für kommerzielle als auch politische Zwecke hervorgebracht. Die unausgegorene europäische Steuer- und Währungs-
verfassung schwebt wie ein Damoklesschwert über der Demokratie,
vor allem in den west- und südeuropäischen Mitgliedsstaaten. Wer
über Demokratie in Europa reden will, darf über die Führung der
Eurozone nicht schweigen.

Die Verwaltung der öffentlichen Finanzen und Währungs-
angelegenheiten darf sich nicht unmittelbar auf das Wahlrecht
der Bürgerinnen und Bürger auswirken. Sie beeinflusst jedoch,
ob die Wählerstimmen bei politischen Entscheidungen eine Rolle
spielen, und könnte ausschlaggebend sein, wenn entschieden
wird, wer als regierungsfähig gilt.

Der Druck auf die öffentlichen Finanzen beeinträchtigt die
Meinungsfreiheit zwar vielleicht nicht direkt, die Panik an den
Anleihemärkten schränkt jedoch die Bandbreite der Optionen, die
offen und ehrlich diskutiert werden können, sowie die für die Be-
ratschlagung verfügbare Zeit ein. Im Extremfall zwingt, wie Jean-
Claude Juncker im Jahr 2011 verriet, der Druck der Finanzmärkte
die Politikerinnen und Politiker schlichtweg zum Lügen. Hinzu
kommt, dass eines der grundlegenden Versprechen, das Europa
seinen Bürgerinnen und Bürgern gibt, die Verteilungsgerechtigkeit der sozialen Marktwirtschaft ist. Wie dieses Gleichgewicht

erreicht wird, hängt maßgeblich davon ab, wie die öffentlichen Finanzen verwaltet werden.

Diese Spannungen als Konflikt zwischen privater Finanzierung und Volkssouveränität auszuweisen, ist natürlich verlockend. Wenn ein Staat von ausländischen Gläubigern bedrängt wird, ist dieses Narrativ sehr überzeugend. Während der Krise der Eurozone befanden sich mehrere EU-Mitgliedsstaaten in dieser unglücklichen Lage. Die Frage ist jedoch, weshalb das so war. Wie konnte es sein, dass reiche europäische Staaten plötzlich in derselben Klemme steckten wie IWF-Kunden mit mittlerem und niedrigem Einkommen? Die EU hat alle Voraussetzungen, um ein vollwertiger Währungssouverän zu sein, der dem Druck der globalen Märkte standhalten kann. Das war eine der Ideen, die in den 1980er Jahren dem Vorhaben einer gemeinsamen europäischen Währung Schwung verlieh – die Idee eines sozialen Europa und einer gemeinsamen Währung wurden miteinander verbunden. Aber dieser Impuls zugunsten der Souveränität wurde von einer anderen Kraft überlagert: der Angst vor einer unverantwortlichen demokratischen Politik, die zu Überschuldung führt. Daher wurde die Eurozone gleichzeitig mit der Schaffung des zweitwichtigsten Währungsblocks der Welt so konzipiert, dass die steuerliche Souveränität ihrer Mitgliedsstaaten eingeschränkt ist.

Die Struktur, die sich daraus ergibt, ist in finanzieller Hinsicht äußerst instabil. Sie ist zudem politisch brisant. Da es eindeutig in der Macht der EU liegt, Schulden zu vergemeinschaften, sowie der EZB, diese zu erwerben – und dies lediglich durch Vertragsklauseln und den Willen konservativer Kräfte in den nordeuropäischen »Gläubiger«-Staaten verhindert wird –, kann aus einer Finanzkrise der Eurozone leicht eine politische Krise werden. Die Entscheidungen demokratischer Regierungen und ihrer Wählerschaft – sowohl in den »Schuldner«- als auch den »Gläubiger«-Ländern – haben die Krise in der Eurozone weiter angefacht. Dies führte letztlich dazu, dass Länder gegeneinander ausgespielt wurden und die Demokratie in mehreren Mitgliedsstaaten nicht mehr funktionieren konnte.

Im Frühjahr 2020 drohte Europa erneut ein finanzieller und politischer Teufelskreis, eine Gefahr, die noch einmal abgewendet werden konnte. Nach dem Covid-Schock steht Europa heute aber an einem Scheideweg. Es gibt Anzeichen dafür, dass die Union zu einer kohärenteren Steuer- und Währungsarchitektur tendiert, die die Aussichten für die europäische Demokratie verbessern würde. Es gibt jedoch auch Bestrebungen, die finanzielle Schlinge enger zu ziehen. Welcher Weg letztlich eingeschlagen wird, entscheidet sich in politischen Auseinandersetzungen innerhalb der europäischen Staaten und zwischen ihnen. In dieser entscheidenden Frage halten die europäischen Wählerinnen und Wähler und die von ihnen gewählten Politikerinnen und Politiker das Schicksal der europäischen Demokratie selbst in der Hand. Als größte Volkswirtschaft, als Autorität in Wirtschaftsfragen und Emittent des europäischen Vergleichsvermögens trägt Deutschland mit seinen Wählerinnen und Wählern sowie Politikerinnen und Politikern eine besonders große Verantwortung. Was in Berlin entschieden wird, wirkt sich auf das gesamte System aus. Was wir brauchen, ist weder eine Hegemonie noch ein dogmatisches Beharren auf Regeln, sondern Realismus, Verantwortungsbewusstsein und die Bereitschaft, einen gemeinsamen politischen und wirtschaftlichen Denkansatz zu artikulieren.

Die Maastricht-Kriterien waren entscheidend für die Einführung des Euro. Das ist auch im Europäischen Stabilitäts- und Wachstumspakt (SWP) fest verankert. Die Regeln waren ehrgeizig und wirken einschränkend. Dies war ein Kompromiss, den die Länder, die sich dem Drang in eine Währungsunion anschlossen, akzeptierten. Die EU braucht Regeln. In der Tat begrüßten die Eliten im hochverschuldeten Italien den »äußeren Zwang« als Mittel zur Disziplinierung ihrer eigenen Politikerinnen und Politiker in der chaotischen Zeit nach dem Ende des Kalten Krieges. Hinzu kam, dass man sich in späteren Krisen des Euroraums entgegen den Behauptungen bis 2008 weitgehend an die Regeln hielt.

Ob ein Kompromiss akzeptabel ist, hängt allerdings von den konkreten Umständen ab. Regelwerke funktionieren nicht immer. Der Schock von 2008 machte deutlich, dass der Kompromiss für mehrere Mitgliedsstaaten unmöglich geworden war. Irland und Spanien erlebten schwere Finanzkrisen im privaten Sektor. Die Banken überall in Europa waren in Gefahr. Der Abschwung bewirkte, dass die Staatsfinanzen Griechenland, das sich gerade noch über Wasser gehalten hatte, in die Pleite abrutschen ließen. Italien war gefährdet. Das Ergebnis war eine dramatische Krise, die ein halbes Jahrzehnt lang andauerte. Unabhängig davon, welche konkreten Maßnahmen richtig oder falsch gewesen waren, führte dies in vielen Mitgliedsstaaten dazu, dass die Demokratie beschnitten wurde.

Von Anfang an war der IWF auf Drängen Berlins zentral in die europäischen Anti-Krisen-Maßnahmen einbezogen. Detaillierte »Reformprogramme«, die weitreichende und umstrittene Verteilungsentscheidungen nach sich zogen, wurden von der Troika vorgeschrieben, während den Parlamenten der Mitgliedsstaaten kaum Zeit für Debatten blieb. In den Jahren 2010 und 2011 begab sich die EZB, eine theoretisch unabhängige Zentralbank, in die Rolle des konservativen Vollstreckers und erteilte den nationalen Regierungen Irlands, Spaniens und Italiens konkrete Anweisungen. Im Fall Italiens lautete der Rat, die Regierung Berlusconi solle Sparmaßnahmen ergreifen und gegebenenfalls eine rückwirkende Entschädigung durch das Parlament beantragen. Bis Ende 2011 wurden sowohl in Italien als auch in Griechenland nicht gewählte Beamtinnen und Beamte in Regierungsverantwortung gebracht. Das löste eine Welle von Protesten gegen das System in Italien aus und führte zum völligen Kollaps des Parteiensystems in Griechenland.

Als die Griechenlandkrise 2015 erneut aufflammte, erklärte der deutsche Finanzminister Wolfgang Schäuble unumwunden, das Abstimmungsverhalten der griechischen Bevölkerung sei für den

Verlauf der Verhandlungen nicht ausschlaggebend. Als sich die griechischen Wählerinnen und Wähler in einem Referendum mit großer Mehrheit dafür aussprachen, sich dem zu widersetzen, drohte man Athen mit einem »Time-out«. Schließlich wechselte die griechische Regierung die Fronten und kippte das Ergebnis der Volksabstimmung. Als im selben Jahr in Portugal eine linke Mehrheit an die Macht kam, musste sich der neue Ministerpräsident vor seinem Amtsantritt verpflichten, eine lange Liste konservativer Vorgaben einzuhalten. Aus Angst vor einer Herabstufung durch die Ratingagenturen und dem Ausschluss vom Anleihekaufprogramm der EZB blieb ihm kaum eine andere Wahl, als sich zu fügen.

Der Euro hat die souveräne Demokratie also keineswegs gestärkt, sondern schränkt sie inzwischen grundlegend ein. Außerhalb der Eurozone wären die Staaten zwar den heftigen Schwankungen auf den Devisenmärkten ausgesetzt gewesen, doch sie hätten zumindest auf die Kooperation mit einer nationalen Zentralbank setzen können. Kein Wunder also, dass in der Folgezeit sowohl unter Rechten als auch unter Linken eine ausgeprägte Anti-Euro-Stimmung herrschte. Es war die Eurokrise, die den Boden für den Aufschwung des Populismus nach 2015 bereitete. Aber auch der war weitgehend vergeblich. Mitglied der Eurozone zu sein, mag manchen Ländern nun unerfreulich vorgekommen sein, die Folgen eines Austritts wären jedoch zu gravierend gewesen, um sie überhaupt in Erwägung zu ziehen. Demokratie wurde auf ohnmächtigen Protest reduziert.

Angesichts der spekulativen Angriffe auf die schwächeren Mitglieder der Eurozone war es verlockend anzunehmen, die Märkte hätten die Krise befeuert. Das wäre jedoch irreführend gewesen und hätte, offen gesagt, nur der eigenen Rechtfertigung gedient. Überall auf der Welt appellierten die einflussreichsten Stimmen auf den Finanzmärkten an die EZB, einzugreifen, wie andere Zentralbanken Anleihen zu kaufen und die Krise in Europa zu lösen. Nicht zugunsten der europäischen Demokratie, sondern um die besorgniserregende Instabilität zu beenden, die die Märkte bis nach Asien erschütterte. Es ist aber auch wenig sinnvoll zu behaupten, die Krise sei im Interesse der einen oder anderen Partikularinteressengruppe in Europa gefördert oder sogar verschärft worden. Am Rand versuchten die nordeuropäischen Staaten, ihre Banken vor Verlusten zu schützen. Das praktizierte Krisenmanagement führte jedoch zu einer langen Phase der Verzögerung und des langsamen Wachstums, was sich auf die Geschäfte europäischer Banken und Unternehmen verheerend auswirkte.

Die überwältigende Mehrheit der Außenstehenden teilte die Auffassung, dass private Finanzspekulationen zwar die nordatlantische Finanzkrise von 2008 erklären könnten, deren Ausweitung zur Katastrophe der Eurozone zwischen 2010 und 2015 jedoch das Ergebnis politischen Handelns war. Jeder mochte die Entscheidungen des vergangenen Jahrzehnts bereuen, doch als die Krise ausgebrochen war, lag die Initiative bei den konservativen »Gläubigerstaaten«. Das hartnäckige Beharren konservativer Politikerinnen und Politiker in den wichtigsten Gläubigerländern, allen voran Deutschland, und der EZB unter der Führung von Jean-Claude Trichet, dass Regeln nun mal Regeln seien, dass die Krisenländer ihre bittere Medizin schlucken müssten und die EZB auf eine aktive Unterstützung der Schuldenmärkte verzichten solle, aus Angst, einem Fehlverhalten damit Vorschub zu leisten, richtete den meisten Schaden an. Die Politikerinnen und Politiker in einem Land wie Deutschland hatten natürlich durchaus demokratische Argumente für ihre Position. Warum sollten sie von ihren Wählerinnen und Wählern verlangen, eine Politik zu unterstützen, die für die Schuldnerländer andere, erträglichere Maßstäbe anlegt als für Deutschland selbst? Zudem konnte man auf Vertragsklauseln verweisen, die Rettungsaktionen und gemeinsame Schulden nur in einem begrenzten Rahmen zuließen. Angesichts einer gefährlichen Finanzkrise waren jedoch eher Pragmatismus, Kreativität und die Bereitschaft, den Wählerinnen und Wählern die Dringlichkeit der

Situation vor Augen zu führen, gefragt. Davon war nur wenig zu sehen. Eine technokratische Elite, der es vor allem darum ging, ihren Handlungsspielraum auszuweiten, hätte versuchen können, die technischen Fragen zu entpolitisieren und zu entschärfen. Stattdessen traten allzu oft Formen eines fiskalkonservativen Populismus in den Vordergrund, die sich gern irreführender Analogien und gängiger Vorurteile bedienten. Die Populisten in den Schuldnerländern reagierten entsprechend – mit Anspielungen auf die Besetzung ihrer Länder durch die Nazis im Zweiten Weltkrieg.

Es waren also nicht wirtschaftliche Überlegungen oder die Marktkräfte an sich, sondern die Entscheidungen der Politikerinnen und Politiker auf allen Seiten und die Machtungleichgewichte innerhalb der Eurozone, die die Krise befeuerten. Diese Entscheidungen wurden durch wirtschaftliche Analysen führender Expertinnen und Experten, die auf strenge Maßnahmen pochten, noch untermauert und begünstigt. Inzwischen wurden viele dieser Entscheidungen größtenteils zurückgenommen. Doch wenn Technokratinnen und Technokraten im Zuge der Krise an die Macht kamen, dann nur deshalb, weil diese ihnen von Politikerinnen und Politikern überlassen wurde. Dass er von den europäischen Finanzkonservativen derart instrumentalisiert worden war, hat den IWF schließlich so ernüchtert, dass er sich wegen der Griechenland-Frage von der EU distanzierte.

Wenn die Krise der öffentlichen Finanzen in Europa vor allem eine politische Krise war, bei der verschiedene Staatsideologien gegeneinander ausgespielt und mit gegensätzlichen Auffassungen von nationalen Interessen verknüpft wurden, und wenn sich Demokratien infolgedessen gegenseitig massiv unter Druck setzten, wobei in mehreren Fällen von den Schuldnerländern sogar die Aussetzung gängiger demokratischer Regeln gefordert wurde, dann ist das eine schwere Anschuldigung. Es suggeriert jedoch auch die Möglichkeit eines positiven Wandels. Zumindest potenziell lassen sich politische Probleme durch die Politik lösen.

Abhilfe lässt sich dadurch schaffen, dass Wählerinnen und Wähler sowie Politikerinnen und Politiker andere Entscheidungen treffen – an der Urne, in der Politikgestaltung, bei Koalitionsverhandlungen und in der Rhetorik. Bestehende Institutionen können neue Mandate erhalten, aber auch alte Mandate lassen sich neu interpretieren. Schließlich ließe sich die europäische Demokratie durch eine Erweiterung der Finanz- und Währungsarchitektur der Eurozone auf eine sicherere Grundlage stellen.

Veränderungen sind immer schwierig. Mächtige Überzeugungen und Interessen untermauern den Status quo. Und doch gibt es, um es noch einmal deutlich zu machen, keinen guten Grund für die Annahme, dass ein unüberwindbares strukturelles Hindernis der Entwicklung Europas zu einem voll funktionsfähigen Währungssouverän von globaler Bedeutung im Weg stünde. Keines der wichtigen Interessen Europas hat vom verheerenden Ausgang der Krise in der Eurozone profitiert. Die Gläubiger hätten es ebenfalls besser machen können. Hier bietet sich eine Win-win-Lösung an. Und die Entwicklung der letzten zehn Jahre weist in die richtige Richtung.

Der erste entscheidende Schritt aus der festgefahrenen Krise in der Eurozone war die Erklärung Mario Draghis im Juli 2012, »to do whatever it takes«, um die Eurozone zu sichern. Dies war eine technokratische Entscheidung, die ohne vorherige Rücksprache getroffen wurde. Dieser Entscheidung fehlte es zunächst an Legitimität. Unter anderem um die Unterstützung Berlins zu gewinnen, wurde sie mit Vorbehalten abgesichert. Aber es war die Überschrift, die zählte, nicht das Kleingedruckte. Die EZB hatte erklärt, die verantwortlichen nationalen Regierungen auf den Anleihemärkten seien nicht mehr auf sich allein gestellt. So konnten 2015 auch die übrigen schwachen Mitgliedsstaaten der Eurozone vor den Turbulenzen geschützt werden, die von der Griechenland- oder der Flüchtlingskrise ausgingen. Das wiederum ließ der Regierung in Griechenland kaum Verhandlungsspielraum, und die Syriza entschied sich zum Entsetzen der eigenen Linken gegen den Grexit.

Im Jahr 2018 drohte abermals eine Krise, und wieder war die Demokratie der Auslöser. Die Mehrheit der italienischen Wählerinnen und Wähler gab ihre Stimme zwei populistischen Parteien. Das war nicht nur eine Krise der italienischen Demokratie. Der Aufstieg der 5-Sterne-Bewegung wurde unmittelbar durch den Sturz Berlusconis im Jahr 2011 befeuert. Das Scheitern Europas in der Flüchtlingskrise 2015 bescherte der Lega starken Zulauf. Die Aussicht auf eine gemeinsame Regierung der beiden Parteien wirkte wie ein Schreckgespenst und ließ Furcht aufkommen vor einer Rückkehr zur Krisensituation von 2011. Diesmal war jedoch kein Berlusconi da, den man hätte stürzen können. Doch hinter den Kulissen wurde die Autorität des Präsidenten eingesetzt, um die EU-feindlichsten Stimmen in der Lega einzudämmen und einen unbekannten und unauffälligen Juraprofessor in das Amt des Ministerpräsidenten zu hieven. Dank dieser Improvisation konnte eine Krise im Euroraum vermieden werden. Auf eine globale Pandemie war dieser damit allerdings nicht vorbereitet.

Im Frühjahr 2020 sah es so aus, als könnte die Katastrophe der öffentlichen Gesundheit eine weitere umfassende Krise des Euroraums auslösen. Verzweifelte Vorschläge der Regierungen Frankreichs, Italiens und Spaniens, gemeinsame Corona-Anleihen einzuführen, stießen bei den »Gläubigerstaaten« auf taube Ohren. Der Anleihemarkt war in Aufruhr. Christine Lagarde an der Spitze der EZB war mit ihrer Bemerkung, die Renditen seien das Problem der anderen, auch nicht gerade hilfreich. Nicht umsonst sprach Präsident Emmanuel Macron von einem Moment der Wahrheit für die EU.

Was die Situation zumindest vorübergehend entschärfte, waren drei entscheidende Veränderungen. Die EZB änderte ihre Meinung zur Notwendigkeit von Interventionen. Anstatt als Kontrollinstanz über die Ausgaben von Politikerinnen und Politikern zu wachen, positionierte sie sich als kooperative Unterstützerin einer expansiven nationalen und europäischen Finanzpolitik. Nach der

Bundestagswahl von 2017, die die deutsche Politik in Aufruhr versetzte, ging die Kontrolle über die Finanzpolitik in Berlin von der CDU auf die SPD über. Dadurch erhielt die Haltung Berlins zu europäischen Finanzfragen eine deutlich andere Färbung. Bereits 2019 hatte das Ministerium Maßnahmen zugunsten einer gemeinsamen Arbeitslosenversicherung vorgeschlagen, im Jahr 2020 ebneten ministerielle Verbindungen nach Paris den Weg für die historische Einigung zwischen Frankreich und Deutschland über das NextGen-EU-Paket. Dadurch wurde die gemeinsame Währungspolitik, die von der EZB inzwischen aktiv betrieben wird, um die Struktur einer gemeinsamen Finanzpolitik ergänzt.

Die Reaktion der weltweiten Finanzmärkte war bezeichnend. Europas finanzpolitische Initiative wurde keineswegs feindselig, sondern mit großem Beifall aufgenommen. Das Votum der globalen Finanzwelt fiel praktisch einstimmig aus. Die neuen gemeinsamen Schuldtitel der EU sind stark überzeichnet. Hätte Europa nur 2010 schon so gehandelt! Wie um die Erinnerung an diese frühere Krise zu begraben, fielen die Renditen auf die von Italien und Griechenland ausgegebenen Anleihen im Laufe des Jahres 2020 auf ein Rekordtief. Dank der Unterstützung durch die EZB und die EU ist es für sie jetzt billiger, Kredite aufzunehmen, als für das US-Finanzministerium. Anstatt sich um finanzielle Zwänge zu sorgen, können die europäischen Regierungen nun ihre elementaren Pflichten gegenüber ihren Bürgerinnen und Bürgern erfüllen. Europa hat die Legitimität der Regierungen in dieser Hinsicht erhöht und damit gestärkt, statt sie zu schwächen.

Die dringlichste Frage für Europa ist heute, ob diese auf Unterstützung beruhende Beziehung zwischen den nationalen Regierungen, ihren Bürgerinnen und Bürgern und der EU fortbestehen kann oder ob die EU wieder zur Schlinge wird, die der demokratischen Politik in ihren Mitgliedsstaaten die Luft nimmt. Infolge der Krise ist die Gesamtverschuldung im Verhältnis zum Bruttoinlandsprodukt von 79 auf 94 Prozent gestiegen. Bis 2021 wird die

Staatsverschuldungsquote in Belgien, Frankreich, Spanien, Italien, Griechenland und Portugal über 100 Prozent betragen, in Italien über 150 Prozent, in Griechenland fast 210 Prozent. Angesichts dieser Zahlen müssten diese Länder für Jahrzehnte im finanzpolitischen Würgegriff gehalten werden, wenn an dem im Maastricht-Vertrag festgelegten Schuldenziel von sechzig Prozent und einem maximalen Jahresdefizit von drei Prozent festgehalten würde. Es ist klar, dass alle Länder der Welt vor ernsten und schwierigen Fragen zur weiteren wirtschaftlichen Entwicklung nach 2020 stehen. Da helfen auch keine verfassungsrechtliche Regelung, kein rhetorischer Kniff und keine Koalitionsarithmetik. Selbst bei einem in sich geschlossenen Währungs- und Finanzsouverän, in dem Zentralbanken und Finanzministerien in schwierigen Zeiten kooperieren, sind solche Probleme nur schwer zu lösen. Angesichts der Schwierigkeit, Kompromisse zu finden, in der sich die EU aktuell befindet, sind sie jedoch verheerend. Politikerinnen und Politiker, die ihre nationale Wählerschaft in dem Glauben bestärken, dass eine Rückkehr zu den Maastricht-Regeln vernünftig und realistisch sei, gefährden sowohl den Zusammenhalt der Europäischen Union als auch ihre Demokratie. Regierungsblöcke, die sich zusammentun, um von anderen zu verlangen, ruinöse Konsolidierungsprogramme umzusetzen, tun nichts anderes. In den kommenden Jahren stehen kritische Entscheidungen über die finanzpolitischen Regeln und die Durchführung von Anleihekäufen durch die EZB an, die sich direkt auf das finanzpolitische Schicksal der meisten Bewohnerinnen und Bewohner der Eurozone auswirken und Italien und Griechenland vor unlösbare Schwierigkeiten stellen könnten. Das sind technische Festlegungen, die jedoch nicht ohne grundlegende politische Entscheidungen möglich sind – und die auch über das Schicksal der Demokratie in der Eurozone bestimmen werden.

Ivan Krastev

Die Opfer der Älteren
Wie Demografie liberale und illiberale Politik beeinflusst

Im Jahr 1953, nach der gewaltsamen Niederschlagung der antikommunistischen Proteste in Ost-Berlin, schrieb Bertolt Brecht ein Gedicht mit dem Titel »Die Lösung«, in dem er die kommunistische Regierung fragte, ob es nicht »einfacher« für sie wäre, sie »löste das Volk auf und wählte ein anderes«. In einer Demokratie ist es üblich, dass das Volk eine Regierung wählt, aber es hat durchaus diese seltenen Augenblicke gegeben, in denen eine Regierung sich das Volk wählte. Europa sieht sich derzeit einem dieser Augenblicke gegenüber. Die Kombination aus Bevölkerungsrückgang, wirtschaftlicher Unsicherheit und massiven Migrantenströmen – von außen nach Europa und zwischen europäischen Ländern – könnte die Politik europäischer Nationalstaaten und die Art und Weise, wie Regierungen diese Politik zu gestalten versuchen, dramatisch verändern. Die Regulierung von Migration wird für die europäischen Demokratien des 21. Jahrhunderts ebenso wesentlich werden, wie es die Regulierung des Klassenkampfs für die demokratischen Industriegesellschaften des 20. Jahrhunderts war.

Bis vor kurzem wurde das Verhältnis zwischen Demokratie und Demografie meist mit malthusianischer Begrifflichkeit diskutiert. Würde es zu viele Menschen und nicht genug Ressourcen geben, und würde dies zu Krieg, Chaos und politischer Instabilität führen? Der Hinweis auf den Youth-Bulge – einen zu hohen Anteil junger Männer in den Gesellschaften – war eine Erklärung sowohl für das Gespenst der Instabilität, das autoritäre Regime heimsuchte, als auch für die Schwierigkeiten, mit denen fragile Demokratien bei ihrer Konsolidierung zu kämpfen haben.

Der demografische Schock, der heute in Europa zum Ausdruck kommt, ist jedoch etwas völlig anderes. Seine Ursache sind politische Befürchtungen von demografischem Niedergang, Entvölkerung und einer wachsenden Kluft zwischen Metropolen und abgelegenen Gebieten in Bezug auf Lebenschancen und gesellschaftliche Einstellungen. Nicht nur Angst vor Migration, sondern Angst vor dem Zerfall der Bevölkerung ist die zentrale Ursache für den Aufstieg des Rechtspopulismus in Europa.

Demografische Ängste spielen eine Rolle bei der sich ausbreitenden Xenophobie und in Kampagnen gegen die Rechte von Frauen und sexuellen Minderheiten. Rechtspopulisten befürchten, dass ihre ethnischen Gruppen aussterben, und machen die dekadente liberale Kultur dafür verantwortlich.

Der Zusammenprall von Liberalismus und Illiberalismus im heutigen Europa ist ein Kampf zwischen zwei gegensätzlichen Vorstellungen von dem »Volk«, das sich verschiedene Regierungen wählen wollen. Liberalismus ist ein Votum für eine Politik der integrativen Institutionen, die für den vielfältigen Charakter moderner Gesellschaften steht. Illiberalismus ist eine Ausübung des demokratischen Mehrheitsprinzips zu dem Zweck, den ethnischen Charakter nationaler Demokratien zu wahren. Die erbittertste Meinungsverschiedenheit zwischen Liberalen und Illiberalen besteht nicht hinsichtlich der Größe der Regierung oder der Zukunft der Europäischen Union, sondern in der Frage, was »Mehrheit« in der demokratischen Politik bedeutet. In ihrer liberalen Version ist »Mehrheit« einfach ein technischer Begriff, der außerhalb von Wahlergebnissen keine Bedeutung hat – für die Illiberalen bezeichnet »Mehrheit« dagegen die ethnisch-kulturelle Gruppe, der aufgrund historisch gewachsener Verhältnisse der Staat gehört. In der illiberalen Version demokratischer Politik kann die Mehrheit mitsamt ihren Werten und Präferenzen niemals zu einer Minderheit im eigenen Staat werden. So gesehen ist die politische Teilung in Europa nicht nur eine Spaltung zwischen Ost und West, sondern verläuft innerhalb jeder politischen Gemeinschaft. Im Osten wechselt heute eine Regierung nach der anderen zum illiberalen demokratischen Mehrheitsprinzip über und versucht, die Macht in den Händen einer einzigen ethnischen Gruppe zu halten.

In seinem 1994 erschienenen Buch *Aussichten auf den Bürgerkrieg* definiert Hans Magnus Enzensberger »demografische Bulimie« als unterdrückte Panik, ausgelöst durch die Befürchtung, »dass gleichzeitig zu viele und zu wenige Menschen im gleichen Gebiet leben« – zu wenige von uns und zu viele von ihnen. Europäerinnen und Europäer sehen, wenn sie sich in der Welt umschauen, ihren Anteil an der Weltbevölkerung rapide sinken, während Nicht-Europäerinnen und Nicht-Europäer in großer Zahl nach Europa einwandern. Bis 2040, so eine Vorhersage, wird ein Drittel der Bevölkerung Deutschlands nicht im Lande geboren sein. Wie Stephen Smith schreibt, lebten im Jahr 2019 in Europa etwa neun Millionen Menschen afrikanischer Herkunft. Bis 2050, fährt er fort, könnte es »etwa 150 bis 200 Millionen Afro-Europäer geben – wenn man die Einwanderer und ihre Kinder zählt«, falls eine »anhaltende afrikanische Migrationswelle« nach Norden aus einem dicht (und zunehmend dichter) bevölkerten Afrika in ein weit weniger bevölkertes Europa eintritt.

Die Lebenserwartung in Europa steigt weiterhin allmählich an, auch wenn die Fruchtbarkeitsraten unter dem Reproduktionsniveau bleiben. Das Ergebnis ist ein Bevölkerungsschwund. Die Geburtenrate in Italien war 2015 die niedrigste seit der Gründung des Staates im Jahr 1861. In Polen wurden 2015 zweihundert Schulen mangels Kindern geschlossen. Die Geburtenrate von Europäern gehört zu den niedrigsten, die jemals in einer großen Weltregion zu verzeichnen waren.

Besonders düster sieht das Bild in Mittel- und Osteuropa aus, wo die Fruchtbarkeit niedrig und die Abwanderung hoch ist. Nach Schätzungen der UN haben die Nationen dieser Region seit den 1990er Jahren rund sechs Prozent ihrer Gesamtbevölkerung verloren, das sind etwa 18 Millionen Menschen. Würden alle diese Menschen in einem Land wohnen, wäre es fast so bevölkerungsreich wie die Tschechische Republik und Ungarn zusammen.

Auch wenn die Stimmenmehrheiten in vielen europäischen Demokratien eine Beschränkung der Anzahl von Ausländerinnen und Ausländern fordern, die in ihr Land einreisen dürfen, braucht Europa Einwandernde. Ohne sie können die fiskalische Gesundheit und der Lebensstandard nicht erhalten werden – es könnten noch nicht einmal die alternden Europäerinnen und Europäer physisch versorgt werden. Ohne Einwanderung in großem Maßstab sind die europäischen Wohlfahrtsstaaten dem Untergang geweiht.

Könnte die europäische Demokratie ihren Zusammenbruch überleben? Im Jahr 1965 waren 15 Prozent der Menschen über 65 in den (heutigen) EU-Mitgliedsstaaten wie auch im Alter von 20 bis 64 Jahren. 2015 war diese Gruppe mit 29 Prozent fast doppelt so groß. Dieser Trend kann weder durch eine pronatalistische Politik – auch wenn sie teilweise erfolgreich ist – noch durch die Rückkehr einiger Ausgewanderter umgekehrt werden.

Demografische Ängste werden in Europa und anderswo nicht nur durch Projektionen der Demografen geschürt, sondern auch durch den Eindruck, den die Allgemeinheit von der Relation der Ethnien und ihrer Dynamik hat. Europäerinnen und Europäer sind zahlenmäßig immer noch vorherrschend in Europa, stellen sich aber allmählich eine Zukunft vor, in der sie verfolgte Minderheiten sind und die Demokratie ihr größter Feind werden könnte. Jennifer Richeson, Sozialpsychologin an der Yale University, und Maureen Craig, Sozialpsychologin an der New York University, wiesen in ihren Forschungsarbeiten die politische Macht demografischer Vorstellungen nach. Sie fanden heraus, dass in demokratischen Gesellschaften die Gruppengröße ein Kennzeichen für Dominanz ist und dass eine kleiner werdende Gruppe sich bedroht und entmachtet fühlen könnte. Ihren erstmals 2014 veröffentlichten Ergebnissen zufolge zeigten weiße Amerikanerinnen und Amerikaner, die randomisiert einer Gruppe zugeteilt wurden und einen Volkszählungsbericht zu lesen bekamen, nach dem im Jahr 2044 Weiße nicht mehr die Mehrheit in den Vereinigten Staaten bilden würden, eher negative Gefühle gegenüber ethnischen Minderheiten als Personen, die dieser Gruppe nicht zugeteilt waren. Darüber hinaus unterstützten sie eher eine restriktive Einwanderungspolitik und die Aussage, Weiße würden in Zukunft vermutlich einen Statusverlust erleiden und mit Diskriminierung rechnen müssen.

»Im Grunde ist der Zorn auf Minderheiten in einer globalisierten Welt ein Rätsel«, schreibt der indisch-amerikanische Soziologe Arjun Appadurai: »Rätselhaft ist, warum die relativ kleinen Zahlen, die dem Wort ›Minderheit‹ ihre einfachste Bedeutung verleihen und normalerweise politische und militärische Schwäche implizieren, nicht verhindern, dass Minderheiten Gegenstand von Furcht und Zorn sind.« Appadurais Antwort auf das von ihm identifizierte Rätsel besagt, dass Minderheiten Mehrheiten nicht erlauben, sich wie Mehrheiten zu fühlen. Die bloße Existenz von Minderheiten ist ein Zeichen dafür, dass auch sie eines Tages zu einer Minderheit werden können. Die geringen Zahlen nehmen tendenziell zu, während die großen Zahlen ohne Weiteres zurückgehen könnten.

In einer Demokratie ist das existenziellste kollektive Recht das Recht zum Ausschluss. Demokratische Ordnungen loben sich zwar zu Recht für ihre Fähigkeit, unterschiedliche soziale, ethnische und religiöse Gruppen in das öffentliche Leben und in politische Entscheidungsprozesse einzubeziehen, doch eine Voraussetzung für Demokratie ist das Recht der demokratischen politischen Gemeinschaft, zu entscheiden, wer dazugehören darf und wer nicht. Die Demokratie könnte bestimmte Ideen aus dem öffentlichen Raum ausschließen, sie könnte auch Personen ausschließen. Michael Walzer verwendet die klassische Form dieses Arguments, wenn er behauptet, weil Verteilungsgerechtigkeit sich nicht über politische Gemeinschaften hinaus erstreckt, könne die Zusammensetzung der politischen Gemeinschaft selbst nicht

Thema von Gerechtigkeit sein. Es ist offensichtlich ungerecht, dass einige von uns in Deutschland geboren sind und andere zum Teil in armen und repressiven Ländern, aber es ist nicht moralische Verpflichtung der Deutschen, diese Ungerechtigkeit zu korrigieren. Wie Walzer behauptet, haben diejenigen, die bereits Mitglieder der Gemeinschaft sind, das moralische Recht, in ihre Gemeinschaft aufzunehmen, wen sie wollen – »entsprechend unserem Verständnis dessen, was Mitgliedschaft in unserer Gemeinschaft bedeutet und welche Art von Gemeinschaft wir haben wollen«. Wie das Recht zum Ausschluss definiert wird, ist der Faktor, der liberale von illiberalen Demokratien unterscheidet.

Im größten Teil Westeuropas bestand die Reaktion auf die sich verändernde ethnische und kulturelle Zusammensetzung der Gesellschaften darin, die politische Gemeinschaft für Migrantinnen und Migranten zu öffnen und zugleich Einwanderungs- und Einbürgerungsrichtlinien zu beschließen, um die kulturelle Identität der nationalen Gemeinschaft zu schützen. Die meisten westeuropäischen Gesellschaften hatten ein ungutes Gefühl bei den bisherigen Verfahren, Migrantinnen und Migranten entweder als Gastarbeiterinnen und Gastarbeiter zu behandeln und ihnen keinen Weg zur Staatsbürgerschaft zu ebnen oder zu entscheiden, wem aufgrund von ethnischer Zugehörigkeit oder kultureller Nähe die Aufnahme in die politische Gemeinschaft erlaubt werden sollte. In der umfassenden Einwanderungspolitik der Europäischen Union werden nur drei legitime Kriterien für die Auswahl von Migrantinnen und Migranten diskutiert – Qualifikationen oder wirtschaftliche Notwendigkeit, die Anerkennung familiärer Bindungen und die Schutzwürdigkeit von Verfolgten (Asylsuchenden). Der Trend geht jedoch dahin, sich nur auf das erste Kriterium zu konzentrieren. Die meisten westeuropäischen Regierungen sind von der Einwanderungspolitik etwa Australiens und Kanadas sehr angetan. Diese Länder suchen nach jungen und gut ausgebildeten Einwandernden ohne Berücksichtigung ihres kulturellen, ethnischen oder rassischen Hintergrunds und versuchen diese in einer Weise zu integrieren, die mit den grundlegenden bürgerlichen Werten und der kulturellen Zusammensetzung des Aufnahmelandes vereinbar ist.

In der zweiten Hälfte des 20. Jahrhunderts nahm man an, dass es Rechte zum Schutz der Minderheiten geben müsse, während ethnische und kulturelle Mehrheiten, die große Zahlen auf ihrer Seite haben, ihre Interessen und Identitäten an der Wahlurne verteidigen können. Die wesentliche Folge der gegenwärtigen Furcht vor sinkenden Bevölkerungszahlen ist die, dass nicht mehr als selbstverständlich gilt, dass die Mehrheit auch die Mehrheit bleiben wird. Mit der Öffnung westeuropäischer Demokratien für Migrantinnen und Migranten insbesondere von außerhalb Europas geht inzwischen ein wachsender Druck der Wählenden einher, gesetzliche Garantien für den Erhalt der kulturellen Zusammensetzung der Gesellschaft zu schaffen.

Westeuropäische liberale Demokratien betrachten den Schutz von Mehrheitsrechten als den richtigen Weg zur Steuerung von Diversität in einer Zeit, in der eine wachsende Zahl von Migrantinnen und Migranten aus außereuropäischen Ländern kommt und westliche Gesellschaften kein Vertrauen mehr in die Vorzüge des Multikulturalismus haben.

Der englische Soziologe T. H. Marshall unterschied 1949 in seinem berühmten Vortrag »Zur Entwicklung der Staatsbürgerschaft« zwischen bürgerlichen, politischen und sozialen Dimensionen der Staatsbürgerschaft. In seiner Version der historischen Entwicklung brauchte der Westen drei Jahrhunderte, bis der Krieg um die Rechte, die wir heute genießen, gewonnen war. Das 18. Jahrhundert war durch den Kampf um Bürgerrechte gekennzeichnet – Meinungs- und Religionsfreiheit, Gleichheit vor dem Gesetz. Im 19. Jahrhundert war der Kampf der Bürgerinnen und Bürger um politische Rechte entscheidend. In diesem Jahrhundert wurde das Wahlrecht einem viel größeren Teil der Bevölkerung verliehen.

Wählen wurde von einem Privileg zu einem Recht. Schließlich erweiterte der Aufstieg des Wohlfahrtsstaats im 20. Jahrhundert den Begriff Staatsbürgerschaft um den sozialen und wirtschaftlichen Bereich, indem die Mindestbedingungen von Gesundheit, Bildung und einfachem Lebensstandard berücksichtigt wurden. Nach Auffassung von Marshall ist der moderne liberale Staat eine Kombination aus diesen Rechten, wobei die sozialen Rechte die am meisten umstrittenen sind.

Charakteristisch für die gegenwärtige Form des Liberalismus ist, dass die Illiberalen des 21. Jahrhunderts Marshalls Dreiergruppe von Rechten auflösten. Sie sind bereit, ihre Märkte für Ausländerinnen und Ausländer zu öffnen und ihnen soziale Rechte zu verleihen, sie sind jedoch nicht bereit, ihnen politische Rechte zuzugestehen. Das Recht zu wählen bleibt ein Privileg aufgrund von Herkunft, es ist ein der ethnisch-kulturellen Mehrheit und den herkömmlichen nationalen Minderheiten – sofern vorhanden – vorbehaltenes Recht.

Bei dem illiberalen Projekt in Europa, das mit den derzeitigen Regierungen von Ungarn und Polen assoziiert wird, geht es um die Erhaltung des ethnisch geprägten Staates in sich rapide verändernden Gesellschaften. Der europäische Illiberalismus des 21. Jahrhunderts ist nicht die Wiederkehr des europäischen Nationalismus des 19. oder 20. Jahrhunderts. Hier geht es nicht darum, alle Bulgaren, Ungarn oder Polen in ihren jeweils eigenen territorialen politischen Einheiten zu versammeln. Der frühere Nationalismus war territorial expansionistisch, überwiegend jedoch von bürgerlichem Charakter sowie assimilatorisch orientiert: Der ungarische Nationalismus beispielsweise wollte Nicht-Ungarn, die in Ungarn lebten, zu guten ungarischen Bürgerinnen und Bürgern machen. Das Fehlen ungarischen Blutes in den Adern konnte ausgeglichen werden, indem man bereit war, sein Leben für Ungarn zu opfern.

Mit den neuen ethnisch orientierten Richtlinien soll das Staatswesen vor den Ausländerinnen und Ausländern geschützt werden, die in den nächsten Jahren in die osteuropäischen Märkte strömen werden. Paradoxerweise erleichtert das Bestehen der Europäischen Union es den illiberalen Regierungen, ihre Ausschlusspolitik zu rechtfertigen. Die Einwandernden nach Ungarn oder Polen werden weniger als Gastarbeiterinnen und Gastarbeiter behandelt, die zu irgendeinem Zeitpunkt wieder in ihre Heimatländer zurückkehren werden, sondern als Einwandernde in die EU, die sich auf ihrem Weg nach Deutschland und Österreich vorübergehend in Polen oder Ungarn aufhalten. Osteuropäische Länder haben sich selbst von Transformationsländern zu Transitländern umdefiniert.

Regierungen in Gegenden wie Polen und Ungarn sagen zu, dass Migrantinnen und Migranten (solange sie nicht aus muslimischen Ländern kommen) innerhalb der Stadtmauern wohnen und – was noch wichtiger ist – arbeiten können, es ihnen aber nicht erlaubt wird, ihren Fuß ins Rathaus zu setzen. Ausländerinnen und Ausländer erhalten wirtschaftliche und soziale, aber keine politischen Rechte. Die Staatsbürgerschaft wird als Privileg betrachtet, das mit der ethnischen Zugehörigkeit verbunden ist.

Die Erhaltung des ethnisch geprägten Staates steht im Mittelpunkt des illiberalen Projekts.

Der Brecht'sche Augenblick in der europäischen Politik, in dem Regierungen die Möglichkeit bekommen, sich ihre jeweiligen Völker zu wählen, ermöglicht die beste Betrachtungsweise der voneinander abweichenden Wege der demokratischen Ordnungen in den beiden Teilen Europas.

Im Westen ist die kulturelle Frage die entscheidende: Wie können liberale Demokratien Neuankömmlinge integrieren, ohne eine Gegenbewegung zurück in die Mehrheitspolitik auszulösen? Die reale Gefahr besteht darin, dass Regierungen versucht sein werden, solche Wählerinnen und Wähler in das Staatswesen zu integrieren (ihnen einen schnellen Weg zur Staatsbürgerschaft zu eröffnen), von denen sie Stimmen für sich selbst erwarten.

Im Osten hingegen betrifft die zentrale Frage die Generationen. Die illiberale Demokratie macht junge Menschen zu einer gefährlichen Minderheit. Das öffentliche Leben in Osteuropa wird ein Zusammenspiel zwischen drei sehr unterschiedlichen Gruppen sein: der zunehmenden Zahl von Arbeitsmigrantinnen und -migranten, die im Markt tätig, aber nicht wahlberechtigt sind, den Menschen, die im Land leben und das Wahlrecht haben, aber nicht mehr auf dem Arbeitsmarkt tätig sind (viele der aktivsten Wählerinnen und Wähler sind im Rentenalter) und drittens Osteuropäerinnen und Osteuropäern, die außerhalb ihrer Länder leben und wahlberechtigt sind, aber im Heimatland keine Steuern zahlen und in aller Regel nicht sehr oft wählen. Indem sie das Wahlrecht als ethnisches Vorrecht beibehält, koppelt die illiberale Demokratie vorsätzlich oder unbeabsichtigt den politischen Markt vom Arbeitsmarkt ab; dadurch wird die Identitätspolitik zum dauerhaften Merkmal illiberaler Demokratien erklärt und schürt Spannungen zwischen den Generationen.

Gegenwärtig sind junge Menschen eine kleine Kohorte in Mittel- und Osteuropa. Dafür sorgen niedrige Geburtenraten und hohe Auswanderungsquoten. Junge Menschen sind nicht zahlreich genug, um in der Wahlkampfpolitik wesentliches Gewicht zu haben, daher stimmen sie oft mit den Füßen ab. Gleichzeitig haben diejenigen, die im Land bleiben, am meisten zu verlieren, wenn keine zukunftsorientierte Wirtschaftspolitik beschlossen wird, und sie fühlen sich machtlos.

Mit dem Ungleichgewicht zwischen den Generationen, das durch eine alterslastige demografische Entwicklung und eine einwanderungsfeindliche Regierungspolitik verursacht wird, entsteht die Gefahr, dass die im politischen System überrepräsentierten älteren Generationen Investitionen in die Zukunft (das heißt Investitionen, die ihnen nicht unmittelbar und sofort zugutekommen) blockieren werden und dadurch ein neuer Exodus junger Menschen ausgelöst wird. Die Regierungen müssen daher ältere

Bürgerinnen und Bürger überzeugen, für die Zukunft des Landes Opfer zu bringen, auch wenn sie vermuten, dass ihre Kinder oder Enkel nicht mehr in diesem Land leben werden.

Das Fehlen des großen Bevölkerungsblocks, der erforderlich wäre, um an der Wahlurne eine Veränderung herbeizuführen, könnte erklären, warum jüngere Bürgerinnen und Bürger in der Region eher nicht zur Wahl gehen, sondern sich Straßenprotesten zuwenden. Es könnte auch erklären, warum Auswandern und Nichtwählen ihre bevorzugte Reaktion auf ein für sie ungünstiges politisches Klima ist. Der Fokus junger Menschen auf Umweltfragen könnte ebenfalls als ein unbewusster Versuch interpretiert werden, die Aufmerksamkeit der Gesellschaft mehr auf langfristige Probleme zu richten und zu signalisieren, dass junge Menschen auch im Namen zukünftiger Generationen sprechen.

Was können Regierungen tun, um auf das Ungleichgewicht zwischen den Generationen zu reagieren? Sollten sie das Wahlalter herabsetzen? Sollten sie jedem Wähler unter 30 zwei Stimmen geben? Sollten Eltern für jedes ihrer minderjährigen Kinder eine Stimme abgeben dürfen? In Zeiten demografischer Ängste repräsentieren Liberalismus und Illiberalismus zwei verschiedene Vorstellungen von dem »Volk«, das Regierungen sich wählen wollen. Das illiberale Projekt mag einigen attraktiv erscheinen, weil es den Nationalcharakter der politischen Gemeinschaft wahrt, es wird sich jedoch unweigerlich selbst schädigen – aus einem einfachen Grund: Es wird alle Länder, die es betreiben, für ihre jüngeren Generationen unattraktiv machen.

Luuk van Middelaar

Die Neuerfindung der Politik
Von der europäischen Depolitisierung zu einer neuen Öffentlichkeit

Im Spätsommer 2021 starb der französische Philosoph Jean-Luc Nancy im Alter von 81 Jahren. Er stand fest in der klassischen philosophischen Tradition von Plato bis Kant, aber seit den engagierten 1960er Jahren prägte ihn zudem der Impuls, die Veränderungen unseres politischen Lebens in der Gegenwart zu verstehen. Für den Denker aus Straßburg war »Europa« der Kontinent, der die Politik und eine bestimmte Vorstellung der *res publica* erfunden hatte. Er betrachtete es nicht als Zufall, dass auch in und durch Europa in der politischen Gestalt der »Europäischen Union« das politische Leben auf unserem Kontinent unter Druck geraten war. Infolge der Gesetzgebung aus Brüssel schien ihm der demokratische Freiraum zu schrumpfen, und so forderte Nancy im Juni 2005 in einem eindringlichen Artikel in *Le Monde*, dass gerade aus diesem Grund in Europa eine »andere« Politik erfunden werden und ein neues Zusammengehörigkeitsgefühl entstehen müsste – nicht als bloße politische oder institutionelle Konstruktion, sondern als Erneuerung der Grundsätze unseres Denkens und unserer Kultur.

Im Folgenden möchte ich Nancys Einladung zum Nachdenken über die Demokratie in Europa jenseits der Beschränkungen auf das Institutionelle annehmen, die allzu oft das »Brüsseler« Denken vernebeln, und kurz versuchen, einige *politische* Grundlagen zu betrachten.

Der Aufbau einer demokratischen Ordnung für den Kontinent hatte für die Gründer der Europäischen Union nicht die oberste Priorität. Vielmehr war es nach 1945 ihr Hauptziel, die politisierten

Gefühle zu beruhigen, berechenbare Beziehungen zwischen den Staaten zu entwickeln und die Voraussetzungen für Frieden und Wohlstand zu schaffen. Das waren zutiefst politische Ziele, doch ihre Mittel fand man überwiegend in der Wirtschaftsgesetzgebung und in der Schaffung eines Binnenmarktes und damit in einer Strategie, die wir als *Depolitisierung* beschreiben könnten. Dies war zugegeben ein umfassender und zugleich nach den Schrecken zweier Weltkriege brillanter Ansatz, dessen Nachteile erst allmählich sichtbar wurden.

Mit der Zeit verschwand Europas politische *raison d'être* aus dem Blickfeld, und die wirtschaftlichen Mittel zum Zweck verwandelten sich offenbar in den Zweck selbst. Und so wurde im Laufe der Jahre der Name »Brüssel« für die Allgemeinheit zu einem Synonym für bürokratische Absurditäten. Sicher, der freie Waren-, Personen- und Kapitalverkehr in einem Raum von heute 27 Staaten, jeweils durch ihre Geschichte geprägt, erfordert gemeinsame Normen und Vorschriften. Die Öffentlichkeit sieht sich jedoch einer ungeheuren Zahl von Regeln gegenüber, die weit entfernt festgelegt wurden. »Weil Brüssel es vorschreibt«, hört man allzu oft auf einzelstaatlicher Ebene. Im Grunde unterscheiden sich Vorschriften, die von nationalen oder lokalen Autoritäten erlassen werden, nicht von europäischen Vorschriften. Doch abgesehen von der größeren Distanz zwischen ihnen und den Wähler:innen ist es bei den Regeln und Beschlüssen der Europäischen Union durch vier Besonderheiten besonders schwer, Zugang zu ihnen zu finden, sie in den Griff zu bekommen oder ihnen politisch zu widersprechen.

Die erste lässt sich als »technische Depolitisierung« bezeichnen, eine Maskierung politischer Maßnahmen durch Technologie. In der Kommunikation mit der Öffentlichkeit bezeichnet Brüssel eine neue Norm gern als »Lösung« eines technischen Problems – laute Rasenmäher, Gesundheitsgefahren, Inflation – und nicht als politische Entscheidung oder als Ergebnis einer Abwägung verschiedener Optionen und Werte. Der Vorteil ist, dass es keine offensichtlichen Gewinner oder Verlierer gibt; die EU-Gesetzgeber versuchen, sowohl Jubel als auch Enttäuschung zu umgehen, sie bevorzugen eine abgewogene Zustimmung. Der Nachteil ist, dass dieses Vorgehen den Eindruck verstärkt, Brüssel sei eine technokratische Gesetzgebungsmaschine. Von außen betrachtet ist die Trennlinie zwischen Expertise und anonymer Macht nur hauchzart, was unangenehme Gefühle hervorruft.

Ein zweites strategisches Merkmal ist – um einen Begriff von Dieter Grimm zu verwenden – eine »konstitutionelle Depolitisierung«, also das Fällen politischer Entscheidungen außerhalb des politischen Schlachtfelds. Während die meisten nationalen Verfassungen sich auf die Struktur des politischen Systems beschränken, findet man im EU-Gründungsvertrag jede Menge politischer Vorgaben; der Ausgangspunkt des Vertrags war schließlich die Schaffung des Binnenmarktes. So wurden fundamentale politische Entscheidungen dem Einflussbereich der normalen Gesetzgeber und damit auch dem der Opposition entzogen. Etwas Ähnliches geschieht dann, wenn Aufgaben per Vertrag vollständig oder teilweise unabhängigen Institutionen übertragen werden, wie etwa der Kommission oder der Europäischen Zentralbank. Eine Änderung der in den Verträgen verankerten Regeln oder Mandatierungen ist nicht unmöglich, aber sehr schwierig.

Die dritte Besonderheit könnte als »prozedurale Depolitisierung« bezeichnet werden. Das betrifft nicht die Natur der Regeln, sondern auch die Art und Weise ihres Zustandekommens. Der aus Frustration oder Neugier geborene Wunsch normaler Bürger:innen, zu wissen, wer für eine EU-Entscheidung verantwortlich ist, dürfte sich in vielen Fällen in den Abläufen verirren. Die Gesetzgebungsmaschine ist sehr komplex. Dies ist die Folge politischer Abwägungen: Die Brüsseler Institutionen müssen eine Vielzahl von Überzeugungen und Interessen miteinander in Einklang bringen – nämlich zwischen und innerhalb von Ländern, Parteien und

Institutionen – und damit einen gesamteuropäischen Binnenmarkt errichten – ein echtes Kunststück. Dennoch ist Komplexität mehr als eine bedauerliche Nebenwirkung. Prozedurale Depolitisierung ist ein wesentliches Element des Erfolgs: Sie schreckt die Öffentlichkeit ab. (Wenn niemand herausfinden kann, wie die Regeln des Spiels lauten, wer mitspielt oder wohin der Ball gespielt werden muss, werden die Ränge sich sehr bald leeren.) Ostentative Langwierigkeit gehörte daher mit zur Funktionsweise der EU. Kompromisse zu schmieden gelingt ja am besten hinter geschlossenen Türen. Wenn das Flutlicht eingeschaltet ist, wenn die Presse ein Auge darauf hat, verhärten sich Positionen, und ein Verhandlungsführer hat keinen Spielraum mehr.

Technische Einzelheiten und Verfahren für Regeln des Binnenmarktes sind nicht zwangsläufig problematisch. Einfach ausgedrückt: Die Leute wollen sicheres Spielzeug in den Geschäften kaufen, und die meisten müssen nicht wissen, wie die Sicherheitsstandards zustande kamen oder durchgesetzt wurden. Das ist nur die Sache der direkt Beteiligten, der Unternehmen, Interessengruppen, Lobbyisten und Stakeholder – von denen die Brüsseler Blase voll ist – und nicht unbedingt der allgemeinen Öffentlichkeit.

Die Krisen seit 2008 haben diese stillschweigenden Vereinbarungen durcheinandergebracht. Schwierigkeiten ergeben sich aus Entscheidungen, bei denen sich die Öffentlichkeit fragt, *wer* sie trifft, und davon gibt es immer mehr. Wer ist für Budgetkürzungen und Sparmaßnahmen verantwortlich? Wer beschloss eine gemeinsame Beschaffung von Impfstoffen und warum? Wer ist für den Zustand der Beziehungen zu Russland zu kritisieren oder zu loben? Europa war mit einer ganzen Reihe disruptiver wirtschaftlicher, geopolitischer und gesundheitsbezogener Ereignisse konfrontiert, die es zum Handeln unter Zeitdruck zwangen – weit über die technische Erarbeitung von Regeln hinaus. In der Eurokrise betrafen dringende gemeinsame Entscheidungen schwerwiegende Reformen und Milliarden Euro Steuergelder. In der Flüchtlingskrise betrat »Brüssel« mit seiner Entscheidung über Asylquoten außerordentlich heikles Gebiet. Während der Pandemie drängte ein öffentlicher Hilferuf die politischen Führungen zum Handeln.

In vielen dieser Krisensituationen griffen die EU-Staats- und Regierungschefs erneut auf eine Form der Depolitisierung zurück. Angesichts der momentanen Dringlichkeit *mussten* sie handeln, sie hatten einfach keine Zeit zur Beratung über andere Optionen – jedenfalls behaupteten sie das. Nicht zufällig wurde nach dem reichlichen Gebrauch, den die deutsche Kanzlerin und ihr Finanzminister während der Staatsschuldenkrise von einer Rhetorik der Notwendigkeit machten, das Wort »alternativlos« zum Unwort des Jahres 2010. Diese vierte Besonderheit könnte als »Depolitisierung der Exekutive« bezeichnet werden, da sie in der »Stunde der Exekutive« zum Zuge kommt. Die Öffentlichkeit akzeptiert das natürlich nicht immer.

Zusammenfassend: In einer Europäischen Union, die immer politischer wird, stoßen die Strategien der Depolitisierung zwangsläufig an ihre Grenzen. Schließlich kann man, wie der italienische Philosoph Giovanni Sartori es einmal lapidar ausdrückte, »die Politik nicht aus der Politik auslagern«.

Schon vor den Krisenjahren von 2008 an wurde vielen Beobachtenden – und zugleich Wähler:innen – deutlich, dass die Strategien der EU zur Depolitisierung die Lebenskraft des einzelstaatlichen demokratischen Lebens schwächten oder sogar die Politik »zerfallen ließen«, wie Jean-Luc Nancy es ausdrückte. Da immer mehr Entscheidungen auf EU-Ebene getroffen wurden, schienen die nationalen politischen Bühnen an Substanz zu verlieren, während zugleich Loyalität und Interessen der Wähler:innen dennoch an die nationalen politischen Formen gebunden blieben. Daher sprach die Politikwissenschaft von einer dualen Situation von *politics without policy* (nationale Sphären) einerseits und *policy without politics* (EU-Sphäre) andererseits. Obwohl diese Einschätzung übertrieben war, gab es unzweifelhaft einen beunruhigenden Trend, auf den die Wähler:innen in den Mitgliedsstaaten bereits durch Ablehnung der Reform des EU-Vertrages reagierten, etwa in den Jahren 1992 und 2005.

Demokratie setzt im Kern eine Wahlmöglichkeit voraus. Wenn es auf eine bestimmte politische Frage nur eine mögliche Antwort gibt, fühlen sich die Bürger:innen in eine Falle gelockt. Aus dem gleichen Grund wandte sich die Strategie der Depolitisierung – Voraussetzung für den Erfolg der EU – im Laufe der Zeit gegen die Union. Es fehlte ein Ansatzpunkt für eine politische Opposition, eine Anlaufstelle für diejenigen, die mit einigen politischen Ergebnissen nicht einverstanden waren.

Um zu verstehen, was für politische Opposition erforderlich ist und was nicht, ist es sinnvoll, zwischen zwei Arten von Opposition zu unterscheiden. Zunächst haben wir die »klassische Opposition«, die vertraute Art und Weise, in der nicht an der Regierung beteiligte Parteien diese herausfordern, indem sie Alternativen zu deren politischen Maßnahmen vortragen, während sie zugleich das Recht der Regierung, nämlich zu regieren, anerkennen und respektieren. Dann ist da die »Fundamentalopposition«, die nicht nur die Regierung und ihre politischen Maßnahmen, sondern die Legitimität der politischen Ordnung als Ganzes *(polity)* in Zweifel zieht und die gelegentlich sogar zu Gewalt als Mittel greift. Interessanterweise sind dies keine klar getrennten Bereiche: Je mehr Raum für die klassische Opposition vorhanden ist, desto weniger bleibt für Fundamentalopposition. Umgekehrt besteht dann, wenn die klassische Opposition eingeschränkt wird, eine größere Wahrscheinlichkeit, dass Kritiker:innen als Fundamentalopposition agieren. Zur Wahl stehen dann Verschwinden oder Revolte oder gar Ausstieg. Die britischen »Leave«-Wähler:innen des Jahres 2016 bekundeten ungeachtet all ihrer unterschiedlichen Motive sowie der Lügen und der Propaganda in der Kampagne zweifellos auch ihre Frustration mit einem Brüsseler Apparat, dem demokratische Mitsprache gleichgültig zu sein schien – daher der Erfolg des Slogans *take back control*. Ohne klare Möglichkeit, ihre Stimme zu erheben, wählten sie den *Exit*.

In der Europäischen Union waren die Möglichkeiten für eine klassische Opposition lange Zeit recht begrenzt – wie es diese britischen Wähler:innen wohl verstanden haben. Es stimmt zwar, dass wir das Recht haben, durch Wahlen an der Entscheidungsfindung teilzuhaben, sei dies die Wahl nationaler Vertreter:innen, der Mitglieder des Ministerrates, des Europäischen Rates oder die Wahl von europäischen Repräsentant:innen, die ihren Sitz im Parlament in Straßburg einnehmen. Aber, so der irische Politikwissenschaftler Peter Mair schon 2007, uns fehlt eine Arena, in der Opposition Gestalt annehmen kann. Seine Erklärung dafür ist, dass die Opposition kein Gegenüber hat: Es gibt keine EU-Regierung. Obwohl schon seit Jahrzehnten ein (Europäisches) Parlament besteht, galt die Frage, wo die Regierung in diesem System ihren Platz hat, bis vor kurzem als Tabu. Bezeichnenderweise sprachen die Expert:innen lieber von »EU-Governance« (ebenso von »Multi-Level-Governance« oder »Corporate Governance«) und bezeichneten damit etwas Abstraktes, Anonymes, eine Verwaltung oder einen Prozess. Es sieht aus, als hätten alle Strategien der Depolitisierung die Notwendigkeit *verkörperter* Entscheidungen, der unverhüllten, sichtbaren Autorität einer Regierung verschwinden lassen. Der Unterschied zwischen Governance und Regierung ist der zwischen der Sphäre justizieller oder bürokratischer Kompetenzen einerseits und der Sphäre politischer Verantwortlichkeit und Autorität, von persönlicher Entscheidungsfindung andererseits. Letztere ist in Krisenzeiten unverzichtbar.

Die Dynamik wirkt jedoch auch in umgekehrter Richtung: Nur wenn der Opposition Raum gegeben wird, kann die Regierungsgewalt Gestalt annehmen. Das verlangt von der EU-Politik, dass sie die Bürger:innen nicht lediglich als Verbraucher:innen von

Produkten der Gesetzgebungsfabrik wahrnimmt. Das bedeutet, eine Performance anzubieten, der es im Strom der Ereignisse gelingt, Taten und Worte miteinander zu verbinden – und die responsiv angelegt ist und eine Reaktion sogar zu schätzen weiß.

An diesem Punkt stellt sich offensichtlich die Frage: Wo sollte diese Dynamik zwischen Regierung und Opposition angesiedelt sein? Wie könnte sie hergestellt werden? Vielleicht nicht *nur* an dem offensichtlichen Ort. Die Standardantwort aus »Brüssel« bedeutet, mehr Macht ins Zentrum zu verlagern, dem Parlament mehr Rechte zu geben und die Kommission, die als *zukünftige* europäische Regierung betrachtet wird, zu verpflichten, gegenüber dem Parlament Rechenschaft abzulegen. Dies ist beispielsweise die Logik hinter dem neuen Verfahren zur Nominierung der Kommissionspräsident:in entsprechend dem Spitzenkandidaten-Prozess. Eine stärkere Bindung zwischen der europäischen Wählerschaft und der Europäischen Kommission ist sicherlich sinnvoll. Allerdings gibt es ein »Aber«. Die Kommission allein kann nicht die gesamte Autorität übernehmen, bis sie eines Tages in eine ordnungsgemäße »Bundes«-Regierung für die EU als Ganzes übergeht. In der Praxis hat sich die Kommission zu einem *Teil* der politischen Exekutive in der EU entwickelt. Diese politische Exekutive umfasst aber auch den Europäischen Rat, der sich aus den 27 Staats- und Regierungschefs der Mitgliedsstaaten sowie der Präsidentin der Europäischen Kommission und seinem eigenen Präsidenten zusammensetzt. Dies ist das Gremium, das in den stürmischen letzten Jahren Krisenmaßnahmen getroffen und gegenüber den nationalen Parlamenten und öffentlichen Meinungen verteidigt hat. Niemand sonst hätte diese Aufgabe angesichts des weitreichenden Charakters dieser Entscheidungen erfüllen können. In vielen Fällen geschah dies unter der informellen Leitung der deutschen Bundeskanzlerin und des französischen Präsidenten in ihrer Rolle als Mitglieder des Europäischen Rates. Diese Situation ist nicht irgendein Relikt der Vergangenheit – das eines Tages verschwinden wird, wie man zuweilen in Brüssel, Straßburg oder sogar in Berlin hofft oder vorschlägt –, sie ist Ausdruck der historischen und verfassungsrechtlichen Vielfalt Europas selbst. Das bedeutet allerdings nicht, dass wir feststecken. Die Geschichte geht weiter.

Es gibt nämlich einen faszinierenden neuen Faktor: die öffentliche Meinung. In letzter Zeit hat die europäische Öffentlichkeit entdeckt, dass sie auf EU-Entscheidungen Einfluss nehmen kann. Natürlich durch Stimmabgabe in den Wahlen zum Europäischen Parlament (2019 nahm die Wahlbeteiligung zu gegenüber der Wahl fünf Jahre zuvor und zum ersten Mal überhaupt), aber auch durch Teilnahme an nationalen Wahlen, zum Beispiel indem ein:e Staats- oder Regierungschef:in für seine oder ihre europäische Leistung bestraft oder belohnt wird. Das ist jedoch noch nicht alles. Im Zuge der Krisenpolitik hat sich eine neue paneuropäische Sphäre entwickelt. Da das Scheinwerferlicht der Medien auf Gipfel und andere Krisenforen fällt, werden einzelstaatliche Politiker:innen mit abweichenden Meinungen in der gesamten Union erkennbar, nicht nur als Träger:innen ihrer Nationalflaggen, sondern als Verkörperungen einer europäischen Opposition. Die EU-Staats- und Regierungschefs haben entdeckt, dass man im Licht der Öffentlichkeit auf andere Mitgliedsstaaten zugehen kann. Diese Strategie wandten 2015 der griechische Premierminister Tsipras und sein Finanzminister Varoufakis an, um Unterstützung außerhalb Griechenlands zu gewinnen, den Diskurs zu verändern – vor allem die Art und Weise, wie Wirtschaftsmaßnahmen eingeordnet und benannt wurden – und die »Austeritätspolitik« rückgängig zu machen. Diese polemische Opposition zeigte in Wort und Tat, dass Auseinandersetzungen innerhalb der Union nicht nur zwischen verschiedenen Parteien (im Europäischen Parlament) oder zwischen verschiedenen Ländern (im Rat der Europäischen Union) stattfinden können, sondern auch zwischen unterschiedlichen Diskursen. In diesen semantischen Schlachten geht es letztlich um Macht – die Macht zu definieren, was wichtig ist und was sich zu verteidigen lohnt.

In der Pandemie ist dieses Phänomen noch eindrucksvoller wahrzunehmen. Ein öffentlicher Ruf nach Hilfe und Solidarität – der sich Ende Februar 2020 zunächst in Italien erhob, bald jedoch in der gesamten Union Widerhall fand – zwang die politischen Führungen von Brüssel bis Berlin und Paris zum Handeln. Zu Beginn der Pandemie, die rasch zu einer Krise des Gesundheitswesens führte, gab es zwar erhebliche Meinungsverschiedenheiten, insbesondere zwischen »Nord« und »Süd« über mögliche Lösungen der wirtschaftlichen Notlage (Stichwort »Corona-Bonds«). Die intensive öffentliche Debatte erwuchs aus dem Bewusstsein, dass diese Krise für die Bürger:innen möglicherweise eine Frage von Leben und Tod war, eine Frage des Schutzes – nicht nur von Banken, einer Währung oder weit entfernter Landesgrenzen, sondern unserer eigenen Gesundheit und unseres Lebens; dadurch gewann sie die Kraft, Linien zwischen Parteien und Ländern zu verschieben. Am deutlichsten war dies vielleicht in Deutschland, wo Bundeskanzlerin Angela Merkel im Mai 2020 die mutige Entscheidung traf, einen massiven Corona-Aufbaufonds zu unterstützen. Die angesichts der Pandemie getroffenen revolutionären Entscheidungen – inzwischen in die Tat umgesetzt – sind nur zu erklären mit der Dynamik, die sich zwischen dem öffentlichen Aufruf zu handeln, der politischen Reaktion und dem auf beiden Seiten vorhandenen Bewusstsein entfaltete, dass wir alle einen Bereich teilen: eine gemeinsame europäische Öffentlichkeit.

Depolitisierung war eine intelligente Strategie für die europäische Einigung nach dem Zweiten Weltkrieg. Diese ist jedoch unter anderem wegen ihres Erfolgs an ihre Grenzen gestoßen. Die internen und externen Herausforderungen, vor denen die Europäische Union heute steht, erfordern mehr Politik, nicht weniger; dazu gehört auch die Möglichkeit einer echten Opposition. Es ist faszinierend zu hören, zu sehen und zu spüren, wie die Wähler:innen selbst – unter dem Druck der jüngsten Ereignisse – mit der Logik der Depolitisierung brechen. Sie schaffen – in zuweilen ganz unerwarteter Weise – neue Verbindungen zwischen dem demokratischen Leben in der EU und ihren Mitgliedsstaaten – vielleicht nicht genau in der Art, die dem verstorbenen Jean-Luc Nancy vorschwebte, aber doch eindeutig: Hier wird eine neue europäische Politik »erfunden«, die unserer europäischen Demokratie eine Zukunft gibt.

Kurzviten

Michael Butter ist Professor für amerikanische Literatur und Kultur-geschichte an der Universität Tübingen. Er leitet das vom Europäischen Forschungsrat geförderte Projekt »Populism and Conspirancy Theory (PACT)«. Im Zuge seiner Forschung ver-öffentlichte er unter anderem *»Nichts ist, wie es scheint«: Über Verschwörungstheorien* (Suhrkamp 2018).

Donatella della Porta ist Professorin für Politikwissenschaft und Politische Soziologie an der Scuola Normale Superiore in Flo-renz. Ihre Forschungsschwerpunkte liegen in den Bereichen politische Gewalt, soziale Bewegungen, Terrorismus und öffentliche Ordnung. Zuletzt erschien von ihr *Die schöne neue Demokratie. Über das Potential sozialer Bewegungen* (Campus 2020).

Udo Di Fabio ist Professor für Staatsrecht an der Rheinischen Fried-rich-Wilhelms-Universität Bonn und war bis 2011 Richter des Bundesverfassungsgerichts. Er ist Mitherausgeber der Zeit-schrift *Archiv des öffentlichen Rechts*. Zuletzt erschienen seine Bücher *Die Weimarer Verfassung. Aufbruch und Scheitern. Eine verfassungshistorische Analyse* (C.H. Beck 2018) und *Corona-bilanz. Lehrstunde der Demokratie* (C.H. Beck 2021).

Evelyn Finger ist verantwortliche Redakteurin im Ressort »Glauben und Zweifeln« der Wochenzeitung *Die Zeit*. In ihren Artikeln befasst sie sich mit der Rolle der Religionen heute und der Bedeutung des Glaubens in einer demokratischen Gesell-schaft. Ihr Hauptaugenmerk liegt auf Religionsfreiheit und Religionskritik.

Rainer Forst ist Professor für Politische Theorie und Philosophie an der Johann Wolfgang Goethe-Universität Frankfurt am Main. Er erhielt 2012 den Gottfried Wilhelm Leibniz-Preis für seine wissenschaftliche Forschung. Auf Englisch erschien zuletzt *Toleration, power and the right to justification. Rainer Forst in dialogue* (Manchester University Press 2020), auf Deutsch gab er zusammen mit Klaus Günther den Sammelband *Normative Ordnungen* (Suhrkamp 2021) heraus; neu erschienen ist *Die noumenale Republik* (Suhrkamp 2022).

Ute Frevert ist Direktorin des Max-Planck-Instituts für Bildungsforschung sowie Mitglied des Präsidiums der Nationalen Akademie der Wissenschaften Leopoldina. Sie ist Mitherausgeberin der Zeitschrift *Geschichte und Gesellschaft*. Ihre Forschungsschwerpunkte liegen im Verständnis von Sozial-, Kultur- und Politikgeschichte der Moderne. Zuletzt erschienen ihre Bücher *Mächtige Gefühle. Deutsche Geschichte seit 1900* (S. Fischer 2020) und *Gefühle in der Geschichte* (Vandenhoeck & Ruprecht 2021).

Maja Göpel ist Transformationsforscherin und Honorarprofessorin an der Leuphana Universität Lüneburg sowie Mitbegründerin von Scientists4Future. Sie ist außerdem Mitglied des Bioökonomierates der Bundesregierung, des Club of Rome und des World Future Council. Zuletzt erschien ihr Bestseller *Unsere Welt neu denken. Eine Einladung* (Ullstein 2020).

Andreas Hollstein war von 1999 bis 2020 Bürgermeister der Stadt Altena. Er ist Mitautor des Buches *Mein Kampf – gegen Rechts* (Europa Verlag 2016) und Träger des europäischen Nansen-Flüchtlingspreises des UNHCR. Er setzt sich u. a. für den Schutz von Repräsentanten der Demokratie in Zeiten eskalierender Gewalt ein.

Hans Joas ist seit 2014 Ernst-Troeltsch-Professor an der Theologischen Fakultät der Humboldt-Universität zu Berlin und seit 2000 Professor für Soziologie und Social Thought an der

University of Chicago. Er ist ordentliches Mitglied der Berlin-Brandenburgischen Akademie der Wissenschaften und Ehrendoktor der Universitäten Tübingen und Uppsala. Zuletzt erschien sein Buch *Im Bannkreis der Freiheit. Religionstheorie nach Hegel und Nietzsche* (Suhrkamp 2020).

Daniel Kehlmann wurde für sein literarisches Werk vielfach ausgezeichnet, u. a. mit dem Thomas-Mann-Preis und dem Friedrich-Hölderlin-Preis. Mit seinem zuletzt erschienenen Roman *Tyll* (Rowohlt 2017) stand er auf der Shortlist des International Booker Prize.

Parag Khanna ist globaler Strategieberater mit Sitz in Singapur. Er ist der Bestsellerautor von sieben Büchern, zuletzt *MOVE: Das Zeitalter der Migration* (Rowohlt 2021).

Mouhanad Khorchide ist Professor für Islamische Religionspädagogik und Leiter des Zentrums für Islamische Theologie an der Westfälischen Wilhelms-Universität Münster. Er ist außerdem Mitglied des wissenschaftlichen Beirats des Europäischen Instituts für interkulturelle und interreligiöse Forschung. Zuletzt erschien sein Buch *Umdenken! Wie Islam und Judentum unsere Gesellschaft besser machen* (Herder 2021).

Cornelia Koppetsch ist Professorin für Geschlechterverhältnisse, Bildung und Lebensführung an der Technischen Universität Darmstadt. Ihre Forschungsschwerpunkte sind Geschlechterverhältnisse, Bildung und Lebensführung.

Ivan Krastev ist Leiter des Centre for Liberal Strategies und Permanent Fellow am Institut für die Wissenschaften vom Menschen in Wien, schreibt regelmäßig Analysen für die Internationale Ausgabe der *New York Times* und thematisiert die Funktionsstörungen in demokratischen Systemen. Zuletzt erschien von ihm *Ist heute schon morgen? Wie die Pandemie Europa verändert* (Ullstein 2020).

Jeff Mason berichtet als Korrespondent des Weißen Hauses der Nachrichtenagentur Reuters. Er war Korrespondent für die

Präsidentschaftskampagnen von Hillary Clinton, Barack Obama, John McCain und Donald Trump und führte sowohl mit Barack Obama als auch mit Donald Trump Interviews während ihrer Präsidentschaft. Er war außerdem Präsident der White House Correspondents' Association, die 2017 unter seiner Leitung mit dem »Freedom of Speech Award« ausgezeichnet wurde.

Ian McEwan wurde für sein literarisches Werk u. a. mit dem Booker-Preis ausgezeichnet. Zuletzt erschienen von ihm die Romane *Maschinen wie ich* (Diogenes 2019) und *Die Kakerlake* (Diogenes 2019).

Eva Menasse erhielt für ihr literarisches Werk u. a. den Friedrich-Hölderlin-Preis, den Österreichischen Buchpreis und den Ludwig-Börne-Preis. Zuletzt erschien ihr Roman *Dunkelblum* (Kiepenheuer & Witsch 2021).

Wolfgang Merkel ist Professor am Wissenschaftszentrum für Sozialforschung Berlin und emeritierter Professor für Politikwissenschaft an der Humboldt-Universität zu Berlin. Er ist Mitglied der Berlin-Brandenburgischen Akademie der Wissenschaften und prägte die Forschung zu Demokratisierungsprozessen, Systemwechseln und Systemzusammenbrüchen. Jüngst erschien von ihm *The Handbook of Political, Social, and Economic Transformation* (Oxford University Press 2019).

Christoph Möllers ist Professor für Öffentliches Recht, insbesondere Verfassungsrecht, und Rechtsphilosophie an der Berliner Humboldt-Universität und Permanent Fellow am Wissenschaftskolleg in Berlin. Er forscht in den Bereichen deutsches, europäisches und vergleichendes Verfassungsrecht sowie Demokratietheorie und der Theorie sozialer Normen. Zuletzt erschien sein Buch *Freiheitsgrade. Elemente einer liberalen politischen Mechanik* (Suhrkamp 2020).

Herta Müller wurde aufgrund ihrer Weigerung, mit der rumänischen Geheimpolizei Securitate zusammenzuarbeiten, 1980 als Übersetzerin einer Maschinenbaufabrik entlassen und reiste 1987 in die BRD aus. In ihren Werken thematisiert sie die Folgen der kommunistischen Diktatur in Rumänien und die Lehren für die Demokratie. 2009 erhielt sie den Nobelpreis für Literatur. Zuletzt erschien mit *Der Beamte sagte* (Hanser 2021) eine Erzählung in der Form von Collagen.

Armin Nassehi ist Professor für Allgemeine Soziologie und Gesellschaftstheorie an der Ludwig-Maximilians-Universität München. Er ist Herausgeber der Kulturzeitschrift *Kursbuch* und befasst sich darüber hinaus u. a. mit Fragen der Wahlbeteiligung, Krisen, Protest und Kritik in der Demokratie. Zuletzt erschien von ihm *Unbehagen. Theorie der überforderten Gesellschaft* (C.H. Beck 2021).

Susan Neiman ist Philosophin und Direktorin am Einstein Forum in Potsdam sowie Mitglied der Berlin-Brandenburgischen Akademie der Wissenschaften wie auch der American Philosophical Society. In bisher acht Büchern, übersetzt in fünfzehn Sprachen, setzt sie sich für die Ideen der Aufklärung ein. Zuletzt erschien *Von den Deutschen lernen* (Hanser Berlin 2020).

Steven Pinker ist Professor für Psychologie an der Harvard University und Mitglied der National Academy of Science. Er hat sich auf visuelle Kognition und Psycholinguistik spezialisiert. Zuletzt erschien sein Buch *Aufklärung jetzt: Für Vernunft, Wissenschaft, Humanismus und Fortschritt. Eine Verteidigung* (S. Fischer 2018).

Bernhard Pörksen ist Professor für Medienwissenschaft an der Eberhard-Karls-Universität Tübingen. Zentrale Themen seiner Forschung sind die Dynamik öffentlicher Empörung, Medienskandale und Fragen der Medienethik sowie deren Folgen für die Mediendemokratie. Jüngst erschien sein Buch *Digital Fever. Taming the Big Business of Desinformation* (Palgrave Macmillan 2022).

Ulf Poschardt ist Journalist, Autor und seit 2016 Chefredakteur von *WeltN24*. Er veröffentlichte mehrere Bücher, zuletzt *Mündig* (Klett Cotta 2020).

Salman Rushdie wurde für sein literarisches Werk vielfach ausgezeichnet, u. a. mit dem Best of Booker Prize. 2012 veröffentlichte er seine Autobiographie *Joseph Anton* (Penguin Random House), zuletzt erschien der Sammelband *Sprachen der Wahrheit* (Penguin Random House 2021).

Daniela Schwarzer ist als Executive Director für Europa und Eurasien für die Open Society Foundations tätig und leitete bis 2021 die Deutsche Gesellschaft für Auswärtige Politik. Zuletzt erschien ihr Buch *Final Call. Wie Europa sich zwischen China und den USA behaupten kann* (Campus 2021).

Ben Scott ist Executive Director von Reset, einer Initiative der Stiftung Luminate. Er ist Mitglied des Beirats der Stiftung Neue Verantwortung, Berlin. Seine Tätigkeitsschwerpunkte sind digitale Bedrohungen der Demokratie, die Auswirkungen großer Technologieunternehmen auf die Demokratie und bürgerschaftliches Engagement.

Julia Stein ist Leiterin der trimedialen Redaktion »Politik und Recherche« im NDR Landesfunkhaus Schleswig-Holstein. Sie war Vorsitzende des Vereins netzwerk recherche, der sich für Informationsfreiheit, investigativen Journalismus und die Vermittlung von Recherchetechniken einsetzt. Sie hat maßgeblich an den internationalen Recherchen zu den *Panama Papers* und *LuxLeaks* mitgearbeitet.

Adam Tooze ist Professor für Geschichte an der Columbia University. Zuletzt erschien sein Buch *Welt im Lockdown: Die globale Krise und ihre Folgen* (C. H. Beck 2021).

Maren Urner ist Neurowissenschaftlerin und Professorin für Medienpsychologie an der HMKW Hochschule für Medien, Kommunikation und Wirtschaft in Köln. Sie ist zudem Mitgründerin des Online-Magazins *Perspective Daily* und plädiert für mehr Konstruktiven Journalismus, auch als Grundlage der Demokratie. Zuletzt erschien *Raus aus der ewigen Dauerkrise – Mit dem Denken von morgen die Probleme von heute lösen* (Droemer 2021).

Luuk van Middelaar ist Politikphilosoph und Professor für Europäisches Recht an der Universität Leiden. Zuletzt erschien von ihm *Das europäische Pandämonium. Was die Pandemie über den Zustand der EU enthüllt* (Suhrkamp 2021).

David Van Reybrouck ist Autor, Historiker und Archäologe sowie Gründer des Netzwerkes G-1000, einer Plattform für demokratische Innovation zur Steigerung der Bürgerbeteiligung. Sein Buch *Gegen Wahlen: Warum Abstimmen nicht demokratisch ist* (Wallstein 2016) erschien in mehr als zwanzig Sprachen.

Margrethe Vestager ist geschäftsführende Vizepräsidentin und Kommissarin für Wettbewerb und Digitales der Europäischen Kommission. Sie war von 2011 bis 2014 Wirtschafts- und Innenministerin sowie stellvertretende Regierungschefin von Dänemark.

Heinrich August Winkler ist emeritierter Professor für Neuere und Neueste Geschichte der Humboldt-Universität zu Berlin. In zahlreichen Büchern und Beiträgen befasst er sich mit der Geschichte des Westens. Zuletzt erschien von ihm *Deutungskämpfe. Der Streit um die deutsche Geschichte* (C. H. Beck 2021).

Daniel Ziblatt ist Eaton Professor für Regierungslehre an der Harvard University. Er ist außerdem Direktor der Abteilung Transformation der Demokratie am Wissenschaftszentrum Berlin für Sozialforschung. Sein zuletzt erschienenes Buch *Wie Demokratien sterben: Und was wir dagegen tun können* (Deutsche Verlags-Anstalt 2018) wurde in über zwanzig Sprachen übersetzt.

Forum Bellevue zur Zukunft der Demokratie – Veranstaltungsübersicht

19. SEPTEMBER 2017

1. Forum Bellevue »Welche Zukunft hat der Westen?«

mit Heinrich August Winkler, Susan Neiman und
Parag Khanna

30. NOVEMBER 2017

2. Forum Bellevue »Die Freiheit des Denkens in unruhigen Zeiten«
mit Daniel Kehlmann, Eva Menasse und Salman Rushdie

21. MÄRZ 2018

**3. Forum Bellevue »Fakt oder Fake? Über einen bedeutenden Unterschied
für die Demokratie«**
mit Michael Butter, Julia Stein, Ulf Poschardt und Jeff Mason

23. MAI 2018

**4. Forum Bellevue »Gesellschaft ohne Politik? Liberale Demokratien in der
Bewährungsprobe«**
mit Christoph Möllers, Donatella della Porta und David
Van Reybrouck

4. OKTOBER 2018

**5. Forum Bellevue »Risse und Ressentiments – Über die Fragmentierung
und Emotionalisierung von Politik und Gesellschaft«**
mit Ute Frevert, Andreas Hollstein, Bernhard Pörksen und
Cornelia Koppetsch

26. FEBRUAR 2019

6. Forum Bellevue »Alles Glaubenssache? Über das Verhältnis von Religion und Demokratie«

mit Hans Joas, Mouhanad Khorchide und Evelyn Finger

14. MAI 2019

7. Forum Bellevue »Die Europäische Union: Was auf dem Spiel steht«

mit Daniela Schwarzer, Adam Tooze, Ivan Krastev und Luuk van Middelaar

25. NOVEMBER 2019

8. Forum Bellevue »Welche Zukunft? Über Demokratie und Fortschritt«

mit Maren Urner, Steven Pinker und Ian McEwan

29. JUNI 2020

9. Forum Bellevue »Testfall Corona – Wie geht es unserer Demokratie?«

mit Herta Müller, Rainer Forst und Daniel Ziblatt

24. NOVEMBER 2020

10. Forum Bellevue »Aus der Krise in die Zukunft – Wie gelingt Transformation gemeinsam?«

mit Maja Göpel, Wolfgang Merkel, Udo Di Fabio und Thea Dorn

1. MÄRZ 2021

11. Forum Bellevue »Demokratie und digitale Öffentlichkeit – Eine transatlantische Herausforderung«

mit Margrethe Vestager, Ben Scott und Armin Nassehi

15. NOVEMBER 2021

12. Forum Bellevue »Was kann der Staat? Lektionen aus der Pandemie«

mit Alena Buyx, Laura Münkler und Aminata Touré

Zu allen Veranstaltungen finden sich Zusammenfassungen, Videomitschnitte, Podcasts und die Reden des Bundespräsidenten zum Nachlesen auf:

www.forum-bellevue.de

Rechtenachweise

Michael Butter Eine gute Ausgangsposition. Verschwörungstheorien als Herausforderung für die Demokratie © Michael Butter

Donatella della Porta Innovation gestalten. Das Potenzial sozialer Bewegungen © Donatella della Porta

Udo Di Fabio Transformation und Demokratie © Udo Di Fabio

Evelyn Finger Wie tröstet man die Untröstlichen? Von der Rolle der Kirchen in der Pandemie © Evelyn Finger

Rainer Forst Dynamiken des Vertrauens. Demokratie und Solidarität in der Krise © Rainer Forst

Ute Frevert Politisch fühlen. Eine Geschichte von Chancen und Risiken © Ute Frevert

Maja Göpel Lebendige Demokratie. Wie Bürokratie zur Zukunftsmacherin wird © Maja Göpel

Andreas Hollstein Schule der Demokratie. Plädoyer für eine kommunale Debattenkultur © Andreas Hollstein

Hans Joas Einladen, nicht ausgrenzen. Religion und demokratischer Wertekonsens © Hans Joas

Daniel Kehlmann Was kann Literatur? Ein Streitgespräch © Daniel Kehlmann

Parag Khanna Eine glaubhafte Führungsrolle. Von Aufwand und Ertrag der Demokratie © Parag Khanna

Mouhanad Khorchide Glaube an die Freiheit. Vom Beitrag des Islams für eine freiheitlich-demokratische Grundordnung © Mouhanad Khorchide